기독교문서선교회 (Christian Literature Center: 약칭 CLC)는 1941년 영국 콜체스터에서 켄 아담스에 의해 시작되었으며 국제 본부는 미국 필라델피아에 있습니다.
국제 CLC는 59개 나라에서 180개의 본부를 두고, 약 650여 명의 선교사들이 이동 도서차량 40대를 이용하여 문서 보급에 힘쓰고 있으며 이메일 주문을 통해 130여 국으로 책을 공급하고 있습니다. 한국 CLC는 청교도적 복음주의 신학과 신앙 서적을 출판하는 문서선교기관으로서, 한 영혼이라도 구원되길 소망하면서 주님이 오시는 그날까지 최선을 다할 것입니다.

추천사 1

이동원 목사
지구촌교회 창립·원로, 지구촌목회리더십센터 대표

지금 시대를 우리는 포스트모던 시대라고 부릅니다. 모든 가치가 상대화된 시대입니다. 소위 절대 기준과 가치의 보편성을 상실한 시대입니다. 마치 구약의 사사 시대와 방불한, 저마다 '자기 소견에 옳은 대로' 행하는 시대입니다. 이런 시대적 영향으로 오늘의 성도와 지도자들도 복음의 명확한 기준을 붙잡지 못하고 방황하고 있습니다. 이런 시대의 목마른 필요 중 하나는 '우리 소망의 이유를 묻는 이들에게 대답할 것'을 제공하는 것입니다. 그것을 기독교 신학에서는 '변증'(*apologia*)이라고 말합니다.

포스트모던 시대에 변증의 중요성은 점점 커지고 있습니다. 그런 의미에서 양정모 목사님이 저술한 이 책은 복음을 혼미하게 하는 세력과 사상에 대항해 복음의 빛과 진리의 절대성을 밝히 드러내는, 시대의 필요에 응답하는 책입니다. 또한, 기독교의 핵심 진리가 가진 의미를 간결하고 임팩트 있게 논리적으로 변증하기 때문에 목회자나 선교 지도자가 아닌 일반 성도도 이해하기 쉽습니다. 게다가 이 책은 복음주의의 정수를 보여 주고 있습니다. 성경의 무오성과 구원의 배타성이 이 책 전체에 도도하게 흐르고 있기 때문에 안심하고 읽어도 좋습니다.

이 책은 비신자들에게는 기독교의 진리와 가치관이 얼마나 귀중한지를 잘 보여 줍니다. 또한, 신자들에게는 신학의 기초를 세워 주는 길라잡이 역할을 충실하게 감당합니다. 부디 이 책이 복음의 선명성과 진리의 절대성을 드러내는 좋은 참고 도서로 항상 곁에 두고 이용되기를 바랍니다. 좋은 책을 저술한 저자의 노고에 감사드리며, 이 책으로 인해 이 시대의 교회와 복음 증거자들이 새 희망을 발견하고, 방황하는 많은 구도자가 주께 돌아오게 되기를 기도합니다.

추천사 2

유 승 원 목사
시카고언약장로교회 담임, 전 미국장로교한인교회(NCKPC) 총회장

종종 저돌적이고 무모해 보이던 베드로도 자신의 교우들에게 진지하게 사고(思考)하는 믿음의 삶을 권했습니다.

> 너희 속에 있는 소망에 관한 이유를 묻는 자에게는 대답할 것을 항상 준비하되 온유와 두려움으로 하고(벧전 3:15).

하물며 난삽하게 얽키고 설킨 이 시대의 '다원화'된 문화 속에서 성도가 참믿음으로 살아 내기 위해서는 진지한 '변증적 사고'가 필수 불가결한 과정이라고 생각합니다.

저자는 '변증'이 모든 것을 해결할 것이라고 생각하는 순진한 '변증 만능주의자'는 결코 아닙니다. 이 책은 성령의 역사가 믿음과 삶의 근본임을 전제하면서 지정의(知情意)가 동반된 신앙 세계에 변증이 얼마나 중요한지를 깊이 인식시켜 줍니다. 균형 잡힌 말씀 사역과 땀 흘린 기도의 결실입니다.

혼란한 시대에 신앙인들이 겪는 여러 이슈를 섭렵하려는 노력이 책 전반에 맛있는 음식 속의 소금처럼 잘 배어 있습니다. 어떤 특정 영역에만 집중된 다른 변증서들과 달리 신학 전반에 골격이 되는 주제들을 간과하지 않고, 신앙인들이 직면한 현실 세계의 여러 궁금한 이슈를 상당히 성의있게 짚어 줍니다.

신앙과 삶의 이슈에 대해 지성적 고민이 있는 모든 성도에게 꼭 읽기를 권하고, 특히 목회자들을 비롯한 복음 사역자들에게는 꼭 일독을 독려하고 싶습니다.

추천사 3

박인화 목사
뉴송교회 담임

현 시대는 내용과 핵심이 부재한 시대라고 생각합니다. 이때 기독교의 핵심 진리를 변증하는 책이 출간되어 기쁘게 생각합니다. 저자는 자유주의 신학과 포스트모더니즘 등이 공격해 오는 이때에 성경에 근거한, 보수적이며 건전한 복음주의 신학을 견지하고 있습니다. 그렇기에 다원주의, 포괄주의, 보편주의를 배격하고 오직 예수 그리스도를 통한 구원의 배타성을 기초로 책을 전개합니다. 이 책은 비성경적이며 불건전한 신학을 막기 위한 노력의 결실로, 목회자는 물론 신학생과 일반 성도에게도 올바른 신학의 길잡이 역할을 충분히 감당하리라 생각합니다.

대개 변증학책은 딱딱하고 지루하지만 이 책은 그렇지 않습니다. 한 번 책을 읽기 시작하면 멈추기 어려울 정도로 흥미진진하고 재미있습니다. 또한, 단어나 비유들이 적절하고 목적을 향한 논리의 흐름이 분명합니다. 게다가 열 개의 주제로 나누어져 있어 필요할 때마다 골라서 읽을 수 있습니다.

그렇기에 교회와 소그룹에서 매주 한 주제를 공부해도 좋으며, 선교나 전도하기 전에 기독교 진리에 대한 확신을 갖는 데 유익하리라 생각합니다. 기독교의 핵심 진리가 무엇인지 빠르게 알기 원하는 독자는 이 책을 만날 때 매우 기뻐할 것입니다.

추천사 4

조성돈 박사
실천신학대학원대학교 목회사회학 교수, Life Hope 대표

변증학은 신의 존재를 증명하는 서구 사회의 오래된 철학 전통 속에서 이해되는 학문입니다. 그것은 복음을 증거하는 것과 다른 측면을 지니고 있으며 다원화된 사회를 사는 우리에게는 생소한 학문입니다. 더군다나 요즘처럼 초월적 존재에 대해 무관심한 시대에는 그 거리가 더욱 멀게만 느껴집니다.

이런 상황 속에 『비블리컬 변증학』이라는 책이 나왔습니다. 책 제목이 어렵게 느껴지지만 사실 그렇게 어렵지 않습니다. 기독교인이라면 꼭 알아야 할 진리들을 차근차근 쉽게 설명합니다. 무엇을 믿어야 하고 알아야 하는지, 그리고 무엇을 변증해야 하는지를 깔끔하게 정리해 줍니다. 게다가 이 책은 상당히 흥미진진합니다. 누구에게 물어보고 싶지만 그 누구도 속시원히 대답해 주지 않는 주제들을 다루고 있습니다. 그렇기에 한 번 읽기 시작하면 진리에 대한 목마름을 어느새 해소하고 있는 것을 발견하게 됩니다.

또한, 이 책은 철학적 사변보다 성경으로 기독교의 핵심 진리를 변증하고 있습니다. 이것이 중요한 이유는 기독교 믿음과 실천에 있어 오직 성경(*Sola Scriptura*)이 최고의 권위를 갖는 하나님의 말씀이라는 것을 강하게 견지해야 하기 때문입니다. 그런 의미에서 『비블리컬 변증학』은 성경으로 돌아가 성경이 말하고 있는 바를 논리적으로 풀어내고 있습니다.

기독교 신앙이 무엇인지, 우리가 전해야 하는 복음이 무엇인지 알기 원한다면 이 책을 정독하시기를 권합니다.

진리를 알지니 진리가 너희를 자유롭게 하리라 (요 8:32).

추천사 5

박 성 진 박사
미국 남침례미드웨스턴신학대학원 학장, 구약학 교수

저자가 서두에서 밝힌 것처럼 이 책은 기독교의 핵심 진리를 변증하기 위한 책입니다. 기독교의 역사는 변증의 역사라고 할 수 있을 만큼, 변증은 초대 교회와 중세 교회를 거쳐 포스트모던 사회 속에 있는 현대 교회에서 매우 중요한 역할을 감당하고 있습니다. 변증은 그 성격상 철학적이고 합리적인 논리의 흐름을 이해하는 것이 매우 중요하기에 독자들은 변증서를 전문적인 철학 용어나 논의로 도배되어 있는, 이해하기 어려운 서적으로 생각할 수 있습니다. 하지만 이 책은 전문용어의 사용을 가급적 배제하고 일반 독자들이 읽어도 논리적인 흐름을 따라가기 쉽게 배려한 흔적이 역력합니다. 주제 역시 변증학 일반에서 시작해 세계관, 신 존재, 특히 삼위일체에 대한 논의로 확장하다가 기독교 정당, 십일조, 유신 진화론, 빅뱅 이론, 구원의 유일성 등 독자들이 일상에서 접할 수 있는 주제로 마무리하고 있어 변증서가 마치 조직신학 개론서처럼 여겨질 수 있는 한계를 극복했습니다.

이 책을 통해 독자들은 일상에서 제기되는 기독교에 대한 많은 의문을 접하고 이에 관한 복음주의적 견해를 듣게 될 것입니다. 설령 궁극적인 해답을 얻지 못해도 독자는 최소한 새로운 질문의 세계로 들어가게 될 것입니다.

질문하라!
계속 질문하라!!
천국이 그의 것임이라!!!

추천사 6

최성은 목사
지구촌교회 담임

현대는 어느 시대보다 절대 진리가 부정되는 시대입니다. 절대 진리의 해체를 주장하는 포스트모던의 사조가 사회, 문화, 생활 양식 전반에 걸쳐 깊은 영향력을 미치고 있습니다. 종교 분야에서도 혼합주의가 대세인 시대입니다. 예수 그리스도가 중심인 복음의 능력에는 변함이 없습니다. 그러나 그 복음을 담아내는 그릇은 시대와 문화에 따라 능동적으로 바뀌어야 합니다.

예수님은 사람들에게 다가가실 때 그들 삶의 정황에 맞는 효과적인 접근 방식을 보여 주셨습니다. 사도 바울도 복음을 증거할 때 상황에 맞게 변증적으로 선포하는 모습을 보여 주었습니다. 변증학은 복음의 핵심은 강조하면서, 그것을 시대와 상황에 맞게 증거하는 성경적 가르침입니다.

어느 시대보다 기독교 변증학이 필요한 이 시대에 양정모 목사님의 귀한 책이 나오게 되어 진심으로 기쁘게 생각합니다. 저자는 정치, 경제, 신학 등 다양한 영역에서 학문을 깊이 있게 공부한 신학자로 우리 시대의 스승인 존 스토트가 말한 것처럼 "이중으로 듣기"(Double Listening), 즉 세상의 소리와 성경의 소리 둘 다에 귀를 기울일 수 있는 경험과 지식을 소유한 분입니다.

이 책은 그런 경험을 바탕으로 우리가 궁금한 다양한 주제에 접근하면서 그 가운데 우리가 믿는 복음이 왜 유일한 진리인지를 탁월하게 풀어냅니다. 무엇보다 이 책이 귀한 것은 그 모든 변증의 기초가 바로 하나님 말씀에 있음을 역설합니다. 이 책을 절대 진리가 부정되는 혼탁한 시대에 절대 진리가 온전히 선포되고, 기독교 세계관으로 삶의 변화를 경험하기를 원하는 모든 분에게 강력히 추천합니다.

추천사 7

윤은성 목사
한국어깨동무사역원 대표

최근 들어 낙태나 동성애, 인권이나 과학 등의 주제를 단편적으로 변증하는 책들이 출간되기는 했습니다. 하지만 기독교의 핵심 진리를 전체적으로 조감하고 변증하는 책은 볼 수 없었습니다. 그런 점을 항상 아쉽게 생각해 온 이때 기독교의 핵심 진리를 쉬우면서 논리적으로 변증하는 책을 만나게 되어 기뻤습니다.

이 책이 앞에 언급한 책들과 구별되는 점은 철저히 성경적 기초에 충실하다는 것입니다. 성경 전반에 걸쳐 각 주제에 대해 말하고 있는 내용들을 면밀히 살펴보고 성경적 기초 위에 논의를 전개하고 있습니다. 물론 제한된 지면에 정치나 과학의 자세한 논증을 담아내기에는 한계가 있었을 것입니다. 그런데도 각 주제별로 시대 사조의 흐름에 대한 연구가 결코 허술하지 않으며 성경적 비판과 해석이 돋보이는 책입니다.

또한, 글을 읽다 보면 자연스럽게 바람직한 기독교 세계관 형성에 많은 도움을 받을 수 있으리라 생각합니다. 그런 의미에서 이 책은 목회자뿐만 아니라 부모와 자녀들이 함께 읽어도 좋은 책이며, 기독교 학교나 대안 학교에서 교재로 사용하기에 좋은 책입니다. 한국 저자가 쓴 변증서의 출간을 오래 기다려 왔던 사람으로서 기쁨으로 이 책을 추천합니다.

추천사 8

최 병 락 목사
강남중앙침례교회 담임

기독교는 그 탄생부터가 변증적이었습니다. 헬라 문화권에서 태동된 기독교는 처음부터 교리적으로, 문화적으로 생소했고 극심한 반대에 부닥쳤습니다. 열두 사도부터 지금까지 복음 사역자들은 어디를 가나 변증적으로 예수 그리스도의 성육신과 부활을 증거했습니다. 그들은 탁월한 변증가들이었습니다.

조선 땅에 기독교가 전해질 때도 비슷한 상황이었습니다. 천 년 동안 이어져 내려오는 불교와 유교의 사상과 종교 한가운데에서 기독교가 태동했습니다. 그들은 한국적 정황 속에서 성경의 언어들을 풀어내야 했고, 그리스도 앞으로 그들을 인도해야 했습니다.

21세기가 시작되면서 이제 다시 변증적 사고가 절대적으로 필요함을 느낍니다. 왜냐하면, 교회 내·외부적으로 많은 도전이 존재하기 때문입니다.

양정모 목사님의 이 책은 비신자와 신자 모두에게 유익한 책입니다. 성경 앞으로, 예수님 앞으로 나오고 싶어하는 사람들 앞에 가로 놓인 장애물들을 하나하나 제거해 주는 친절한 길라잡이 역할을 합니다. 신앙생활을 하면서 한 번이라도 품어 본 생각들이나 의심들을 저자는 모두 반추해 내고 직격탄을 쏘아 댑니다.

이 책을 읽다 보면 불온하여 마음 깊이 숨겨 놓은 수많은 질문이 들킨 듯합니다. 논리가 탁월합니다. 주제가 풍성합니다. 아무리 도망가도 결국에는 우리를 성경 앞으로 세우는 놀라운 변증이 있습니다. 그리스도를 더 깊이 알기 원하는 모든 분에게 적극적으로 추천합니다.

비블리컬 변증학

기독교의 핵심 진리 변증하기

Biblical Apologetics
Written by Jeongmo Yang
All rights reserved.
Korean Edition Copyright ⓒ 2021 by Christian Literature Center, Seoul, Korea.

비블리컬 변증학: 기독교의 핵심 진리 변증하기

2021년 4월 30일 초판 발행
2023년 8월 10일 초판 2쇄 발행

지 은 이 | 양정모

펴 낸 곳 | (사)기독교문서선교회
등　　록 | 제16-25호(1980. 1. 18.)
주　　소 | 서울특별시 동대문구 천호대로71길 39
전　　화 | 02-586-8761~3(본사) 031-942-8761(영업부)
팩　　스 | 02-523-0131(본사) 031-942-8763(영업부)
이 메 일 | clckor@gmail.com
홈페이지 | www.clcbook.com
송금계좌 | 기업은행 073-000308-04-020 (사)기독교문서선교회

ISBN 978-89-341-2276-0(93230)

이 책의 출판권은 (사)기독교문서선교회가 소유합니다.
신저작권법에 의하여 한국 내에서 보호를 받는 저작물이므로 무단 전재와 무단 복제를 금합니다.

기독교의 핵심 진리 변증하기

비블리컬 변증학

BIBLICAL APOLOGETICS

양정모 지음

CLC

■ 목차 ■

추천사 1
이동원 목사_지구촌교회 창립·원로, 지구촌목회리더십센터 대표
유승원 목사_시카고언약장로교회 담임, 전 미국장로교한인교회(NCKPC) 총회장
박인화 목사_뉴송교회 담임
조성돈 박사_실천신학대학원대학교 목회사회학 교수, Life Hope 대표
박성진 박사_미국 남침례미드웨스턴신학대학원 학장, 구약학 교수
최성은 목사_지구촌교회 담임
윤은성 목사_한국어깨동무사역원 대표
최병락 목사_강남중앙침례교회 담임

저자 서문 15

제1장 변증학과 관련된 문제 18
1. 기독교 신앙은 주관적인 것이어서 비합리적인가요? 18
2. 진리 대응론이 왜 그렇게 중요한가요? 24
3. 변증이 복음 전파에 도움이 되나요? 31
4. 효과적 변증은 어떻게 해야 하나요? 35

제2장 세계관과 관련된 문제 39
1. 법만 잘 지키면 되지 세계관이 무슨 상관있나요? 39
2. 세계관은 왜 꼭 신과 연관되어 있나요? 44
3. 윤회를 어떻게 바라보아야 하나요? 48
4. 뉴에이지 운동이 끌리는데 어떻게 이해해야 하나요? 57

제3장 신 존재와 관련된 문제 65
1. 하나님이 계시다는 사실을 어떻게 알 수 있을까요? 65
2. 신이 없는 세계도 있지 않을까요? 73
3. 유대교나 이슬람교가 믿는 하나님은 기독교의 하나님과 같지 않나요? 82

제4장 성부 하나님과 관련된 문제　　　　　　　　　　88
1. 하나님은 에덴동산의 선악과를 왜 만드셨나요?　　　　88
2. 결정론이 맞나요? 자유의지론이 맞나요?　　　　　　　98
3. 선택받은 사람만 구원하신다면 하나님은 공평하신가요?　109
4. 악인은 번영하고 선인은 고통받는 것이 하나님의 섭리인가요?　118
5. 열린유신론은 하나님의 섭리를 잘 설명하고 있나요?　126
6. 하나님은 정말로 지옥을 만드셨나요?　　　　　　　　135

제5장 성자 예수님과 관련된 문제　　　　　　　　　　154
1. 성육신의 개념은 다른 종교에도 있지 않나요?　　　　154
2. 예수님은 정말로 성령으로 잉태되었나요?　　　　　　163
3. 예수님은 역사적으로 실제적 인물인가요?　　　　　　173
4. 예수님은 정말로 인류를 구원할 만한 인물인가요?　　182
5. 한 사람의 죽음으로 온 인류가 구원받는다는 것은 사실인가요?　190
6. 예수님이 죽음에서 부활하셨다는 이야기를 어떻게 믿나요?　201

제6장 성령 하나님과 관련된 문제　　　　　　　　　　215
1. 삼위일체 교리를 어떻게 믿을 수 있나요?　　　　　　215
2. 성령님도 하나님이신가요?　　　　　　　　　　　　230
3. 성령 침례를 받아야만 하나요?　　　　　　　　　　237

제7장 성경과 관련된 문제　　　　　　　　　　　　　243
1. 성경이 정말로 하나님의 말씀인가요?　　　　　　　　243
2. 성경에는 오류가 없다는 것이 사실인가요?　　　　　　248
3. 성경을 문자적으로 해석해야 하나요?　　　　　　　　257
4. 천지창조는 신화 아닌가요?　　　　　　　　　　　　265
5. 성경은 정말로 동성애를 죄라고 이야기하나요?　　　　273

제8장 교회와 관련된 문제 　　　　　　　　　　　281
1. 기독교 정당이 성경적인가요? 　　　　　　　　　281
2. 십일조는 꼭 드려야 합니까? 　　　　　　　　　289
3. 하나님만 믿으면 되지 왜 꼭 교회에 다녀야 합니까? 　304
4. 어떤 교회가 이단 교회인가요? 　　　　　　　　309

제9장 과학과 관련된 문제 　　　　　　　　　　　314
1. 성경 상의 기적을 어떻게 믿을 수 있나요? 　　　　314
2. 진화에 관한 기독교의 입장은 무엇인가요? 　　　　320
3. 유신론적 진화론은 진화론과 창조론의 대안이 될 수 있나요? 326
4. 빅뱅 이론을 어떻게 이해해야 하나요? 　　　　　335

제10장 타종교와 관련된 문제 　　　　　　　　　　342
1. 종교란 두렵고 불안할 때 신을 찾는 심리적 요인에 근거하지 않나요? 342
2. 구원을 받는 길은 다양하지 않나요? 　　　　　　348
3. 예수님을 믿지 않는 선한 사람은 구원받을 수 없나요? 357
4. 복음을 접할 기회가 없던 이가 죽으면 구원받을 수 없나요? 360

저자 서문

양 정 모 박사

적지 않은 시간 동안 변증학 교수로 사역하면서 좀 더 쉬우면서 기독교의 핵심 진리를 변호해 줄 수 있는 변증학책이 필요했다. "필요는 발명의 어머니"라고 그런 책을 찾기 힘들면 내가 써 보리라 생각하게 되었다.

하지만 그 생각은 필자를 많은 고민 속으로 밀어 넣었다. 예를 들어 어떤 지역에 이미 많은 교회가 있는데도 불구하고 한 교회를 개척하려면 그 지역에 또 다른 교회가 왜 필요한가라는 질문을 하게 되는 것처럼, 이미 많은 변증학책이 있는데 왜 또 다른 책이 필요한가라는 고민을 하게 되었다. 그런 고민을 하며 다음과 같은 점에 중점을 두어 책을 저술했다.

첫째, 변증학책은 성경적이어야 한다.

많은 책이 성경적임을 표방하지만, 건전하지 않은 신학, 이단적 요소, 자유주의 신학과 같이 성경적이지 않은 부분이 적지 않게 발견되었다. 물론 그 가운데서 참고할 만한 것도 발견했지만, 복음주의 신학의 한계를 넘어서는 안 된다고 생각했다. 그래서 복음주의권 신학의 한계를 넘지 않도록 각별히 노력했다.

둘째, 변증학책은 실용적이어야 한다.

실제로 변증학책은 사변적인 책들이 많았다. 물론 변증학이 철학과 논리를 기반으로 하고 있기 때문에 사변적인 부분이 없지 않지만, 바쁜 실생활에 바로 적용할 수 있는 실용적인 책이 더 유용하리라 생각한다. 그와 같은 목적을 위해 실생활에 관한 질문에 집중했다.

셋째, 변증학책은 완결성을 가져야 한다.

많은 변증학책이 전체 그림보다 부분적 그림을 담아내고 있다. 물론 완결성이라고 해서 모든 부분을 다룰 수는 없고, 부분적이라고 해서 도움이 안 되는 것은 아니다. 하지만 기독교 진리의 조금이라도 더 담아낼 수 있다면 그동안 생각지 못했거나 중요하다고 여기지 않았던 부분에 있어 좀 더 명확한 확신을 갖는 데 도움이 될 것이다. 그와 같은 목적을 위해 10가지 분야를 적당한 분량으로 서술했다.

넷째, 변증학책은 논의를 따라가기에 어렵지 않아야 한다.

기존의 변증학책들은 전문 용어를 사용한 경우가 많았다. 전문 용어를 사용하기 때문에 무조건 어렵다는 말은 아니다. 중요한 것은 논의의 추론이 자연스러워야 하며 읽기에 쉬워야 한다는 것이다. 그러한 목적을 위해 전문 용어 사용을 자제하고 읽기 쉬운 단어를 사용했으며, 논리의 흐름이 자연스럽게 되도록 노력했다.

다섯째, 변증학책은 비신자뿐만 아니라 기존의 신자에게도 유익해야 한다.

변증은 비신자에게 기독교를 쉽게 설명하기 위한 것으로 책을 읽을 때 기독교의 합리성에 친숙하게 해 기독교의 진리를 이해하는 데 도움을 주어야 한다. 아울러 기존 신자들에게도 자신의 신앙을 견고하게 하는 데에 도움을 줄 수 있다. 그러한 목적을 위해 다양한 수준의 질문을 엄선하여 서술했다.

이런 지향점하에 꼭 필요하다고 생각되는 부분을 포함시키려고 노력했으며, 쉬우면서 핵심을 꿰뚫는 변증학책이 되도록 최선을 다했다. 핵심 진리를 10가지의 큰 주제로 분류했고, 그 주제 가운데 가장 필요하다고 생각되는 질문을 엄선해서 그 질문에 관한 성경 구절을 찾아 그 주제에 맞는 성경적 대답을 묵상할 수 있도록 했다.

그리고 그 질문이 생기는 이유를 설명하고, 그 질문에 관해 성경이 어떻게 반응하며, 신학적 의미가 어디에 있는지를 설명했다. 이런 설명을 함에 있어 합리적이고 자연스러운 논리 전개가 되도록 특별히 유의했다. 이런 논리 전개를 따라가다 보면 기독교의 핵심 진리를 변증할 수 있는 지식과 방법을 터득할 수 있으리라 기대한다.

이 책은 기독교를 알기 원하는 사람에게 기독교의 핵심 진리에 대한 궁금증을 풀어 주며, 신자들에게는 기독교의 핵심 진리에 대한 바른 지식으로 무장시켜 줄 것이다. 또한, 신학생들에게는 기독교를 어떻게 변증해야 하는지에 대한 통찰력을 제공해 주리라 생각한다.

이 책을 읽는 모든 사람이 기독교 진리의 핵심을 이해하고, 더 나아가 기독교 진리를 변호하게 되기를 바란다. 사실 기독교 진리를 변호하는 것은 목사나 변증가와 같은 특정한 사람만의 일이 아니다. 예수 그리스도를 주로 고백하는 모든 성도가 기독교 진리를 변호해야 한다. 만일 진리 변호가 평생토록 해야 할, 자신의 엄숙한 사명이라고 생각한다면 이 책을 정독하기를 권한다.

그럼에도 불구하고 이 책은 여러 가지로 부족하다.

바라기는 이 책이 비신자에게는 기독교 진리를 더 명확히 이해하는 데에, 신자에게는 자신의 신앙을 더욱 견고히 하는 데에, 전도자에게는 기독교를 변증하는 일에, 사역자에게는 사역의 여러 부분에 적절한 도움이 되기를 간절히 소망한다.

2020년 12월 31일

제1장

변증학과 관련된 문제

1. 기독교 신앙은 주관적인 것이어서 비합리적인가요?

(전 3:11) 하나님이 모든 것을 지으시되 때를 따라 아름답게 하셨고 또 사람들에게는 영원을 사모하는 마음을 주셨느니라 그러나 하나님이 하시는 일의 시종을 사람으로 측량할 수 없게 하셨도다

(요 20:29) 예수께서 이르시되 너는 나를 본 고로 믿느냐 보지 못하고 믿는 자들은 복되도다 하시니라

(고후 5:7) 이는 우리가 믿음으로 행하고 보는 것으로 행하지 아니함이로라

(히 11:39) 이 사람들은 다 믿음으로 말미암아 증거를 받았으나 약속된 것을 받지 못했으니

(벧전 1:8) 예수를 너희가 보지 못했으나 사랑하는도다 이제도 보지 못하나 믿고 말할 수 없는 영광스러운 즐거움으로 기뻐하니

사람들은 객관적으로 증명된 것을 믿으려고 합니다. 이렇게 객관적으로 증명된 것을 믿는 것이 합리적, 이성적, 과학적인 것이라고 생각합니다. 예를 들면 어떤 사람이 어젯밤에 UFO를 보았다고 말하면 바로 믿지 않습니다. 왜냐하면, 그것은 객관적으로 증명된 것이 아니기 때문입니다.

마찬가지로 하나님도 눈에 보이지 않기 때문에 신이 존재한다고 하면 바로 믿지 않습니다. 하지만 신앙은 과학적으로 증명될 수 없는 종류의 것입니다. 그러다 보니 신앙은 객관적인 것이 아닌 주관적인 것이며, 신앙을 갖는 것이 비합리적이라고 생각하는 사람들도 있습니다.

그렇다면 신앙은 주관적인 것이어서 비합리적인가요?

1) 고전적 토대주의(Classic Foundationalism)

사람들은 객관적인 것을 믿으려고 하며 객관적인 것이 합리적인 것이라 생각합니다. 아리스토텔레스(Aristotle)는 그의 철학을 전개함에 있어 기초적 믿음이 중요함을 깨닫고 토대주의를 그의 철학의 방법으로 삼았습니다. "나는 생각한다 고로 존재한다"(*cogito ergo sum*)라는 유명한 격언을 남긴 데카르트(Descartes)는 자신의 존재와 이성에 대한 명확한 관념을 토대로 삼고 그의 철학을 전개합니다.

존 로크(John Locke)는 경험에서 토대를 찾았고, G.W. 라이프니츠(G.W. Leibniz), 조지 버클리(George Berkeley), 데이비드 흄(David Hume), 토마스 리드(Thomas Reid) 그리고 임마누엘 칸트(Immanuel Kant) 또한 모두 토대주의를 받아들였습니다. 이처럼 토대주의는 객관적이라고 여겨지는 자연의 법칙, 증거, 자명한 이치 등과 같은 것에 의존하는 것을 말합니다. 고전적으로 토대주의는 기초적 믿음의 무오성과 믿음 간의 연역적 추론을 채택합니다.

그렇기에 고전적 토대주의를 굳이 정의하자면 정당화된 참된 믿음(JTB: justified true belief)과 같이 확실한 기초에 토대를 두는 인식론이라고 할 수 있습니다. 그렇기에 고전적 토대주의는 정당화된 참된 믿음이라면 추론의 토대로 삼기에 부족함이 없다고 생각합니다.

이렇게 인식적으로 정당화된 참된 믿음을 전통적으로 지식이라고 말합니다. 이런 지식은 3가지의 전제 조건이 있습니다.

첫째, 믿음 조건입니다.
믿음 조건이라고 하는 것은 한 경험적 사실을 알기 위해서는 그 사실을 표현하는 명제를 믿어야 합니다. 예를 들면 지구는 둥글다는 것을 믿지 않는 한, 그 사람은 그러한 사실을 알 수 없습니다.
둘째, 진리 조건입니다.
진리 조건이라고 하는 것은 어떤 사건이나 명제는 참(true)되어야 합니다. 어떤 사건이나 명제가 참되기 위해서는 UFO라는 것이 상상 속에서만 존재하는 것이 아니라 실제로 존재해야 합니다.
셋째, 인식정당성 조건입니다.
인식정당성 조건이라고 하는 것은 어떤 사건이나 명제가 정당화(justified)되어야 합니다. 예를 들어, UFO를 보았다면 그것을 보았다는 것을 증명할 수 있어야 합니다. 이런 조건을 갖춘다면 그것을 참된 지식이라고 말합니다.

이렇게 참된 지식만을 인정하려는 것이 고전적 토대주의입니다. 그러므로 고전적 토대주의에서는 신을 믿는 것이 객관적이지 않은 것으로 혹은 주관적인 것으로 생각합니다. 그렇기 때문에 고전적 토대주의에서는 토대주의 방법으로 신의 존재를 증명해 보라고 요구합니다. 그런 요구에 부응해 신학자와 철학자들은 신이 존재한다는 '신 존재 증명'을 개발하는 데 힘써 왔습니다.
그런 노력의 결과 '신 존재 증명'은 존재론적 증명, 우주론적 증명, 목적론적 증명, 도덕론적 증명과도 같은 논리의 추론을 통해 가능하게 되었습니다. 하지만 고전적 토대주의에서는 그러한 증명에도 불구하고 증거가 부족하다고 생각합니다.

2) 개혁주의 인식론(Reformed Epistemology)

이와 같은 신앙의 객관성 혹은 합리성에 대한 고전적 토대주의의 요구는 20세기까지 계속 이어졌습니다. 그에 대한 반박의 일환으로 개혁주의 인식론이 개발되었습니다.

개혁주의 인식론은 앨빈 플란팅가(Alvin Plantinga), 윌리엄 알스톤(William Alston), 니콜라스 월터스토프(Nicholas Walterstorff)와 같은 학자들의 도움을 받아 인식론을 종교적 믿음(Beliefs)에 적용한 철학 사상입니다. 개혁주의 인식론은 증거가 없어도 신앙은 객관성을 가질 수 있으며 합리성을 가지고 있다고 말합니다. 그러한 것을 다음과 같이 설명할 수 있습니다.

즉 증거가 없어도 합리적 믿음을 가질 수 있는 것들은 생각보다 많습니다. 예를 들면 눈앞의 나무가 푸르다는 것을 믿는다는 것과 같은 '감각적 지식', 오늘 아침에 밥을 먹었다는 것을 믿는다는 것과 같은 '기억력', 내 앞에 있는 환자가 아프다는 것을 믿는다는 것과 같은 '다른 사람의 정신'과 같은 것입니다.

위에서 언급한 믿음들이 참되다고 하는 것은 다른 자명한 이치에 근거하거나, 자명한 이치에서 추출한 진리에 근거한 것이 아닙니다. 그러므로 다른 어떤 증거가 없어도 그러한 믿음들을 참된 것으로 인정할 수 있습니다. 따라서 이런 믿음들을 근거 없는 주관적 믿음이라고 이야기하지는 않습니다. 이런 믿음들을 플란팅가는 "정확히 기초적 믿음"(properly basic belief)이라고 부릅니다.

개혁주의 인식론은 이런 믿음들을 비합리적이라고 말하지 않습니다. 신앙은 어떤 증거가 없더라도 얼마든지 합리적이며 객관적인 신앙이 가능하다는 것입니다. 예를 들면 '하나님은 나에게 말씀하셨다', '하나님은 나에게 용서를 베푸셨다', 그리고 '나는 하나님이 나를 사랑하신다는 것을 안다'와 같은 믿음은 증명하지 않더라도 참된 지식이라고 할 수 있습니다. 그렇기 때문에 정확히 기초적 믿음 위에 얻어진 지식이라 할지라도 참된 지식의 범주에 들어갈 수 있습니다.

플란팅가는 이런 믿음이 참된 지식을 보증하는 것과 같다고 다음과 같이 말합니다.

> 기독교 믿음은 보증(warrant)을, 지식을 위한 충분한 보증을 소유할 수 있다. 비록 내가 성경의 저자들이나 그들이 가르치는 내용의 신뢰성(relibility)에 대한 확실한 역사적 사례를 알지도 못하고 제시할 수도 없다 할지라도 말이다. … 이 모델에 의하면 기독교 믿음의 보증은 나 자신이나 다른 누구라도 이런 종류의 역사적 정보를 소유할 것을 전혀 요구하지 않는다.[1]

이와 같은 추론 논리에 따르면 비록 신 존재에 대한 충분한 증거가 없을지라도 하나님이 존재하신다는 사실을 믿을 수 있습니다. 이 기초적 믿음에 근거해 기독교 신앙은 합리적이라고 주장할 수 있습니다. 그리고 이런 기초적 믿음을 참된 지식의 근거로 인정하지 않는 토대주의자들에게 신이 존재하지 않는다는 것을 오히려 증명해 보이라고 요청할 수 있습니다.

왜냐하면, 이런 기초적 믿음에 근거한 기독교 신앙이 합리적이기 때문입니다. 그러므로 토대주의의 주장을 합리화하기 위해서는 신이 존재하지 않는다는 것을 오히려 입증해야 할 의무가 있습니다. 즉 신의 존재를 증명해야 하는 부담을 토대주의에게 넘긴 것입니다.

개혁주의 인식론은 끊임없이 증거를 요구하는 고전적 토대주의로부터 신 존재 증명과 같은 증명의 부담에서 벗어나는 데에 결정적 공헌을 했다고 볼 수 있습니다. 그러므로 신앙은 주관적인 것이어서 객관성이 결여되었다고 한다면, 기독교 신앙은 기초적 믿음에 근거하여 충분히 객관성이 있으며 합리적이라고 말할 수 있습니다.

---

1 Alvin Plantinga, *Warranted Christian Belief* (New York: Oxford University Press, 2000), 259.

3) 개혁주의 인식론의 적용

이처럼 기초적 믿음을 기독교 신앙에 적용시킨다면 기독교 신앙은 합리적이라고 할 수 있습니다. 그러나 이런 기초적 믿음도 단점이 존재합니다. 즉 기독교의 기초적 믿음에 대해 개혁주의 인식론을 적용할 수 있다면, 다른 사이비나 사교를 믿는 신앙에 대해서도 동일하게 적용할 수 있지 않느냐라고 질문할 수 있다는 점입니다. 그러한 예가 바로 할로윈(Halloween)에 등장하는 호박 귀신을 믿는 것과 같은 것입니다. 호박 귀신을 믿는 사람이 호박 귀신에 대한 자신의 믿음을 정확히 기초적 믿음의 범주에 들어가는 것으로 합리적이고 올바르게 결론을 내릴 수도 있다는 것입니다.[2]

쉽게 말해서 하나님을 믿는 것이나 호박 귀신을 믿는 것이나 다를 것이 없다는 것입니다. 개혁주의 인식론은 신 존재 증명과 같은 증명의 부담에서 벗어나는 데는 큰 공헌을 했지만, 사실 위와 같은 질문에는 속수무책일 수밖에 없습니다.

그러므로 신앙이 합리적이고 객관적이기 위해서는 다시 고전적 토대주의의 조건들을 만족하는지를 살펴볼 수밖에 없습니다. 기독교 신앙을 '정당화'(justified)하는 방법이 어떻게 잘못되었는지, 신앙의 내용이 '참된'(true) 것인지, 그리고 그런 내용이 '믿을'(belief)만한 것인지를 살펴보아야 합니다.

이런 점검의 노력이 필요하고 이런 점검이 바로 변증학이 필요한 이유입니다. 사실 변증학이 없어도 기독교 신앙은 충분히 합리적이며 객관적이라는 것을 우리는 잘 알고 있습니다. 하지만 비신자에게 기독교 신앙이 얼마나 합리적이며 객관적인지를 설명하기 위해 이성을 부단히 사용해야 할 필요가 있습니다.

---

2 Michael Peterson 외 3인, 『종교의 철학적 의미(2판)』, 하종호 옮김 (서울: 이화여자대학교출판부, 2008), 203.

4) 결론

기독교 신앙은 비신자에게 비합리적인 것으로 여겨질 수 있습니다. 그렇다고 해서 합리적인 신앙을 증명하기 위해 증거를 댈 필요는 없습니다. 증거가 없다고 기독교 신앙이 근거가 없는 것은 아닙니다. 왜냐하면, 우리에게는 하나님이 존재하신다는 것과 같은 아주 적절한 기초적 믿음(properly basic belief)이 있기 때문입니다.

하지만 호박 귀신과 같은 예를 들면서 이런 기초적 믿음에 대해 물타기를 시도할 수 있습니다. 그러므로 기초적 믿음이 가지는 의미를 연구하고 삶 속에 적용하여 그것이 진실하다는 것을 변증하는 방법론을 개발해야 합니다. 그것이 변증학이 필요한 이유입니다.

2. 진리 대응론이 왜 그렇게 중요한가요?

> (요 8:32) 진리를 알지니 진리가 너희를 자유롭게 하리라
>
> (요일 2:21) 내가 너희에게 쓰는 것은 너희가 진리를 알지 못하기 때문이 아니라 알기 때문이요 또 모든 거짓은 진리에서 나지 않기 때문이라
>
> (요일 5:20) 또 아는 것은 하나님의 아들이 이르러 우리에게 지각을 주사 우리로 참된 자를 알게 하신 것과 또한 우리가 참된 자 곧 그의 아들 예수 그리스도 안에 있는 것이니 그는 참 하나님이시요 영생이시라
>
> (벧후 1:12) 그러므로 너희가 이것을 알고 이미 있는 진리에 서 있으나 내가 항상 너희에게 생각나게 하려 하노라

철학은 인간과 세계에 대한 근본 원리나 지혜를 탐구하는 학문으로 보편타당한 진리를 추구합니다. 사람들은 자신만의 방법으로 이런 보편타당한 진리를 추구합니다. 기독교인은 이런 보편타당한 진리를 성경에서 발

견합니다. 성경이 진리라고 믿기 때문입니다.
 하지만 그렇게 생각하지 않는 사람도 많습니다.
 그렇다면 성경이 진리라는 사실을 어떻게 알 수 있을까요?
 철학적 관점에서 성경이 진리라는 사실을 아는 것은 인식론의 분야입니다.
 우리가 진리를 인식하는 방법은 크게 3가지입니다.

첫째, 진리 대응론(correspondence theory of truth)
둘째, 진리 정합론(coherence theory of truth)
셋째, 진리 실용론(pragmatic theory of truth)

 학자에 따라 선호하는 인식론이 다릅니다. 인식론에 있어 진리 대응론은 매우 중요합니다.
 그렇다면 진리 대응론이 왜 그렇게 중요한가요?

1) 진리 대응론은 논점 선취의 오류를 범하지 않기 때문이다

 논점 선취의 오류는 증명이 요구되는 논점을 미리 사실(진실)로 가정하는 오류입니다. 이 오류는 선결문제 요구의 오류라고도 합니다. 이런 오류의 예를 한 번 들어보겠습니다.

첫 번째 예
　　성경은 진리이다 → 성경에서 천국과 지옥이 있다고 말한다
　　→ 그러므로 천국과 지옥이 있다.
두 번째 예
　　성경 기록은 믿을 만하다 → 성경에서 예수님은 자신의 신성을 언급하셨다 → 그러므로 믿을 만한 성경에서 예수님이 신성을 말씀하셨으니 그분

은 신성을 갖고 있으시다 → 게다가 그분이 신성을 갖고 있지 않으시면서 신성을 갖고 있다고 말씀하셨다면 그것은 그분이 보여 주신 인격과 희생과 기적과 같은 정황과 배치된다 → 따라서 그분이 자신의 신성을 말씀하신 것은 참이다.

눈치가 빠른 분은 이 두 가지 예의 차이점을 생각할 것입니다. 즉 이 두 예를 비교해 보면 첫 번째 예는 논점 선취의 오류를 범했다는 비난을 받기 쉽습니다. 왜냐하면, 성경의 진리 여부가 증명되지 않았는데 성경이 진리라고 전제하는 것은 잘못이라고 할 수 있기 때문입니다. 그렇기에 첫 번째 예는 논리적이지 않다는 비난을 받을 수밖에 없습니다.

하지만 두 번째는 논점 선취의 오류를 범했다는 비난은 받지 않습니다. 왜냐하면, 전제가 참이라는 것을 나머지 논리가 증명해 주었기 때문입니다. 다시 말하면 전제와 논리가 진리 대응론에 입각해 있기 때문입니다. 진리 대응론에서 명제와 사실의 일치 여부가 명제의 참과 거짓 여부를 결정합니다.[3] 즉 논리의 명제들이 사실로 드러난다면 참이라고 봅니다.

좀 더 쉽게 말하면 명제와 사실이 일치할 때 우리는 그것을 진리 대응론이라고 말합니다. 예수님은 역사적으로 존재하셨으며 그분의 삶에 나타난 인격과 기적과 희생과 부활이 사실이기 때문에 두 번째 예는 논점 선취의 오류를 범했다고 말할 수 없습니다. 그러므로 진리 대응론은 진리를 판단하는 좋은 도구가 됩니다.

그런 의미에서 초월성을 강조하는 이슬람의 알라는 내재성이 부족하거나 없기 때문에 진리 대응론을 적용하기 어렵습니다. 초월성의 관점에서 알라가 우주 만물을 창조했다고 하는데 내재성의 관점에서 인간의 역사에

---

[3] 진리 대응론은 "지성과 사물의 일치"(*adaequatio intellectus et rei*)라는 스콜라 학파의 정통적인 신념이었다. 이 신념은 파르메니데스에서부터 시작해 아리스토텔레스가 그 토대를 확실히 했으며, 아퀴나스가 받아들임으로써 스콜라 학파의 전통이 되었다. 이 말은 뒤에 데카르트, 스피노자 그리고 칸트를 거치면서 정통적인 것으로 정착되었다.

개입하지 않았으니 알라가 존재하는지 아닌지 의문이 생길 수 있습니다.

또한, 불교는 깨달음의 종교로 이런 깨달음은 지각, 추리, 자상, 공상 등을 통해 이루어집니다. 예를 들면 인간의 존재와 삶이 인과적 관계라는 불교의 '연기' 개념은 지각보다는 이런 추리에 의존합니다. 그렇기에 진리 대응론을 적용할 수 없습니다. 왜냐하면, 사실에 의존하는 것이 진리의 본질인데 추리만으로는 사실 여부를 판단하기 어렵기 때문입니다.

진리를 의미하는 히브리어와 헬라어 단어는 깊은 의미가 있고 그 단어의 중심에는 사실에 일치한다는 개념이 있습니다. 그러므로 진리 대응론은 참종교를 구분하는 유용한 도구가 된다고 할 수 있습니다.

2) 진리 정합론은 모순성을 극복할 수 없기 때문이다

위에서 살펴본 것처럼 진리 대응론은 명제와 사실의 일치 여부로 진리를 판단합니다. 하지만 진리 정합론은 그런 판단의 적실성에 관해 의문을 표시합니다. 예를 들어 '하나님은 사랑이시다'라는 명제에서 한 사람이 하나님이 사랑이시라는 것을 인식했다고 해서 다른 사람도 똑같이 그렇게 인식하리라는 보장이 없다는 것입니다.

그렇기에 진리 정합론은 '한 판단의 진리성이란 그 판단 체계 안에서의 정합성에 있다'고 말합니다. 즉 명제들이 일관성을 보이기만 하면 됩니다. 이런 진리 정합론은 직접적 관찰이나 검증이 복잡한 과학 이론에서 상당한 설득력을 지닌 이론입니다.

하지만 진리 정합론은 진리를 판단하는 이론으로서 크게 2가지 면에서 부족합니다.

첫째, 진리 정합론은 판단의 정합성을 판단할 최초의 원리적 판단에 있어서는 그 타당성의 근원을 대응해서 구할 수밖에 없는 문제점을 지니고 있습니다. 진리 정합론은 전제와 그에 따른 논리가 서로 정합성을 보이기만 하면 진리라고 인정합니다. 즉 전제와 논리가 사실과 굳이 대응하지 않아도 진리가 될 수 있습니다.

예를 들어 구약 성경에서의 갓난아기를 둘러싼 친자 확인 소송은 진리론의 관점에서 시사하는 바가 큽니다. 솔로몬에게 찾아 온 진짜 어머니와 가짜 어머니는 갓난아기를 둘러 싸고 자신이 바로 친어머니라고 주장합니다. 가짜 어머니는 갓난아기를 자신의 아기라 주장하고 그에 관련된 증거나 증인을 조작할 수 있습니다. 진짜 어머니가 항의하지 않았다면 가짜 어머니가 진짜 어머니로 둔갑될 수도 있습니다. 이것이 진리 정합론의 모순성입니다. 왜냐하면, 명제들이 사실과 대응되어 있지 않기 때문입니다.

둘째, 진리 대응론은 다른 믿음에 의해 정당화되지 않는 기초적 믿음이 있음을 인정하지만, 진리 정합론은 정합성에 의해서만 판단하기 때문에 기초적 믿음도 거짓이 될 수도 있습니다. 위에서 논의한 대로 기초적 믿음은 증명하지 않더라도 참이 될 수 있습니다.

진리는 스스로 모순되지 않기 때문에 기초적 믿음은 스스로 모순되지 않습니다. 하지만 진리 정합론을 선호하는 사람들은 기초적 믿음도 모순될 수 있다고 생각합니다. 예를 들면 하나님은 사랑의 하나님이신데, 구약의 하나님과 신약의 하나님이 다른 모습을 보여 준다는 것입니다. 구약에서는 전쟁과 폭군의 이미지를, 신약에서는 평화와 사랑의 이미지를 갖고 있지 않느냐는 것입니다.[4] 즉 진리 정합론은 '하나님은 사랑이시다'라는 전제가 그것이 기초적 믿음이든 아니든 상관없이 거짓일 수 있다고 봅니다.

하지만 기초적 믿음은 스스로 모순되지 않고 그 어떤 정합성에도 영향을

---

4 그것은 하나님에 대한 단편적인 지식에 연유하기 때문에 일어나는 현상이다. 구약도 하나님은 사랑의 하나님이며, 자비롭고 은혜롭고 노하기를 더디하고 인자와 진실이 많은 하나님이심을 보여 준다(출 34:6; 민 14:17-19; 대하 30:9; 느 9:17; 시 103:8-13; 욜 2:13; 미 7:18). 또한, 신약도 심판하시는 하나님의 모습을 볼 수 있다(요 5:22; 8:50; 9:39; 12:47-29). 그러므로 구약은 심판의 하나님으로, 신약은 사랑의 하나님으로 규정하는 것은 옳지 않다. 신약과 구약의 하나님은 동시에 사랑과 공의의 하나님이다.

받지 않습니다. 결론적으로 진리 정합론은 전제와 논리가 사실과 대응되지 않고 기초적 믿음을 부인하기 때문에 결국 모순성을 보여 줄 수밖에 없습니다.

3) 진리 실용론은 실용성으로만 진리를 판단하기 때문이다

진리 실용론은 진리 정합론과 마찬가지로 명제와 사실의 일치 여부를 진리 판단의 기준으로 삼지 않습니다. 진리는 효율적이며 실용적일 때 그 의미가 있다고 봅니다. 영어의 실천(practice), 실제적(practical)이라는 말의 어원인 "프라그마"(pragma)는 그리스어로 행동을 뜻합니다. 즉 어떤 판단이 유용한 결과를 낳을 때 그 판단을 진리라고 봅니다. 어떤 판단을 실제 행동으로 옮겨 보고 그 결과가 만족스럽거나 유용하다면 그 판단은 참이고 그렇지 않다면 거짓이라는 것입니다.

이런 진리 실용론은 새로운 주장의 진위를 판별할 때 결과의 유용성을 중시합니다. 그런 의미에서 '하나님은 사랑이시다'라는 성경적 명제가 참이라고 하더라도 그 명제가 어떤 유용한 목적을 보여 주지 못하면 그 명제는 진리가 아닌 것으로 봅니다.

물론 진리 실용론이 유용할 때가 있습니다. 진리를 관념으로부터 끄집어 내어 현실 가운데 적용시킨 것입니다. 예를 들어 어떤 명제나 사상이 현실로 적용할 수 없다면 그 명제나 사상이 그다지 큰 의미가 없습니다. 어떤 정책이 매우 좋다는 평가를 받을 때, 그것이 평가로만 끝난다면 그 정책이 좋은 것은 아닙니다. 정책이 시행될 때 비로소 그 정책은 정말로 좋은 것이 됩니다.

이것을 성경의 '하나님은 사랑이시다'라는 명제에 적용하면, 하나님께서 그 독생자 예수 그리스도를 이 땅 가운데에 보내셨기 때문에 그 명제가 참이 된다는 것입니다. 하나님의 사랑은 실제적이며 구체적이기 때문에 진리 실용론의 입장에서 보아도 그렇게 크게 해가 되지 않습니다.

하지만 이런 진리 실용론을 아무런 제한 없이 따르는 것은 매우 위험합니다. 왜냐하면, 인간의 죄된 본성은 실용주의적 공리주의적 명분을 내세워 참과 진리를 호도할 수 있으며, 그 결과 자기기만, 불신, 교만, 지적 무관심, 진리의 회피, 침묵 등과 같은 결과를 가져올 수 있기 때문입니다. 예를 들어 많은 이단, 세계교회협의회(WCC), 사회복음주의, 해방신학, 동성애신학, 여성신학 등과 같은 시도들은 거의 실용주의 노선을 따르고 있습니다. 그들은 좋은 것이 좋은 것이라는 실용성과 공리성으로 무장한 명제들로 진리를 왜곡합니다. 하지만 실용주의는 그들이 사용하는 명제들이 사실과 일치하지 않을 뿐만 아니라 진리와 인간을 도구화하기 때문에 세심한 분별력을 필요로 합니다.

4) 결론

진리를 판단하는 3가지의 이론 가운데 진리 대응론은 하나님은 절대적이고 광대하신 창조주며, 초월하시는 분이며, 동시에 창조 세계에 내재하시며 객관적 경험에 상관없이 존재하시는 분이라는 것을 주장하는 가장 적합한 진리론입니다. 또한, 성경이 진리라는 사실을 증명할 뿐만 아니라 성경의 절대적 권위를 흔드는 포스트모더니즘과 실용주의의 도전을 무효화합니다.

진리 대응론은 진리는 실재해야 하고, 실존에 효용성을 가지며, 무모순성과 도덕성을 갖추며, 가치의 객관적 상태에 대응하는 불변의 것이어야 한다는 것을 모두 만족시키는 이론입니다. 그러므로 신앙을 굳건하게 세우며 세속적인 사회에서 그릇된 가치관에 물들지 않기를 원한다면 진리 대응론을 받아들여야 합니다. 즉 명제와 사실이 일치하는지를 먼저 살펴보고, 이런 진리 대응론에 기초한 성경이 진리라는 사실을 받아들여야 합니다.

3. 변증이 복음 전파에 도움이 되나요?

[시 119:154] 주께서 나를 변호하시고 나를 구하사 주의 말씀대로 나를 살리소서

[엡 4:23-24] 오직 너희의 심령이 새롭게 되어 하나님을 따라 의와 진리의 거룩함으로 지으심을 받은 새 사람을 입으라

[벧전 3:15] 너희 마음에 그리스도를 주로 삼아 거룩하게 하고 너희 속에 있는 소망에 관한 이유를 묻는 자에게는 대답할 것을 항상 준비하되 온유와 두려움으로 하고

기독교 신앙은 논리적 설명이 가능하다고 해서 다 믿어지는 것은 아닙니다. 복음을 전할 때 예수님이 구원자가 되시는 자격을 증명하고, 예수님의 죽음과 부활을 논리적으로 설명한다고 해서 회심의 결단이 다 일어나는 것은 아닙니다. 사실 예수님을 믿게 되는 것은 이성적인 설명만으로는 부족할 때가 많이 있습니다. 왜냐하면, 기독교 신앙은 기적이나 영적 체험과 같은 신비로운 부분을 포함하고 있기 때문입니다. 그렇기에 회심의 관점에서 변증이 복음 전파에 도움이 되지 않는다고 보는 사람도 있습니다.

그렇다면 변증이 복음 전파에 도움이 되나요?

1) 변증은 지적 영향력을 행사한다

변증은 사람에게 지적 영향력을 행사합니다. 한 사람의 인격을 논할 때 대개는 지정의 3가지 요소를 말합니다. 변증은 한 인격체의 구성 요소가 되는 지적 부분에 영향력을 미치는 행위입니다. 어떤 사람들은 한 사람이 회심하는 것은 성령님의 사역이며, 회심 과정에서 지적인 무엇인가가 이해되고 받아들여져서 회심하는 것은 아니라고 생각합니다. 물론 한 사람이 회심하는 것은 인간이 할 수 없는 신의 영역입니다. 즉 사람은 한 사람을 온전히 변화시킬 수 없습니다. 오직 사람을 온전하게 변화시킬 수 있

는 분은 성령님이십니다. 그래서 복음을 전하거나 변증할 때 평화의 사람을 만나 전도하는 것으로 자신의 역할을 규정짓는 경우가 많이 있습니다. 그리고 교회에서는 "나는 심었고 아볼로는 물을 주었으되 오직 하나님은 자라나게 하셨나니"(고전 3:6)라는 말씀에 기초하여 말씀을 전하는 것으로 선교의 사명을 다했다고 여겨지는 설교를 자주 듣습니다.

그렇다고 해서 변증이 필요없다고 할 수는 없습니다. 왜냐하면, 변증은 한 인격체에게 중요한 지적 부분에 영향력을 미치는 것이기 때문입니다. 이런 지적 영향력을 받은 사람도 회심할 수 있습니다.

> 어느 누구도 논증을 통하여 기독교로 귀의할 수 없다는 주장은 정말 잘못된 것이다.[5]

이 말처럼 변증은 꼭 필요합니다. 존 워윅 몽고메리(John Warwick Montgomery 1931-)나 C. S. 루이스(C. S. Lewis 1898-1963)와 같은 지성인들은 이성적 논증을 통해 자신들의 사고에 핵심적 변화가 있었다고 시인하고 있습니다. 그런 의미에서 변증은 꼭 필요하다고 할 수 있습니다.

그러므로 복음을 변증할 때, 변증이 독선적 주장이 되지 않도록 하는 것이 중요합니다. 즉 변증은 합리성을 전제로 논의를 전개해야 합니다. 왜냐하면, 논의에 사용된 가정, 경험, 지식 등이 합리성을 결여할 수 있고, 논의의 추론도 합리적이지 않을 때도 있기 때문입니다. 그러므로 변증할 때 독선적 주장으로 여겨지는 부분이 없는지 꼼꼼하게 살펴야 합니다.

또한, 복음 전도에 필요한 지식을 구비해야 합니다. 변증이 회심에 도움이 되지 않는다고 생각할수록 복음 전도에 필요한 지식이 실제로 부족하고 그로 인해 자신감이 결여될 수 있습니다. 이런 지식의 부재와 자신감의 결여는 복음 전도에 큰 걸림돌이 될 수 있습니다. 그러므로 모든 신자는

---

5 Douglas Groothuis, 『기독교 변증학』, 구혜선 옮김 (서울: CLC, 2015), 46.

복음 전도에 필요한 지식을 구비하는 데에 최선을 다해야 합니다.

2) 변증은 감정적 영향력을 동반한다

변증은 감정적 영향력을 동반합니다. 변증은 지적 부분만을 강조하지는 않습니다. 올바른 변증은 감정적인 요소를 무시하지 않습니다. 이런 감정적 영향력을 확대하기 위해서 간증을 사용할 수 있습니다. 예를 들어 어떤 상품이 있을 때, 그 상품은 정말로 우수한 성능을 가지고 있음을 논리적으로 설명할 수 있습니다. 하지만 사람들은 그러한 설명만 듣고서는 그 상품을 선뜻 구입하지는 않습니다. 이때 세일즈맨이 그 상품을 사용한 경험을 이야기해 주고, 그 자리에서 상품의 성능을 시연해 보인다면 그 상품을 구입할 확률은 높아집니다. 간증은 이와 같은 시연의 역할을 합니다. 그러므로 간증은 복음 전파에 매우 효과적 도구(tool)가 됩니다.

이런 회심의 대표적이고 역사적인 인물로 사도 바울을 꼽을 수 있습니다. 그는 예수님을 핍박하던 사람이었습니다. 하지만 그는 회심을 경험하고 나서 강력한 변증가가 되었습니다. 그는 헬레니즘 문화 가운데 태어나고 자랐으며 정통 유대교의 교육을 받았습니다. 그는 변증을 할 때 본인의 장점인 지적 부분만을 사용하지 않았습니다. 그는 부활하신 예수님을 만난 것을 항상 간증했습니다(행 17:18; 23:6; 고전 15장). 이런 간증을 통하여 그는 복음을 효과적으로 변증할 수 있었습니다. 그러므로 복음을 변증하는 사람은 회심을 경험해야 합니다.

3) 변증은 의지적 영향력을 제공한다

변증은 의지적 영향력을 제공합니다. 변증할 때에 논리적이고 이성적인 접근도 중요하지만 상대방에 대한 태도도 중요합니다. 베드로전서 3:15에서 "너희 속에 있는 소망에 관한 이유를 묻는 자에게는 대답할 것을 항상 준비하되 온유와 두려움으로 하라"고 말씀합니다. 즉 복음이 필요한 자에게 변증할 수 있도록 항상 준비가 되어 있어야 하며, 그 방법으로는 온유와 두려움으로 해야 합니다. 여기서 온유와 두려움은 상대방에 대한 사랑과 겸손으로 변증해야 한다는 것을 의미합니다. 만일 사랑과 겸손이 아닌 강압과 교만함으로 변증한다면, 상대방은 변증의 내용에 대해 먼저 거부 반응을 보일 것입니다. 사랑과 겸손은 복음을 받아들이는 데 필수 요소이며, 상대방의 의지를 격려하는 변증가의 태도입니다.

앞서 언급한 베드로전서의 말씀은 이런 상대방을 대하는 태도가 얼마나 중요한지를 알려 줍니다. 사도 바울은 믿음, 소망, 사랑이라는 신학적 덕을 강조했지만, 베드로는 믿음, 덕(goodness), 지식, 절제, 인내, 경건, 형제 우애, 사랑이라는 덕을 강조했습니다(벧후 1:5-7). 매우 감정적이라고 알려져 있는 베드로는 이처럼 신의 성품을 중요시합니다. 그러므로 변증가는 상대방이 복음을 받아들이도록 만들기 위해 이런 성품으로 상대방을 대해야 합니다.

4) 결론

복음은 한 사람의 인생을 바꿀 수 있습니다. 하지만 복음을 전하는 사람에 따라 한 사람의 인생을 바꾸는 데에 도움이 되기도 하고 전혀 도움이 되지 않기도 합니다. 그렇기에 복음 전파에 도움이 될 수 있는 방법론이 매우 중요합니다. 그러므로 복음을 전하는 사람들은 복음에 대해 부지런히 연구하는 지적 준비도 최선을 다해서 해야 합니다. 또한, 본인도 회심을 경험하고 간증을 사용함으로써 상대방이 감정적으로 복음을 수용할 수 있도록 해야 합니다. 또한, 상대방을 격려하는 방법을 배워서 상대방이 복음을 실천할 때 그 의지를 격려할 수 있어야 합니다. 이런 지적, 감정적, 의지적 방법론을 동원하는 통합적 변증을 시도한다면 그 변증은 복음 전파에 크게 도움이 될 것입니다.

4. 효과적 변증은 어떻게 해야 하나요?

[행 17:2-3] 바울이 자기의 관례대로 그들에게로 들어가서 세 안식일에 성경을 가지고 강론하며 뜻을 풀어 그리스도가 해를 받고 죽은 자 가운데서 다시 살아나야 할 것을 증언하고 이르되 내가 너희에게 전하는 이 예수가 곧 그리스도라 하니

[행 17:23] 내가 두루 다니며 너희가 위하는 것들을 보다가 알지 못하는 신에게라고 새긴 단도 보았으니 그런즉 너희가 알지도 못하고 위하는 그것을 내가 너희에게 알게 하리라

기독교인이라면 누구나 기독교의 진리가 참 진리라는 것을 믿으며, 이런 진리를 비신자들에게 효과적으로 변증하기를 원할 것입니다. 이런 효과적 변증을 위해 믿음의 선배들이 어떻게 변증했는지를 살펴보는 것은 매우 유익합니다. 특히 사도행전 17장에 나와 있는 바울의 변증을 참고할 수 있습니다. 하지만 이 변증이 실패한 변증이라고 보는 사람도 있습니다. 왜냐하면, 바울이 철학적인 아덴 사람들에게 명확한 기독교의 메시지를 전달하지 못했을 뿐만 아니라 복음보다는 철학을 더 말했으며 회심자가 적거나 거의 나오지 않았다는 이유 때문입니다. 그러나 바울의 변증이 실패한 변증이 아니라고 보는 사람도 많이 있습니다.

그렇다면 효과적 변증은 어떻게 해야 하나요?

1) 변증의 시작점

바울의 변증은 어떻게 변증하는 것이 효과적인지 잘 알려 줍니다. 바울은 아덴에서 우상으로 가득한 모습을 보았을 때 매우 격분했습니다 (행 17:16). 하지만 바울은 에피쿠로스 철학자들과 스토아 철학자들에게 "종교심이 많도다"(행 17:22)라고 칭찬하는 말로 접촉을 시도합니다. 그들이

섬기는 많은 예배의 대상들을 고려하여 그들이 매우 종교적이라는 공통점을 찾았습니다. 이것을 '상황화'(contextualization)라는 말로 표현할 수 있습니다. 즉 진리를 변증할 때 당면하는 여러 상황을 면밀하게 살펴보는 것입니다. 특히 철학자들과 같이 회의적인 사람들이 진리를 수용하는데 영향을 미치는 요인들을 살펴보는 것이 필요합니다.

바울은 그것이 우상 숭배임을 알았지만 그들과 복음을 연결하는 다리를 놓기 위해서 중립적 명제를 사용했습니다. 여기서 중요한 것은 바로 중립적인 지대라는 것입니다. 만일 여기서 바울이 그들이 섬기는 신이 우상이라고 공격했다면 더 이상의 대화는 진전되지 않았을 것입니다. 이처럼 그들과 접촉할 수 있는 중립 지대를 찾아 대화를 시작하는 것이 중요합니다.

2) 호기심의 유도

이런 호기심을 끌어내기 위해 바울은 "알지 못하는 신"이라는 제단을 발견했다고 말합니다. 그리고 그 신이 어떤 분인지를 알려 주겠다고 말합니다. 보통 복음을 전할 때에 예수님이 하신 일에 대해 소개하는 것이 일반적입니다. 하지만 바울은 예수님의 사역이 아닌 그들의 호기심을 먼저 채워 주기 위해 "알지 못하는 신"이 누구인지를 설명합니다. 그분은 인격적이고 초월적인 하나님이시며 우주를 창조하신 분이라고 소개합니다. 그리고 그 우주는 여전히 하나님의 섭리 아래에 있다고 말합니다. 이처럼 바울은 자신이 대면하고 있는 철학자들의 관점을 잘 알고 있었으며, 그들이 가지고 있는 호기심을 충족시켜 주었습니다.

왜냐하면, 스토아 학파 철학자들은 오늘날 뉴에이지 영적 원리나 비인격적인 '세계 영혼'(world soul)을 믿었고, 에피쿠로스 학파 철학자들은 인류에 전혀 관심을 보이지 않는 신들을 믿었기 때문입니다.[6] 이처럼 기독교

---

6 Douglas Groothuis, 『기독교 변증학』, 55.

세계관을 논증하기 위해 기독교와 경쟁 관계에 있는 세계관들을 알아야 할 필요가 있습니다.

3) 현재의 상황으로 연결하기

바울은 이어서 그 창조주가 인간과 밀접하게 연관되어 있으며(행 7: 26), 인간은 그 창조주를 찾아야 한다는 사실을 설명합니다(행17: 27). 이런 상황 연결이 필요한 것은 아테네 철학자들이 현재 어떤 상황에 처해 있는지를 알게 하기 위함입니다. 바울은 아테네 철학자들에게 인격적이고 내재적이고 관계적이신 하나님을 제시함으로써 그들의 잘못된 신관을 교정합니다. 바울은 이 순간까지도 아직 그리스도에 대해 언급하지 않고 있습니다. 그것은 하나님에 대한 올바른 관점을 갖지 못하면, 예수님을 주님, 하나님, 구세주로 받아들이기가 어렵다는 것을 바울은 잘 알고 있었기 때문입니다.

4) 공감대 찾기

바울은 그들의 잘못된 신관을 지적하고 그들 세계관과의 접촉점을 찾기 위해 그들이 잘 알고 있는 시인들의 말을 인용합니다. 사도행전 17:28에 보면, "우리가 그를 힘입어 살며 기동하며 존재하느니라 너희 시인 중 어떤 사람들의 말과 같이 우리가 그의 소생이라 하니"라고 나옵니다. 바울은 비록 그들의 세계관이 잘못되었지만, 그들이 신에 대한 감각을 어느 정도 가지고 있었다는 것을 놓치지 않고 이용합니다.

이어서 바울은 우리는 하나님의 자녀이기 때문에 하나님을 금이나 은과 같은 것에 새긴 것과 같이 여겨서는 안 된다고 가르칩니다. 이렇게 그들 고유의 믿음을 무시하지 않고, 그들에게 친숙한 단어를 사용하여 변증함으로써 바울의 논리는 더욱 설득력을 갖게 되었습니다.

5) 믿음을 변론하기

바울은 하나님께서 과거에는 그분에 대한 무지를 간과했다고 말합니다. 그러나 이제는 정하신 사람으로 하여금 천하를 공의로 심판할 날을 작정하셨기 때문에 "회개하라"고 명하셨다고 선포합니다(행 17: 31). 바울은 여기서 드디어 정하신 사람인 예수님을 언급하며, 하나님께서 예수님을 부활시키셨다고 선포합니다(행 17: 31).

바울은 이어서 복음의 핵심 내용이 되시는 예수님의 가르침과 죽음과 부활의 온전한 의미들을 설명했을 것입니다(고전 15:1-8). 이렇게 해서 바울은 성경적 세계관과 헬라적 세계관을 비교하는 철학으로 시작한 자신의 변증을 예수 그리스도께 개인적으로 그리고 존재적으로 반응할 것을 요청하는 데까지 끌고 왔습니다.

6) 결론

이와 같은 바울의 변증은 오늘날에도 어떻게 변증하는 것이 효과적인지에 대해 많은 것을 알려 줍니다. 왜냐하면, 이 세계는 포스트모더니즘, 다원주의, 이슬람 세력의 확장 등으로 인해 변증하기가 더 어려워지고 있기 때문입니다. 바울은 기독교 세계관에 반하는 세계관에 대해 그것을 완전히 부정하지 않고 그 가운데에서 기독교 세계관과 유사한 부분을 찾아 공감대를 찾기 위해 노력했습니다. 왜냐하면, 그러한 공감대를 기초로 하여 기독교 세계관을 제시할 수 있는 가능성을 높였기 때문입니다.

가장 중요한 사실은 바울이 예수 그리스도에 대한 변증을 빼놓지 않고 있으며 청중들로 하여금 예수 그리스도께로 초청하고 있다는 사실입니다. 그러므로 복음을 변증할 때 예수 그리스도를 주님으로 영접하는 초청의 시점이 어디에 있어야 하는지를 고민할 필요가 있습니다.

제2장

세계관과 관련된 문제

1. 법만 잘 지키면 되지 세계관이 무슨 상관있나요?

(시 98:9) 그가 땅을 심판하러 임하실 것임이로다 그가 의로 세계를 판단하시며 공평으로 그의 백성을 심판하시리로다

(렘 51:15) 여호와께서 그의 능력으로 땅을 지으셨고 그의 지혜로 세계를 세우셨고 그의 명철로 하늘들을 펴셨으며

(히 11:3) 믿음으로 모든 세계가 하나님의 말씀으로 지어진 줄을 우리가 아나니 보이는 것은 나타난 것으로 말미암아 된 것이 아니니라

세계관은 세계를 인식하는 관점 혹은 틀을 말합니다. 하지만 많은 사람은 세계관에 대해 그다지 관심이 없습니다. 그렇기에 법만 잘 지키면 되지 세계관이 밥 먹여 주냐고 말합니다. 하지만 세계관은 매우 중요합니다. 이런 중요성에 대해 사람들은 그다지 인식하지 못하는 것 같습니다.

그렇다면 세계관이 왜 그렇게 중요할까요?

1) 사람은 누구나 세계관을 가지고 있기 때문이다

사람들은 기본적으로 자신이 사는 세계에 대해 궁금증을 가지고 있습니다. 예를 들어 산과 바다 너머에는 무엇이 있는지 궁금하기 때문에 산을 넘고 배로 항해를 합니다. 이런 궁금증은 비단 자신이 사는 세계에 국한되지 않습니다.

"우주는 언제부터 생겼으며 어떻게 생겨났는가?"
"인간은 어디서 왔으며 인간의 삶의 목적은 무엇인가?"
"인간의 본질은 무엇인가?"
"궁극적인 실재가 있다면 그것은 무엇인가?"

위와 같은 질문들을 합니다. 이처럼 인간은 우주에 대해서, 우주 내에서 자신들의 위치에 대해서, 또 우주 너머에 무엇이 있는지 끊임없이 질문하는 존재입니다. "나는 생각한다, 고로 나는 존재한다"는 데카르트의 선언은 다른 모든 사물은 의심할 수 있어도 의심하고 있는 나의 존재는 의심할 수 없다는 것에서 그는 그의 철학을 시작합니다. 이처럼 인간은 자신을 둘러싼 세계에 대해 끊임없는 질문을 갖고 있습니다.

2) 세계관은 그 사람의 가치관을 보여 주기 때문이다

이런 우주, 인간, 궁극적인 존재에 대한 끊임없는 질문에 대답하려고 할 때 사람들은 자신이 가지고 있는 세계관을 통해 그러한 질문에 대답합니다. 그러므로 어떤 세계관을 가지고 있는지가 중요합니다. 이런 세계관에 대해 더글러스 그로타이스(Douglas Groothuis)는 "인간들의 다양한 조상, 역사, 제도와 종교들을 감안하여 인간들이 자리 잡고 있는 곳인 실재를 설명하고 의미를 부여하는 개념들의 복합체"[1]라고 합니다.

제임스 사이어(James Sire)는 "이야기의 형태로 혹은 실재의 근본적 구성에 대해 인간이 보유하고 있는 일련의 전제로 표현되는 것으로서, 인간이 살고 움직이고 몸 담을 수 있는 토대를 제공해 주는 하나의 결단이요 근본적인 마음의 지향"[2]이라고 정의하고 있습니다.

사이어에 의하면 세계관은 하나의 결단이고 마음의 문제라고 하여 인간을 규정짓는 핵심적 요소로서 인간 자아의 내면 깊숙이 자리 잡고 있는 단순히 지적인 문제가 아니라 오히려 영적 지향성 혹은 영적 성향이라고 보고 있습니다.[3] 이런 영적 지향성은 그의 가치관과 밀접한 연관성이 있습니다. 즉 영적 부분은 육적인 부분과 분리되어 있지 않고 결합되어 있습니다. 그러므로 세계관은 그가 가지고 있는 가치관을 보여 줍니다.

3) 세계관은 삶의 목적과 방향을 제시해 주기 때문이다

세계관은 삶의 목적과 방향을 제시해 줍니다. 예를 들어 이 세계는 물질적인 세계만 존재하는 것이 아닙니다. 하지만 물질적인 세계만 존재한다고 믿으면 이 세상에서의 삶의 모습은 이 세계만을 위한 삶이 됩니다. 그러한 대표적인 세계관이 바로 유물론입니다. 유물론은 만물의 근원을 물질로 봅니다. 심지어는 모든 정신 활동도 물질의 작용이나 물질의 산물이라고 봅니다.

이런 유물론에 대한 역사는 매우 깊습니다. 고대 그리스의 철학자인 데모크리토스와 에피쿠로스는 원자론을 주장했습니다. 원자론이란 모든 현상이 원자의 운동이라는 말로 설명합니다. 특히 데모크리토스는 원자는 평행을 따라 움직인다고 생각했습니다. 원자론의 입장에서는 원자의 움직

---

[1] Douglas Groothuis, 『기독교 변증학』, 구혜선 옮김 (서울: CLC, 2015), 32.
[2] James W. Sire, 『기독교 세계관과 현대사상』, 김헌수 옮김 (서울: 한국기독학생출판부, 2016), 23.
[3] Ibid., 24.

임이 결정되어 있듯이 모든 것이 결정되어 있습니다. 운명 또한 결정되어 있기 때문에 자연에 귀의할 수밖에 없습니다. 왜냐하면, 자연도 그 움직임이 해마다 변하지 않고 결정되어 있기 때문입니다. 그러한 삶은 결정론적 삶을 살게 하며, 영적 세상을 준비하는 삶이 아닌 물질적 세상에서의 삶을 살게 되고 그것을 최고의 가치로 여깁니다. 그러다 보니 이 세상에서의 쾌락을 중요시하는 것은 당연한 일이 됩니다.

에피쿠로스는 쾌락주의의 아버지라고 할 정도로 쾌락주의를 강조했습니다. 단기적 쾌락보다는 장기적인 쾌락을, 육체적 쾌락보다는 정신적 쾌락을, 역동적 활동의 쾌락보다는 정적 휴식의 쾌락을 더 중요시했습니다. 이런 쾌락의 정점을 아타락시아(*ataraxia*)라고 합니다. 아타락시아는 자기 외부의 혼란스러움이 제거된 평정심의 상태를 말하는데 이런 상태를 특별히 중요한 가치로 여겼습니다.

이런 유물론은 헤겔이나 마르크스에게도 매우 중대한 영향을 미쳤습니다. 특히 헤겔은 변증법에 기초한 유물론을 주장했습니다. 변증법에 기초한 유물론은 정반합의 유물론으로 더 많이 알려져 있습니다만 다음과 같은 3가지의 기본 법칙을 따릅니다.

첫째가 질의 양화 법칙입니다.
이것에 따르면 양의 점진적 변화는 질의 혁명적 변화를 일으킨다는 법칙입니다.
둘째가 대립물의 통일의 법칙입니다.
이것은 구체적 현실의 통일체는 대립물, 혹은 모순의 통일체임을 의미합니다.
셋째가 부정의 부정의 법칙입니다.
이것은 대립물의 투쟁 속에서 하나의 대립물은 다른 대립물을 부정하며, 다시 그것은 어떤 양자가 다같이 부정된 명사를 보존하는 보다 높은 차원의 역사적 발전(정반합)에 의해 부정됨을 의미합니다.

이런 변증법에 기초한 유물론은 마르크스에게도 영향을 미쳐서 역사적으로 실패한 공산주의를 일으켜 수많은 생명을 희생시킨 것을 잘 알고 계실 것입니다.

또한, 세계관은 비단 유물론에만 한정되는 것은 아닙니다. 유신론에도 적용될 수 있습니다. 예를 들어 이슬람에서는 '지하드'(Jihad)라는 교리를 가지고 있습니다. 지하드는 좁은 의미에서는 이교도의 이슬람 국가 침략에 대한 저항을 나타내지만, 넓은 의미에서는 신앙을 방해하는 욕망의 절제라는 뜻을 지니고 있습니다. 그러므로 이런 교리에 의하면 졸음을 참고 새벽에 일어나 예배를 드리거나, 식욕을 참고 금지된 음식을 먹지 않는 것 등이 모두 지하드에 속한다고 할 수 있습니다.

하지만 원리주의와 같은 극단주의로 갈수록 이교도의 이슬람 국가 침략에 대한 저항을 강하게 표출합니다. 그러다 보니 자살 폭탄 테러와 같은 일들이 생겨나는 것입니다. 이처럼 세계관은 삶의 목적과 방향을 제시해 주기 때문에 중요합니다.

4) 결론

이와 같이 어떤 세계관을 가지고 있는지가 매우 중요합니다. 물론 세계관이 당장 밥을 먹여 주는 것은 아니지만 세계관은 매일매일의 생활에 있어 매우 중요합니다. 삶의 목적, 삶의 방향, 삶의 태도가 결정되기 때문입니다. 그런 의미에서 어떤 세계관을 가져야 할지에 대해서 고민해야 합니다. 기독교의 세계관은 그러한 고민에 대한 적절한 세계관이라고 생각합니다. 그것은 기독교의 세계관이 유신론적인 세계관이며 삶의 목적, 방향, 태도에 있어 그 어떤 세계관보다도 우월하기 때문입니다.

2. 세계관은 왜 꼭 신과 연관되어 있나요?

> (시 90:2) 산이 생기기 전, 땅과 세계도 주께서 조성하시기 전 곧 영원부터 영원까지 주는 하나님이시니이다
>
> (전 3:11) 하나님이 모든 것을 지으시되 때를 따라 아름답게 하셨고 또 사람들에게는 영원을 사모하는 마음을 주셨느니라 그러나 하나님이 하시는 일의 시종을 사람으로 측량할 수 없게 하셨도다
>
> (롬 1:20) 창세로부터 그의 보이지 아니하는 것들 곧 그의 영원하신 능력과 신성이 그가 만드신 만물에 분명히 보여 알려졌나니 그러므로 그들이 핑계하지 못할지니라
>
> (골 2:9) 그 안에는 신성의 모든 충만이 육체로 거하시고

세계관이라는 것은 세계를 바라보는 관점을 말합니다. 세계가 어떻게 생겨났으며, 어떻게 구성되어 있으며, 어떻게 운영되고 있는지에 대한 관점입니다. 이때 세계관은 신과 꼭 연관되어 있으며 신을 떠나서 세계관을 논하는 것은 어렵습니다. 하지만 사람들은 존재 유무가 불확실한 신과 세계관이 왜 연관되어야 하는지에 대해 의문을 표합니다.

그렇다면 세계관은 왜 꼭 신과 연관되어 있나요?

1) 세계관은 인간의 근본적인 질문에 반응해야 한다

인간은 누구나 근본적인 질문을 가지고 있습니다. 이런 인간의 근원적이고 본질적인 질문들을 상세히 기술하자면 다음과 같습니다.

첫째, 진정으로 참된 최고의 실재는 무엇인가?
둘째, 외부의 실재 즉 우리를 둘러싼 우주 세계의 본질은 무엇인가?
셋째, 인간은 무엇인가?

넷째, 인간이 죽으면 어떤 일이 일어나는가?
다섯째, 인간에게 지식이 가능한 이유는 무엇인가?
여섯째, 무엇이 옳고 그른 것을 어떻게 알 수 있는가?
일곱째, 인간 역사의 의미는 무엇인가?[4]

이것을 한 문장으로 축약하자면, 인간은 어디에서 왔으며, 어디로 가는지, 우리가 살고 있는 우주에는 소망이 있는가입니다. 이런 질문들은 인간, 구원, 도덕성의 근원, 역사 그리고 사후 세계에 대한 탐구적 질문입니다.[5] 이런 궁금증에 대해 전도서 3:11에서는 다음과 같이 말합니다.

> 하나님이 또 사람들에게는 영원을 사모하는 마음을 주셨느니라(전 3:11).

이처럼 인간들은 이런 질문들의 해결책을 찾기에 노력하며, 인생의 여정은 그러한 질문의 답을 찾아가는 여정이라고 할 수 있습니다. 이런 여정은 목마른 사슴이 시냇물을 찾아 헤매는 것과 같이 참된 진리를 향한 인간의 열망이 녹아 있습니다. 그러한 참된 진리를 찾아가는 도구가 바로 세계관입니다. 세계관은 철학과 종교가 항상 논의해 왔던 핵심 영역들을 다루는 실재에 대한 총체적 개념입니다.

2) 세계관은 무신론과 유신론으로 나누어진다

이런 궁극적 실재에 대해 답변하는 두 부류의 세계관이 있습니다. 하나는 무신론적 세계관이며, 다른 하나는 유신론적 세계관입니다. 무신론은 이런 본질적 질문에 대한 답변과 소망을 인간이나 우주 자체에서 찾습니

---

4 Ibid., 26-7.
5 Douglas Groothuis, 『기독교 변증학』, 137-45.

다. 또한, 본질적 문제의 쟁점들에 대해 논리의 법칙들을 따를 때 일관성이 없으며, 모든 실제의 자료를 통한 탐구에 의해야 하는데 영적인 존재를 거부하거나 포함할 수 없습니다. 또한, 인간은 생각하지만 불완전하며, 사랑하지만 증오하며, 창조적이지만 파괴적이며, 도덕적이지만 비도덕적인 행동 양태들을 잘 논증하지 못합니다.

결국, 무신론은 어떤 형태의 허무주의로 귀결되어 세계관의 준거 기준에 만족하지 못합니다.[6] 결국 무신론은 허무주의로 귀결될 수밖에 없습니다. 무신론적 세계관에는 허무주의, 실존철학, 자연주의, 뉴에이지 운동, 포스트모더니즘, 동양의 범신론적 일신론 등을 포함할 수 있습니다.

유신론은 인간의 이성을 초월한 신적인 존재에게서 이런 질문들에 대한 해답을 찾고 있습니다. 유신론적인 세계관에는 기독교의 유신론, 이신론, 내재신론 등이 포함되어 있습니다. 여기서 중요한 사실은 기독교 유신론은 그러한 질문에 대한 답변과 소망을 줄 수 있다는 점입니다.

왜냐하면, 이런 본질적 의문들에 대해서 기독교 유신론만이 자아나 우주에서 그 답을 찾는 것이 아니고 모든 것을 초월하신 인격적 하나님 안에서 모든 선, 소망, 실재, 근원을 찾아가는 세계관의 준거 틀을 제공하고 있기 때문입니다. 이런 기독교 유신론적 세계관은 성경에 권위를 두고 하나님의 영광을 위해 지어진 하나님의 형상을 지어진 인간들의 피조된 본성과 궁극의 목적을 찾고 있습니다.[7]

결론적으로 세계관을 언급하기 위해 꼭 신을 언급해야만 합니다. 왜냐하면, 인간은 끊임없이 질문하는 존재이며, 그러한 질문에 대답하려면 세계관이라는 도구를 사용해야 하고, 그 세계관은 무신론과 유신론의 관점에서 다르게 대답하기 때문입니다.

---

6 James W. Sire, 『기독교 세계관과 현대사상』, 349-50.
7 Douglas Groothuis, 『기독교 변증학』, 133.

3) 기독교 유신론만이 인간의 근본적 질문에 적절하게 대답한다

그러므로 어떤 세계관을 소유해야 하는지가 중요합니다. 물론 개인의 선호도에 따라 세계관을 선택할 수 있습니다. 하지만 기독교 유신론만이 그러한 질문에 대한 합리적이며 소망을 제시해 줄 수 있습니다. 기독교 유신론은 신을 긍정합니다.

신을 긍정한다는 것이 어떤 의미를 지닐까요?

그것은 하나님만이 삶의 목적과 소망이시기 때문에 세상을 긍정한다는 데에 그 특별한 의미가 있습니다. 이런 긍정이 주는 특별한 의미는 무신론에서처럼 허무주의로 귀결되지 않으며, 죽음과 비존재(non-being)의 두려움에서 자유를 준다는 데 있습니다. 왜냐하면, 인간은 인간이 하는 모든 것에 대해 반드시 순간순간 하나님께 의뢰하면서 살아가기 때문입니다. 이런 자유와 내세의 삶에 대한 소망은 예수님의 재림을 통해 이루어지게 됩니다.

예수님은 죽은 자 가운데서 불멸의 존재로 다시 살아나셨으며, 이런 부활과 재림에 대한 약속은 인간들에게 종말에는 죽음을 이기게 될 것이라는 강력한 소망을 갖게 됩니다. 이런 강력한 소망은 인간을 사랑하신 삼위일체 하나님 자체를 기뻐하며 이 땅 가운데서 살아갈 목적과 힘을 공급해 준다는 점에 있어서 왜 기독교 유신론을 가져야 하는지를 설명해 줍니다.

4) 결론

세계관은 신과 연관되지 않으면 반쪽짜리 세계관이 되고 맙니다. 왜냐하면, 인간은 영과 육으로 결합된 신비로운 존재이기 때문입니다. 생각하고 있는 나의 존재를 의심할 수 없다는 데카르트의 고백은 인간 존재의 확실함이 얼마나 중요한지를 보여 줍니다. 이런 인간 존재의 확실함은 인간이 영과 육으로 결합된 신비로운 존재임을 깨달을 때 극대화됩니다. 그렇기에 신과 연관되지 않는 세계관은 전인적 인간의 모습을 보여 주지 못합니다.

예를 들어 신을 인정치 않는 유물론은 인간의 삶을 긍정하기 보다는 흙으로 돌아갈 인생, 결국 소멸될 인생이라는 허무주의로 귀결될 수밖에 없습니다. 그렇기에 세계를 바라볼 때 인간과 더불어 신을 고려해야 합니다. 이렇게 신을 고려하는 세계관 가운데 기독교 세계관을 받아들여야 하는 이유는 기독교 세계관만이 유일하게 우주와 인간의 기원과 같은 존재론, 도덕의 근원과 같은 윤리론, 진리의 판단과 같은 인식론, 수많은 종교적 질문과 같은 인간의 근본적 질문에 적절하게 대답할 수 있기 때문입니다.

3. 윤회를 어떻게 바라보아야 하나요?

> (롬 8:30) 또 미리 정하신 그들을 또한 부르시고 부르신 그들을 또한 의롭다 하시고 의롭다 하신 그들을 또한, 영화롭게 하셨느니라
> (요일 2:28) 자녀들아 이제 그의 안에 거하라 이는 주께서 나타내신 바 되면 그가 강림하실 때에 우리로 담대함을 얻어 그 앞에서 부끄럽지 않게 하려 함이라
> (계 22:13) 나는 알파와 오메가요 처음과 마지막이요 시작과 마침이라

요즈음 TV를 보면 전생에 대한 이야기를 많이 합니다. 또한, 미모의 여인을 아내로 맞이할 때 전생에 나라를 구했다고 합니다. 또한, 하는 일이 잘 되지 않을 때 이번 생에는 망했다고 말합니다. 그만큼 윤회 사상은 알게 모르게 우리의 인식 속에 자리 잡고 있는 사상입니다. 이번 생에 안 되면 다음 생에 잘 되고 싶은 인간의 심정은 충분히 이해할 수 있습니다. 하지만 그것이 정말로 성경에서 가르치는 것은 아닙니다.

그렇다면 윤회를 어떻게 바라보아야 하나요?

1) 성경은 영원불변의 순환 원리를 가르치지 않는다

불교에서는 윤회 원리가 이 세상을 움직이는 기본 원리일 뿐만 아니라 진리를 깨친 모든 성자가 세상에서 발견하는 공통된 진리라고 주장합니다. 그들은 예수님도 이런 원리를 순환과 인과의 이치를 들어 제자들을 가르쳤다고 말합니다. 그들이 사용하는 성경 구절들은 다음과 같습니다.

> (마 7:16-21) 그들의 열매로 그들을 알지니 가시나무에서 포도를, 또는 엉겅퀴에서 무화과를 따겠느냐 이와 같이 좋은 나무마다 아름다운 열매를 맺고 못된 나무가 나쁜 열매를 맺나니 좋은 나무가 나쁜 열매를 맺을 수 없고 못된 나무가 아름다운 열매를 맺을 수 없느니라 아름다운 열매를 맺지 아니하는 나무마다 찍혀 불에 던져지느니라 이러므로 그들의 열매로 그들을 알리라
> (마 12:33-35) 나무도 좋고 열매도 좋다 하든지 나무도 좋지 않고 열매도 좋지 않다 하든지 하라 그 열매로 나무를 아느니라 독사의 자식들아 너희는 악하니 어떻게 선한 말을 할 수 있느냐 이는 마음에 가득한 것을 입으로 말함이라 선한 사람은 그 쌓은 선에서 선한 것을 내고 악한 사람은 그 쌓은 악에서 악한 것을 내느니라

그들은 이와 같은 구절들이 예수님께서 지은 대로 이루어지는 영원불변의 순환 원리를 말한 것이라고 주장합니다. 가시나무는 가시를 계속해서 만들어 내고, 포도나무는 포도를 계속 만들어 내는 것처럼 순환되고, 좋은 원인이 나쁜 결과를 맺는 일은 없으며 좋은 결과가 있는 곳에는 반드시 좋은 원인이 있기 때문이라는 것입니다.

하지만 이 구절들이 그러한 순환 원리를 의미하는 것이 아닙니다. 그것은 하나님의 창조 원리를 가르쳐 주는 것입니다. 창세기 1:11에 보시면 하나님은 "땅은 풀과 씨 맺는 채소와 각기 종류대로 씨 가진 열매 맺는 나무를 내라 하시니 그대로 되어"라고 말씀합니다.

여기서 왜 "씨라"는 단어를 강조했을까요?

그것은 창조의 다양성을 말해 주며 인간을 위한 환경과 음식을 제공해 주기 위한 하나님의 배려를 보여 줍니다. 그것은 모든 만물이 순환되어야 한다는 것을 의미하는 것이 아닙니다.

만일 윤회가 사실이라면 하늘과 땅, 큰 광명체와 작은 광명체, 궁창과 바다는 어떻게 순환됩니까?

그것들이 순환되기 위해서는 그것들이 사라지고 새로운 존재로 나타나야 하는데 그것을 어떻게 설명할 수 있을까요?

결정적으로, 사라진 존재와 새로운 존재 간의 상관성이 입증되어야 하는데 그것을 어떻게 입증할 수 있을까요?

또한, 마태복음 7:20에서 "그의 열매로 그들을 알리라"라고 말씀하신 것, 마태복음 12:35에서 "선한 사람은 그 쌓은 선에서 선한 것을 내고 악한 사람은 그 쌓은 악에서 악한 것을 내느니라"라고 말씀하신 것은 영원불변의 순환 원리를 가르치신 것이 아닙니다.

특히 마태복음 12:35에서 그것은 귀신 들려 눈 멀고 말 못 하는 사람을 예수님께서 고쳐 주신 것을 보고 바리새인들이 귀신의 왕 바알세불을 힘입지 않고는 귀신을 쫓아내지 못한다는 말에 대해 예수님께서 반박의 의미로 하신 말씀입니다. 즉 악한 마음에서 악한 말이 나올 수밖에 없다는 것인데 예수님을 시기하고 질투하니 예수님께서 좋은 일을 하셨음에도 불구하고 나쁜 말로 비방한다는 뜻입니다. 그러므로 이 말씀이 윤회의 순환 원리를 의미하는 것이 아닙니다.

2) 하나님의 인간의 창조는 윤회를 의미하지 않는다

윤회를 믿는 사람들은 욥기 3:11-19에서 욥이 극심한 고통을 당해 낙태나, 사산자로 태어났으면 얼마나 좋았을까라는 고백을 인용하여 그것이 윤회를 지지한다고 말합니다.

(욥 3:13) 내가 평안히 누워서 자고 쉬었을 것이니

또한, 17-19절에 나오는 "거기서"가 전생을 의미한다고 말합니다. 하지만 욥의 고백은 전생을 의미하는 고백이 아니라 극심한 환란 가운데서 자신의 태어난 날을 원망한 것에 불과합니다. 즉 자신이 출생하기 이전의 날들과 빛이 없었더라면 자신이 이 세상에 아예 태어나지도 않을 수 있었을 것이며, 그렇다면 이 세상에 태어나 현재와 같은 고통은 겪지 않았을 것이라는 한탄의 고백입니다.

또한, 윤회를 믿는 사람들은 예레미야 1:4-5에서 "내가 너를 모태에 짓기 전에 너를 알았고"라는 말이 전생을 두고 한 말이라고 주장합니다. 하지만 이 구절은 뱃속에서부터 하나님이 예정해 놓았다는 말씀이지 그것이 윤회를 의미하는 것이 아닙니다.

성경은 하나님이 천지를 창조하실 때 인간을 창조하셨다고 말합니다. 하나님은 태초에 천지를 창조하시고(창 1:1), 흙으로 첫째 사람 아담을 만드셨고(창1:27), 둘째 사람 하와를 아담의 갈비뼈로 만드셨습니다(창 2:22). 인간의 창조에는 전생이 있을 수 없습니다. 또한, 윤회는 인간의 고귀함을 저버리는 사악한 시도입니다.

왜냐하면, 인간은 하나님의 형상으로 창조되었기 때문입니다(창 1:27). 인간을 물고기나 벌레와 같은 생물들과 동일 존재로 인식하는 것은 인간의 고귀함을 훼손시키며 인간 생명에 대한 경시 현상을 가져오는 주범임을 알아야 합니다. 자살하면서 다음 생을 기약하거나 살인하면서 다음 생에 더 잘되라고 기원하는 것은 인간 생명에 대한 경시를 조장하는 일임을 알아야 합니다

3) 예수님의 은유는 윤회를 의미하는 것이 아니다

윤회를 믿는 사람들은 예수님도 말라기 4:5에 예언한 엘리야가 마태복음 11:13-15에 나오는 침례 요한으로 왔다고 말했으며, 그것이 전생을 의미한 것이라 주장합니다.

> (마 11:13-15) 모든 선지자와 율법이 예언한 것은 요한까지니 만일 너희가 즐겨 받을진대 오리라 한 엘리야가 곧 이 사람이니라 귀 있는 자는 들을지어다
> (마 17:11-13) 예수께서 대답하여 이르시되 엘리야가 과연 먼저 와서 모든 일을 회복하리라 내가 너희에게 말하노니 엘리야가 이미 왔으되 사람들이 알지 못하고 임의로 대우했도다 인자도 이와 같이 그들에게 고난을 받으리라 하시니 그제서야 제자들이 예수께서 말씀하신 것이 침례 요한인 줄 깨달으니라

여기서 예수님께서 말씀하신 것은 침례 요한의 전생을 의미한 것이 아니라 엘리야가 가졌던 예언의 사명을 감당할 사람이 침례 요한이라는 것을 의미합니다. 즉 말라기의 예언은 침례 요한이 그러한 사명을 감당할 사람이라는 의미이지, 엘리야가 부활하거나 침례 요한이 전생에서 온 것이 아니라는 것입니다. 이처럼 예수님의 은유를 바로 이해할 필요가 있습니다.

4) 예수 그리스도의 선재성이 윤회를 의미하는 것이 아니다

윤회를 믿는 사람들은 예수님의 선재성이 윤회를 의미한 것이라 주장합니다. 요한복음 8:56-58에 보시면 아브라함이 태어나기 전부터 예수님께서 계셨다는 것이 바로 그 증거라고 주장합니다. 하지만 이 말씀은 삼위일체 하나님께서 우주 만물과 인간을 창조하시기 전부터 존재하셨다는 것을 의미합니다. 이런 삼위일체 하나님께서 죄로 인해 멸망할 인생을 사랑하셔서 인간의 몸을 입고 신성과 인성을 가지고 이땅에 오신 분이 바로 예수

님입니다. 예수님은 예언의 말씀을 성취하시기 위해 이 땅 가운데 오셨습니다.

그러므로 예수님의 말씀은 예수님의 선재성을 의미하는 것이지, 예수님께서 전생으로부터 왔다는 것을 의미하는 것이 아닙니다. 예수님은 창조주이시며 삼위 하나님 중 한 분이시지, 사라졌다 다시 태어나는 피조물이 아닙니다.

5) 초대 교회는 윤회를 믿지 않았다

윤회를 믿는 사람들은 기독교가 초대 교회 이후 400여 년간 윤회를 믿어 왔다고 주장합니다. 그 증거로 서양의 유명한 인물들이 윤회를 언급했다는 것입니다. 소크라테스는 파이돈에서 윤회를 언급했고,[8] 예수님 또한 윤회를 위에서와 같이 가르쳤다는 것입니다. 이런 윤회 사상은 초대 교회를 포함한 약 400여 년간 계속 이어져 왔는데, 콘스탄틴 황제가 윤회 용어를 교회 신학에서 삭제했다고 말합니다.

그 이유는 영혼의 구원이 개인적 노력과 전생의 업에 의해서 가능하다면 교회와 황제의 권위가 약화되기 때문입니다. 쉽게 말하면 자신들을 신격화해야 하는데 윤회론이 방해가 된다는 것입니다. 그리고 윤회에 대한 언급들을 없애기 위해 니케아 공의회는 환생을 암시하는 구절을 삭제했으며, 왜 기독교는 모든 성자가 발견한 공통 진리를 외면하는지 모르겠다고 주장합니다.

---

[8] '영혼에 대하여'라는 부제를 가지고 있는 『파이돈』(φαιδων)은 소크라테스가 죽은 후 14년 내지 15년이 지난 시점에 쓰인 책이다. 이 책은 소크라테스가 죽던 날 새벽부터 해가 넘어갈 때까지 일어난 일들을 소크라테스의 제자인 파이돈(Phaedo of Elis)에게 피타고라스 학파의 철학자 에케크라테스(Echecrates)에게 이야기하는 형식을 취하고 있다. 이 책에서 소크라테스는 철학자들이 실제로 하려는 것은 죽는 것과 죽음을 완성하는 것이라고 주장했다. 소크라테스는 지식을 향한 인간의 모든 탐구는 무지의 자각이 선행될 때 시작될 수 있다고 주장하고 영혼 불멸과 영혼 윤회 사상에 입각하여 배움을 전에 배운 것을 상기하는 것으로 규정했다.

하지만 이런 주장은 근거 없는 주장입니다. 윤회라고 하는 선재론(先在論)은 그리스도의 선재성을 의미하는 것이지 그것이 불교식의 윤회를 가리키는 것이 아닙니다. 그리스도의 선재성은 그리스도의 성육신에 있어서 매우 중요한 개념입니다. 그렇기에 사도 요한은 요한복음을 시작하면서 그리스도의 선재성을 설명하고 있습니다.

이런 선재성이 윤회 개념이라면 왜 황제들은 요한복음의 시작 부분을 삭제하지 않았을까요?

그것은 그리스도의 선재성이 불교식 윤회 개념이 아니기 때문입니다.

또한, 니케아 공의회는 예수님을 피조물이라고 주장한 아리우스를 이단으로 규정하기 위해 모였으며 그 결과 삼위일체를 확립한 공의회였습니다. 그러므로 니케아 공의회는 환생이나 윤회와 관련이 없습니다.

6) 기독교 세계관은 윤회가 아닌 직선적 역사관이다

윤회를 믿는 사람들은 인생이 다양한 모습으로 태어나고 죽고 다시 태어난다고 하는 윤회의 역사관을 가지고 있습니다. 계절이 돌고 도는 것처럼 역사도 계속해서 순환한다는 것입니다. 하지만 기독교의 역사관은 순환의 역사관이 아니라 직선의 역사관입니다. 이것은 과거에서 시작하여 현재로, 그리고 영원한 미래로 계속하여 한 방향으로 가는 것을 뜻합니다.

하나님은 "나는 알파와 오메가요 처음과 마지막이요 시작과 마침이라"고 말씀합니다(계 22:13, 참고. 1:8, 21:6). 창조로부터 시작된 역사는 종말을 향해 가고 있습니다. 이런 종말을 대비하며 사는 삶을 종말론적 삶이라고 합니다. 사도들은 이런 종말론적 삶을 위해서 다음과 같이 조언합니다.

> (요일 2:28) 자녀들아 이제 그의 안에 거하라 이는 주께서 나타내신 바 되면 그가 강림(παρουσία)하실 때에 우리로 담대함을 얻어 그 앞에서 부끄럽지 않게 하려 함이라

기독교의 그 날인 파루시아(재림)의 날은 점점 다가 오고 있으며, 그날은 하나님만 아십니다. 그날은 그리스도인들에게 영원한 생명이 약속된 소망의 날이 될 것입니다. 그러므로 윤회가 세상의 변함없는 원리라고 주장하는 것은 직선적 역사관에 비추어 볼 때 종말을 대비하지 못하게 하는 단점이 존재합니다.

7) 구원은 윤회가 아닌 복음으로 이루어진다

윤회를 믿는 사람들은 한 세계에서 다른 세계로 가는 것은 사는 동안 쌓은 선행과 악행의 결과로 정해진다고 합니다. 선행을 하면 더 높고 좋은 곳으로 환생을 하고, 악행을 하면 더 낮고 나쁜 곳으로 환생을 한다는 것입니다. 즉 선행을 하면 윤회를 통해 영화롭게 되고, 만일 영화롭게 되지 못하면 또다시 태어나면 된다고 말합니다.
"만약 인간에게 전생이 존재하지 않는다면 빈부와 운명의 차이를 어떻게 설명할 수 있는가?"
"전생에 복음을 듣지 못한 훌륭한 사람들은 전부 지옥에 가 있단 말인가" 이렇게 질문합니다."
윤회만이 이런 문제에 해답을 줄 수 있다고 말합니다.
하지만 구원은 윤회가 아닌 복음으로 이루어진다는 사실을 알아야 합니다. 인간이 영화롭게 되는 것은 예수 그리스도의 피, 즉 십자가 보혈의 복음으로써만 가능합니다. 로마서 2:14-15에 보면 율법 없는 이방인들은 양심이 증거가 되고, 율법 있는 유대인들은 율법이 증거가 됩니다. 하지만 양심이나 율법으로는 구원을 완성시킬 수 없기 때문에 예수님께서 이 땅 위에 오신 것입니다(마 5:17). 즉 예수님을 통해서만 구원받을 수 있습니다.
여기서 윤회를 믿는 사람들은 생명의 기본 순환 원리의 윤회론은 기독교에서 사라져 버리고 진리성이 약화된 믿음만을 강조하는 원시 종교가 되어 버렸다고 말합니다. 즉 믿음으로써 구원을 받는다는 것이 꼭 샤머니즘(Shamanism)과 같은 원시 종교와 같다는 것입니다. 하지만 그것은 복음의 본질을 잘 모르기 때문에 하는 말입니다. 즉 예수님을 믿음으로써만 구원을 받는다는 것으로 알고 있기 때문에 벌어지는 현상입니다. 바로 위에서 서술했듯이, 기독교의 복음은 예수님을 통해서만 구원받을 수 있습니다. 물론 개인의 믿음이 중요하지만, 개인의 믿음으로만 구원을 받는 것이 아닙니다. 구원은 예수님을 통해서만 이루어지며 예수님께서 은혜를 주셔야 구원을 받습니다. 즉 구원은 하나님의 선물입니다.

그러므로 내가 선을 행하고 내가 믿어서 구원받는다고 하면 그것은 이미 복음의 본질을 떠난 말이 됩니다. 정리하자면 구원은 윤회가 아닌 복음으로 이루어진다는 사실입니다. 이런 사실들은 누가복음 16:19-31의 부자와 나사로의 비유에서 확인할 수 있습니다. 즉 천국과 지옥의 존재는 다시 태어날 수 없다는 것을 확실하게 보여 줍니다.

8) 결론

윤회를 믿는 사람들은 이 세상 모든 일에는 원인 없는 결과가 없고 뿌리 없는 나무도 없듯이 전생이 있기 때문에 현생이 있고 현생이 있기 때문에 내생도 존재한다고 주장합니다. 하지만 윤회는 성경적 사상이 아닙니다. 성경은 영원불변의 순환 원리를 가르치지 않으며 하나님의 인간 창조는 윤회를 의미하지 않습니다. 또한, 예수님의 은유는 윤회를 가르치는 것이 아니며, 그리스도의 선재성이 윤회를 의미하는 것도 아닙니다. 초대 교회는 윤회를 믿지 않았으며 기독교 세계관은 윤회가 아닌 직선적 역사관을 가지고 있습니다. 결정적으로 구원은 윤회가 아닌 복음으로 이루어집니다. 이 모든 것을 종합하면, 윤회는 성경적 사상이 될 수 없음이 확실합니다.

4. 뉴에이지 운동이 끌리는데 어떻게 이해해야 하나요?

(고후 4:18) 우리가 주목하는 것은 보이는 것이 아니요 보이지 않는 것이니 보이는 것은 잠깐이요 보이지 않는 것은 영원함이라
(골 1:16-17) 만물이 그에게서 창조되되 하늘과 땅에서 보이는 것들과 보이지 않는 것들과 혹은 왕권들이나 주권들이나 통치자들이나 권세들이나 만물이 다 그로 말미암고 그를 위하여 창조되었고 또한 그가 만물보다 먼저 계시고 만물이 그 안에 함께 섰느니라
(히 11:3) 믿음으로 모든 세계가 하나님의 말씀으로 지어진 줄을 우리가 아나니 보이는 것은 나타난 것으로 말미암아 된 것이 아니니라

뉴에이지(New Age) 운동은 1970년대 이후 서구 세계에서 빠르게 성장하고 있는 영적 혹은 사회적 운동입니다. 하지만 정확히 어떤 사람들이 어떤 운동을 하는지 정의하기 힘듭니다. 그래서 대부분의 종교학자나 사회학자들은 뉴에이지 운동을 정의하는 것에 어려움을 표합니다. 왜냐하면, 뉴에이지 운동은 신념이나 삶의 방식이 다양하며 문화적 상황이 달라 뉴에이지 운동을 추구하는 개인이나 집단마다 다른 접근 방식을 채택하고 있기 때문입니다.

그럼에도 뉴에이지 운동을 정의하자면 뉴에이지 운동은 긍정적 사고를 강조하며 인간에게 잠재되어 있는 [신적] 능력을 개발하는 것을 추구합니다. 인간 속에는 인간이 미처 깨닫지 못하고 있는 무한한 잠재력과 내재된 신성이 있는데 그것을 개발해야 한다는 것입니다. 그래서 영어 표현대로 새로운 시대 혹은 새로운 세계를 지향하며 인류를 위한 더 나은 삶의 방식을 추구합니다. 그러다 보니 뉴에이지 운동에 끌리는 사람이 많습니다. 그들은 인간의 잠재되어 있는 [신적] 능력을 고취시키고 새로운 시대를 추구하는 것이 나쁘지 않다고 생각합니다.

그렇다면 뉴에이지 운동을 어떻게 이해해야 하나요?

1) (신관) 뉴에이지 운동은 범신론을 추구한다

　범신론(pantheism)은 '모든 것(pan)이 하나님(theism)이고 하나님은 모든 것'이라는 관점으로 신이 온 세상 만물에 내재하고 있다고 봅니다. 범신론 하면 범신론 체계를 가장 일관성 있게 구축한 철학자로 알려진 네덜란드 철학자 바루흐 스피노자(Baruch Spinoza, 1632-77)를 빼놓을 수 없습니다. 그는 자연에 존재하는 모든 것은 하나의 현실(실체)이며 현실 전체를 지배하는 규칙 세트는 단 하나뿐이라고 주장합니다. 즉 신과 자연은 같은 현실에 대한 두 개의 이름이며 신과 자연은 하나의 동일한 존재라는 것입니다. 이런 관점은 힌두교와 불교의 교리에서 여러 유형의 범신론의 형태로 나타납니다.

　예를 들면 힌두교의 인사말인 "나마스떼"(namaste)의 어원적 의미는 namas(내가 아님, 경배) + te(당신에게)의 의미입니다. '내가 아님'이라는 의미는 인사를 받는 사람에게 열려 있다는 것을 의미하며 신에게 말할 때는 절이나 숭배를 의미합니다. 문자 그대로는 '당신에게 절하는 것'을 의미하지만 '내 안에 있는 신성한 것이 당신 안에 있는 신성한 것을 인식한다 혹은 경배한다'는 뜻을 가지고 있습니다.

　힌두교는 수천수만의 신들을 믿는데, 그 많은 신이 각자의 몸에 다양한 형태로 존재한다고 믿습니다. 그렇기에 '나마스떼'는 '나도 당신도 신이다'라는 의미를 품고 있습니다. 이 세계관에 의하면 눈에 보이는 모든 것, 즉 이 세상에 존재하는 모든 것이 신이 됩니다.

　그러므로 이 세상에 존재하는 인간도 신이 될 수 있습니다. 이것은 요가나 명상, 혹은 영적 각성과 같은 것을 통해 인간으로서의 평범성을 뛰어넘어 잠재된 초능력을 개발할 때 가능합니다. 궁극적으로 신과의 합일을 경험할 때 구원에 이른다고 봅니다.

　하지만 이런 사상은 매우 위험한 사상입니다. 왜냐하면, 성경은 범신론을 말하지 않기 때문입니다. 성경은 창조주와 피조물의 구분을 분명히 하고 있습니다. 피조물은 어떤 경우에도 창조주 하나님이 될 수 없습니다. 다시 한번 강조하자면 피조물은 어떤 방법으로도 창조주가 될 수 없습니다. 그러기에 피조물은 창조주에게 순종해야만 합니다. 하지만 범신론적 세계관은 인간도 신이 될 수 있기에 창조주에게 순종해야 할 의무를 무시하도록 만듭니다.

성경에는 인간 스스로 하나님이 되려다가 하나님께 순종치 않은 사람들을 기록하고 있습니다(창 2:17; 롬 5:19; 호 6:7). 그 대표적인 사람이 바로 인류의 시조인 아담과 이브입니다. 그들은 당신도 하나님이 될 수 있다고 하는 사탄의 유혹에 넘어가 죄를 범하고 말았습니다(창 3:5). 그러므로 이런 범신론적 사상을 기반으로 하는 뉴에이지 운동은 반기독교적 세계관이 되기에 충분합니다.

2) (우주관) 뉴에이지 운동은 단일론을 추구한다

뉴에이지 운동은 '모든 것은 하나이다'라는 단일론을 추구합니다. 우주의 모든 것은 원초적 단일성에서 발산되었다는 것입니다. 이런 단일론은 우주를 바라보는 시각을 결정합니다. 즉 창조주와 피조물을 하나로 보는 범신론적 사상에서 더 나아가 우주와 인간을 하나로 간주합니다. 그렇기에 인간이 원초적 상태로 돌아가기 위해서는 모든 존재의 하나됨을 추구해야 합니다. 인간과 인간, 인간과 생물, 인간과 무생물은 모두 하나로 보기 때문에 언제든지 서로의 의사소통이 가능하다고 믿습니다.

그러므로 뉴에이지 운동에서 우주와의 합일은 중요한 요소가 됩니다. 한때 영적 세계에 살고 있던 인간은 물질세계에 내려왔기 때문에 현재에 살고 있는 물질 세계는 학습과 성장을 위한 세계여야 한다고 봅니다. 이런 학습과 성장은 높은 세계를 향한 목적론적 삶을 추구하는 진화의 과정입니다. 그러므로 뉴에이지 운동은 다윈의 진화론은 아니지만 목적론적 진화론을 추구합니다.

이런 단일론은 이 세계가 하나님의 창조의 솜씨라는 것을 부정하게 만듭니다. 창세기 1장은 이 우주는 하나님의 아름다운 창조 솜씨라는 것을 보여줍니다. 하나님은 하나의 창조가 끝날 때마다 "좋았다"를 반복하셨습니다. 완전하신 하나님이 보실 때 "좋았다"라는 감탄사는 인간이 볼 때 최고일 수밖에 없습니다. 즉 이 세계는 '존재할 수 있는 모든 세계 중의 최고'(The best of all possible worlds)입니다. 이 말은 고트프리트 라이프니츠(Gottfried Leibniz, 1646-1716)가 신정론을 설명하면서 다음과 같이 논증합니다.

(1) 하나님은 무한히 많은 우주에 대한 아이디어를 가지고 있다.
(2) 이런 우주 중 하나만 실제로 존재할 수 있다.
(3) 하나님의 선택은 충분한 이성의 원칙에 따라 결정된다(하나님은 하나 또는 다른 것을 선택할 이유가 있다).
(4) 하나님은 선한 분이다.
(5) 그러므로 하나님께서 존재하기로 택하신 우주는 존재할 수 있는 모든 세계 중 최고이다.

이런 논증은 그 어떤 논증에 의해 무력화되기 어렵습니다. 그만큼 이 우주는 창조주의 아름다운 솜씨를 보여 줍니다. 여기서 중요한 것은 뉴에이지 운동이 생각하는 우주론은 틀렸다는 것입니다. 인간과 우주를 단일론의 입장에서 취급하는 것은 두 가지 면에서 반기독교적입니다. 하나는 인간을 손수 빚어 만드시고(창 1:26) 인간에게 독특한 사명과 위치를 부여한(창 1:28) 하나님께 대항하는 것이며, 다른 하나는 이 세상의 근원이시며 유지자이신 하나님을 배제하는 것입니다. 그러므로 우주와의 합일을 주장한다면 그것은 하나님을 거역하고 대항하는 사탄적인 시도라고 할 수 있습니다.

3) (인간관) 뉴에이지 운동은 자유주의론을 추구한다

뉴에이지 운동은 인간이 자신의 삶을 설계하는 자유주의론을 추구합니다. 그렇기에 결정론을 배척합니다. 뉴에이지 운동은 범신론과 단일론을 기반으로 하기 때문에 높은 영적 세계를 향한 목적론적 삶을 추구합니다. 이를 위해 요가나 명상이나 호흡법을 사용합니다. 요가 수련의 기본 목적은 불변의 실상인 절대자와의 합일입니다. '요가'(yoga)는 산스크리어로 '결합하다' 혹은 '멍에를 매다'라는 뜻의 동사 유즈(yuj)에서 파생된 보통 명사입니다. '자신의 의지와 신의 의지와의 진정한 결합'을 의미합니다. 고대 요가 수행자들은 몸은 수레와 같고, 마음은 그것을 이끄는 마부와 같다고 생각했습니다. 마음은 지혜, 감정, 의지라는 3가지의 힘에 의해 움직인다고 보았습니다.

그러므로 수레의 궁극적인 목적지이자 인간의 진정한 자아로 여겨지는 영혼으로 인도하기 위해서는 마음의 수련이 중요합니다. 왜냐하면, 수레인 몸을 이끄는 것은 마부인 마음이기 때문입니다. 이런 마음 수련을 위해 요가를 발전시켰는데, 요가 수련에는 크게 4가지의 정통 방법이 있습니다. 카르마(karma), 박티(bhakti), 즈나나(jnana), 그리고 라자(raja)입니다. 이런 방법들은 접근 방식이 다르며 나름대로의 특성을 지니고 있습니다.

하지만 이런 방법들의 궁극적 목표는 신인합일입니다. 육체로부터 해탈하여 소에 멍에를 씌워 결합하듯이 신과 결합하는 것입니다. 그런 의미에서 인간의 육체는 아무런 가치가 없습니다. 인간의 육체는 결국 소멸되고 말기 때문에 육체의 부활이 있을 수 없습니다.

뉴에이지 운동을 추구하는 것은 영지주의와 같이 육체를 학대하는 것에 대한 정당성을 제공합니다. 더 나아가 육체는 영혼에 대하여 귀찮은 방해물에 불과하기 때문에 소멸되어 버리는 것이 오히려 좋다고 가르칩니다. 그러므로 이 사상은 육체를 소중히 여기는 기독교에 상반되는 사상입니다. 사도 바울은 특히 영지주의에 대항하여 육체가 얼마나 소중한지를 강조합니다. 사도 바울은 이런 육체적 학대 가능성을 차단하기 위해 인간의 육체는 거룩하게 될 수 있으며 하나님이 거하시는 성령의 전이라고 선포합니다(고전 6:13-20).

또한, 바울은 에피쿠로스 학파와 스토아 학파 철학자들과 몸의 부활에 대해 쟁론할 정도로 육체의 소중함을 견지합니다(행 17:18). 또한, 부활장으로 알려져 있는 고린도전서 15장은 부활의 진정한 의미가 영혼만의 부활이 아닌 육체와의 부활임을 천명합니다.

또한, 태초에 하나님께서 인간을 창조하실 때 육체와 영혼이 하나로 결합될 때에 사람이 '생령'이 되었습니다. 즉 완전한 사람이 된 것입니다. 성경 어느 곳에서도 육체를 하찮게 여기거나 육체를 학대하는 것에 대해 정당성을 제공할 만한 구절은 찾아 볼 수 없습니다. 그러므로 육체를 하찮게 여기는 고대 밀교적인 성향을 지닌 뉴에이지 운동은 반기독교적인 사상이 분명합니다.

4) (윤리관) 뉴에이지 운동은 상대주의를 추구한다

뉴에이지 운동은 특별한 교리나 신앙 체계를 가지고 있지는 않습니다. 하지만 개인의 신념과 잠재성을 그 어떤 교리나 신앙 체계보다 우선시합니다. 이런 경향성은 윤리관에 있어서 뚜렷하게 나타납니다. 그들은 윤리적 문제에서 선과 악을 심각하게 따지지 않습니다. 왜냐하면, 모든 것이 상대화되기 때문입니다. 절대적 옳고 그름의 기준이 있을 수 없으며 윤리는 상황에 따라 변할 수 있습니다.

그러므로 이혼이나 낙태나 동성애 등의 문제에서는 개인의 권리를 우선시합니다. 이런 문제들은 윤리적 가치 판단이 적용될 수 없는 문제라고 봅니다. 뉴에이지 운동은 범신론과 단일론에 기초하고 있기 때문에 오히려 모든 것은 선하다는 입장입니다. 모든 것이 선한 세상 속에서 신으로 살아가기 위해서는 의식을 개혁해야 한다고 주장합니다. 그러므로 성악설보다는 성선설의 입장에 서 있다고 할 수 있습니다.
 하지만 이런 주장들은 성경의 가르침에 위배됩니다. 현실에서 선과 악은 대립하고 있으며 모든 것이 선하지는 않습니다. 인간은 죄된 본성 때문에 인간의 마음속에서 끊임없이 선과 악의 전투를 벌이고 있습니다.
 갈라디아서 5장에서는 육체의 소욕(열매)과 성령의 열매를 비교하고 있습니다. 에베소서 6장에서는 영적 전투를 위해 갑옷과 방패와 검으로 무장해야 한다고 말합니다. 그것은 선과 악의 대립이 얼마나 쉽지 않은 전투인가를 보여 줍니다.
 또한, 하나님만이 윤리적 가치 판단의 절대적인 기준을 제공하기 때문입니다. 이런 절대적인 기준은 절대 상대화되지 않습니다. 결국, 뉴에이지 운동의 윤리관은 하나님의 절대 자리가 전혀 존재하지 않으며 오히려 인간이 우주의 중심에 서는 인본주의 사상이라고 할 수 있습니다.

5) (구원관) 뉴에이지 운동은 자력 구원을 추구한다

 뉴에이지 운동에 있어 인간의 목표는 진정한 자아의 본향인 영적 세계로 들어가는 것입니다. 이 목표를 이루기 위해서는 내재된 신성을 깨달아야 한다라고 말합니다. 그들은 인간이 기존의 지식과 경험과 가치관에서 벗어나지 못하기 때문에 자신의 신성을 깨닫지 못한다는 것입니다.
 이런 깨달음을 주장하는 것은 자력 구원을 주장하는 불교의 세계관과 같습니다. 결국, 이것을 깨달으면 구원을 받지만 깨닫지 못하면 깨달을 때까지 윤회의 과정 속에 들어가게 됩니다. 즉 윤회 사상을 자연스럽게 받아들입니다. 그래서 윤회는 육체를 입은 혼이 땅에 있는 삶의 학교로 되돌아가는 것이라고 봅니다. 이렇게 윤회를 거듭하며 진화의 과정을 거쳐 신이 될 수 있다는 것입니다. 그러다 보니 그들은 예수님을 영적인 선각자나 대가(master) 혹은 영적으로 진화한 존재로 생각합니다.

하지만 성경은 윤회가 사실이 아니며 인간은 한 번 태어난 후 죽고, 죽은 후에는 심판이 있다고 선언합니다(히 9:27). 또한, 성경은 모든 인간이 죄인이므로 회개와 구원이 필요하다고 말합니다. 하지만 뉴에이지 운동에서는 죄도 없고 심판도 없기 때문에 구원받기 위해 특별히 회개할 필요가 없습니다. 또한, 하나님도 구원자도 필요없습니다. 오직 필요한 것은 인간 스스로의 깨달음입니다. 즉 자력 구원을 주장합니다.

그러나 자력 구원은 가능하지 않습니다. 죄성을 지닌 인간에게는 절대 타자의 도움이 필요합니다. 그분이 바로 하나님의 독생자 예수 그리스도이시며 그분이 오직 유일한 구원의 길이 되십니다(요 14:6; 행 4:12). 그러므로 그 어떤 초능력, 기도, 단전호흡, 초월명상, 마인드 콘트롤, 요가, 명상, 호흡법, 그리고 어떠한 방법을 사용한다고 하더라도 인간 스스로는 자신을 구원할 수 없습니다(롬 3:23, 6:23; 고후 4:4).

6) 결론

세계관은 인식론에 있어 매우 중요한 테제입니다. 왜냐하면, 세계를 어떻게 인식하느냐에 따라 세계에서 일어나는 사건에 대해 어떻게 반응할지가 결정되기 때문입니다. 뉴에이지 운동은 말 그대로 기존의 세계관을 낡은 세계관으로 규정하며, 포스트 모더니즘과 다원주의의 영향으로 세계를 보는 분별력을 흐리게 만듭니다.

결론적으로 뉴에이지 운동은 인간과 하나님을 분리하여 인간 존재를 그 무엇보다 최고의 가치를 두는 세속적 인본주의 사상이기 때문에 비성경적 사상입니다. 또한, 불교, 힌두교, 신비 종교, 초월주의, 심령술, 신지학, 고대 문명, 외계 문명에 대한 막연한 신비적 감정이 혼합된 반기독교적인 사상입니다. 그러므로 인간의 잠재된 신적 능력에 초점을 맞추는 음악과 미술과 각종 사상을 매우 주의할 필요가 있습니다.

제3장

신 존재와 관련된 문제

1. 하나님이 계시다는 사실을 어떻게 알 수 있을까요?

[시 14:1] 어리석은 자는 그 마음에 이르기를 하나님이 없다 하는도다

[시 34:8] 너희는 여호와의 선하심을 맛보아 알지어다 그에게 피하는 자는 복이 있도다

[요일 1:1-2] 태초부터 있는 생명의 말씀에 관하여는 우리가 들은 바요 눈으로 본 바요 자세히 보고 우리의 손으로 만진 바라 이 생명이 나타내신 바 된지라 이 영원한 생명을 우리가 보았고 증언하여 너희에게 전하노니 이는 아버지와 함께 계시다가 우리에게 나타내신 바 된 이시니라

신 존재에 관한 문제는 동서고금을 막론하고 인간이 가지고 있는 가장 근본적이고 원초적 문제입니다. 하지만 무신론자는 하나님이 감각적으로 느껴지지 않는다고 하여 하나님이 존재한다는 사실을 부인합니다. 물론 하나님이 눈에 보인다면 하나님이 존재한다는 사실을 믿는 일에 아무런 장애가 없을 것입니다. 하지만 하나님은 눈에 보이지 않습니다. 그러나 그렇다고 해서 하나님이 존재하지 않으시는 것은 아닙니다.

로마서 1:20에는 "창세로부터 그의 보이지 아니하는 것들 곧 그의 영원하신 능력과 신성이 그가 만드신 만물에 분명히 보여 알려졌다"고 말씀하고 있습니다. 인간은 눈에 보이는 만물을 보며 그것을 만드신 하나님의 존재를 알 수 있습니다. 하지만 무신론자들은 그것만으로 부족하다고 여깁니다. 사실 성경은 하나님의 존재하심을 합리적으로 증명하려고 하지 않습니다. 왜냐하면, 창조주 하나님의 존재를 전제로 하고 있기 때문입니다 (창 1:1).

그렇기에 하나님의 존재가 입증되어서 믿기보다는 먼저 바른 신앙을 확립하는 것이 좋습니다. 하지만 무신론자들을 위해 신의 존재를 철학적 논증으로 증명해 보일 수 있습니다.

그렇다면 하나님이 계시다는 사실을 어떻게 알 수 있을까요?

여기서는 전통적으로 인정받는 4가지의 논증들을 살펴보겠습니다.

1) 존재론적 논증(Ontological Argument)

존재론적 논증은 캔터베리의 안셀름(Anselm of Canterbury, 1033-1109)이 제시한 논증입니다. 그는 훈시라는 뜻의 『프로스로기온』(*Proslogion*)이라는 책에서 만일 하나님을 "그보다 더 위대하신 것을 생각할 수 없는 가장 위대하신 분"이라고 생각한다면 그러한 하나님은 반드시 현실 가운데 존재하시는 분이어야 한다고 말합니다. 안셀름이 여기서 사용하는 개념은 '관념과 현실의 차이'입니다. 세상에는 2가지 종류의 존재가 있는데,

하나는 관념 속에만 존재하는 존재이고,
다른 하나는 관념 속에서뿐 아니라 실제로도 존재하는 존재입니다.

우리는 관념 속에서 '더 이상 상상할 수 없을 정도로 위대한 존재'(a being than which nothing greater can be conceived)를 생각할 수 있습니다. 그런데 관

념 속에서 생각한 '더 이상 상상할 수 없을 정도로 위대한 존재'는 관념 속에서만 존재하는 것이 아니고 실제로도 존재해야만 합니다. 왜냐하면, '더 이상 상상할 수 없을 정도로 위대한 존재'가 관념 속에서만 존재한다면, 그 존재는 '더 이상 존재할 수 없을 정도로 위대한 존재'가 될 수 없기 때문입니다. '더 이상 상상할 수 없을 정도로 위대한 존재'가 되려면 실제로도 존재해야만 합니다.

이런 안셀름의 논증은 다음과 같이 요약할 수 있습니다.

> (1) 신은 정의상 상상할 수 있는 어떤 것보다도 더 큰(위대한) 존재이다.
> (2) 실제로도 존재하는 것은 그것이 상상 속에만 존재하는 것보다 크다 (위대하다).
> (3) 따라서 신은 실제로 존재해야 한다.[1]

이런 신 존재 증명은 관념과 실재의 차이에 주목한 증명 방법입니다. 하지만 이 증명은 나중에 임마누엘 칸트(Immanuel Kant)에 의해 비판을 받습니다. 안셀름은 존재가 가지고 있는 성질을 통하여 하나의 대상이 존재한다는 것을 설명한 것인데, 칸트는 이런 논증에 문제가 있다는 것입니다. 즉 하나의 존재가 가지고 있는 성질을 통하여 하나의 대상이 존재한다는 것을 증명한 것에 불과하지, 실제로 그 대상이 존재한다는 것을 증명한 것은 아니라고 본 것입니다.[2] 쉽게 말하자면 존재는 성질 그 자체가 아니기 때문에 존재와 존재 증명은 차이가 있다는 것입니다. 물론 이에 대해 여러

---

1 그렇지 않다면 그는 상상될 수 있는 어떤 것보다 크지(위대하지) 않다. 왜냐하면, 상상된 가장 큰 존재보다 더 큰 실재 존재가 존재하지 않으면 상상될 수 있는 존재보다 클 수 없다.

2 Immanuel Kant, *Critique of Pure Reason*, 1781/1787, A592-602/B620-630. "존재는 술어가 아니다"(existence is not a predicate)는 Kant의 유명한 명제이다. "존재는 실재적 술어가 아니며, 사물의 개념에 덧붙여질 수 있는, 그러한 것에 대한 개념이 아니다. 그것은 단순히 사물의 정립일 뿐이다"라는 것이다. 쉽게 말하자면, 실존의 영역과 본질의 개념 영역은 구분되며, 따라서 존재론적 신 증명은 오류가 있다고 비판한다.

가지로 반박할 수도 있습니다만, 지면 관계상 여기까지만 하도록 하겠습니다.

2) 우주론적 논증(Cosmological Argument)

우주론적 논증은 고대 그리스의 아리스토텔레스(Aristotle)와 중세 시대의 토마스 아퀴나스(Thomas Aquinas, 1225-1274)로 내려오는 논증과 중세 이슬람 역사에서 등장하는 칼람(Kalam) 논증이 있습니다. 이 두 가지의 논증은 모두 원인에 대한 고찰로부터 시작하는 것이 공통점입니다. 비록 칼람 논증이 이슬람에서 연유되기는 했지만, 논증 자체는 우주론적 논증이 되기에 부족함이 없기 때문에 기독교에서도 인정하고 있는 논증이기도 합니다.

먼저 아리스토텔레스와 아퀴나스의 논증을 살펴보겠습니다. 아퀴나스는 『신학대전』(Summa Theologica)에서 다음과 같이 신 존재 증명을 하고 있습니다.

첫째는 '운동과 변화'로부터의 논증입니다.

이 세상에 움직이는 사물을 보면 그 물체는 스스로 움직이지 않습니다. 움직이는 모든 것은 그 자신이 아닌 다른 무엇인가에 의해 움직여집니다. 따라서 자신은 움직이지 않고 다른 것을 운동시키는 제일의 원인으로써의 첫 자동력(first-self-moving power), 혹은 원동자(prime mover), 혹은 부동의 동자(unmoved mover)가 있어야 합니다. 그 '부동의 동자'를 신이라고 말합니다.

둘째는 인과율에 따른 능동 원인을 통한 논증이라 할 수 있습니다.

즉 모든 존재하는 것에는 원인이 있다는 것입니다. 원인 없이 존재하는 것은 없습니다. 모든 것은 원인을 가지고 있고 그 원인은 또 다시 원인을 가지고 있고 이렇게 거슬러 올라가 보면 모든 것을 있게 한 제일의 원인

혹은 능동 원인이 존재합니다. 그 능동 원인은 바로 제1원인이며 그 제1원인은 바로 절대적인 힘을 공급해 주는 것이 신이라는 논증입니다.

칼람 논증도 우주에 있는 모든 것에는 원인이 있다는 것에 착안을 둔 것입니다. 이 논증은 3단 논법의 형식을 취하고 있습니다.

(1) 모든 존재하기 시작한 것은 그 존재에 대한 원인을 지닌다.
(2) 우주는 존재하기 시작했다.
(3) 그러므로 우주에는 원인이 있다.

이런 모든 전제를 종합해 보면, 원인 없이 존재하는 존재, 시작점이 없고 영원불변한 존재, 비물질적이며 시공을 초월한 존재, 모든 움직이는 물체의 동력을 제공하는 상상할 수 없을 정도의 강력한 힘을 지닌 인격적인 존재가 우주의 원인이라는 결론에 도달하게 됩니다. 우리는 그러한 존재를 '신'이라고 부릅니다. 이 논증은 매우 직관적이어서 이해하기가 매우 쉽다는 장점을 지니고 있습니다.

3) 목적론적 논증(Teleological Argument)

이 논증은 지적 설계 논증으로 불리기도 하는데, 지적인 창조주가 어떤 목적하에 우주를 만들었다는 논증입니다. 이 논증은 신의 존재 논증 중에 가장 오래된 역사를 가지고 있는 논증으로 플라톤(Plato)의 대화록에 나오는 티마이우스(Timaeus)에서 찾을 수 있습니다.

플라톤은 우주의 탄생을 필연과 지성의 결합으로 보는데, 온 우주를 제작한 신인 데미우르고스(Demiurgos)가 우주를 가장 좋게 만들려는 필연적인 의지를 가지고 불변하는 이데아를 모방해서 질서 있게 만들었다고 말합니다. 즉 우주가 질서와 목적을 가지고 있다면, 우주가 그런 기능을 발휘할 수 있도록 만든 분이 계시다는 논증입니다. 따라서 이 논증도 우주론적 논증의 한 부분이라고 할 수 있습니다.

이런 목적론적 논증에 있어 시계 제작자의 비유는 매우 유용합니다. 프랑스 계몽주의 작가인 볼테르(Voltaire, 1694-1778)는 시계 제작자의 비유를 통해 시계는 그것을 만든 제작자가 반드시 존재한다는 것을 말합니다.

영국 성공회 신부이며 철학자인 윌리엄 페일리(William Paley, 1743-1805)는 1802년에 펴낸 『자연신학』(Natural Theology)에서 시계 제작자의 비유를 들어 목적론적 논증을 전개합니다. 내 발이 어떤 돌에 부딪쳤을 경우 그 돌은 옛날부터 거기에 있었을 것이라고 말하겠지만, 작동하고 있는 시계를 땅 위에서 발견했을 경우 그 시계가 어떻게 거기에 놓이게 되었는지 묻게 된다는 것입니다. 즉 시계는 너무 복잡하고 기능적이어서 단순히 우연의 산물로 출현할 수가 없다는 것입니다. 마찬가지로 체계적으로 구성되어 있으며 정밀하게 움직이는 우주가 저절로 생긴 것이 아니라 누군가에 의해 만들어졌다고 하는 것이 타당하다는 것입니다. 이를 다음과 같이 공식화해 볼 수 있습니다.

(1) 우주는 생명체를 위해 미세조정되어 있다.
(2) 미세조정된 우주의 원인은 물리적 필연성, 우연 혹은 설계이다.
(3) 미세조정의 원인은 물리적 필연성이나 우연이 아니다.
(4) 따라서 미세조정 우주의 원인은 설계이다.

그러나 목적론적 논증은 우주론적 논증과 마찬가지로 우주에 어떤 지적 설계자가 있다는 것을 증명해 주기는 하지만, 그 설계자가 기독교의 창조주 하나님이신 것을 입증하지는 못합니다. 뿐만 아니라 정교하게 시계를 만들고 시계밥을 주면 자동적으로 움직이는 것처럼, 이 우주 만물이 자동적으로 움직이도록 만들었다는 이신론(deism)에 빠질 우려가 존재하는 것은 사실입니다.

4) 도덕론적 증명 (Moral Argument)

도덕론적 논증은 임마누엘 칸트(Immanuel Kant, 1724-1804)가 주창한 논증으로 알려져 있습니다. 그는 인간의 자율성을 강조했으며 도덕적 인간을 상정했습니다. 칸트는 인류의 목표는 완전한 행복과 미덕을 달성하는 것이며 이것이 가능하기 위해서는 내세가 존재해야 하며, 내세를 제공하기 위해 하나님이 존재해야 한다고 믿었습니다. 또한, 영혼이 불멸하기 때문에 천국에 가기 위해서도 도덕적으로 살아야 한다고 말합니다. 또한, 반대를 선택할 수 있는 자유, 즉 자유의지가 주어졌기 때문에 도덕적으로 살아야 합니다. 자유의지가 없으면 도덕적으로 산다는 것이 의미가 없기 때문입니다. 그러나 하나님이 존재하지 않으시면 그러한 객관적 도덕적 가치와 의무는 존재하지 않습니다.

그런데 여기서 생각해야 할 것은 이 세상에는 옳고 그름에 대한 가치판단과 기준이 있으며, 어떤 사회든, 어떤 집단이든 반드시 정당한 기준과 가치 척도가 있다는 점입니다. 즉 객관화된 도덕적 가치와 의무가 세상에 존재합니다. 그러므로 인간은 도덕적 명령을 따라야 할 의무가 있습니다. 칸트는 도덕적 명령을 정언명령(categorical imperative)과 가언명령(hypothetical imperative)으로 설명합니다.

왜 인간은 그런 명령을 따라야 합니까?

그것은 인간은 내재적으로 그러한 명령을 따라야 한다는 것을 알고 있다는 것입니다. 인간은 선과 악에 관한 의식이 존재하며, 공의가 이루어져야 할 필요를 선천적으로 느끼기 때문입니다.

그렇다면 인간이 이처럼 정의롭고 올바른 법 체계를 만들 수 있는 근거와 궁극적 기준은 어디에서 올까요?

누가 인간에게 이런 도적적 명령을 따르게 만들었을까요?

이런 질문에 가장 타당한 대답은 최고의 도덕적인 신의 존재만이 답이 될 것입니다. 우리는 이 논증을 다음과 같이 공식화할 수 있습니다.

(1) 신이 존재하지 않는다면 객관적 도덕 가치와 의무는 존재하지 않는다.
(2) 객관적 도덕 가치와 의무는 존재한다.
(3) 따라서 신은 존재한다.

이런 도덕론적 논증을 통해 우리는 하나님의 존재를 확인할 수 있습니다. 이처럼 도덕적 논증은 우주에 편재하고 있는 도덕적 법칙과 인간의 마음속에는 기본적으로 도덕적으로 옳고 그름을 판단하는 법을 가지고 있는 것을 볼 때, 이 공통된 법이 왜 존재해야 하는지 충분히 설명하려면 최고의 입법자이신 신의 존재가 있음을 인정할 수밖에 없다는 논증입니다.

5) 결론

인류의 역사 이래로 신 존재 증명에 대한 끊임없는 추구는 인간들이 절대자 또는 신을 추구하고자 하는 열망 때문에 이루어져 왔습니다. 위에서 신 존재 증명은 존재론적 논증, 우주론적 논증, 목적론적 논증, 도덕론적 논증을 통해 가능하다는 것을 살펴보았습니다. 이런 논증은 신 존재에 대한 논증이기 때문에 기독교에서 말하는 하나님과의 연관성을 찾기 어려울 수 있습니다. 하지만 신이 존재한다는 것은 하나님의 존재를 인정하기 위한 첫 번째 단추이기 때문에 신 존재 증명은 매우 필요한 작업이라고 할 수 있습니다.

2. 신이 없는 세계도 있지 않을까요?

[시 14:1] 어리석은 자는 그의 마음에 이르기를 하나님이 없다 하는도다 그들은 부패하고 그 행실이 가증하니 선을 행하는 자가 없도다
[사 45:14] 여호와께서 이같이 말씀하시되 애굽의 소득과 구스가 무역한 것과 스바의 장대한 남자들이 네게로 건너와서 네게 속할 것이요 그들이 너를 따를 것이라 사슬에 매여 건너와서 네게 굴복하고 간구하기를 하나님이 과연 네게 계시고 그 외에는 다른 하나님이 없다 하리라 하시니라
[롬 1:21] 하나님을 알되 하나님을 영화롭게도 아니하며 감사하지도 아니하고 오히려 그 생각이 허망하여지며 미련한 마음이 어두워졌나니

세상에는 무신론자가 많습니다. 그들은 자신들이 무신론자가 된 것에 대해 나름대로의 이유를 가지고 있습니다. 종교가 없다고 도덕심이 없는 것은 아니며, 종교가 없다고 인생이 정말 공허한 것은 아니라고 말합니다. 종교를 갖지 않아도 세상은 잘 돌아간다고 말합니다. 믿는다고 손해 볼 것이 없는 것처럼 안 믿는다고 손해 볼 것도 없다고 말합니다. 그리고 이성의 눈이 완전히 닫히지 않았다면 종교의 경전을 읽는 바로 그 행위가 무엇보다도 빠르게 무신론자로 만들어 줄 것이라고 말합니다.

또한, 과학적 상상력의 확장으로 인해 가령 신이 있는 세계가 있다면 신이 없는 세계도 있을 것이라고 말합니다. 그들은 신에 대한 믿음뿐 아니라 신의 존재 자체를 부정합니다. 애시당초 존재 증명이 가능하지 않은 신을 증명한다는 것을 어리석은 일이라고 생각합니다. 이처럼 같은 무신론자라도 다양한 이유가 있습니다. 여기서는 무신론자의 대다수를 차지하고 있는 사람들을 살펴보면서 과연 신이 없는 세계가 존재하는지 살펴보겠습니다.

1) 인식론적 무신론자가 주장하는 불가지론이 아니다

무신론자 중 많은 사람은 신이 존재하는지 존재하지 않는지 모른다고 말합니다. 즉 인식론적 무신론자들입니다. 그들은 신이 존재할 가능성은 열어 두면서도 신이 존재하든지 존재하지 않든지 크게 상관하지 않습니다. 하지만 신을 인식할 수 없으며 과학적인 증거가 없기에 결국 신의 존재를 믿지 않습니다. 사실 불가지론은 2종류로 나누어 볼 수 있습니다. 무신론적 불가지론과 유신론적 불가지론입니다. 무신론적 불가지론자는 신이 없다는 쪽에, 유신론적 불가지론자는 아무래도 신이 존재한다는 쪽에 서 있습니다. 하지만 불가지론의 특성상 두 종류 모두 무신론에 가깝다고 해야 합니다. 왜냐하면, 어떤 것이 존재하는지에 대해 알 수 없다고 한다면 보통 그 존재는 없다고 말하는 것과 다르지 않기 때문입니다.

철학에서는 이들을 인식론적 무신론자라고 말합니다. 이들은 인간의 합리성으로 추론된 지식만을 수용하기 때문에 이론적으로 신이 인식 불가능하며 그로 인해 신의 존재를 알 수 없다고 주장합니다. 또한, 데이비드 흄(David Hume)의 철학적 방법론인 회의론에 의하면 결국 불가지론자가 될 수밖에 없습니다. 이런 무신론적 불가지론자는 영국의 진화 생물학자인 리처드 도킨스(Richard Dawkins, 1941-)를 예로 들 수 있습니다. 그는 그의 책 『만들어진 신』(The God Delusion)에서 초자연적 창조주가 거의 확실히 존재하지 않으며 종교적 신앙은 굳어진 착각에 불과하다고 주장했습니다.

하지만 위의 4가지 논증에서 살펴본 것처럼 신의 존재는 철학적으로 증명이 가능합니다. 물론 신 존재 증명이 기독교의 하나님 존재가 아닌 일반 신의 존재에 대한 증명이기는 하지만 철학적으로 신 존재 증명은 자연의 법칙과 인과율의 원리가 변하지 않는 한 반박하기 어렵습니다. 또한, 바로 위에서 불가지론자를 무신론자로 분류하기는 했지만 그들을 100% 무신론자라고도 할 수 없습니다.

왜냐하면, 신의 존재는 0% 아니면 100%여야 하기 때문입니다. 즉 무신론이 성립할 확률은 100% 아니면 0%이며, 유신론이 성립할 확률도 100% 아니면 0%입니다. 눈에 보이지 않는 것은 과학적으로 검증할 수 없어서 신이 존재하지 않는다고 말하는 것과 신이 존재할 확률이 0% 아니면 100%라고 말하는 것과는 다른 문제입니다. 즉 신은 존재하거나 존재하지 않거나 둘 중의 하나입니다.

그런 의미에서 본다면 불가지론은 사실상 틀린 견해가 될 수밖에 없습니다. 왜냐하면, 불가지론자들은 신의 존재를 100% 부정한 것이 아니라 0.1%라도 인정한 셈이기 때문입니다. 만인 0.1%가 사실이 되는 순간 그 확률은 100%로 바뀌며 결국 그들은 100% 유신론자가 되고 맙니다.

또한, 리처드 도킨스는 윌리엄 페일리의 "시계보다 훨씬 더 복잡한 모든 살아 있는 생물들도 당연히 누군가에 의해 미리 설계되었다"라는 말에 대해 진화론의 자연 선택도 생물계의 규칙성과 복잡성, 그리고 기능성을 설명하는데 충분하다고 주장합니다. 그리고 이것은 자연에서 지성을 가지지 않고 맹목적으로 작동하는 자동시계 제작자와 같은 역할을 할 수 있다고 말합니다.[3]

또한, 지구상의 생명체의 기원에 대해 외계의 뛰어난 지성이 최초의 생명 씨를 심었고 그 씨는 자연 선택이라는 과정을 거쳐 현재에 이르게 되었다고 말합니다. 하지만 그 말이 100% 사실이라고 하더라도 그 외계의 뛰어난 지성의 근원에 대해서는 설명하지 못합니다. 또한, 그 생명의 씨의 근원에 대해서도 설명하지 못합니다. 그렇기 때문에 불가지론자들은 신의 존재에 대해 모른다는 답이 최선이라고 말할 것입니다. 하지만 그것은 최선이 아닌 대답의 회피라고 할 수 있습니다.

---

3 Richard Dawkins, *The Blind Watchmaker: Why the Evidence of Evolution Reveals a Universe Without Design* (New York, NY: W. W. Norton & Company, 1996), 1-358.

2) 논리적 무신론자가 주장하는 부정적 변신론이 아니다

원래 변신론(theodicy)은 신의 정당함을 변호하는 이론을 가리킵니다. 이 이론은 신이 전능하면서도 선하다면 어떻게 이 세상에 고통이 존재하는지를 묻는 물음에 신을 변호하는 이론입니다. 이 개념은 독일의 계몽주의 철학자인 G. W. 라이프니츠(G. W. Leibniz)가 1710년에 저술한 『신정론』(Theodizee)에게까지 거슬러 올라갑니다.

하지만 논리적인 무신론자들은 신의 특성을 기초로 신의 존재를 부정하는 연역적인 논증을 제시합니다. 전지, 전능, 전선, 무소부재, 초월, 불변, 자비, 완벽하신 하나님께서 이 세상에 고통을 막지 못하신다면 그 하나님은 이미 그런 특성을 가지고 있지 않는 분이거나, 그런 하나님이 존재하지 않는다고 주장합니다. 즉 그런 특성을 가진 신은 악과 고통이 존재하는 세상과 양립할 수 없다고 말합니다. 그래서 그들은 신이 전적으로 선하다는 것은 상대적인 것이 아니냐고 말합니다. 아니면 신의 정의가 잘못된 것이 아니냐고 말합니다. 아니면 신이 전적으로 선하다는 개념은 인간이 가지고 있는 선의 개념에 따라 달라지는 것이 아니냐고 말합니다. 아니면 신이 전능하다는 개념이 상대적인 것이 아니냐고 도전합니다.

여기서 유티프로(Euthyphro) 논쟁이 의미하는 바를 살펴보는 것이 좋을 듯합니다. 유티프로 논쟁은 유티프론과 소크라테스의 대화편에 나오는 논쟁입니다. 유티프론은 그의 아버지를 살인죄로 고발했습니다. 아버지가 부리던 노예가 아버지의 낙소스(Naxos) 토지에 속한 노예를 죽이자, 아버지가 그를 결박한 채 율법 해석자에게 어떻게 처결해야 하는지에 대해 묻고자 기다리다가 제대로 돌보지 않아 죽게 내버려 두었다는 이유 때문이었습니다.

이때 소크라테스는 그 지역법에 의하면 살해당한 사람의 친척만이 살인 혐의를 고소할 수 있는데, 자녀가 아버지를 법정에 세우는 것을 보고 놀라움을 표시합니다. 하지만 유티프론은 자신의 종교적이며 윤리적인 문제에 대한 자신의 판단을 확신하며 그 문제에 대해 아무렇지도 않게 생각합니다. 여기서 유티프로의 딜레마가 나옵니다. 그것은 유티프론이 '모든 신이 사랑하는 것이 경건한 것이며, 모든 신이 싫어하는 것이 경건하지 않은 것이다'(Euthyphro, 9e)라고 대답한 데서 나온 딜레마입니다.

경건한 것이 신의 사랑을 받는 것은 그것이 경건하기 때문인가?

아니면 그것이 신의 사랑을 받기 때문에 경건한 것인가?

이런 딜레마입니다.

논리적 무신론자는 이 딜레마를 통해 신의 존재 자체를 공격합니다. 여기서 '경건한 일'을 '선'이라고 표현하겠습니다. 신이 선을 행하라고 한다면, 신도 선을 따라야 합니다. 하지만 신은 항상 위대한 존재여야 하는데, 그 위대한 존재마저 따라야 하는 개념이 있다면 신은 결론적으로 위대한 존재가 될 수 없다는 것입니다.

또한, 신이 명령하는 것을 따르는 것이 선이라고 한다면, 신이 악을 명하면 그것도 선이 될 수 있느냐?

이런 공격입니다.

이 딜레마는 오랜 시간 신학적 철학적 토의의 주제가 되어 왔습니다. 이 문제에 대해 아퀴나스는 좋은 해결 방안을 제시합니다.

> 우리가 선한 것이 모든 것이 원하는 것이라고 말할 때, 모든 종류의 선한 것이 모든 사람이 원하는 것이 아니라 원하는 것이 무엇이든지 선의 본질을 가지고 있다는 것을 이해해야 한다.[4]

그는 여기서 신은 항상 위대하다는 결론을 도출해 내는데, 신은 그 자체가 선의 기준, 선의 본질을 가지고 있다는 것입니다. 신 그 자체가 선의 기

---

[4] Thomas Aquinas, *Summa Theologica*, I 6, 2 ad 2. "When we say that good is what all desire, it is not to be understood that every kind of good thing is desired by all, but that whatever is desired has the nature of good."

준이 되고 선의 본질을 소유한다면 당연히 선은 신의 소유가 되어 결론적으로 신보다 위에 있는 개념은 없게 되는 것입니다. 그렇기에 신은 선과 악, 도덕적인 옳고 그름을 따르는 존재가 아니라 존재 그 자체이므로 이런 딜레마의 존재 자체가 무효라는 것입니다. 그러므로 이 딜레마를 통해 논리적 무신론자들이 주장하는 선의 근원으로서의 하나님의 존재 가능성을 제거하는 전략 자체는 이미 무력화되었다고 말할 수 있습니다.

3) 실용적 무신론자가 주장하는 발명품이 아니다

실용적 무신론자는 신의 존재를 하나의 발명품이라고 말합니다. 독일의 철학자이자 인류학자인 루트비히 포이어바흐(Ludwig Feuerbach, 1804-1872)와 오스트리아의 정신과 의사이자 정신 분석학의 창시자인 지그문트 프로이트(Sigmund Freud, 1856-1939)는 신과 종교적 믿음은 인간의 정신적, 감정적인 욕구와 필요를 충족시키기 위한 인간의 발명품이라고 주장했습니다. 이들의 영향을 받은 독일의 철학자이자 공산주의 혁명가인 칼 마르크스(Karl Marx, 1818-1883)와 독일의 사회주의 철학자인 프리드리히 엥겔스(Friedrich Engels, 1820-1895)는 신앙과 종교는 노동자 계층을 억압하기 위한 사회 장치라고 여겼습니다.

최근에 뇌 과학이 발전하면서 신을 뇌의 발명품이라고까지 말합니다. 뇌의 메커니즘을 연구한 생물학자 라이오넬 타이거(Lionel Tiger)와 마이클 맥과이어(Michael McGuire)는 그들의 책 『신의 뇌』(God's brain)에서 신이 뇌를 창조한 게 아니고, 인간의 뇌가 신을 창조했다고 말합니다. 그 이유는 뇌가 편안함을 추구하기 때문이라고 설명합니다. 종교는 인간이 가장 두려워하는 앞날에 대한 불안, 걱정이나 현재의 괴로움, 고통을 견딜 수 있는 힘을 공급해 준다는 것입니다. 결국, 뇌가 편안함을 추구하기 위해 종교를 갖는다고 말합니다.

근심과 공포를 관리하기 위해 뇌가 하는 일 중 가장 중요한 한 가지는 뇌의 믿음 체계가 창조해낸 종교를 활용하는 것이다. 이런 주장을 종교에 대한 비난이나 찬성의 입장에서 제기한 것이 아님을 유념해 주기 바란다. 단지 사실이 그렇다는 것이다. 이는 참으로 보편적이고 끈질기고 중요한 사실이다.[5]

그들의 결론은 신은 인간이 창조한 것이지 신이 인간을 창조한 것이 아니라는 것입니다. 그렇기에 그들은 '내세는 종교의 최고 발명품'이라고까지 말합니다.
그렇다면 정말 인간이 신을 창조한 것일까요?
이들의 주장은 최소 2가지 면에서 반박될 수 있습니다.

첫째, 그들의 주장은 인본주의에 기초한 주장입니다.
사실 이들의 주장을 듣고 있으면 계몽주의적인 인상을 받습니다. 계몽주의의 본질은 이성을 기초로 신앙과 도덕을 판단하는 것입니다. 계몽주의가 인본주의에 기초한 사상이기 때문에 인간의 이성을 가장 신뢰할 수 있는 것으로 봅니다. 그렇기에 신이 없는 삶이 가능할 뿐 아니라 없는 것이 훨씬 더 낫다는 이야기를 하기도 합니다. 그만큼 신을 제외하고 인간을 중심으로 하는 사상을 펼칩니다.
둘째, 그들의 주장은 인간의 존엄성을 훼손합니다.
인간은 하나님의 형상으로 지음받은 고귀한 존재입니다(창 1:26). 하지만 신을 인간의 발명품이라고 주장함으로써, 그들은 인간의 존엄성을 훼손하고 말았습니다. 마르크스와 엥겔스는 유물론을 기초로 자신들의 주장을 펼친 관계로 인간을 계급투쟁의 도구로 보는 우를 범하고 말았습니다.

---

5 Lionel Tiger & Michael McGuire, 『신의 뇌』, 김상우 옮김, (서울: 와이즈북, 2012), 277.

포이어바흐와 프로이드는 신을 인간의 정신적 감정적 필요를 충족시켜 주는 도구로 바라본 관계로 인간의 동물적 쾌락만을 중요시하는 우를 범하고 말았습니다. 타이거와 맥과이어는 뇌가 신을 창조했다고 주장을 펼친 결과, 영과 육으로 구성되어 있는 인간을 하나의 고깃덩어리로 격하시키고 말았습니다. 결론적으로 신은 인간의 발명품이 아닙니다. 신을 인간의 발명품이라고 주장하는 순간, 그것은 인간의 품격을 도구화시키며 인간의 존엄성을 훼손하는 사악한 시도임을 알아야 합니다.

4) 신이 없는 세계는 없다

최근 들어 가능 세계를 이용한 영화들이 등장하고 있습니다. 예를 들면 에일리언(Alien) 시리즈는 지나친 인구 증가와 산업화, 자원 고갈과 환경 파괴, 이로 인한 전쟁과 갈등은 인류에게 멸망에 대한 공포를 심어주고, 인류의 멸망을 피하기 위해 여러 행성에 식민지를 건설한다는 내용입니다. 이 영화의 세계관은 보통 우리가 생각하는 하나님이 아닌 엔지니어가 인간을 창조했다는 설정을 가진 세계관입니다. 인간의 상상력은 지구 밖의 세계를 상상하는 것을 가능하게 만듭니다. 마찬가지로 무신론자는 신이 없는 세계가 가능할 수 있다는 주장을 펼치기도 합니다.

우리는 그것을 가능 세계(possible world) 논쟁이라고 합니다. 가능 세계란 현재 존재하지는 않으나 신의 다양한 가능성 속에 있었던 세계를 일컫는 말입니다. 가능 세계 논쟁은 라이프니츠의 단자론(monadologia)에서 나온 것인데, 필연과 가능으로 존재와 세계를 이해하는 방식입니다.

지금 신의 관념에는 무한히 많은 가능 세계가 있지만 그들 가운데 오직 하나의 세계만이 존재할 수 있기 때문에 다른 세계보다 이 세계를 결정하도록 이끄는 신의 선택에도 하나의 충족 이유가 있어야 한다. 그리고 이 근거는 가능 세계들을 포함하는 적합성 또는 완전성의 등급에서 찾을 수 있

을 것이다. 가능한 것 각자는 그에게 포함된 완전성의 척도에 따라 존재를 요구할 권리가 있다.[6]

첫 구절에서 신의 관념뿐만 아니라 인간의 상상력에 의하면 무한히 많은 가능 세계가 있습니다. 하지만 오직 하나의 세계만이 존재할 수 있는데 그 이유는 이 세계만이 현실화되었기 때문입니다. 이런 현실화된 세계가 존재하게 된 것은 바로 신의 존재 때문입니다. 즉 가능 세계 논쟁에서 가장 중요한 부분인데, 신은 유일하고 모든 다양성을 포함하는 충족 이유라는 점입니다. 여기서 왜 신이 충족 이유가 되느냐고 질문할 수 있습니다. 그것은 신이 존재하지 않으면 가능 세계가 현실 세계로 이행되지 않기 때문입니다. 현실 세계가 존재한다는 것은 확실하기 때문에 신이 존재해야만 합니다.

그렇다면 가능 세계가 현실 세계로 어떻게 이행되었을까요?
라이프니츠는 신이 수많은 가능 세계 속에서 이 세계를 택한 것은 적합성이나 완전성의 정도에 따른 선택이었다고 말합니다. 그러므로 신이 가장 적합하고 완전한 이 세계를 택했다는 점에서 신은 선한 존재가 됩니다. 왜냐하면, 현실화가 되지 않는다면 선한 것을 확인할 수 없기 때문입니다. 쉽게 설명하자면 사랑하는 연인에게 선물을 준다고 약속하는 것은 가능 세계와 같습니다. 그리고 실제로 선물을 주는 것은 현실 세계와 같습니다.

그러므로 현실 세계로 이행한 것이 가장 선한 것이 됩니다. 여기서 가능한 존재들은 그 존재들에 포함된 완전성의 척도에 따라 현실 세계의 존재를 요구할 권리가 있습니다. 그러므로 가능한 존재들은 모두 신 안에 포함되어 있고 따라서 신은 무한하다는 결론을 가져오게 됩니다.

이 단자론이 의미하는 바는 현실 세계가 가장 적합성과 완전성 면에서 가장 최고이며 최선이라는 것입니다. 여기서 '모든 가능한 세계 중의 최

---

6 G. W. Leibniz, 『모나드론 외』, 배선복 옮김 (서울: 책세상, 2019), § 53-54.

고'(The best of all possible worlds)라는 개념이 발생하게 되었습니다. 그러므로 이 현실 세계가 모든 가능한 세계 중의 최고라면 신이 없는 세계는 존재하지 않게 됩니다. 즉 모든 가능한 세계 중 신이 없는 세계가 존재할 확률은 0%로 수렴한다는 것입니다.

5) 결론

우리는 위에서 신 존재 증명에 대한 4가지 접근 방법을 소개하고 신 존재 증명이 논리적으로 가능하다는 것을 보였습니다. 그리고 신이 존재하지 않는 무신론자들의 다른 주장에 대해서도 그것이 무력화될 수밖에 없음을 보였습니다. 사실 무신론자들은 신의 존재 자체를 부정하지만 그들은 신이 존재하지 않는다고 믿을 뿐입니다. 그렇기에 시편 14:1에서 "어리석은 자는 그의 마음에 이르기를 하나님이 없다 하는도다 그들은 부패하고 그 행실이 가증하니 선을 행하는 자가 없도다"라고 말씀하고 있습니다.

3. 유대교나 이슬람교가 믿는 하나님은 기독교의 하나님과 같지 않나요?

> [마 3:16] 예수께서 침례를 받으시고 곧 물에서 올라오실새 하늘이 열리고 하나님의 성령이 비둘기 같이 내려 자기 위에 임하심을 보시더니
> [벧전 1:2] 곧 하나님 아버지의 미리 아심을 따라 성령이 거룩하게 하심으로 순종하고 예수 그리스도의 피 뿌림을 얻기 위하여 택하심을 받은 자들에게 편지하노니 은혜와 평강이 너희에게 더욱 많을지어다

적지 않은 이들이 유대교나 이슬람이 믿는 하나님이 기독교의 하나님과 같은 존재라고 생각합니다. 유대교, 기독교, 이슬람교의 유사성 및 차이점을 설명할 때, 아브라함에 그 기원을 둔 아브라함 계통의 종교(Abrahamic/

Abrahamitic religions)라고 말합니다. 유대교의 전승에 따르면 아브라함은 우상 숭배를 거부한 첫 번째 인물이었고, 기독교에서는 아브라함을 믿음의 조상이라고 여기고 있으며, 이슬람교에서는 아브라함을 최초의 유일신 숭배자로 여기며 '이브라힘'이라고도 부릅니다. 그만큼 아브라함은 이 세 종교의 기원에 있어 매우 중요한 역할을 합니다. 그리고 이 세 종교의 신앙의 대상인 하나님을 같은 하나님이라고 설명합니다.

아브라함은 유대교에서 유대인들의 조상이고, 기독교에서는 아브라함의 영적 후손이 아브라함이 믿었던 하나님을 믿고 있으며, 이슬람에서도 그 하나님을 이름을 바꾸어 알라로 믿고 있다고 생각하니 그렇게 설명하는 것도 이해는 갑니다. 하지만 그것은 하나님의 본질을 잘 모를 때 할 수 있는 말입니다. 다시 말하자면, 유대교, 기독교, 이슬람교에서 믿는 하나님은 같은 하나님이 아닙니다.

1) 유대교의 하나님

먼저 유대교의 하나님을 설명하자면, 유대교의 하나님은 단일신론(monarchianism)의 하나님입니다. 단일신론이란 한 본질에 제3위격으로 존재하는 삼위일체 하나님과는 대조적으로 오직 한 인격으로만 하나님을 강조하는 견해입니다. 여기서 "monarch"라는 말의 뜻은 "군주"라는 의미입니다.

결국, 성부 하나님께서 군주처럼 하나님의 아들이신 그리스도와 성령 하나님을 다스리고 지배하는 의미를 지니고 있으며 성부만이 참된 하나님이라 말합니다. 성자 예수님은 선지자 중의 한 명으로 인정하며 예수님의 신성을 부인합니다. 또한, 유대교에서는 성령의 역사보다는 예언과 율법에 더 많은 관심을 가지고 있었기 때문에 그들이 성령을 하나님의 한 위격으로 보는지는 미지수입니다.

2) 이슬람교의 하나님

이어서 이슬람교의 하나님을 설명하자면, 이슬람교에서는 유일신의 아랍어 호칭으로 알라(Allah)라는 말로 바꾸어 사용합니다. 그들은 이슬람교의 시조인 무함마드가 알라로부터 보냄 받은 대천사 지브릴(가브리엘)에게서 신에게 부름을 받은 최후이자 최대의 예언자라고 말합니다. 이슬람교에서 믿는 하나님은 유대교와 마찬가지로 단일신론의 하나님입니다.

이슬람교의 꾸란을 보면, "하나님 외에는 신이 없다"(꾸란 2장 255절)고 말합니다. 즉 이슬람에서의 알라는 '단 한 분이시며 영원하시며 성자와 성부도 두지 않았으며 그분과 대등한 것은 이 세상에 없다'(꾸란 112장 1-4절)고 믿어지는 신입니다. 알라는 전지전능한 유일한 존재로, 모든 것을 초월하며, 눈이 없어도 보며, 귀가 없어도 들으며, 입이 없어도 말하는 존재로 규정되어 있기 때문에 신을 나타내는 그림이나 조각 등을 남기는 것은 불가능합니다. 그렇기에 이슬람에서는 특정한 이미지를 사용하여 예배드리는 것을 우상 숭배로 취급합니다.

이슬람은 이전에 있었던 유대교나 기독교를 부정하지는 않지만 그러한 종교를 보완하는 신의 가르침으로서 이슬람의 존재를 규정하고 있습니다. 꾸란을 살펴보면 이슬람에서의 알라는 유대교 및 기독교 야훼를 지칭한다(꾸란 4:163-165; 46:12)는 것을 알 수 있습니다. 알라는 6일 만에 천지를 창조했으며, 언젠가 최후의 날에 전 인류를 죽음에서 부활시켜, 최후의 심판을 관장한다고 믿고 있습니다.

또 한 가지 특기할 사항은 이슬람교는 알라에 대해 초월한 존재임을 강조하고 있습니다. 이런 초월성은 안식에 대한 생각에서 잘 나타납니다. 유대교나 기독교에서는 천지창조 후 하나님께서 휴식을 취했다고 하여 안식일을 제정하여 그날을 하나님을 생각하며 안식하는 날로 구별했습니다. 하지만 이슬람에서는 모든 것을 관장하는 전능의 신이 휴식을 할 이유가 없다고 생각하여 신이 휴식을 취했다는 부분을 부정합니다(꾸란 2:255). 그만큼 이슬람교에서는 알라를 초월적인 존재로 묘사합니다. 이슬람교는 이렇게 초월성이 지나쳐 내재성이 결핍된 혹은 내재성이 전무한 알라를 믿고 있습니다.

이런 초월성이 주는 긍정적인 함의는 알라는 그만큼 거룩하다는 것을 의미합니다. 하지만 이런 초월성이 주는 부정적인 함의는 인간과 교감(interaction)하지 않으며, 인류의 역사에 개입하지 않는다는 사실입니다. 알라는 우주 만물을 창조한 후, 마치 태엽 시계의 태엽을 돌리면 시계가 자동적으로 작동하는 것처럼, 이 우주 만물이 자연스럽게 작동할 수 있도록 만들어 놓았습니다. 그러므로 이 세상에 대해 더이상 신경 쓸 필요도 없으며 그렇게 해야 할 이유가 없습니다. 이런 창조 시스템을 닫힌 시스템(closed system)이라고 합니다. 즉 내재성이 결핍된 신관을 가지고 있습니다.

3) 기독교의 하나님

하지만 기독교의 하나님은 초월과 동시에 내재하시는 삼위일체의 하나님입니다. 여기서 기독교의 하나님을 '알라'와 구분하기 쉽게 '야훼'라는 단어로 사용할 수 있습니다. 야훼에게서 우리는 구약과 신약 모두에서 초월성과 내재성을 발견할 수 있습니다. 구약에서 야훼는 온 우주 만물을 창조한 창조주로서 초월성을 가지고 있습니다.

하지만 야훼는 이 땅을 통치하시고 그분의 백성 가운데 임재하시며 그분의 백성을 친히 구원해 내시는 구원자로서 내재성을 가지고 있습니다. 신약에서 야훼는 초월성과 내재성을 모두 지니신 예수 그리스도를 이 땅 가운데에 보내심으로 그분의 초월성을 보여 주셨습니다. 예수 그리스도는 그 땅 가운데에서 십자가에 달려 죽으심으로 구원을 이루신 구세주로서 내재성을 보여 주셨습니다. 또한, 예수 그리스도는 성령님을 보내 주심으로 계속해서 초월성과 내재성을 그분의 백성들이 경험하도록 하셨습니다.

이렇듯 야훼는 삼위일체의 하나님으로서 초월성과 내재성을 완벽히 보여 줍니다. 그래서 기독교의 시스템을 열린 시스템(open system)이라고 말합니다. 여기서 세상에서 가장 아름다운 교리가 나오는데, 그것이 바로 섭리의 교리입니다. 섭리의 교리는 하나님을 믿는 신자들에게 보석과 같은 교리가 되는데 그것은 바로 하나님의 내재성에 기초하고 있습니다.

교회 역사상 하나님의 초월성과 내재성에 대한 시비는 끊임없이 제기되는 문제입니다. 왜냐하면, 초월성과 내재성 사이의 균형이 상실되면 여러 가지의 심각한 신학적 문제들이 제기되기 때문입니다. 초월성을 지나치게 강조하면 맹목적인 신앙주의로 흐르게 되고, 내재성을 지나치게 강조하면 신앙이 결핍된 객관주의로 흐릅니다. 그러므로 하나님의 초월성과 내재성은 균형을 이루어야 보다 뜨거운 신앙과 건전한 신학을 갖게 됩니다.

이런 균형이 왜 그렇게 중요한지 예를 들어 설명하겠습니다. 알라는 초월과 동시에 내재하는 삼위일체적인 분이 아니고 초월자로만 존재합니다. 즉 자신이 창조한 세상과 인간을 구원할 수 있는 전능한 신이 아주 높은 곳에 위치해 있으면서 땅에 내려와 세상과 인간을 구원하지 않습니다. 그러다 보니 이슬람 신학에서 구원론은 이슬람의 5대 기둥을 비롯하여 꾸란의 율법을 철저히 지켜야만 천국에 갈 수 있습니다. 이것이 의미하는 것은 행위의 공로로 구원을 얻어야 하고 이는 '자력 구원론'이 되고 맙니다.

그러다 보니 복장, 음식, 절기, 선행에 많은 신경을 쓰게 되는 율법주의에 빠지고 맙니다. 은혜를 경험하지 못하니 율법을 지키지 못하는 사람들을 정죄합니다. 하지만 기독교의 하나님은 초월성과 내재성에 있어 균형을 이루고 있습니다. 세상에서 가장 아름다운 교리인 섭리의 교리는 이런 내재성을 잘 보여 줍니다. 온 우주 만물을 통치하시며 다스리시며 인생의 생사화복을 주관하십니다. 또한, 인간을 구원하시기 위해서 이 땅 가운데에 오신 것은 매우 아름다운 섭리의 역사입니다.

4) 결론

　기독교의 하나님은 창조주로서 초월성을 보여 주고, 구원주로서 내재성을 보여 줍니다. 이것은 하나님의 아들로 오신 예수 그리스도에게서 그리고 성령 하나님에게서 동일하게 발견됩니다.
　이런 삼위일체 하나님과 유대교의 하나님, 이슬람교의 알라를 어찌 같은 신이라고 할 수 있을까요?

제4장

성부 하나님과 관련된 문제

1. 하나님은 에덴동산의 선악과를 왜 만드셨나요?

(창 2:9) 여호와 하나님이 그 땅에서 보기에 아름답고 먹기에 좋은 나무가 나게 하시니 동산 가운데에는 생명 나무와 선악을 알게 하는 나무도 있더라

(창 2:17) 선악을 알게 하는 나무의 열매는 먹지 말라 네가 먹는 날에는 반드시 죽으리라 하시니라

(신 29:29) 감추어진 일은 우리 하나님 여호와께 속했거니와 나타난 일은 영원히 우리와 우리 자손에게 속했나니 이는 우리에게 이 율법의 모든 말씀을 행하게 하심이니라

하나님은 에덴동산에 특별한 두 나무를 만드셨습니다(창 2:9). 하나는 생명나무이며, 다른 하나는 선악을 알게 하는 나무(tree of knowledge)입니다. 하나님은 아담에게 선악을 알게 하는 나무의 실과는 먹지 말라고 금지하시고 그것을 먹는 날에는 "반드시 죽으리라"(창 2:17)고 말씀하셨습니다. 하지만 인류의 시조인 아담과 하와는 뱀의 유혹을 받아 그 열매를 먹음으로써 에덴동산에서 추방되었습니다. 이 일로 인해 뱀은 저주를 받았고, 여자는 해산의 고통과 남자의 권위 아래 종속되었으며, 남자는 생존을 위한

노동을 해야 했고, 인류는 죽음이라는 필연적 운명에 처하게 되었습니다. 이런 선악과 문제는 끊임없는 질문을 만들어 냅니다.

하나님은 왜 선악과라는 것을 만들어서 인간이 그것을 먹도록 했는가?
전지전능한 하나님은 선악과를 먹지 않도록 막을 수는 없었는가?
만일 먹도록 내버려 두었다면 그것은 범죄를 조장하신 것은 아닌가?
인간은 아무리 노력해도 죄를 지을 수밖에 없도록 만들어진 존재인가?
선악과 이야기는 단순한 설화인가?

이런 질문들이 계속 생기는 이유는 그만큼 선악과 문제가 죄의 기원, 악의 문제, 예정론, 자유의지론과 같은 풀기 어려운 난제이기 때문입니다.
그렇다면 하나님은 에덴동산의 선악과를 왜 만드셨나요?

1) 인간은 도덕적 인간임을 상정하기 때문이다

선악과 문제에서 가장 중요한 것은 인간의 자율성입니다. 하나님은 인간에게 자유의지를 주셨습니다. 자유의지를 주셨다는 것은 인간이 도덕적 인간(moral human)이라는 것을 상징합니다. 이것이 중요한 이유는 도덕적 선택의 순간에 인간은 스스로 결정할 수 있다는 것을 의미하기 때문입니다.
하지만 인간이 선악과를 먹게 된 것에 대해 인간의 자율성보다는 뱀의 유혹으로 말미암은 것이라고 주장하는 사람들도 있습니다. 그들은 뱀의 유혹으로 죄를 범했으니 뱀과 싸워 이겨야 한다는 신학을 가지고 있습니다. 그래서 그들이 즐겨 사용하는 성경 구절은 "죄를 짓는 자는 마귀에게 속하나니 마귀는 처음부터 범죄함이라 하나님의 아들이 나타나신 것은 마귀의 일을 멸하려 하심이라"라는 요한일서 3:8의 말씀입니다. 여기서 하나님의 아들은 예수 그리스도를 의미하는데 예수님께서 이 땅에 오신 이유는 마귀를 멸하기 위해서라는 것입니다.

이런 신학은 2가지 면에서 위험합니다.

첫째, 이런 사람들의 신앙의 형태는 대개 전투적입니다. 마귀에게 지지 않기 위해서 열심히 기도하고, 성경을 묵상하며, 열정적으로 찬양합니다. 이처럼 마귀를 이기기 위해서 내가 할 수 있는 모든 수단을 사용합니다. 하지만 인간의 힘만으로 마귀를 멸하는 것은 불가능합니다. 그렇기에 하나님의 능력이 필요합니다. 그래서 마귀를 이기고 멸할 수 있는 능력을 달라고 하나님께 기도합니다.

이런 사람들은 매일매일의 삶 가운데에 무엇인가 잘 풀리지 않거나 아플 때에는 그것을 마귀의 역사라고 생각합니다. 심지어 가계에 저주가 흐르고 있으니 그것을 끊어내야 한다고도 말합니다. 즉 인간이 마귀와 싸워 승리하기 위해서 하나님의 능력을 필요로 합니다. 그러니까 이런 신앙의 형태는 그들이 의도하지는 않겠지만 하나님과 일대일의 친밀한 관계보다는 인간 중심의 신앙 형태가 됩니다. 즉 인간을 중심으로 하나님의 능력을 받아 인간이 마귀와 싸워 승리하는 관계가 된다는 것입니다. 이런 관계가 의미하는 것은 신본주의보다는 인본주의를 의미합니다.

둘째, 예수님의 보혈의 공로를 훼손합니다. 물론 요한일서 3:8의 예수님께서 이 땅에 오신 이유가 마귀를 멸하기 위해서라는 서술은 잘못된 서술이 아닙니다. 왜냐하면, 뱀의 유혹으로 선악과를 먹은 것은 사실이기 때문입니다. 하지만 그렇다고 하더라도 인간의 잘못된 선택을 사탄의 잘못으로 돌려서는 안 됩니다. 오히려 인간의 자율적인 선택으로 선악과를 먹은 것이라고 해야 합니다. 왜냐하면, 뱀의 유혹으로 인해 선악과를 먹고 뱀에게 책임을 일부라도 전가하게 되면 그것은 예수님의 보혈의 공로를 훼손하기 때문입니다. 예수님께서 이 땅에 오신 이유는 순전히 인간의 죄 때문입니다. 인간은 하나님께 순종하지 못하고 하나님을 거역하는 죄를 지었습니다. 죄는 하나님의 구원에 합당하지 않습니다.

그러한 죄를 위해 예수님께서 십자가에서 희생하셨기 때문에 인간은 보혈의 공로를 찬양해야 합니다. 그러므로 뱀의 유혹 때문에 선악과를 먹었다고 하면 그 죄에 대한 책임을 조금이나마 뱀에게 전가하는 것이고 예수님의 십자가상의 보혈의 공로를 훼손하는 결과를 가져옵니다. 이런 훼손을 심하게 말하면 신성 모독이라고 할 수 있습니다. 그러므로 선악과 문제는 인간의 자율적인 선택의 결과라고 강력하게 말해야 합니다.

2) 인간의 자율을 존중하는 하나님의 복 주심을 의미하기 때문이다

위에서는 뱀에게 책임을 전가하는 것이 잘못이라고 했습니다. 여기서는 하나님에게 책임을 전가하는 것이 잘못이라는 것을 말하려고 합니다. 많은 이는 전지하신 하나님께서 인간이 선악과를 먹으리라는 것을 미리 아셨을 것이라고 오해합니다. 또한, 전능하신 하나님께서 그 결과를 미리 아셨다면 선악과를 먹지 못하도록 했어야 하는 것은 아니냐고 말합니다. 전지전능한 하나님은 미리 아시고 선악과를 먹지 못하게 하지 않았다는 것은 인간의 운명이 선악과를 먹도록 이미 결정되어 있었다는 것을 의미한다는 것입니다.

하지만 이것은 아담의 불순종보다도 더 악한 시도일 수 있습니다. 왜냐하면, 하나님께서 인간에게 선의의 의도로 자유의지를 주셨기 때문입니다. 그러한 자유의지를 주신 분에게 선악과를 먹은 것에 대해 하나님께 그 책임을 돌리는 것은 매우 사악한 시도입니다. 예를 들어 주방에서 요리를 하는데 칼이 없습니다. 그래서 칼을 제공해 주었는데 칼을 사용하다가 손을 베었습니다. 그랬더니 왜 칼을 주었느냐며 비난을 합니다. 그것은 칼을 제공해 준 사람에 대한 바른 태도가 아닙니다. 이처럼 인간은 선악과를 먹은 것에 대해 하나님께 그 잘못을 돌려서는 안 됩니다.

우리 인간은 선악과를 먹은 이후의 결과만을 생각하려는 경향을 가지고 있습니다. 중요한 것은 선악과를 먹기 전의 상태를 생각하는 것입니다. 이런 상태를 시편 기자는 다음과 같이 노래합니다.

(시8:4-6) 사람이 무엇이기에 주께서 그를 생각하시며 인자가 무엇이기에 주께서 그를 돌보시나이까 그를 하나님보다 조금 못하게 하시고 영화와 존귀로 관을 씌우셨나이다 주의 손으로 만드신 것을 다스리게 하시고 만물을 그의 발 아래 두셨으니

인간은 비록 천사와 같은 수준의 존재 상태에는 미치지 못하지만, 하나님은 인간을 영화롭게 하셨고 하나님이 손수 만드신 것을 다스리는 위엄 있는 존재로 만드셨습니다. 이처럼 인간은 온 우주(피조물) 가운데 하나님의 형상으로 지음 받은 고귀한 존재입니다. 이것을 결정론과 자유의지론의 관점에서 파악한다면 인간의 자유의지는 하나님의 자유의지와 거의 같을 정도의 자율적인 존재로 지음 받았다는 것을 의미합니다. 이런 자율적 존재라고 하는 것은 하나님께서 인간에게 주시는 최고의 복입니다.

만일 인간이 로봇과 같이 자유의지가 없다면 그것을 복이라 할 수 있을까요?

그러므로 선악과 문제에 있어 인간은 운명론이나 숙명론과 같은 결정론에 현혹되어서는 안 됩니다.

3) 인간에게 최고의 환경을 주신 것을 의미하기 때문이다

우리는 위에서 선악과 문제에 있어서 그 잘못을 뱀이나 하나님에게 돌려서는 안 된다는 추론을 통해 선악과 문제는 인간의 문제라는 것을 배웠습니다. 뱀은 유혹하기는 했지만 그 유혹에 있어 잘못된 선택을 한 것은 인간입니다. 또한, 하나님은 선악과를 만들기는 했지만 그 선악과를 먹겠다고 결정한 것은 인간입니다. 그런데도 인간은 그 잘못을 하나님에게 돌리려는 경향을 가지고 있습니다. 하나님께서 인간이 죄를 짓지 않는 환경, 즉 선악과가 없는 세상이었다면 잘못된 선택을 하지 않았을 것이 아니냐고 반문합니다. 즉 뱀이나 하나님이 아닌 선악과에게 그 잘못을 돌리는 것

입니다. 또한, 인간으로 하여금 선한 일만 하는 세상을 창조하셨으면 이런 일이 없지 않았겠느냐고 반문하기도 합니다.[1]

이런 반문에 대해 2가지 개념을 사용해서 대답해 보려고 합니다. 하나는 가능 세계(possible world)라는 개념이며, 다른 하나는 중간지식(middle knowledge)이라는 개념입니다. 가능 세계 개념은 라이프니츠가 고안한 것으로 여겨지는데 '현실 세계가 모든 가능 세계 속에서 최선의 것이다'라는 개념입니다.

그렇다면 현실 세계가 모든 가능 세계 속에서 최선의 것이라는 것을 어떻게 알 수 있을까요?

어떻게 선악과가 있는 이 현실 세계가 모든 가능 세계 속에서 최선의 세상이 될까요?

이에 대해 앨빈 플란팅가는 가능성과 필연성으로 하나님의 존재를 설명합니다. 가능성은 최대한으로 위대한 존재가 존재하는 것이 가능하다면 최대한으로 위대한 존재는 어떤 가능 세계에서도 존재한다는 말입니다. 필연성은 만일 최대한으로 위대한 존재가 모든 가능 세계 안에 존재한다면 그는 현실 세계에 필연적으로 존재한다는 말입니다. 이런 가능성과 필연성을 인정할 수 있다면 하나님은 현실 세계에서도 존재합니다.

여기까지 이야기하면 하나님이 현실 세계에서 존재하는 것과 선악과가 무슨 상관이 있느냐며 반문할 것입니다. 여기서 중간지식의 개념이 필요합니다.[2] 중간지식은 말 그대로 자연지식과 자유지식의 중간에 위치한 지식입니다. 자연지식이 어떤 사건이 일어날 것에 대한 지식이라면, 중간 지

---

[1] J. L. Mackie 는 하나님이 전능하시다면 모든 사람이 도덕적으로 옳은 행동을 하는 세상을 창조하는 것이 가능하지 않았느냐고 말한다.
[2] 결정론 논쟁에서 지식은 보통 3가지로 분류한다. 자연지식(natural knowledge), 중간지식(middle knowledge), 그리고 자유지식(free knowledge)이다. 자연지식은 모든 일어날 수 있는 일을 아는 것이고, 중간지식은 특정 환경에서 어떤 일이 일어날 가능성을 아는 것이고, 자유지식은 그 결과까지 아는 지식을 말한다. 중간지식은 16세기 Louis Molina 가 주장한 이론으로, 그에 따르면 하나님은 자연지식과 중간지식을 알고 계신다. 즉 하나님의 중간지식은 인간의 자유의지가 어떻게 발휘될지를 아는 지식이다.

식은 그 사건에 어떻게 반응하게 될 지를 아는 지식이며, 그리고 자유지식은 그 결과까지도 아는 지식이라고 할 수 있습니다.

자연지식에 의하면 하나님은 모든 가능 세계를 아시기 때문에 그 본성인 전지성에 의해 모든 가능 세계에서 일어나는 모든 일을 다 알고 계십니다. 이 세상에 일어나는 모든 일 중에 하나님의 지식에서 벗어나는 일은 없습니다. 예를 들면 어떤 가능 세계에서는 아담과 하와가 선악과를 먹을 것이며 또 다른 가능 세계에서는 아담과 하와가 똑같은 상황에서도 선악과를 먹지 않을 것을 아신다는 말입니다.

중간지식에 의하면 어떤 조건이 주어질 때 어떤 결과가 나올 것인가를 아는 지식입니다. 그래서 이 지식을 조건적인 지식 혹은 결과적인 지식이라고도 부릅니다. 이 지식은 정해져 있는 지식이 아니라 인간의 반응에 따라 달라질 수 있는 지식입니다. 그러므로 선악과 문제에 중간지식을 적용하면 하나님은 선악과에 대해 인간이 어떻게 반응하리라는 것을 아셨습니다. 하지만 그것을 아셨다 하더라도 그것은 하나님의 잘못이 아닙니다. 왜냐하면, 그 결과(행위)가 아직 확정되지 않았기 때문입니다. 하지만 행위가 확정되는 순간 다른 모든 가능 세계는 실현될 수 없게 됩니다.[3]

따라서 아담과 하와가 살고 있는 환경에서 선악과를 먹지 않는 세계는 가능(possible)하지만 조건부에 따라 실현 불가능(not feasible)합니다. 여기서 하나님께서 아담과 하와의 마음을 강제로 조종해서 선악과를 먹지 않게 만드는 것은 가능하지만, 하나님께서 그들의 자유의지를 보장하시고자 하는 조건에서는 실현 불가능한 것이 됩니다.

---

3 예를 들면 "2000년의 미국 대통령 선거에서 부시가 대통령이 되지 않았다고 한다면, 고어가 대통령이 되어 있었을 것이다"라는 명제는 다음과 같이 정식화할 수 있다. "부시가 대통령이 되지 못한 가능 세계 가운데, 우리의 현실 세계에 가장 가까운 모든 세계에서 고어가 대통령이 되어 있다." 이 해석에 따르면, 만약 부시가 대통령이 되지 못한 현실 세계에 가장 가까운 세계 가운데, 고어도 대통령이 되어 있지 않은 세계가 있다고 한다면, 이 반사실조건문에 따라 표현된 주장은 "거짓"이 된다.

하나님은 이런 중간지식을 근거로 그러한 행위가 확정될 때 어떤 일이 벌어질지까지 아시게 됩니다. 이것이 바로 하나님의 자유지식(free knowledge)이 됩니다. 그러므로 아담과 하와가 선악과를 먹은 것은 그러한 세계를 만들지 않은 하나님의 잘못이 될 수 없습니다. 또한, 선악과를 먹지 않도록 조종하지도 않습니다. 이런 철학적인 시도는 인간의 자유의지를 존중하면서 하나님의 전지하심과 섭리를 변호하려는 마음에서 나온 시도라고 할 수 있습니다.[4]

결론적으로 가능 세계와 중간지식의 개념은 선악과가 없는 세상이나, 인간으로 하여금 선한 일만 하는 세상을 창조하셨더라면 선악과 문제는 발생하지 않았을 것이라는 반문에 대한 참신한 답변이 될 것입니다. 이 개념들에 의하면 다양한 가능 세계 중 선악과가 있는 세상은 하나님께서 만드신 세상 가운데에 가장 최고의 세상입니다. 왜냐하면, 이 세상은 이미 실현되어 있는 세상이며 인간의 자유를 최고로 존중하는 세상이기 때문입니다. 이것을 아주 쉽게 설명하자면, 인간의 자유의지를 행사할 수 없는 세상은 좋은 세상이 될 수 없다는 것입니다. 그리고 그러한 세상을 만드시고 그러한 세상 가운데 살 수 있도록 하신 하나님은 위대하시기 때문입니다. 그러한 위대함에 대해 사도 바울은 다음과 같이 설명합니다.

---

4 이런 시도는 상당히 매력적인데 인간의 자유의지와 하나님의 주권을 아주 잘 조화시키는 것처럼 보이기 때문이다. 그러나 이 또한 부족한 변호라고 할 수 있다. 왜냐하면, 중간지식은 보혈의 공로를 훼손하기 때문이다. 중간지식을 선악과 문제에 사용하면 인간의 자유의지와 하나님의 주권을 아주 잘 조화시킬지 모르지만, 구원의 문제에 사용하면 그것은 보혈의 공로를 훼손시키는 역할을 한다. 예를 들어 하나님께서 한 사람을 구원하시기로 작정하셨다. 하나님은 그를 구원하시기 위해 모든 외적인 조건을 완벽하게 제공하신다. 그리고 인간은 자유의지로 구원을 선택한다. 이렇게 하나님의 주관도 인간의 자유의지도 완벽하게 보장되는 것처럼 보인다. 하지만 인간은 자신의 선택에 의해 구원을 받았기 때문에 구원에 대한 공로가 조금이나마 있을 수 있다. 또한, 하나님은 그러한 구원의 선택에 있어 주도권을 가지고 있지 않으시며, 인간 스스로 구원에 이를 수 있도록 돕는 가이드의 역할에 불과하다. 하나님의 구원의 섭리는 하나님의 주도권 하에 있으며 그러한 섭리는 인간의 이성을 뛰어넘는 신비로운 하나님의 역사이다. 그러므로 중간지식은 장단점이 있다고 할 수 있다.

[행 17:24-25] 우주와 그 가운데 있는 만물을 지으신 하나님은 천지의 주재시니 손으로 지은 전에 계시지 아니하시고 또 무엇이 부족한 것처럼 사람의 손으로 섬김을 받으시는 것이 아니니 이는 만민에게 생명과 호흡과 만물을 친히 주시는 이심이라

우리 인간은 여러 세상이 존재하는지 알지 못합니다. 하지만 우리가 살고 있는 이 세상은 모든 가능한 세상 가운데에 최고의 세상(the best of all possible worlds)입니다. 왜냐하면, 날마다 하나님께서 친히 임재하시기 때문입니다.

4) 하나님과의 관계성을 의미하기 때문이다

하나님은 자신의 형상대로 인간을 창조하시고 인간의 자유를 최고로 존중하셨습니다. 왜냐하면, 하나님은 자신이 가장 존귀하게 되는 것은 자유를 가지고 있을 때라는 것을 아셨기 때문입니다. 하나님은 우리가 살고 있는 세상을 창조하시고, 만물의 영장으로서 모든 생물을 다스릴 수 있는 자유를 주셨습니다. 창세기 2:16을 보면 동산 각종 나무의 열매는 자유롭게 먹을 수 있었습니다. 이것은 인간의 자유를 최고로 존중하신 것을 보여 줍니다. 하지만 하나님은 선악과만은 먹지 말라고 하셨습니다(창 2:17). 그렇다면 사람들은 선악과도 먹을 수 있도록 하는 것이 인간의 자유를 최고로 존중한 것이 아니냐고 반문할 것입니다. 언뜻 보기에는 그럴 수도 있습니다.

하지만 그것은 자유가 어디에서 왔는지를 모를 때 하는 말입니다. 사람들은 자유라는 것에 대해 그다지 많이 생각하지 않습니다. 왜냐하면, 매일 자유를 누리고 살고 있기 때문입니다. 마치 숨쉬는 공기와 같이 말입니다. 자유는 그냥 얻어지는 것이 아닙니다. 자유는 자유를 얻기 위해 희생을 하거나 누군가 자유를 주어야 합니다. 인간은 아무런 희생 없이 하나님으로부터 자유를 받았습니다. 이런 자유가 어디에서 오는지를 알 필요가 있기

때문에 하나님은 선악과를 금지하신 것입니다.

　여기서 사람들은 그렇다면 그것이 왜 선악과여야 하는지에 대해서 궁금해 합니다. 그것은 선악을 아는 것이 하나님의 본질과 관련된 것이기 때문입니다. 그것을 알 수 있는 이유는 창세기 3:5에는 "너희가 그것을 먹는 날에는 너희 눈이 밝아져 하나님과 같이 되어 선악을 알 줄 하나님이 아심이니라"라는 뱀의 말이 나오고, 창 3:22에는 "여호와 하나님이 이르시되 보라 이 사람이 선악을 아는 일에 우리 중 하나 같이 되었으니 그가 그의 손을 들어 생명 나무 열매도 따 먹고 영생할까 하노라"라는 하나님의 말씀 때문입니다.

　그렇다면 선악을 아는 일이 왜 그렇게 중요할까요?

　인간은 선악을 알면 안 되는 이유가 있습니까?

　그것은 인간이 선악을 아는 것에서 더 나아가 선악을 판단하려는 자유를 행사하려고 할 것이기 때문입니다. 전도서 12:14을 보면 "하나님은 모든 행위와 모든 은밀한 일을 선악간에 심판하시리라"라고 말씀합니다. 이 말씀은 선악의 판단이 하나님의 본질과 관련되어 있으며 하나님의 배타적인 권리이자 자유임을 가르쳐 줍니다. 인간이 선악을 판단한다는 것은 하나님의 이런 배타적인 권리이자 자유를 침해하는 것이 됩니다.

　그러므로 선악과는 금지되어야 마땅합니다. 이런 금지는 하나님의 권리와 자유를 보존하는 길이며, 더 나아가 인간으로 하여금 선악과를 제외한 하나님의 자유를 경험할 수 있는 조건이라고 할 수 있습니다. 그러므로 선악과의 금지는 인간이 누리고 있는 자유가 하나님으로부터 왔음을 알려주는 징표라고 할 수 있습니다.

　결론적으로 선악과의 금지는 하나님과의 관계성 속에서 이해될 수 있습니다. 인간 자신에게 주어진 자유를 누리기 위해서는 하나님의 배타적인 권리와 자유를 침해하지 않는 바른 관계를 가져야만 한다는 것입니다. 인간이라도 자신이 가지고 있는 배타적인 권리와 자유가 침해당한다면 그것을 견디지 못할 것입니다. 보고 싶은 것을 보고, 가고 싶은 곳을 가고, 먹고 싶은 것을 먹는 자유가 침해당한다면 누구라도 가만히 있지 않을 것입니다.

하물며 하나님에게 남아 있는 거의 유일한 배타적인 자유가 침해당한다면 절대자이시며 창조주이신 하나님은 어떻게 반응해야 합니까?

5) 결론

하나님은 인간에게 선악과를 먹으면 "반드시 죽으리라(창 2:17)"고 말씀하셨습니다. 그런데도 하나님은 인간을 바로 멸하지 않으시고 에덴동산에서 내보내는 것(창 3:23)으로 처리해 주셨습니다. 즉 두 번째 기회(the second chance)를 주신 것입니다. 이것은 하나님의 사랑이 얼마나 큰지를 보여 주는 하나의 예라고 할 수 있습니다. 이것이 함의하는 것은 이 세상이 저주받은 세상이 아니고 하나님의 은혜를 경험하는 세상이라는 것입니다. 죽을 수밖에 없는 인생에게 두 번째 기회를 주신 것에 대해 감사하며 살아가야 합니다.

2. 결정론이 맞나요? 자유의지론이 맞나요?

> (대상 28:9) 내 아들 솔로몬아 너는 네 아버지의 하나님을 알고 온전한 마음과 기쁜 뜻으로 섬길지어다 여호와께서는 모든 마음을 감찰하사 모든 의도를 아시나니 네가 만일 그를 찾으면 만날 것이요 만일 네가 그를 버리면 그가 너를 영원히 버리시리라
>
> (롬 8:28-30) 우리가 알거니와 하나님을 사랑하는 자 곧 그의 뜻대로 부르심을 입은 자들에게는 모든 것이 합력하여 선을 이루느니라 하나님이 미리 아신 자들을 또한 그 아들의 형상을 본받게 하기 위하여 미리 정하셨으니 이는 그로 많은 형제 중에서 맏아들이 되게 하려 하심이니라 또 미리 정하신 그들을 또한 부르시고 부르신 그들을 또한 의롭다 하시고 의롭다 하신 그들을 또한 영

화롭게 하셨느니라

(엡 1:4-6) 곧 창세 전에 그리스도 안에서 우리를 택하사 우리로 사랑 안에서 그 앞에 거룩하고 흠이 없게 하시려고 그 기쁘신 뜻대로 우리를 예정하사 예수 그리스도로 말미암아 자기의 아들들이 되게 하셨으니 이는 그의 사랑하시는 자 안에서 우리에게 거저 주시는 바 그의 은혜의 영광을 찬송하게 하려는 것이라

(빌 2:13) 너희 안에서 행하시는 이는 하나님이시니 자기의 기쁘신 뜻을 위하여 너희에게 소원을 두고 행하게 하시나니

하나님은 인간을 창조하시고 인간에게 자유의지를 주셨습니다. 그런데 이 자유의지가 진정한 의미의 자유의지인지에 대해 회의적인 사람들이 많습니다. 왜냐하면, 성경에서는 하나님께서 모든 것을 아시고 섭리하신다고 말씀하고 있기 때문입니다.

이런 자유의지에 관한 철학적인 문제는 하나님의 섭리, 전지, 전능, 은혜, 그리고 인간의 죄의 개념 등과 같은 신학적 문제들로 인해 더욱 복잡해집니다. 특히 하나님의 의지의 표현인 섭리, 예지, 예정과 같은 개념들은 인간의 의지의 표현인 자유의지를 압도하고 있는 듯한 인상을 받습니다.

그렇기에 이런 결정론과 자유의지론은 철학적 논쟁의 단골 메뉴이며 교회의 역사에서도 빠질 수 없는 문제가 되었습니다. 그중 가장 오래되고 의미있는 논쟁은 5세기의 어거스틴(Augustine)과 펠라기우스(Pelagius) 사이에 있었던 논쟁이라고 할 수 있습니다.

그렇다면 어떤 의미에서 인간이 진정하고 유의미한 선택을 할 수 있으며, 이런 자유의지를 어떻게 이해해야 할까요?

1) 결정론과 자유의지론의 구조

사람들은 최소한 다음의 4가지 중 하나의 관점을 가지고 있습니다.

첫째, 결정론(determinism)입니다.

결정론은 인간을 포함한 세상 모든 일에는 원인이 있으며 그 원인에 의해 결과가 정해진다고 보는 관점입니다. 따라서 원인을 알고 있으면 결과를 예측할 수 있습니다. 결정론에 따르면 모든 것이 인과 관계에 의해 결정되기 때문에 인간의 자유의지는 없다는 결론이 나옵니다. 즉 결정론을 인정하면 자유의지는 없습니다.

둘째, 자유의지론(libertarianism)입니다.

자유의지론은 자신의 행동과 결정을 스스로 선택할 수 있는 자유의지가 있다고 보는 관점입니다. 이를 철학적인 용어로 말하자면 인간에게 반대 선택의 자유가 있다고 보는 관점입니다. 자유의지론에 따르면 개인의 자유의지에 따라 결과가 정해지기 때문에 결정론이 성립하지 않습니다. 즉 자유의지론을 인정하면 결정론은 틀린 이론이 됩니다.

셋째, 양립 불가론(incompatibilism)입니다.

양립 불가론은 결정론과 자유의지론이 양립할 수 없다고 보는 관점입니다. 결정론을 따르면 자유의지론은 성립하지 않으며, 자유의지론을 따르면 결정론은 성립하지 않는다는 것입니다. 즉 자유의지에 의해 선택했다는 것이 다른 어떤 원인에 의해 결정되었다는 뜻이 아니기 때문입니다.

넷째, 양립 가능론(compatibilism)입니다.

양립 가능론은 결정론과 자유의지론이 양립할 수 있다고 보는 관점입니다. 결정론을 따르면서도 자유의지론이 성립하며, 자유의지론을 따르면서도 결정론이 성립할 수 있다는 것입니다. 즉 결정론과 자유의지론은 서로

모순되지 않는다고 보는 관점입니다.[5]

2) 철학적으로는 양립 불가론

 결정론과 자유의지론의 문제를 바라보는 관점 중 하나는 양립이 불가능하다는 관점입니다. 이 관점은 철학적으로 설명하지 않아도 직관적으로 설명할 수 있습니다. 예를 들어 결정론은 하나님의 의지를 의미하고 자유의지론은 인간의 의지를 의미합니다.
 그렇다면 하나님의 의지와 인간의 의지 중 어느 것이 더 강할까요?
 당연히 하나님의 의지가 강할 것입니다. 그 대표적인 예가 사도 바울의 회심입니다(행 9:1-9; 22:6-15; 26:12-18). 사도 바울은 예수님을 믿는 자들을 적극적으로 핍박하려던 자였지만 예수님을 만난 후 예수님의 복음을 전파하는 자로 변했습니다. 그것은 하나님의 의지가 인간의 의지보다 강하다는 것을 보여 주는 하나의 예입니다. 이런 예는 우리 주변에서 심심치 않게 찾아 볼 수 있습니다.
 여기서 하나님의 의지가 인간의 의지보다 강하다면 결정론이 맞는 것처럼 보입니다.
 그렇다면 철학에서도 결정론이 맞다고 여길까요?
 사실 철학에서는 하나님의 의지를 고려하기 어렵습니다. 왜냐하면, 하나님의 의지를 고려하게 되면 그것은 신학이지 철학이 될 수 없기 때문입니다. 그런데도 결정론을 지지하는 철학이 존재합니다. 즉 하나님의 의지

---

[5] 결정론은 최소한 두 가지 주장으로 나뉜다. 하나는 '강한 결정론'(hard determinism)이며 다른 하나는 '약한 결정론'(soft determinism)이다. '강한 결정론'은 모든 사건이 필연적인 인과 법칙에 따라 일어나는 것으로서 어느 시점에 어떤 사건이 일어날지는 이미 정해져 있다는 주장이다. 이에 반해 '약한 결정론'은 모든 일어나는 일에는 일정한 원인이 있다는 주장이다. 만일 결정론이 '약한 결정론'을 의미한다면 결정론과 자유의지론은 논리적으로 양립 가능하지만, 결정론이 '강한 결정론'을 의미한다면 결정론과 자유의지론은 논리적으로 양립할 수 없다.

를 고려하지 않으면서 결정론을 설명하는 철학인데, 그것은 바로 무의식의 철학입니다. 기독교 신학에 큰 영향을 준 현대 철학의 두 가지 흐름은 무의식의 철학과 실존주의 철학입니다.

무의식의 철학의 대표적인 철학자는 지그문트 프로이트(Sigmund Freud, 1856-1939)[6]입니다. 무의식의 철학은 자신과 주위 환경에 자각이 없는 상태인 무의식의 존재를 긍정합니다.

이 무의식은 자신이 의식하지 못하는 두뇌의 활동으로 사고 과정, 기억, 동기와 상관없이 자동적으로 발생하는 정신적 작용이라고 할 수 있습니다. 이런 무의식적 작용은 꿈이나 농담 따위를 통해 직접적으로 나타난다고 이해될 수 있습니다. 이런 무의식의 철학을 따르게 되면 자유의지론보다는 결정론을 존중할 수밖에 없습니다.

실제로 이런 꿈과 환상은 성경에서 자주 등장합니다. 예를 들면 창세기 37장에 나오는 요셉의 꿈은 요셉의 장래를 보여 주는 그림자 역할을 합니다. 또한, 창세기 41장에서는 바로의 꿈을 해석하기도 합니다. 그러한 해석을 통하여 요셉은 애굽의 총리대신이 됩니다. 요셉의 인생은 하나님의 의지가 어떻게 구현되는지를 보여 주는 하나의 예라고 할 수 있습니다. 즉 무의식의 철학은 결정론을 지지하는 철학으로 볼 수 있습니다.

하지만 이와는 반대로 인간의 자유의지를 강조하는 철학이 있습니다. 그것은 실존주의라고 알려져 있는 철학입니다. 이 실존주의 철학의 대표적인 철학자는 장 폴 사르트르(Jean-Paul Sartre, 1905-1980)[7]입니다. 그는 매

---

[6] 오스트리아의 정신과 의사이자 정신 분석학의 창시자이다. 그는 무의식과 억압의 방어 기제에 대한 이론, 그리고 환자와 정신분석자의 대화를 통하여 정신 병리를 치료하는 정신 분석학적 임상 치료 방식을 창안한 것으로 매우 유명하다. 그는 성욕을 인간 생활에서 주요한 동기 부여의 에너지로 새로이 정의했으며 치료 관계에서 감정 전이의 이론, 그리고 꿈을 통해 '무의식적 욕구'를 관찰하는 등 치료 기법으로도 알려져 있다. 뇌성마비를 연구한 초기 신경병 학자이기도 했다(wiki 백과 참조).

[7] 그는 프랑스 실존주의의 아버지로 여겨지며 1945년 그의 강연 "실존주의는 휴머니즘이다"는 실존주의 철학사상의 선언문이라 여겨진다. 그의 주요 철학서로는 『존재와 무』(l1943)와 『변증법적 이성 비판』(1960)이 있다(wiki 백과 참조).

우 자유주의적이어서 프로이트의 결정론을 날카롭게 공격합니다. 실존주의 철학은 개인의 자유와 책임, 그리고 주관성을 중요하게 여기는 철학적 문학적 흐름입니다. 실존주의 철학에 있어 인간 개인은 단순히 생각하는 주체가 아니라 행동하고 느끼며 살아가는 주체자(master)의 역할을 합니다. 이런 인간의 자유의지를 강조하는 철학은 하나님의 섭리에 대해 부정적일 수밖에 없습니다. 즉 결정론을 지지하지 않습니다.

이런 두 조류의 철학 사상은 강조점이 다르고 생각하는 사고의 방식이 다르기 때문에 서로 용납할 수 없습니다. 또한, 논리적으로도 서로를 용납하지 못합니다. 결정론이 맞다면 자유의지론은 결정론에 종속될 수밖에 없고, 이와는 반대로 자유의지론이 맞다면 결정론은 자유의지론에 종속될 수밖에 없습니다. 그러므로 결정론과 자유의지론은 철학적으로는 양립 불가론일 수밖에 없습니다.

물론 철학자들이 결정론과 자유의지론을 양립시키려는 노력을 하지 않은 것은 아닙니다. 예를 들어 토마스 홉스(Thomas Hobbes), 데이비드 흄(David Hume), 윌리엄 제임스(William James)와 같은 철학자들은 자신들만의 다양한 방식으로 양립시키려고 노력했습니다. 예를 들면 자유와 필연은 인간의 지식으로는 조화롭게 이해될 수 없는 것이고, 그 둘이 모두 인간의 경험에서 나온 현상이므로 이 둘을 다 견지해야 한다는 것입니다.

하지만 그러한 시도들은 설득력이 떨어지는 단점이 있습니다. 그래서 다른 철학자들은 결정론을 강한 결정론, 약한 결정론으로 나누어서 이 문제를 해결하려고 시도합니다. 결정론이 약한 결정론이라면 자유의지론과 양립할 수 있다고 보는 것입니다.

하지만 결정론은 결정론이지 자유의지론이 될 수 없습니다. 즉 결정론과 자유의지론은 서로를 용납할 수 없는 구조적인 한계점이 있습니다. 이런 한계점은 다음과 같은 논리로 표현될 수 있습니다. 결정론을 0, 자유의지론을 1이라고 한다면 0이면서 1이 될 수는 없습니다. 철학의 기본은 논리이므로 결정론과 자유의지론은 논리적으로 양립할 수 없는 상극의 관계입니다. 그런 의미에서 최소한 철학적으로는 양립 불가론이 맞다고 생각합니다.

3) 신학적으로는 양립 가능론

철학적으로는 최소한 양립 불가론이 맞다고 했는데, 그럼 결정론과 자유의지론은 정말로 양립이 불가능할까요?

여기서 지적하고 싶은 것은 결정론과 자유의지론은 신학적으로 양립이 가능하다는 점입니다. 그리고 양립 가능이어야만 합니다. 그 이유는 다음과 같습니다.

첫째, 결정론이 맞다고 하면 선악과 문제를 해결하기가 어렵습니다. 왜냐하면, 선악과는 인간이 따 먹도록 결정된 것이 아니라 인간의 자유의지로 따 먹은 것이기 때문입니다. 만일 하나님께서 인간이 선악과를 따 먹도록 결정했다면, 그것은 하나님께서 인간이 죄를 짓도록 만드신 것이라는 누명을 쓰게 됩니다. 그것은 하나님께 영광을 돌릴 수 없습니다. 하나님은 죄와 악에 대해 상극이신 분이십니다. 그런 분이 인간이 죄를 짓도록 만드셨다는 것은 말이 되지 않습니다.

이것을 악의 문제와 연결하여 생각하면 악은 하나님께로부터 온 것이 아닌 인간의 자유의지의 선택의 결과로 나타난 것입니다. 선악과 문제에서 가장 중요한 것은 인간의 자유의지로 선악과를 따 먹은 것이고, 그로 인해 인간은 하나님의 은혜가 필요하다는 점입니다. 이런 사실을 견지하지 않으면 하나님께 영광을 돌릴 수 없습니다.

둘째, 자유의지론이 맞다고 하면 인간의 구원 문제를 해결하기 어렵습니다. 왜냐하면, 인간의 자유의지로 하나님을 믿어서 구원을 받았다면 그러한 공로가 인간에게 조금이나마 돌려지는 것이기 때문입니다. 이런 구

원론은 신인협력설(syncretism)이 될 수밖에 없습니다.[8]

이런 신인협력설은 반펠라기우스주의(Semi-Pelagianism)[9]의 주장과 같으며 그것은 오래전에 정죄되었습니다. 왜냐하면, 구원은 철저히 하나님의 선물이기 때문입니다. 구원에 있어 인간의 공로는 없으며 인간은 이런 구원을 주시는 하나님의 무한한 은혜에 감사할 수밖에 없는 존재입니다. 이런 사실을 견지하지 않으면 하나님께 영광을 돌릴 수 없습니다.

그러므로 결정론과 자유의지론은 양립 가능해야 합니다. 이 둘을 하나의 축으로 놓고 볼 때, 결정론과 자유의지론은 좌우 양쪽 끝에 있는 것이라고 할 수 있습니다. 결정론은 자유의지론쪽으로, 자유의지론은 결정론 쪽으로 진행해야 합니다. 그래서 가운데에서 만나야만 합니다. 즉 결정론과 자유의지론이 균형을 맞출 때에 하나님께 영광을 돌리게 되는 건전한 신학을 도출할 수 있습니다.

4) 신학적 적용

위에서 철학적으로는 양립 불가론, 신학적으로는 양립 가능론이라는 생각을 피력했습니다.

그렇다면 양립 가능론이 신학적으로 어떻게 지지될 수 있을까요?

양립 가능론을 지지하고 있는 개념들은 다음과 같습니다.

첫째, 웨스트민스터 신앙 고백서입니다.

웨스트민스터 신앙 고백서 3장에서는 다음과 같이 고백합니다.

---

[8] 이런 신인협력설은 합력설(synergism)이라고 할 수 있다. 이 관점은 하나님이 구원의 길을 마련하시지만 사람이 그것을 취하느냐의 여부는 인간에게 달려 있다고 보는 관점이다. 즉 구원은 하나님과 사람의 합작이라고 본다. 특히 Pelagius는 인간이 자신의 의지를 통하여 자력 구원이 가능하다고 주장했다. 이런 신인협력설은 인간자력구원설(autosoterism)인 펠라기우스주의(Pelagianism)를 개선한 것으로 볼 수 있다.

[9] 믿음의 시작은 자유의지로 된 것이지만 믿음의 진보는 하나님의 역사라고 보는 관점

작정의 바른 개념

하나님은 영원 전부터 가장 지혜롭고 거룩한 자신의 뜻의 계획에 의해 모든 일어날 일을 자유롭고 불변적이게 정하셨다.[10] 그러나 그것에 의해 하나님께서 죄의 창조자이시지 않고,[11] 피조물들의 의지가 침해되지도 않으며 또 제2원인들의 자유나 우연함이 제거되지도 않고 오히려 확립된다.[12]

예지(豫知)와의 관계

하나님은 모든 가상적 조건들에 근거하여 일어날지도 모르는 혹은 일어날 수 있는 일들을 무엇이든지 아시지만,[13] 그가 무엇을 미래의 일로 혹은 그러한 조건들에 근거하여 일어날 일로 미리 아셨기 때문에 그것을 작정하신 것은 아니다.[14]

이 고백은 하나님의 작정과 예지에 관련된 것으로 결정론과 자유의지론이 양립 가능하다는 것을 진술하고 있습니다. 즉 하나님의 전지성이 인간의 자유의지를 침해하거나 훼손하지 않는다는 것을 성경 구절들에 근거하여 명확히 밝히고 있습니다. 예를 들면 체스나 장기 게임에서 고수들은 자신의 한 수에 따라 상대방이 어떻게 반응할지를 알고 있습니다. 이것이 적절한 예가 될지는 모르겠지만 상대방이 어떻게 반응하느냐는 상대방의 자유의지에 달려 있습니다. 인생은 체스나 장기 게임보다 훨씬 더 많은 선택지를 가지고 있기 때문에 하나님의 전지성이 인간의 자유의지를 침해한다고 보기 힘들다고 해야 합니다. 즉 웨스트민스터 신앙 고백은 결정론과 자유의지론은 양립할 수밖에 없다는 것을 지지합니다.

---

10 엡 1:11; 롬 11:33; 히 6:17; 롬 9:15, 18; 행 4:27-28; 마 10:29-30; 엡 2:10.
11 약 1:13, 17; 요일 1:5.
12 행 2:23; 마 17:12; 행 4:27-28; 요 19:11; 잠 16:33; 행 27:23-24, 34, 44.
13 행 15:18; 삼상 23:11-12; 마 11:21, 23; 시 139:1-4.
14 롬 9:11, 13, 16, 18; 딤후 1:9; 엡 1:4-5.

둘째, 더 위대한 선을 위한 변론입니다.

현실 세계에서는 선과 악이 공존합니다. 대체적으로 악의 문제에 대한 고전적인 해결 방법은 악은 선의 결핍이라고 설명하는 방법입니다.

이런 방법은 주로 어거스틴의 방법이라고 알려져 있습니다. 예를 들면 추위는 온기가 부족하기 때문에 생기는 것이며, 어두움은 빛의 부족 때문에 생깁니다. 이처럼 선과 악의 공존은 현실 가운데에 피할 수 없습니다. 더 위대한 선을 위한 변론은 현실 세계에서 선과 악이 공존한다는 사실을 설명해 줍니다. 예를 들면 하나님은 자신의 목적을 이루기 위해 인간들의 마음을 강퍅케 하며 악한 의도를 사용하기도 합니다(창 50:20; 롬 9:18; 삼상 2:25; 삼하 1:10; 왕상 22:21).

하지만 그렇다고 해서 그 어떤 순간도 인간의 책임이 면제되지는 않습니다. 즉 인간의 자유의지 행사로 인해 어떠한 것을 선택했을 때 그 책임이 다른 존재에게 전가되는 것은 아닙니다. 즉 하나님의 의도대로 인간이 자유의지를 행사한다고 해도 그 책임은 인간에게 있다는 것입니다. 즉 인간은 선을 선택할 수도 있으며 악을 선택할 수도 있습니다. 이런 선과 악을 선택할 수 있는 환경 자체는 결정론과 자유의지론이 양립한다는 것을 전제합니다. 즉 하나님은 인간의 선택을 존중하시며(자유의지론) 더 위대한 선을 이루어 나가신다(결정론)는 사실은 양립 가능론을 지지한다는 것을 의미합니다.

셋째, 십자가와 그리스도의 부활입니다.

예수님은 인간을 죄로부터 구원하시기 위해 이 땅 가운데에 오셨습니다. 그리고 십자가를 지시고 돌아가셨으며 부활하셨습니다. 이런 그리스도의 죽음과 부활은 인간의 자유의지로 일어난 불순종과 죄에 대한 하나님의 처방전입니다. 어찌 보면 십자가와 그리스도의 부활은 악에 대해 선이 승리한 가장 위대한 예라고 할 수 있습니다. 즉 더 위대한 선을 위한 변론의 연장선이라고 할 수 있습니다. 여기서 더 중요한 것은 아담과 하와의 범죄가 인간의 자유의지가 아니라면 십자가와 그리스도의 부활은 그다지 의미가 없다는 것입니다. 아담과 하와의 범죄가 하나님의 결정론 선상에서 이루어진 플롯이라면 예수님의 희생적인 사랑은 공허한 사랑이 되고 말 것입니다. 예수님의 십자가상의 희생이라는 하나님의 온전하고 위대한 사랑을 고려하면 아담과 하와의 범죄는 온전한 자유의지의 행사로 인한 불순종과 범죄여야 한다는 사실입니다. 그러므로 십자가와 그리스도의 부활은 양립 가능론을 지지하는 가장 강력한 증거라고 할 수 있습니다.

넷째, 성령의 열매입니다.

갈라디아서 5장은 성령의 열매가 나오는 유명한 장입니다. 사도 바울은 여기서 그리스도께서 성도들로 자유케 하기 위해 자유를 주셨다고 증거합니다. 여기서 자유를 어떻게 사용해야 하는지를 두 가지의 카테고리로 나누어 설명합니다. 만일 육체를 따라 자유의지를 행사하면 "음행과 더러운 것과 호색과 우상 숭배와 주술과 원수 맺는 것과 분쟁과 시기와 분냄과 당 짓는 것과 분열함과 이단과 투기와 술 취함과 방탕함과 또 그와 같은 육체의 열매"(갈 5:19-21)를 맺게 됩니다.

하지만 성령을 따라 자유의지를 행사하면 "사랑과 희락과 화평과 오래 참음과 자비와 양선과 충성과 온유와 절제와 같은 성령의 열매"(갈 5:22-23)를 맺게 됩니다. 여기서 중요한 것은 바로 성령의 열매라는 것입니다. 이것은 내가 자유의지를 행사하지만 그것은 나의 열매가 아닌 성령의 열매로 나타난다는 것입니다. 이처럼 내가 자유의지를 행사하는 것 같지만 그것은 하나님께서 원하시는 삶의 형태로 나타나기 때문에 성령의 열매는 양립 가능론을 지지하는 증거로 사용될 수 있습니다.

5) 결론

결정론과 자유의지론에 대한 가장 건전한 접근 방법은 양립 가능하다고 보는 접근 방법입니다. 철학적으로 결정론과 자유의지론은 서로 종속될 수 없는 양립 불가론을 지지하는 것 같습니다. 그리고 칼빈주의의 영향으로 신학적으로는 결정론이 우세한 것 같습니다. 왜냐하면, 하나님의 의지가 인간의 의지보다 강하기 때문입니다. 그러나 양립 불가론이나 결정론이 맞다고 보면 건전한 신학이 도출되기 어렵습니다. 왜냐하면, 선악과 문제가 암시하듯이 인간의 죄에 대한 책임이 하나님께 전가되기 때문입니다. 반대로 자유의지론이 맞다고 보면 구원론은 신인협력설이 되고 맙니다. 그러므로 결정론과 자유의지론은 양립 가능하다고 보아야 합니다. 왜냐하면, 성경의 전체적인 맥락, 더 위대한 선을 위한 변론, 그리고 십자가와 그리스도의 부활, 성령의 열매 등은 양립 가능론을 지지하고 있기 때문입니다.

3. 선택받은 사람만 구원하신다면 하나님은 공평하신가요?

(요한복음 12:46-48) 나는 빛으로 세상에 왔나니 무릇 나를 믿는 자로 어두움에 거하지 않게 하려 함이로라 사람이 내 말을 듣고 지키지 아니할지라도 내가 그를 심판하지 아니하노라 내가 온 것은 세상을 심판하려 함이 아니요 세상을 구원하려 함이로라 나를 저버리고 내 말을 받지 아니하는 자를 심판할 이가 있으니 곧 내가 한 그 말이 마지막 날에 그를 심판하리라

(요한복음 3:16) 그를 믿는 자마다 멸망하지 않고 영생을 얻게 하려 하심이라

(요한복음 11:26) 무릇 살아서 나를 믿는 자는 영원히 죽지 아니하리니

(사도행전 10:43) 그를 믿는 사람들이 다 그의 이름을 힘입어 죄 사함을 받는다 했느니라

(로마서 9:33) 그를 믿는 자는 부끄러움을 당치 아니하리라 함과 같으니라

(요한일서 5:1) 예수께서 그리스도이심을 믿는 자마다 하나님께로서 난 자니

우리는 위에서 결정론과 자유의지론의 관계에 대해 살펴보며 결정론과 자유의지론에 대한 가장 건전한 접근 방법은 양립 가능하다고 보는 접근 방법이라고 결론지었습니다.

그렇다면 인간의 가장 큰 문제인 구원에 대해서는 어떤 관점을 가져야 할까요?

결정론의 관점은 하나님께서 나를 선택하셔서 구원을 주시는 것이고, 자유의지론의 관점은 내가 하나님을 믿어서 구원을 받는 것입니다. 만일 자유의지론의 관점을 가지게 되면 하나님의 공평함에 대해서 불평할 수 없습니다. 왜냐하면, 인간이 가지고 있는 자유의지로 하나님을 믿은 것이기 때문입니다. 문제는 만일 결정론의 관점을 가지게 되면 하나님의 공평함에 대해서 불평할 수 있다는 점입니다. 왜냐하면, 선택받지 못한 사람들은 그러한 하나님의 선택 혹은 예정이 공평하지 않다고 불평할 수 있기 때문입니다. 양쪽 다 상당한 합리적인 이유들이 존재하기 때문에 펠라기우스 논쟁과 같은 격렬한 논쟁을 피할 수 없습니다.[15]

그렇다면 만일 선택받은 사람만 구원하신다면 하나님은 공평하신가요?

1) 하나님은 모든 사람이 구원받기를 원하신다

하나님은 인간을 자신의 형상대로 창조하시고 인간과 교제하기를 원하셨습니다. 하나님은 천사도 창조하셨지만 인간과 교제하기 원할 정도로 인간을 더 사랑하셨습니다. 이런 사랑의 역사를 기록해 놓은 것이 바로 성경입니다. 성경은 이런 인간에 대한 사랑이 얼마나 위대한지를 자세하게 기록해 놓고 있습니다. 그중의 하나가 '여호와의 열심'이라는 표현입니다 (사 9:7; 37:32; 59:17; 겔 5:13; 39:25; 고후 11:2). 이런 표현은 인간을 사랑하는

---

15 펠라기우스주의(Pelagianism)에 따르면 원죄는 인간의 본성을 오염시키지 않았으며 도덕적 의지는 여전히 신의 도움 없이 선과 악을 선택할 수 있다고 본다. 펠라기우스는 인간의 의지는 하나님이 창조한 능력으로 죄 없는 삶을 살기에 충분하다고 보았다. 그는 하나님의 은총이 모든 선한 행위를 도와준다고 믿었다. 그는 인간은 자기의 노력에 의해서 구원을 얻을 수 있다고 보았다. 이런 견해는 원죄를 근거로 하나님의 도움 즉 하나님의 은혜가 없이는 인간은 스스로 구원을 받을 수 없다고 주장한 어거스틴(Augustine)의 견해와 반대되었고 후에 이단으로 정죄되었다.

하나님의 강력한 의지의 표현입니다.

성경에는 이런 하나님의 강력한 의지에 관한 표현이 자주 등장합니다. 하나님은 모든 상황의 지배자로서 자신이 정하신 종말을 향해 모든 일을 배열하시고 지향하시며(잠 16:4), 모든 크고 작은 사건(왕들의 생각들[잠 21:1]과 모든 사람의 계획된 말과 생각으로부터[잠 16:1, 9], (변칙적인 것으로 보이는 제비뽑기에 이르기까지[잠 16:33])을 결정하시고, 하고자 하시는 일이 너무 힘들어서 할 수 없는 일은 전혀 없으시며(창 18:14; 렘 32:17), 인간의 조직적인 반대가 어느 정도 하나님을 방해할 수 있을 것이라는 생각은 터무니없는 생각에 불과합니다(시 2:1-4).[16]

또한, 신약 성경에 있어서 그리스도의 사역에 관한 수많은 예언은 실제로 성취되었습니다(마 1:22; 2:15, 23; 4:14; 8:17; 12:17 이하; 요 12:38 이하; 19:24, 28, 36; 행 2:17 이하; 3:22 이하; 4:25 이하; 8:30 이하; 10:43; 13:27 이하; 15:15 이하; 갈 3:8; 히 5:6; 8:8 이하; 벧전 1:10 이하 등).[17] 이런 성경 구절을 보면 하나님의 의지가 얼마나 강력한가를 느끼게 됩니다.

이런 강력함은 하나님께서 오래 참는 데에 있어서도 극명하게 드러납니다. "주의 약속은 어떤 이들이 더디다고 생각하는 것같이 더딘 것이 아니라 오직 주께서는 너희를 대하여 오래 참으사 아무도 멸망하지 아니하고 다 회개하기에 이르기를 원하시느니라"(벧후 3:9)라고 말씀합니다. 즉 하나님은 아무도 멸망하지 않고 모든 사람이 구원받게 되기를 원하신다는 것입니다.

여기서 강조해야 할 것은 하나님의 열심은 무차별적이라는 것입니다. 즉 예수님을 믿는 자마다 멸망치 않고 영생을 얻습니다(요 3:16). 하나님은 어떤 특정한 개인을 차별적으로 선택하지 않으시고 누구에게나 구원의 문을 열어 놓으셨습니다. 즉 예수님을 믿든지 믿지 않든지는 개인의 선택이

---

16 J. D. Douglas 외 6인, 『새성경사전』, 나용화 김의원 옮김 (서울: CLC, 1996), 1329.
17 Ibid., 1330.

며 거기에는 차별이 있을 수 없습니다. 이런 열심을 보이시는 하나님께 불공평하다고 이야기하는 것은 신중하지 못한 태도입니다.

2) 예정론은 신자를 위로하기 위한 것이다

사실 성경에는 선택의 개념을 포함한 예정론을 의미하는 구절들이 있습니다. 예를 들어, 사도 바울은 로마서 8:28-30에서 예정에 대한 그의 생각을 다음과 같이 밝힙니다.

> (롬 8:28-30) 우리가 알거니와 하나님을 사랑하는 자 곧 그의 뜻대로 부르심을 입은 자들에게는 모든 것이 합력하여 선을 이루느니라 하나님이 미리 아신 자들을 또한 그 아들의 형상을 본받게 하기 위하여 미리 정하셨으니 이는 그로 많은 형제 중에서 맏아들이 되게 하려 하심이니라 또 미리 정하신 그들을 또한 부르시고 부르신 그들을 또한 의롭다 하시고 의롭다 하신 그들을 또한 영화롭게 하셨느니라

이 말씀은 예정론을 대표하는 구절입니다. 하지만 이 구절은 믿음이 무엇인지도 모르는 비신자를 위한 것이 아니라 핍박을 받고 있는 로마 교회의 성도들에게 보낸 편지의 일부분입니다. 이 구절에서 강조하고 있는 것은 예정론을 말하려는 것보다는 하나님의 강력한 열심을 말하려는 것입니다. 하나님께서 미리 택하시고 부르시고 의롭다 하시고 영화롭게 하실 정도로 열심을 가지고 있다는 의미입니다.

핍박을 받고 있는 로마 교회의 성도들이 이 말씀을 들을 때 얼마나 감사하게 생각할까요?

또한, 사도 바울은 로마서 9:11-13에서도 에서가 아닌 야곱을 택하신 것에 관해 논하고 있습니다. 그 이유는 에서나 야곱의 행위 때문이 아니라 "내가 너로 큰 민족을 이루고 네게 복을 주어 네 이름을 창대하게 하리

라"(창 12:2)는 하나님의 신실하신 약속 때문입니다. 하나님은 아브라함에게 약속하신 대로 이삭을 주셨으며, 이삭에게도 약속하신 대로 약속의 자녀인 야곱을 주셨습니다. 구원도 마찬가지이며 하나님은 약속하신 대로 구원을 베푸십니다. 다시 말하자면 예정론은 하나님의 약속을 신실하게 실행시킨 것을 신자에게 보여 주기 위한 것이지, 비신자들이 예정론을 자기 마음대로 해석하여 하나님이 불공평하다고 느끼게 하기 위해 존재하는 것이 아닙니다. 그렇기에 사도 바울은 로마서 11:1에서 "하나님이 자기 백성을 버리셨느냐 그럴 수 없느니라"고 선포하고 있는 것입니다.

신자들이 이 말씀을 들을 때 얼마나 위로가 될까요?

다시 말하자면 예정론은 신자를 위로하기 위한 교리이지 비신자를 위한 교리가 아닙니다.

이런 하나님의 열심은 구원의 확신을 가진 사람들이 볼 때는 하나님께서 자신을 선택하시고 인생의 모든 과정에서 간섭한 것이라는 것을 알게 됩니다. 즉 믿음을 가지고 난 이후 자신의 삶을 되돌아보니 하나님께서 자신을 선택하셨음을 확신하게 된다는 의미입니다. 이것을 결정론의 관점으로 표현하자면 자신은 구원받기로 예정되었다는 것을 안다는 것입니다. 하지만 이것이 어떤 특정한 사람이 구원받을 만하기 때문에 선택한 것이 아닙니다. 그러므로 선택에 대한 신학적 정의가 중요합니다.

웨인그루뎀(Wayne Grudem)은 "선택은 하나님께서 피조물로부터 어떤 공적을 보시기 이전에 당신의 주권적이고 선하신 뜻에 의해 구원받을 사람을 미리 택하신 하나님의 행위"[18]라고 정의합니다. 즉 선택이라는 단어는 하나님은 인간의 어떤 공적을 보시기 전에 구원받을 사람을 미리 택하신 행위를 의미합니다.[19] 그러므로 예정론은 비신자를 위한 용례(terminology)가 아니라 믿는 사람을 격려하기 위한 것임을 알아야 합니다.

---

18 Wayne Grudem, 『조직신학 (중)』 노진준 옮김 (서울: 은성, 1997), 261.
19 예정론에 있어 이런 하나님의 열심을 보여 주는 것이 칼빈주의 5개조항으로 불리는 TULIP에서 P(Perseverance of the saints)로 매치될 수 있다.

또한, 바울과 바나바가 비시디아 안디옥에서 설교할 때 누가는 "이방인들이 듣고 기뻐하여 하나님의 말씀을 찬송하며 영생을 주시기로 작정된 자는 다 믿었다"(행 13:48)고 표현하고 있습니다. 이 말씀을 표면적으로 보면 '작정된 자'라는 단어 때문에 예정론을 의미하는 것으로 생각하기 쉽습니다. 하지만 이것이 꼭 예정론을 말하려는 것은 아닙니다. 여기서 작정된 자들은 이방인을 지칭합니다. 복음에 반응하여 복음을 받아들인 이방인들에게도 구원의 은총이 임한다는 것을 표현한 것입니다. 즉 이방인들이 복음을 받아들였을 때 그들을 작정된 자였다고 생각할 수 있다는 의미입니다.

사람들은 그들이 복음을 받아들이기 전에 미리 작정된 자인지는 모릅니다. 하지만 복음을 받아들이고 하나님을 찬송하며 그리스도인의 삶을 산다면 우리는 그들이 작정된 자라는 것을 확신할 수 있습니다. 즉 예정론은 믿음을 가지게 된 삶에 적용된 후에나 논할 수 있는 종류의 개념이라는 것입니다.

또한, 사도 바울은 에베소서 1:4-6에서도 하나님께서 창세 전에 그리스도 안에서 우리를 택하셨다고 말씀합니다. 이 외에도 많은 성경 구절들(살전 1:4-5; 살후 2:13; 딤전 5:21; 딤후 1:9; 벧전 1:2, 2:9; 계 13:7-8, 17:8)에서도 예정론 사상을 찾아 볼 수 있습니다.

그렇다면 신약 성경에 나타난 예정 사상의 가르침이 우리에게 주는 목적은 무엇입니까?

그것은 예정론이 신자들을 위로하기 위해서 기록된 것이라는 사실입니다. 하나님은 항상 신자의 유익을 위해 일하셨고, 일하고 계시며, 앞으로도 일하시리라는 것을 알게 하기 위함입니다. 이처럼 선택을 포함한 예정론은 일상적인 모든 사건 속에서 신자들에게 위로가 됩니다. 그러므로 "이는 우리가 그리스도 안에서 전부터 바라던 그의 영광의 찬송이 되게 하려 하심이라"(엡 1:12)라고 한 것처럼 하나님께 감사할 이유가 됩니다.

3) 하나님은 인간에게 선택의 기회를 주셨다

하나님은 모든 사람이 구원받기를 원하시며 인간에게 선택의 기회를 주셨습니다. 이렇게 선택의 기회를 주신 것은 하나님께서 공평하시다는 것 이상을 보여 줍니다. 그러한 예를 민수기 21:4-9에서 찾아볼 수 있습니다. 여기서 출애굽한 이스라엘 백성들은 광야 길을 지나면서 가나안으로 가는 길이 험하다는 이유로 하나님과 모세를 원망하다가 불뱀의 심판을 받습니다. 이때 모세의 기도를 응답하신 하나님은 놋뱀을 장대 위에 달고 그것을 보면 살 수 있다는 방법론을 제시합니다. 즉 하나님은 이스라엘 백성들에게 선택의 기회를 주셨습니다.

이런 놋뱀 사건은 죄로 인해 죽어가는 인간들을 십자가에 달려 대속하시고 죄의 권세를 이기심으로 구원하신 그리스도의 사역을 예표합니다. 요한복음 3:14-15을 보시면, "모세가 광야에서 뱀을 든 것같이 인자도 들려야 하리니 이는 그를 믿는 자마다 영생을 얻게 하려 하심이니라"고 말씀합니다. 즉 놋뱀을 쳐다 본 사람들이 살았듯이, 예수님을 믿는 사람들은 구원을 받습니다.

이처럼 선택의 기회를 주셨다는 성경 구절들은 매우 많습니다(요 11:26; 12:46-48; 행 10:43; 롬 9:33; 요일 5:1). 그 구절들은 하나님께서 선택하신 사람을 구원하시는 것이 아니라 오히려 그러한 선택권을 인간에게 주신 것을 표현하는 구절들입니다.

또한, 그 구절들은 모든 사람을 구원하시기 위한 강력한 하나님의 의지를 표현하고 있습니다. 이런 구절들은 자유의지론의 관점에서 자신이 믿음을 선택할 수 있음을 의미합니다(수 24:15). 또한, 그런 의미에서 그러한 선택을 할 수 없는 사람들, 예를 들어 복음을 접할 수 없었던 영유아의 경우 구원받을 수 있다고 보는 것에 대해 신학적으로 부정적 반응을 보일 필요는 없습니다. 그러므로 이 구절들에 의하면 선교의 필요성과 열심을 낙심시키지 않습니다.

사도 바울은 "그러므로 내가 택함 받은 자들을 위하여 모든 것을 참음은 그들도 그리스도 예수 안에 있는 구원을 영원한 영광과 함께 받게 하려 함이라"(딤후 2:10)라고 말합니다. 하나님이 어떤 사람들을 구원하시기로 선택하셨다면 우리는 복음을 전하도록 격려 받았다는 것입니다. 왜냐하면, 그 선택은 그의 복음 전파에 열매가 있으리라는 확신의 근거가 되기 때문에 인간에게 선택의 기회를 주신 것은 매우 공평한 처사라 할 수 있습니다.

이렇게 이야기하면 선택의 기회를 주시기 전에 선택하지 않아도 되는 세상을 만드신 것이 더 좋지 않냐고 반문할 사람도 있을 것입니다. 여기서 선악과의 문제가 다시 제기됩니다. 선악과를 먹고 타락한 세상에서 예수님을 믿는 방법론을 제시하는 것보다는 처음부터 선악과가 없는 세상이 더 좋은 세상이 아니냐는 것입니다.

그러나 위에서 살펴본 대로 선악과가 없는 세상보다는 선악과가 있는 세상이 최고로 좋은 세상(The best of all possible worlds)임을 이미 살펴보았습니다. 중요한 것은 이 세상은 두 번째 기회(second chance)를 주신 것으로 인간에게 선택의 기회를 주셨다는 것입니다. 이것은 하나님이 공평하시다는 것 이상을 의미합니다. 예를 들어 예수님 오른쪽의 강도는 죽어 가면서 예수님을 선택했고, 왼쪽의 강도는 예수님을 선택하지 않았습니다. 마지막 죽어 가는 순간에 있어서도 두 강도에게 선택의 기회가 주어진 것을 잊어서는 안 됩니다.

4) 공평의 개념을 혼동하지 말아야 한다

기본적으로 공평이라고 하는 개념은 상대적이 아닌 절대적이어야 합니다. 사람들이 많은 종교나 많은 신 가운데 하나님을 선택할 수 있는 자유가 있는 것처럼 하나님도 세상 많은 사람 가운데 특정한 사람을 선택할 자유가 있습니다. 이런 자유를 잘 보여 주는 것이 로마서 9:20-24에서의 토기장이의 비유입니다.

(롬 9:20-24) 이 사람아 네가 누구이기에 감히 하나님께 반문하느냐 지음을 받은 물건이 지은 자에게 어찌 나를 이같이 만들었느냐 말하겠느냐 토기장이가 진흙 한 덩이로 하나는 귀히 쓸 그릇을, 하나는 천히 쓸 그릇을 만들 권한이 없느냐 만일 하나님이 그의 진노를 보이시고 그의 능력을 알게 하고자 하사 멸하기로 준비된 진노의 그릇을 오래 참으심으로 관용하시고 또한 영광 받기로 예비하신 바 긍휼의 그릇에 대하여 그 영광의 풍성함을 알게 하고자 하셨을지라도 무슨 말을 하리요 이 그릇은 우리니 곧 유대인 중에서뿐 아니라 이방인 중에서도 부르신 자니라

인간에게 많은 신 가운데 하나님을 선택할 수 있는 자유가 주어진 것처럼 하나님께도 많은 사람 가운데 특정한 사람을 선택할 수 있는 자유가 있습니다. 게다가 하나님은 창조주이십니다. 이런 창조주에게 특정한 사람을 선택할 수 있는 자유가 없다는 것이 말이 되지 않습니다. 또한, 이런 창조주와 피조물의 관계를 차치하고라도 인간이 수많은 신과 우상 속에서 하나님을 선택할 자유와 하나님께서 특정한 인간을 선택할 자유가 있는 것이 절대적으로 공평할 것입니다. 하지만 하나님은 모든 사람이 구원받기를 원하시고 친절하게 구원의 방법을 제시해 주셨습니다. 이런 하나님의 온 인류를 위한 사랑과 하나님께서 제시한 구원의 방법에 대해 불공평하다고 불평해서는 안 됩니다. 오히려 감사해야 합니다.

그런데도 이런저런 이유로 하나님께 불평하는 사람들이 있습니다. 어떤 이는 구원하시기로, 다른 이는 구원하시지 않기로 선택한 것은 결국 사실이 아니냐는 것입니다. 이런 개념은 사람들을 동일하게 대우하는 것이 공평하다는 인간의 정의 개념에 근거한 것입니다. 그것은 선택이 인간에게 동일하게 주어지지 않았다는 전제에서 출발한 것입니다.

하지만 위에서 살펴본 바와 같이 그 전제는 틀렸습니다. 하나님의 자유와 인간의 자유가 동등하게 보장되어야 공평한데 인간들 사이의 공평함만 고려했기 때문입니다. 실제로 하나님은 모든 사람이 구원받기를 원하시는

것처럼 인간에게 하나님을 선택할 자유를 주셨습니다. 즉 인간들 사이의 공평함도 보장하셨습니다. 게다가 예정론은 신자를 위로하기 위한 것이지 그것이 하나님의 불공평함을 암시하기 위해 만들어진 것이 아닙니다.

5) 결론

구원론을 바라보는 바람직한 견해는 성경은 보편주의(universalism)를 말하지 않는다는 사실입니다. 하나님께는 모든 사람을 구원하셔야 할 이유가 없습니다. 사실 하나님께서 아무도 구원하지 않으신다고 해도 하나님은 여전히 공평하십니다. 오히려 어떤 사람도 구원하시지 않는 것이 절대적으로 공평할 것입니다. 누구도 이에 대해 불평할 수 없습니다. 그렇기에 하나님은 모든 사람이 구원을 받기 원하시지만 실제로 모든 이가 구원을 받는 것은 아니라는 사실을 알아야 합니다. 이런 보편주의의 문제는 지옥의 문제와도 연결되기 때문에 지옥의 존재를 인정한다면 성경은 보편주의를 말하고 있지 않다는 확신을 가질 수 있습니다.

4. 악인은 번영하고 선인은 고통받는 것이 하나님의 섭리인가요?

(렘 16:17) 이는 내 눈이 그들의 행위를 살펴보므로 그들이 내 얼굴 앞에서 숨기지 못하며 그들의 죄악이 내 목전에서 숨겨지지 못함이라

(렘 32:19) 주는 책략에 크시며 하시는 일에 능하시며 인류의 모든 길을 주목하시며 그의 길과 그의 행위의 열매대로 보응하시나이다

(잠 15:3) 여호와의 눈은 어디서든지 악인과 선인을 감찰하시느니라

(히 4:13) 지으신 것이 하나도 그 앞에 나타나지 않음이 없고 우리의 결산을 받으실 이의 눈 앞에 만물이 벌거벗은 것같이 드러나느니라

권선징악이라는 말은 선을 권하고 악을 징벌한다는 의미입니다. 하지만 현실 가운데에서는 이런 권선징악이 적용되지 않는 경우가 많이 있습니다. 유네스코 웹사이트에 의하면 아우슈비츠 비르케나우(Auschwitz Birkenau)는 독일 제3제국 최대 규모의 강제 수용소였습니다. 수용소의 요새화된 벽, 철조망, 발사대, 막사, 교수대, 가스실, 소각장 등은 이곳에서 벌어졌던 대량 학살의 현장을 고스란히 보여 줍니다.

역사적인 연구에 따르면 대다수가 유대인이었던 150만 명의 수용자가 이곳에서 체계적으로 굶주림과 고문을 당한 뒤 살해되었습니다. 이는 20세기에 인간이 인간에게 저지른 잔인한 역사를 상징하고 있습니다.[20] 이런 극악무도한 행위는 하나님께서 정말로 살아계시는지를 의심하게 만듭니다. 하나님이 살아계신다면 이런 악을 용납해서는 안 된다고 생각하기 때문입니다.

또한, 우리 주변에는 하나님을 모르고 많은 범죄를 저지르지만 승승장구하고, 하나님과 교회를 잘 섬기는데 불치의 병이 걸리기도 하고 극심한 가난과 육체적 학대와 같은 고통을 경험하는 사람들이 많습니다. 이와 같이 악인은 번영하고 선인은 고통받는 것을 목격하게 될 때 그것이 정말로 하나님의 섭리인지를 의심하게 됩니다.

그렇다면 악인은 번영하고 선인은 고통받는 것이 진정 하나님의 섭리인가요?

1) 하나님의 섭리는 이 세상에서 가장 아름다운 교리이기 때문이다

우리는 보통 섭리라는 단어를 하는 일이 잘 되고 있을 때 사용하지 않고 오히려 하는 일이 잘 되지 않고 고통을 경험할 때 사용합니다. 그럴 때에

---

20 유네스코와 유산, "아우슈비츠 비르케나우 – 독일 나치 강제 수용소 및 집단 학살 수용소(1940-1945)", https://heritage.unesco.or.kr/아우슈비츠-비르케나우-독일-나치-강제-수용소-및/ (accessed 7/16/2020).

하나님의 섭리하심이 있을 것이라며 위로합니다. 즉 그 고통에는 뜻이 있으며 하나님만의 계획이 있다는 것입니다.

하지만 한 가지 분명한 사실은 내가 하는 일이 잘 될 때에도 하나님은 섭리하고 계십니다. 즉 하나님은 언제나 일하고 계십니다. 그런 의미에서 섭리의 의미가 무엇인지 웨스트민스터 신앙 고백서 5장 1절을 참조할 수 있습니다.

> 만물의 크신 창조자 하나님은 그의 지극히 지혜롭고 거룩한 섭리에 의해[21] 그의 무오(無誤)한 예지(豫知)와[22] 그 자신의 뜻의 자유롭고 불변적인 계획을 따라[23] 가장 큰 것부터 가장 작은 것까지[24] 모든 피조물과 행위들과 일들을[25] 붙드시고[26] 지도하시고 처리하시고 통치하셔서 그의 지혜와 능력과 의와 선과 자비의 영광을 찬송케 하신다.[27]

이 고백서에는 섭리의 내용과 목적이 나옵니다. 그것은 그의 지혜와 능력과 의와 선과 자비의 영광을 찬송케 하는 것입니다. 즉 하나님의 선하신 성품을 나타내고 찬송케 하기 위해 모든 피조물과 행위들과 일들을 붙드시고 지도하시고 처리하시고 통치하신다는 것입니다. 그러므로 악인이 번영하거나 선인이 고통받을 때에도 하나님의 섭리는 계속되며 그러한 섭리의 역사로 인해 하나님의 선하신 성품을 찬송하게 합니다.

그런 의미에서 섭리의 교리는 이 세상에서 가장 아름다운 교리라고 할 수 있습니다. 왜냐하면, 기독교의 세계관은 열린 세계관(open system)이기

---

21 잠 15:3; 시 104:24; 시 145:17; 대하 16:9.
22 행 15:18; 시 94:8-11.
23 엡 1:11; 시 33:10-11.
24 마 10:29-31; 6:26, 30.
25 단 4:34-35; 시 135:6; 행 17:25-28; 욥 38-41장.
26 히 1:3.
27 사 63:14; 엡 3:10; 롬 9:17; 창 45:7; 시 145:7; 느 9:6; 시 145장.

때문입니다. 위에서 언급했듯이, 이슬람의 알라는 초월성만을 강조한 나머지 내재성이 결핍된 신입니다. 즉 폐쇄된 세계관(closed system)을 가지고 있습니다. 그러다 보니 알라는 인간의 역사에 개입하지 않습니다.

하지만 기독교의 하나님은 인간 역사에 개입하시고 섭리하십니다. 즉 기독교의 세계관은 초월성과 내재성을 동시에 만족시켜 주는 세계관입니다. 이것이 함의하는 것은 하나님께서 인간 역사에 적극적으로 관여하신다는 것입니다. 이것을 우리는 하나님의 섭리라고 말합니다. 특히 이런 섭리는 때로는 매우 은혜스러워서 자연법칙을 거스리는 기적을 행사하시기도 합니다. 그런 의미에서 성경은 기적의 역사를 기록한 책이라고 할 수 있습니다.

천지창조부터 시작하여 노아의 홍수, 모세의 홍해의 갈라짐, 여호수아의 해를 멈춘 사건과 여리고 성의 함락, 히스기야의 기도를 들으시고 일영표의 해 그림자를 10도 뒤로 물러가게 한 사건, 예수님의 병 고침과 부활 등은 하나님의 섭리가 얼마나 아름다운가를 보여 줍니다. 이런 기적들은 불치의 병이나 경제적 심리적 고통 가운데 절망하는 많은 인생에게 소망을 주셨고 지금도 계속해서 소망을 주십니다. 그러므로 현실 가운데에 악인은 번영하고 선인은 고통받는 것같이 보이지만 그것은 하나님의 선하신 성품을 찬송하게 하려는 목적이 있음을 잊지 말아야 합니다.

2) 악인과 선인의 판단은 하나님께 달려 있기 때문이다

인간은 보통 하나님이 하셔야 하는 일을 대신 하려고 합니다. 그중의 하나가 바로 선악간의 판단입니다. 전도서 12:14을 보시면 "하나님은 모든 행위와 모든 은밀한 일을 선악간에 심판하시리라"고 말씀합니다. 이 말씀은 선악간에 심판하는 것은 하나님이 하셔야 하는 하나님 고유의 영역이라는 것을 알려 줍니다. 그런 의미에서 악인과 선인의 판단을 내가 하지 말아야 합니다. 물론 어떤 행위가 명백하게 악한 것인지 선한 것인지 알 수 있는 경우가 있습니다.

예를 들어 아우슈비츠 수용소와 같은 경우는 판단하기 쉬울 것입니다. 하지만 판단하기 어려운 경우도 많이 있습니다. 예를 들어 동방의 의인이었던 욥이 아무런 이유 없이 고난을 당했지만, 그의 친구들은 아무런 이유 없이 욥이 고난을 당할 리 없다며 욥을 질책하기도 했습니다(욥기 4-5장). 욥의 친구들의 경우에서와 같이 선악을 판단하는 것은 매우 어려운 일입니다. 이와 같이 선한 행위인 것처럼 생각했지만 결과적으로 선한 행위가 아니었던 경우, 또 반대인 경우도 많습니다.

사실 윤리적으로 어떤 행위가 선한 행위가 되려면 행위의 동기, 행위의 수단, 행위의 결과가 선해야 합니다. 예를 들어 성경에 나오는 바리새인의 금식과 십일조와 같은 외식적인 모습은 그 동기가 선하지 않기 때문에 예수님께 책망을 받을 수밖에 없었습니다. 이런 예들은 우리 주변에서도 얼마든지 찾아볼 수 있습니다. 그러므로 악인의 번영과 선인의 고통을 보면서 어떻게 그것이 하나님의 섭리인가에 대해 자신이 판단하려 하지 말고 하나님께서 그들을 어떻게 판단하실지를 생각해 보는 지혜가 필요합니다.

3) 하나님은 사랑의 하나님이기 때문이다

사랑은 인간에게서 자유의지를 빼앗지 않습니다. 극단적인 예를 들면 하나님은 악인이 선인을 향해 방아쇠를 당기려고 할 때 방아쇠를 당기지 못하도록 하실 수 있습니다. 하지만 그것은 인간에게서 자유의지를 빼앗는 행위입니다. 비록 악인일지라도 자유의지를 빼앗는 것은 인간을 로봇이나 꼭두각시로 만드는 것과 다르지 않습니다. 왜냐하면, 그리스도인이라도 자신도 모르는 사이에 악한 행동을 할 때가 있으며 악인이라도 선한 행동을 할 때가 있기 때문입니다. 그러므로 악인이 하는 잘못된 일에 하나님께서 일일이 간섭하신다면 그것은 인간에게 주신 자유의지를 빼앗는 행위입니다. 이렇게 자유의지가 없는 인간의 삶은 로봇과 같이 지루한 일상의 반복이 될 것입니다.

또한, 인간이 하나님의 형상대로 지음 받았다는 사실을 기억해야 합니다. 하나님은 우리를 사랑하심으로써 우리를 그의 사랑이 아주 기쁘게 머물 수 있는 대상으로 만드셨습니다. 그런 대상이 되기 위해서는 하나님 본인이 그런 것처럼 자유의지를 온전히 사용할 수 있어야 합니다. 스스로 무엇인가를 원하고 그것을 할 수 있는 능력을 갖춘 대상이어야만 합니다. 즉 하나님의 사랑을 받고 하나님을 사랑하며 교제할 수 있는 온전한 능력이 갖추어져야만 하는 것입니다.

그리고 인간에게서 자유의지를 빼앗는다면 그것은 하나님께서 이 세상을 사랑하는 방식이 아닙니다. 하나님은 자유의지가 없는 인간을 로봇이나 꼭두각시처럼 여기고 사랑할 수 있을 것입니다. 하지만 정작 인간은 그러한 하나님을 사랑할 수 없을 것입니다. 왜냐하면, 사랑은 '자유' 개념의 토대 위에 존재하며 자유가 없다면 사랑이 불가능하기 때문입니다.

자유의지론에서 가장 중요한 것은 반대 선택의 가능성입니다. 반대되는 선택을 할 수 없다면 사랑도 가능하지 않습니다. 그러므로 악인의 번영을 보면서 그들을 번영하지 못하도록 만드시는 것은 하나님께서 이 세상을 사랑하는 방식이 아닙니다. 비록 악인이 번영하고 선인이 고통받을 지라도 그것은 인간을 사랑하는 하나님의 방식임을 기억해야 합니다.

그런 의미에서 하박국 선지자의 고백과 찬양을 묵상할 수 있습니다. 하박국 선지자 또한 악인이 약한 백성을 압제하고 탈취하는 범죄를 자행하며 공의한 자보다 물질적인 풍요를 누리는 현실을 목격하고 하나님께 불평하고 항의했습니다. 왜냐하면, 하나님은 악인을 바로 멸하시지 않았기 때문입니다. 그런 가운데 하박국 선지자는 말하기를 "의인은 그의 믿음으로 말미암아 살리라"(합 2:4)는 고백을 합니다. 또한, 자신을 둘러싼 환경이 감사할 수 없는 상황, 즉 고통 가운데에서도 다음과 같이 하나님을 찬양합니다.

(합 3:17-18) 비록 무화과나무가 무성하지 못하며 포도나무에 열매가 없으며 감람나무에 소출이 없으며 밭에 먹을 것이 없으며 우리에 양이 없으며 외양간에 소가 없을지라도 나는 여호와로 말미암아 즐거워하며 나의 구원의 하나님으로 말미암아 기뻐하리로다

이런 고백과 찬양이 가능한 이유는 하나님의 인간을 사랑하는 방식이 무엇인지를 알았기 때문입니다. 그러므로 악인의 번영과 선인의 고통을 보는 것이 비록 힘들지라도 그것이 인간에게서 자유의지를 빼앗지 않는 하나님의 사랑임을 하박국 선지자처럼 깨달아야 합니다.

4) 하나님은 악을 선으로 바꾸시기 때문이다

하나님은 악을 선으로 바꾸신다는 표현을 하나님은 더 큰 선을 위해 악을 사용한다는 표현으로 바꿀 수 있습니다. 하지만 여기서 그러한 표현을 쓰지 않는 이유는 하나님께서 악을 허용하거나 악을 적극적으로 사용한다는 느낌을 줄 수 있기 때문입니다. 중요한 것은 악이 현실 가운데에 존재하지만 하나님은 그러한 악한 환경 가운데에서도 선을 이끌어 내신다는 것입니다. 우리는 보통 이것을 신정론(theodicy)이라고 합니다.[28]

신정론은 신이 전지, 전능, 전선하시다면 어떻게 이 세상에 고통이 존재하는가를 묻는 물음에 대한 대답이라고 할 수 있습니다. 즉 신에게 고통을 막을 수 있는 능력(전능)과 의지(전선)가 있다면, 왜 신이 악과 고통을 허용하는가를 묻는 것입니다. 이에 대해 다음과 같이 다양한 철학적 성찰을 시도할 수 있습니다. 악을 선의 결핍으로 해석하는 경우, 더 큰 선을 위해 악을 사용하는 경우, 선의 전능함을 상대적이라고 하는 경우 등이 있습니다.

---

[28] 신정론이라는 개념은 G. W. Leibniz(1646-1716)의 저서 *Theodizee*에까지 거슬러 올라갈 수 있다.

여기서 주목해야 하는 것은 바로 더 큰 선을 위해 악을 사용하는 경우입니다. 이에 대한 성경적 통찰력은 일찌기 요셉에게서 찾아볼 수 있습니다. 창세기 37장을 보면 요셉의 형제들이 요셉을 시기하고, 미워하고, 죽이기를 원했고, 결국 요셉을 애굽의 노예로 팔아버리는 악을 행했습니다. 이때 요셉은 "당신들은 나를 해하려 했으나 하나님은 그것을 선으로 바꾸사 오늘과 같이 많은 백성의 생명을 구원하게 하시려 하셨나니(창 50:20)"라고 고백합니다.

이런 고백이 가능한 이유는 악을 선으로 바꾸시는 하나님을 믿는 신앙이 있었기 때문입니다. 이처럼 하나님의 섭리는 인간의 상식과 이성으로는 판단하기 어렵습니다. 왜냐하면, 아버지가 자녀의 유익을 위해 징계하는 것과 같기 때문입니다. 이처럼 고통도 선인을 위해 유익한 것이 되고 하나님의 사랑의 표현이 될 수 있습니다(히 12:10). 이런 예는 욥이나 그리스도의 십자가를 묵상한다면 이해될 수 있으리라 생각합니다. 즉 사랑의 하나님은 고통을 이용해서라도 인간을 완전하게 하십니다. 그러므로 악인의 번영과 선인의 고통을 보면서 하나님의 섭리의 손길이 어디를 향하고 있는지를 바라볼 필요가 있습니다.

5) 결론

성경은 하나님을 잘 믿고 선하게 살면 번영하고, 악하게 살면 고통을 받는다고 가르치지 않습니다. 만일 그렇게 가르친다면 그것은 번영 신학(prosperity theology)을 가르치는 것입니다. 번영 신학은 하나님, 복음, 영혼보다 돈, 지위, 성공을 지향하며 그것이 하나님의 뜻이라고 주장하는 신학입니다. 성경은 악인이라 하더라도 번영할 수 있으며, 선인이라도 고통을 받을 수 있다고 가르치고 있습니다. 왜냐하면, 하나님의 섭리는 이 세상에서 가장 아름다운 교리이며, 악인과 선인의 판단은 하나님께 달려 있으며, 하나님은 인간에게서 자유의지를 빼앗지 않는 사랑의 하나님이시며, 하나님은 악을 선으로 바꾸시기 때문입니다. 그러므로 악인의 번영과 선인의 고통을 보면서 인간에게 초점을 맞추기보다는 하나님께 초점을 맞추어야 합니다.

하나님은 인간에게 악을 허용하시지만 그것이 심판이나 저주를 위한 것이 아니라, 하나님의 형상을 따라 지으시고 우리를 사랑하고 구원하시려고 고통을 허용하시는 분이라는 사실을 기억해야 합니다.

5. 열린유신론은 하나님의 섭리를 잘 설명하고 있나요?

> (말 3:6) 나 여호와는 변하지 아니하나니 그러므로 야곱의 자손들아 너희가 소멸되지 아니하느니라
>
> (민 23:19) 하나님은 사람이 아니시니 거짓말을 하지 않으시고 인생이 아니시니 후회가 없으시도다 어찌 그 말씀하신 바를 행하지 않으시며 하신 말씀을 실행하지 않으시랴
>
> (삼상 15:29) 이스라엘의 지존자는 거짓이나 변개함이 없으시니 그는 사람이 아니시므로 결코 변개하지 않으심이니이다 하니
>
> (사 46:10) 내가 시초부터 종말을 알리며 아직 이루지 아니한 일을 옛적부터 보이고 이르기를 나의 뜻이 설 것이니 내가 나의 모든 기뻐하는 것을 이루리라 했노라

우리는 위에서 악인은 번영하고 선인은 고통받는 것이 하나님의 섭리인지에 대해 살펴보았습니다. 이 질문은 '선하시고 전능하신 하나님이시라면 왜 이 세상에는 악이 존재하는가'와 유사한 질문입니다. 이와 같은 신정론의 질문은 논리적으로 대답하기 어렵기 때문에 오랫동안 신학적 훈련을 받아도 신정론에 대해 균형잡힌 통찰력을 갖기 어렵습니다. 이런 어려움은 자신의 신학적 전제가 한쪽으로 경도되어 있을 때 배가됩니다. 실제

로 어떤 이는 결정론을 더 선호합니다. 이런 결정론의 극단에 서 있는 관점은 하이퍼칼비니즘(hyper Calvinism)입니다.

결정론은 하나님의 의지에 자유의지론은 인간의 의지에 강조점을 둔 관점입니다. 하나님의 의지가 인간의 의지보다 강하다고 여기는 하이퍼칼비니즘은 하나님의 주권을 강조하다 보니 신정론의 딜레마를 설명하기 어렵습니다. 이런 딜레마를 해결하기 위해 다른 이는 자유의지론을 더 선호합니다.

이런 자유의지론의 극단에 서 있는 관점은 열린유신론(open theism)입니다. 즉 하나님께서 선택하신 일부만 구원되고 나머지는 정죄된다는 이중예정론은 잘못된 것이며, 궁극적 구원은 인간의 자유의지로 믿음을 가질 때에만 이루어진다고 생각합니다. 이렇게 열린유신론은 인간의 자유의지를 강조하고 하나님의 전능성과 주권을 제한하는 것으로 신정론의 문제를 해결할 수 있을 것이라고 생각합니다.

그렇다면 열린유신론은 신정론을 비롯한 하나님의 섭리를 잘 설명하고 있나요?

1) 열린유신론이란?

열린유신론(open theism)은 개방신학(openness theology) 혹은 자유의지 유신론(free will theism)이라고도 합니다. 이 유신론은 캐나다 맥마스터 대학교(McMaster University)의 조직 신학 명예 교수였던 클락 피녹(Clark Pinnock, 1937-2010)이 주창한 신학으로 알려져 있습니다. 열린유신론은 하나님의 주권보다는 인간의 자유의지를 강조하는 해석 방법을 취하고 있습니다. 이 해석학적 방법에 의하면 하나님은 미래에 대해 스스로 알지 않기로 작정하고 인간의 의지에 따라 자신이 어떻게 행동할지 결정합니다. 즉 미래가 하나님의 예정 혹은 작정에 의해 결정되어 있지 않고 열려 있다고 해서 열린유신론이라고 부릅니다. 열린유신론을 주창하게 된 이유는 하나님께서 자신의 결정에 대해 후회하시거나 계획을 변경하는 모습을 묘사한 성경 구절들 때문입니다.

창세기 6:6에서는 하나님께서 인간을 창조하신 것을 후회하시는 모습, 사무엘상 15:35에서는 하나님께서 사울을 이스라엘 왕으로 삼은 것을 후회하시는 모습, 창세기 18:23-32에서는 소돔과 고모라 백성을 위해 아브라함이 중보 기도로 의인 일곱 사람이 있으면 성을 멸하지 않겠다고 하나님으로부터 다짐을 받아낸 일, 출애굽기 32:12-14에서는 범죄한 이스라엘에 대한 모세의 중보 기도로 하나님의 용서를 받아낸 일, 요나 3:10에서는 니느웨 백성들이 회개했을 때에 하나님께서 심판의 뜻을 돌이키시는 모습들이 나옵니다.

이런 모습들은 신인동형론(anthropomorphism)적 표현으로 열린유신론에서는 이런 표현들이 보다 인격적인 하나님의 속성을 잘 드러낸다고 봅니다. 이런 하나님의 모습들을 보면 하나님께서 미래를 예정하실 수 있지만 그것이 확정적인 것은 아니며 하나님의 예정은 언제든지 변경될 수 있지 않을까라는 의구심을 갖게 만든다는 것입니다. 이런 의구심에서 출발하는 열린유신론은 과정신학과 밀접한 연관성이 있습니다.

과정신학(process theology)은 영국 철학자 알프레드 노스 화이트(Alfred North White,1861-1947)와 미국 철학자 찰스 핫츠혼(Charles Hartshorne, 1897-2000)의 영향 아래 발전된 신학입니다. 과정신학은 신의 본질적인 속성이 결정되어 있지 않고 시간과 과정(process)을 거쳐 결정되어 간다고 보는 사상입니다. 이렇게 보는 이유는 신정론을 잘 설명할 수 있기 때문입니다.[29]

따라서 과정신학에서의 하나님의 본질적인 속성은 절대적이지 않습니다. 하나님은 '작용인과 목적인'의 역할을 감당하지만 그 영향력은 상대적

---

29 Pinnock은 "악은 발생하지 않았어야 하는데 발생한다. 그것은 하나님을 슬프게 하며 분노케 한다. 자유의지적 유신론은 이런 사실에 대한 최상의 해답을 제공한다"고 말한다. Clark Pinnock, "God Limits His Knowledge", *Predestination and Free Will*, ed. David Basinger and Randall Basinger (Downers Grove, MI: IVP, 1986), 141-62.

입니다. 즉 하나님은 강압적으로 세계를 통치하지 않고 사랑을 통해 세계를 설득하며 다른 현실적 존재들과 상호 관련성 속에 존재합니다. 이런 상호 관련성은 하나님의 전능성도 상대화합니다. 즉 하나님께서 모든 것을 마음대로 하지 않고 모든 사건에 영향을 준다는 의미로 이해됩니다.

그렇기에 과정신학은 전통적인 유신론의 교리들에 대해 부정적 입장을 취할 수밖에 없습니다. 전통적인 유신론에서는 하나님의 예지(전지성)와 예정(전능성)의 교리를 금과옥조처럼 여깁니다. 하지만 과정신학에서는 이런 교리를 거부하며 하나님을 피조물들에게 스스로 역사를 만들어 나갈 수 있는 자유를 수여하시는 분으로서 이해합니다.

이런 이해는 창조부터 시작되는데, 하나님은 창조된 세계를 자신의 예정대로 전개하시지 않고 우주와 생명의 진화의 과정 속에서 계속적으로 창조하는 분으로 이해합니다. 그러므로 과정신학에서는 전통적인 유신론의 하나님을 우주 전체의 창조와 사건들을 홀로 장악하고 통제하는 우주적 군주의 모델로 파악합니다.

하지만 과정신학에서는 우주의 역사와 상호 연관하면서 우주의 창조적인 즉흥 연주를 총괄하는 역할을 수행하는 지휘자의 모델로 파악합니다. 이처럼 과정신학은 세계의 상호 영향성과 모험성을 강조하는데, 열린유신론도 이런 과정신학의 영향을 받아 미래가 확정적이지 않고 열려 있다는 개방성을 보여 줍니다.[30]

---

30 Pinnock은 하나님의 개방성을 다음과 같이 설명한다. "하나님은 인간의 결정과 함께 일한다. 그러기 위해 자신의 계획을 변하는 상황에 적합하도록 수정하기도 한다. 하나님은 일어나는 모든 것을 규제하시지 않는다. 오히려 그분은 자신의 피조물로부터 유입되는 것을 수용하기 위해 자신을 개방한다. 사랑의 대화 속에서 하나님은 미래가 실재되도록 하는 일에 사람들이 하나님과 함께 협력하기를 초청한다." Clark Pinnock et al. *The Openness of God: A Biblical Challenge to the Traditional Understanding of God* (Downers Grove, MI: IVP, 1994), 7.

2) 열린유신론은 하나님의 속성을 상대화한다

열린유신론은 전통적 유신론이 이교적인 헬라 철학의 영향을 받아 성경의 가르침을 왜곡했다고 주장하며,[31] 성경에게서 가르친 대로 하나님의 속성을 잘 이해해야 한다고 말합니다. 여기서 헬라 철학이라 함은 플라톤주의를 의미합니다.

플라톤주의는 잘 알려진 대로 이데아론을 주장합니다. 이데아론이 의미하는 것은 이 세계는 인간의 본향이 아니며 인간의 삶은 이 세계로부터 궁극적 실재로 향해 가는 여행이라는 점입니다.[32] 즉 이데아에서만 참된 원형, 즉 궁극적 실재를 발견할 수 있습니다. 그러므로 고전적 유신론에서는 이런 궁극적 실재의 원인이신 하나님은 절대성을 지니고 있습니다. 이런 절대성은 하나님의 7대 주요 속성에서 찾아 볼 수 있습니다. 즉 전지성(omniscience), 전능성(omnipotence), 전선성(all-good), 편재성(omnipresence), 무감정성(impassibility), 불변성(immutability), 단순성(simplicity) 등은 하나님의 절대성을 전제로 하는 주요 속성입니다.

하지만 열린유신론에서는 이런 하나님의 절대적 속성을 상대화합니다. 예를 들면 열린유신론에서는 하나님의 전지성을 상대화합니다. 전통적 혹은 고전적 유신론에서는 하나님은 과거와 현재, 미래를 모두 아시는 분으로 인정합니다. 하지만 열린유신론에서는 하나님은 과거와 현재까지는 전지하지만 미래는 상호 관련성 안에서 배워가시는 분으로 이해합니다. 따라서 하나님은 과거와 현재에 근거하여 미래를 예측하는 데 있어서 인간보다 뛰어난 능력을 소유하고 있지만 미래에 대한 예측은 절대적이지 않다는 것입니다.

---

31 Richard Rice, *God's Foreknowledge and Man's Free Will* (Minneapolis, MN: Bethany House Pub., 1985), 7-10.
32 Diogenes Allen, 『신학을 이해하기 위한 철학』, 정재현 옮김 (서울: 대한기독교서회, 1996), 71.

또 다른 예를 들면 열린유신론에서는 하나님의 절대적 속성인 불변성을 가변성으로 해석합니다. 예를 들면 피노크(Pinnock)는 하나님은 시간 밖의 하나님으로 존재한다는 초시간성 개념이 헬라 철학에서 온 것으로 생각합니다. 왜냐하면, 하나님이 초시간적이라면 시간은 실재적일 수 없다는 것입니다.[33] 시간이 실재적이라면 하나님은 실재 안에 존재하셔야 하고, 결국은 시간 안에서 변화하게 된다는 것입니다. 이런 변화를 알 수 있는 것은 하나님께서 의도하신 일에 대해 후회하시고 미래에 하시기로 계획하신 일을 변경하신 예들 가운데에서 찾아볼 수 있다고 생각합니다.

위에서 결정론과 자유의지론은 철학적으로는 양립 불가능하지만, 신학적으로는 양립 가능하다고 보는 것이 보다 성경적이라는 견해를 피력했습니다. 하지만 열린유신론은 신학적으로도 자유의지를 양립 불가능이라고 봅니다. 즉 하나님은 인간의 자유의지를 존중하여 인간의 자유의지에 따라 어떻게 행동할지를 결정합니다. 이렇게 열린유신론은 인간의 자유의지를 존중하지만 그 결과 하나님의 절대성을 상대화하는 우를 범하고 있습니다.

위에서 살펴본 대로 결정론과 자유의지론이 양립 가능한데, 양립 가능하다는 것이 하나님의 절대성을 훼손하지는 않습니다. 인간의 자유의지를 존중하면서도 하나님은 절대성을 가질 수 있습니다. 이렇게 절대성을 상대화하면 과연 하나님께서 악을 선으로 바꾸시는 것이 가능할까라는 의문을 갖게 만드는 단점이 있습니다. 그러므로 열린유신론은 이렇게 하나님의 속성을 상대화시키기 때문에 하나님께 영광을 돌리지 못하는 신학이 되고 맙니다.

---

33 Clark Pinnock, "God Limits His Knowledge", *Predestination and Free Will*, ed. David Basinger and Randall Basinger (Downers Grove, MI: IVP, 1986), 156.

3) 열린유신론은 하나님의 무감정성(impassibility)을 악용한다

고전적 유신론에서는 하나님은 감정이 없으며 고통을 느끼지 못하는 신으로 해석합니다. 하지만 열린유신론에서는 하나님께서 감정이 있다는 것을 강조합니다. 창세기 1장에 "하나님 보시기에 좋았더라", 신명기 30:10에 "여호와께서 네 조상들을 기뻐하신 것과 같이 너를 다시 기뻐하사 네게 복을 주시리라", 시편 149:4에 "여호와께서는 자기 백성을 기뻐하시며", 예레미야 9:24에 "자랑하는 자는 이것으로 자랑할지니 곧 명철하여 나를 아는 것과 나 여호와는 사랑과 정의와 공의를 땅에 행하는 자인 줄 깨닫는 것이라. 나는 이 일을 기뻐하노라 여호와의 말씀이니라"는 표현들이 나옵니다.

이런 표현들은 하나님의 감정을 직설적으로 표현하는 구절이라고 주장합니다. 이런 주장은 언뜻 듣기에는 매우 타당해 보입니다. 예수님께서 예루살렘 성을 보시고 우셨다는 것을 생각하면 하나님 또한 감정이 있을 것이라는 생각을 가질 수 있습니다. 하지만 이런 감정의 존재는 하나님의 계획과 의도를 변경할 수 있는 원인을 제공합니다. 즉 자연스럽게 하나님의 섭리의 변화를 전제하게 됩니다.

이는 철학적으로나 신학적으로나 매우 논쟁적인 이슈입니다. 왜냐하면, 하나님의 존재를 정의함에 있어 하나님은 인과 관계에 의존하는 분이 아니시기 때문입니다. 감정이나 고통은 다른 존재의 상태나 행동에 의해 영향을 받기 때문에 발생합니다. 만일 하나님께서 이런 감정과 고통을 겪는다면 그것은 하나님께서 다른 존재와 절대적으로 독립적이지 않다는 것을 의미합니다. 이런 주장에 대해 사람들은 만일 하나님께서 무감정성의 하나님이시라면 하나님이 이 세상을 사랑하신다는 표현은 무엇이냐고 반문할 것입니다. 이에 대해 사랑은 여러 의미가 있는데 사랑은 단순히 변화가 능한 감정 이상이라고 대답할 수 있습니다.

예를 들어 하나님은 인류의 만연한 악에 대해 슬퍼하시지만, 노아의 충실함을 보시고 기뻐하셨습니다. 이런 하나님의 감정 변화에 대한 묘사는 의인화된 표현에 지나지 않습니다. 즉 성경에는 하나님께서 인간을 지으셨음을 한탄하고 후회하시는 모습을 표현하는데 그것은 하나님의 가변성을 보여 주려는 것이 아니라 인간 존재에 영향을 받지 않는 완벽하고 시대를 초월하여 변함없는 하나님의 사랑을 보여 주려는 것입니다.

열린유신론은 이와 같은 하나님의 사랑을 과정적 사랑(love in process)이라고 주장하지만 성경에 나타난 하나님의 사랑은 오히려 영원한 사랑(eternal love)을 의미합니다.

즉 고전적 유신론이 주장하는 하나님의 무감정성의 요지는 하나님은 감정에 휘둘리지 않고 하나님의 섭리는 변화하지 않는다는 것입니다. 하지만 열린유신론은 하나님의 전지성, 전능성, 전선성과 같은 다양한 속성 중 사랑을 강조합니다. 그렇기에 '하나님은 사랑이시다'라는 명제를 가지고 성경 전체를 이해하려고 합니다. 열린유신론은 이렇게 하나님의 속성인 무감정성을 공격하여 하나님의 섭리가 변화 가능하다는 프레임으로 가져가는 전략을 취하고 있습니다. 그러므로 철학적으로 신학적으로 논쟁적인 이슈인 무감정성을 이용하여 하나님의 섭리를 가변적으로 해석하는 시도는 바람직하지 않습니다. 왜냐하면, 성경은 하나님의 사랑으로 인해 하나님의 속성들을 축소시키지 않기 때문입니다.

4) 열린유신론은 구원론에 있어 신인협력설(syncretism)로 진행한다

열린유신론은 고전적 유신론이 하나님의 절대성을 지지하는 헬라 철학의 영향을 받았다고 비난합니다. 하지만 열린유신론은 개인의 자유와 권리를 중요시하는 현대 철학의 영향을 받았다고 할 수 있습니다. 현대 철학의 실존주의는 인간의 자유의지를 매우 중요하게 생각합니다. 실존주의는 개인의 본질은 자유의지에 따라 바뀔 수 있지만 자유의지를 가진 인간의 실존은 본질 이전에 존재하는 것으로 봅니다. 이런 현대 철학의 영향은 인본주의적 사랑과 자유의지를 강조하며 개인의 자유와 권리를 극대화하는 경향을 강화시킵니다.

이런 경향의 강화는 구원론에 있어서도 매우 심각한 도전을 하게 만듭니다. 그것은 바로 신인협력설(syncretism)을 시사하는 것입니다. 아니 오히려 더 나아가 자력 구원을 시사합니다. 위에서 결정론과 자유의지론은 양립 가능하다고 했습니다. 이런 양립 가능을 보여 주는 것은 칭의와 성화가 동전의 양면에 새겨진 것과 같습니다. 칭의를 하나님의 의지, 성화를 인간의 의지라고 한다면 칭의와 성화는 동시에 존재해야 합니다.

여기서 구원론의 비밀이 존재합니다. 그것은 구원이 하나님의 선물이라는 것입니다. 즉 동전의 한 면에 칭의가 없다면 아무리 성화가 있다고 해서 그 동전이 유효하지는 않습니다. 즉 구원받고자 한다면 성화가 필요하지만 애초에 칭의가 없으면 구원이 이루어질 수 없습니다. 즉 내가 믿어서 구원을 받는 것이 아니라 하나님께서 선물로 주셔야 받는 것이 구원입니다. 결국, 구원은 인간에 달려 있는 것이 아니라 하나님께 달려 있다는 것이 바로 구원론의 비밀인 것입니다.

하지만 열린유신론은 구원론에 있어 인간의 자유의지를 강조함으로써 구원은 언제든지 이룰 수 있는 것이라고 생각합니다. 심지어 보편주의(만인구원론)을 주장하기도 합니다. 하지만 그것은 하나님의 의지를 무시한 처사입니다. 비유를 하나 들자면 어떤 집에 경사가 생겨 사람들을 초대한다고 했을 때, 특정한 날 몇 시에 아무나 와도 좋다고 이야기하는 것과 같습니다. 여기서 아무나 와도 좋다고 이야기해서 아무나 갈 수는 있지만, 애시당초 초대가 없다면 그 집에 들어갈 수 없으며 문을 열어 주지 않으면 들어갈 수 없습니다. 그러므로 구원은 어찌 보면 초대하는 행위와 문을 열어주는 것이 더 중요하다고 할 수 있습니다. 그러므로 열린유신론은 구원론에 있어 심각한 모순점을 내포하고 있습니다.

5) 결론

열린유신론은 하나님의 사랑과 자유의지를 강조함으로써 신정론의 딜레마를 해결하는 데에 유효한 것처럼 보입니다. 하지만 열린유신론은 하나님의 속성을 상대화하고, 하나님의 무감정성을 악용하고, 구원론에 있어 신인 협력설로 진행될 수밖에 없는 구조적인 모순을 지니고 있습니다. 자유의지를 강조하면 신정론의 문제에 적절하게 대답할 수 있을 것이라고 기대했지만, 그것은 더 큰 신학적 문제를 발생시키는 것을 살펴보았습니다.

또한, 결정론과 자유의지론은 100% 양립 가능하다고 볼 수 있는데 이를 하나님의 주권적 은총에 대한 인간의 책임을 감독과 배우의 비유를 들어 설명할 수 있습니다. 즉 배우가 수동적이면서도 능동적일 수 있습니다. 그러므로 구원론에 있어 빌립보서 2:12-13은 시사하는 바가 많습니다. "두렵고 떨림으로 너의 구원을 이루라"는 말씀은 하나님의 은총을 현실 가운데 적용하는 삶을 살라는 의미입니다. 즉 하나님의 주권과 인간의 책임은 양립 가능합니다. 결론적으로 열린유신론은 하나님의 섭리를 제대로 설명할 수 없는 무기력한 이론이라고 할 수 있습니다.

6. 하나님은 정말로 지옥을 만드셨나요?

(마 5:22) 나는 너희에게 이르노니 형제에게 노하는 자마다 심판을 받게 되고 형제를 대하여 라가라 하는 자는 공회에 잡혀가게 되고 미련한 놈이라 하는 자는 지옥 불에 들어가게 되리라

(마 10:28) 몸은 죽여도 영혼은 능히 죽이지 못하는 자들을 두려워하지 말고 오직 몸과 영혼을 능히 지옥에 멸하실수 있는 이를 두려워하라

(계 20:10) 또 그들을 미혹하는 마귀가 불과 유황 못에 던져지니 거기는 그 짐승과 거짓 선지자도 있어 세세토록 밤낮 괴로움을 받으리라

하나님은 선하시다고 하는데 정말로 지옥을 만드셨는지에 대해 의문을 표하는 사람들이 많습니다. 그들은 예수님을 믿지 않았던 죄인이 꺼지지 않고 불타는 지옥에서 영원히 고통을 받는다는 것은 하나님을 사랑이 없는 존재로 만드는 것이라고 생각합니다. 즉 영원에 비해 매우 짧은 이 세상의 죄 때문에 영원토록 고통받는 지옥의 형벌은 너무나 가혹하다는 것입니다. 그러므로 선하신 하나님의 본질에 비추어 볼 때 하나님께서 지옥을 만드실 리 없으며, 대신에 영혼을 소멸시킬 것이라고 주장합니다. 그러한 주장을 하는 대표적 사람들은 바로 여호와의 증인이나 안식교인입니다.

이런 주장에 대해서 하나님이 사랑이시라는 점을 고려한다면 영혼 소멸설이 많이 끌리는 것도 사실입니다. 하지만 성경에는 지옥을 반복해서 이야기하고 있기 때문에 지옥이 존재하지 않는다는 것도 믿기 힘든 일입니다. 문제는 지옥만큼 어려운 주제는 없다는 것입니다. 왜냐하면, 지옥에는 다양한 신학적 질문들이 얽혀 있으며, 지옥의 존재와 영혼의 소멸을 지지하는 성경 구절들이 동시에 존재하기 때문입니다.

그렇다면 하나님은 정말로 지옥을 만드셨나요?

1) 지옥을 의미하는 단어들

먼저 성경에서 지옥이라는 것을 지칭하는 단어를 살펴볼 필요가 있습니다. 영어 성경에는 '스올(sheol)', '하데스(hades)', '게헤나(gehenna)', '아부소(abussos)', '타르타루'(tartaroo)'라는 5개의 단어들이 영어 단어 'hell'이라는 한 단어로 번역되었습니다. 한글 성경에는 조금이나마 구분되어 있지만 영어 성경은 한 단어로 번역했기에 그러한 단어들의 차이를 알기 어렵습니다. 먼저 지옥을 지칭하는 여러 단어의 차이를 살펴보겠습니다.

Hell—이 단어는 지옥을 가리키는 대표적인 영어 단어로, Helan이라는 옛날 영어와 관련이 있습니다. 무엇을 숨기거나 감추어 놓은 곳을 의미합니다. 이곳은 악인과 선인 모두의 영혼이 가는 곳으로 설명되어 있으며,

창세기 37:35에 처음 등장합니다. 이 단어를 무덤이라고 생각하는 이들도 있지만 이 단어를 무덤으로 연결시키는 것은 무리한 시도라고 할 수 있습니다.

Qabar(קָבַר)—이 단어는 '무덤'(tomb) 혹은 '묻는다'는 의미를 가지고 있습니다. 고대 이스라엘에서는 땅속이 아닌 동굴 같은 곳에 시체를 안장했는데, 성경에는 묘실로 번역되어 있습니다(왕상 13:22). 이 단어는 명사로 쓰일 때는 복수로도 사용되었으나 스올은 단 한 번도 복수로 사용된 적이 없습니다. 이것이 의미하는 바는 무덤은 셀 수 있는 분명한 장소이기 때문에 언제나 방문이 가능하지만 스올은 그렇지 않다는 점입니다.

Sheol(שְׁאוֹל)—스올은 언제나 땅 밑 깊은 곳을 의미하는데 사용되었습니다(시 63:9; 겔 26:20; 31:14, 16, 18, 32:18, 24). 그러나 스올은 장소가 지정되어 있지 않아 방문이 불가합니다. 무덤은 사고 팔 수 있지만 스올은 사고 팔 수 없습니다(창 23:4-20). 무덤에 있는 몸은 아무것도 인식하지 못하지만 어떤 구절들은 스올에 있는 영혼이 인지 능력을 갖고 있는 것으로 묘사하고 있습니다(사 14:4-7; 44:23; 겔 31:16, 18; 32:21). 스올은 죽은 자들의 회중이며(잠 21:16), 죄인들의 영역입니다(민 16:33; 욥 24:19; 시 9:17; 31:17). 그러나 선인들의 영역이기도 합니다(시 16:10; 30:3; 49:15; 86:13). 스올은 깊은 곳(욥 11:8), 어두운 곳(욥 10:21, 22), 죽은 자들이 가는 곳으로 설명이 되었습니다(민 16:30, 33; 겔 31:15, 16, 17).

Hades(Ἅδης)—하데스는 스올을 가리키는 헬라어입니다. 하데스는 크고 흰 보좌의 심판 때까지 구원받지 못한 자들의 영혼이 머무는 곳으로 기록되어 있으며(계 20:11-15), 감옥(벧전 3:19), 문과 철장과 잠금장치가 있는 곳(마 16:18; 계 1:18), 땅 밑에 있는 곳(마 11:23; 눅 10:15)으로 표현되어 있습니다.

Geheena(Γέεννα)—게헤나는 지옥으로 번역되어 있는 가장 일반적인 단어로, 예루살렘 남쪽의 힌놈의 골짜기를 의미합니다. 이곳은 이스라엘 백성이 우상 숭배에 빠져 거기서 몰렉에게 유아들을 불살라 드렸던 장소입니다. 이 단어는 신약에 12번 사용되었으며 예수님이 주로 사용하신 표현입니다. 이곳은 짐승의 사체와 쓰레기 하치장이었으며, 소독을 위해 늘 유황 불길이 유지되던 곳이라고 합니다. 특히 이곳은 죄인들을 심판하는 "영원한 불의 못"을 상징하고 있습니다.

Tartaroo(Ταρταρόω)—타르타루는 '어두운 구덩이'라는 뜻으로, 베드로후서 2:4에 단 한 번 나오는 단어입니다. 이곳은 하데스 또는 스올의 영역에서 가장 깊은 곳으로, 타락한 천사들을 심판 때까지 가두는 곳으로 설명되고 있습니다.

Abussos(ἄβυσσος)—아부소 이 단어는 무저갱, 즉 바닥이 없는 구덩이로 표현되고 있습니다. 이곳이 바로 계시록에서 짐승이 나오는 곳이며(계 11:7, 17:8), 사탄이 천 년간 구속되어 있는 곳이기도 합니다(계 20:1, 3). 계시록 9장에 등장하는 황충의 무리가 나오는 곳이기도 합니다.

2) 고통 vs. 무고통 (지옥의 문자적 의미)

영혼 소멸설을 주장하는 이들은 지옥의 문자적 의미가 대체적으로 알려져 있는 지옥의 의미가 아니라고 말합니다. 보통 사람들은 지옥의 의미가 형벌을 받는 곳, 고통스러운 곳으로 알고 있지만 그들은 인간이 죽으면 가는 곳이 지옥이라고 말합니다. 특히 여호와의 증인은 일부 성경 번역판들에 '지옥'으로 번역되어 있는 히브리어 단어는 '스올'이며 그에 해당하는 그리스어 단어는 '하데스'인데, 이 두 단어 모두 인류의 공통 무덤을 가리킨다(시 16:10; 행 2:27)고 말합니다.[34] 즉 사람이 죽게 되면 모든 이가 '스올'에 들어간다고 말합니다. 심지어 선한 사람도 지옥에 가는데 믿음의 사람이었던 야곱과 욥도 '스올'에 가기를 바랬다는 것입니다(창 37:35, 욥 14:13).

---

[34] 성경 질문과 대답, 지옥이란 무엇입니까? 영원한 고초를 겪는 장소입니까?, https://jw.org/성경-가르침/질문/what-is-hell/ (3/21/2020 accessed).

그렇기 때문에 '스올'의 상태에서는 사람들은 무의식 상태에 있으며 따라서 아무런 고통도 느낄 수 없다고 말합니다(전 9:10).

영혼 소멸설을 주장하는 이들의 말처럼 '스올'과 '하데스'는 지옥의 의미라기보다는 죽은 후 모든 인간이 가게 되는 곳을 지칭하는 것같이 보입니다. 스올과 하데스는 한국어 성경에는 주로 음부로 번역되어 있으며, 음부는 사람이 죽으면 악인과 의인 모두 가는 곳으로 나타나 있습니다. 이 음부는 이 세상과는 격리되어 있으며 죽은 영혼들이 가는 곳으로 이해할 수 있습니다(창 37:35).

심지어 요나서에서는 요나가 물고기 뱃속에 있으면서 자신이 '스올'과도 같은 곳에 있다는 것을 고백하기도 했습니다(요 2:2). 그것은 구약에서 '스올'이라는 단어를 대할 때에 지옥의 의미라기보다는 죽게 된 자신이 있어야 할 곳을 일반적으로 의미하는 것이라고 생각할 수 있습니다.

하지만 그 곳은 무덤과 같은 곳이 아닙니다. 시편 9:17에서는 "악인들이 스올로 돌아감이여"라고 말하며, 신약에서는 부자와 나사로, 예수님의 십자가상의 우편 강도의 이야기에서 알 수 있듯이 악인의 영혼은 음부로 내려가 고통을 받으며, 의인은 낙원으로 간다고 말하고 있습니다. 음부는 죽은 영혼들이 가는 무덤과 같은 곳이 아닙니다. 그러므로 성경 전체가 음부를 무덤이라고 보는 것은 아닙니다.

또한, 이 단어를 무덤의 의미로 해석하고 그곳에서 고통이 없다고 해석하는 것은 지옥을 지칭하는 다른 단어의 뜻을 고려하지 않는 셈이 됩니다. 왜냐하면, 성경은 지옥이 고통의 장소라는 것을 다양한 방식으로 표현하고 있기 때문입니다. 예를 들어 영원한 불(사 33:14; 마 18:8, 25:41; 유 1:7), 풀무불(마 13:42), 불과 유황(계 14:10, 20:10), 불못(계 20:15)으로 표현하고 있습니다. 또한, 세세토록(계 20:10), 예비된 불(마 25:41) 등은 중단 없는 표현이며, 이를 갊(마 8:12, 13:42, 50, 22:13), 울며(마 25:30) 등은 고통이 얼마나 극심한가를 알려 주는 표현이라고 할 수 있습니다.

이런 고통이 얼마나 극심한지는 누가복음 16:19-31에 나오는 부자와 나사로의 이야기를 통해 알 수 있습니다. 부자는 "음부에서 고통 중에 눈을 들어 멀리 아브라함과 그의 품에 있는 나사로를 보고… 손가락 끝에 물을 찍어 내 혀를 서늘하게" 해 달라고 간청합니다(눅 16:23-24). 이런 생생한 표현들은 지옥이 의식이 없는 무덤덤한 장소가 아니라 고통의 장소임을 알려 줍니다. 그러므로 비록 구약에서 음부라는 표현을 무덤과 같은 곳이라는 의미로 사용했다고 하더라도, 음부는 인류 전체의 죽은 영혼이 가는 곳이 아니라 악인이 가는 곳이며 고통이 없는 무덤이 아닌 고통의 장소라는 것이 보다 성경적이라고 할 수 있습니다.

3) 영원성 vs. 한시성 (지옥의 존재 기간)

성경에는 영원한 형벌을 나타내는 단어가 많이 사용되고 있습니다. 예를 들어 '영원한 불'(마 18:8), '예비된 영원한 불'(마 25:41), '영원한 불의 형벌'(유 7)이라는 단어가 나옵니다. 이런 영원한 형벌에 대해 영혼 소멸설을 주장하는 쪽에서는 영이 소멸될 때까지 한시적이라는 이야기를 합니다.

그렇게 말하는 근거는 여기서 동일하게 사용된 영원에 해당하는 헬라어 단어 '아이오니오스'(αἰώνιος)가 한 시대(age)를 의미하는 명사 '아이온'(αἰών)에서 왔기 때문이라고 말합니다. 그러면서 이런 불은 시간적으로 영원한 불이 아니라 죄와 죄인을 소멸시키는 한 시대의 불이라는 것입니다. 그것은 죄를 미워하는 하나님의 '완전한' 불로써 인간의 힘으로는 끌 수 없는 불이라고 말합니다. 오히려 '영원한 불'은 고통의 농도를 의미하며, 온전히 태우는 결과의 영원성을 강조한 것이라고 설명합니다.

하지만 성경에서 그것이 한시적이라는 어떤 암시나 논리적인 근거가 없다는 사실을 주목해야 합니다. 콘코던트(Concordant) 사전을 찾아보면 명사 '아이온'(αἰών)과 형용사 '아이오니오스'(αἰώνιος)에 대한 정의는 영원한 형벌의 가르침에 대한 권위 있고 결정적인 것으로 널리 받아들여지고 있다고 말합니다.[35] 또한 마태복음 25장에는 심판의 장면이 나옵니다. 거기에서 왼편에 있는 자들에게 영벌에, 오른편에 있는 의인들에게는 영생에 들어가라(마 25:46)고 말합니다. 여기에 쓰이는 단어가 바로 위의 '아이오니오스'입니다. 똑같은 단어를 사용하고 있기에 왼편의 영벌은 한시적이고, 오른편의 영생은 영원하다는 것은 말이 되지 않습니다. 게다가 이 단어는 영생과 영벌에 동일하게 사용되고 있는 것을 찾아 볼 수 있습니다.

(막 3:29) 성령을 모독하는 자는 영원히 사하심을 얻지 못하고 영원한 죄가 되느니라

(요 10:28) 내가 그들에게 영생을 주노니

(고후 4:17) 지극히 크고 영원한 영광

(고후 4:18) 보이지 않는 것은 영원함

(고후 5:1) 하늘에 있는 영원한 집이 우리에게 있는 줄 아느니라

(살후 1:9) 영원한 멸망의 형벌을 받으리로다

(딤후 2:10) 그리스도 예수 안에 있는 구원을 영원한 영광과

(벧전 5:10) 영원한 영광에 들어가게 하신 이가

(벧후 1:11) 그리스도의 영원한 나라에 들어감

(유 7) 영원한 불의 형벌을 받음으로

이런 구절들을 살펴보면 영벌과 영생에 쓰인 단어가 동일한 단어임을 알 수 있습니다. 만일 영벌이 한시적이라면 영생도 한시적이어야 하고, 영생이 영원하다면 영벌도 영원해야 할 것입니다.

지옥을 논하기 위해서 꼭 인용되는 성경 구절은 "만일 네 눈이 너를 범죄하게 하거든 빼버리라 한 눈으로 하나님의 나라에 들어가는 것이 두 눈

---

[35] Concordant Expositions, "Concerning Aiōn and Aiōnios", [온라인 자료] https://www.concordant.org/expositions/the-eons/greek-words-aion-aionios/ (accessed on 3/31/2020)

을 가지고 지옥에 던져지는 것보다 나으니라 거기에서는 구더기도 죽지 않고 불도 꺼지지 아니하느니라"라는 마가복음 9:47-48의 말씀입니다. 이 구절에서 예수님은 지옥에 대해 "구더기도 죽지 않고 불도 꺼지지 않는 곳"이라고 말씀합니다. 영혼의 소멸을 주장하는 사람들은 수천 도의 유황불에 타지 못하거나 죽지 않는 생물이 무엇이 있겠냐며 그 말씀은 실제적 지옥의 설명이 아니라 당시 '게헨나'라는 지역을 비교하며 악인의 형벌의 최후가 어떠한지를 상징한 설명에 불과하다고 말합니다.

'게헨나'의 원어의 뜻은 '힌놈의 골짜기'라는 뜻입니다. 이 지역은 열왕기하 23:10의 "힌놈의 아들 골짜기의 도벳"이라고 말하는 지역으로 유대왕 요시야는 이곳에서 자녀를 불살라 몰록에게 제사하는 것을 금했던 곳이고, 예레미야 7:31의 "힌놈의 아들 골짜기"는 도벳 사당을 짓고 그 자녀를 불살라 바쳤던 예루살렘 서쪽과 서남쪽 골짜기를 말합니다. 이 골짜기에서 무참히 유아 희생이 행해진 데서 지옥을 가리키는 이름이 되었습니다. 신약 성경에서는 마태복음 5:22, 29, 10:28, 마가복음 9:43에 지옥(hell, NIV)과 같은 뜻으로 쓰여 졌습니다.

여기서 예수님께서 악인의 형벌이 어떠한지를 생생하게 보여 주기 위해서 '게헨나'라는 단어를 쓰신 것은 맞습니다. 그리고 그 뜻은 지옥이라는 의미를 가지고 있는 것도 맞습니다. 하지만 그러한 생생한 이미지를 보여 주기 위해서 그 단어를 사용한 것과 지옥의 형벌이 한시적이라고 하는 것을 연결시키는 것은 무리한 비약이거나 어떤 근거를 찾기가 어렵습니다. 오히려 '구더기도 죽지 않고 불도 꺼지지 않는 곳'이라는 단어는 영원성을 의미한다고 보아야 할 것입니다.

4) 멸망 vs. 소멸 (인간론)

영혼 소멸설을 주장하는 사람들은 하나님과 인간을 비교하며 하나님은 불멸하지만 인간은 불멸하지 않다(딤전 6:16)는 논리를 펴고 있습니다. 인간의 어떤 부분도 불멸이라는 것은 없고 다만 조건적인 불멸이라는 것입니다. 인간의 영혼은 죽을 수 있는 존재이며(겔 18:4; 마 10:28), 악인들은 모두 태워 사라지게 만든다고 말합니다(욥 14:10; 시 37:10, 20; 계 20:9). 그렇게 말하는 이유는 하나님께서 인간을 창조하실 때, 그 생기를 코에 불어 넣으셨기 때문이라고 말합니다(창 2:7). 그 생기는 인간을 생령이 되게 했으며 그 생기가 인간 몸에서 분리되면 인간은 독립적인 존재가 결코 될 수 없다는 것입니다. 그래서 생기가 사라지면 악인들은 모두 죽는다고 말합니다.

그러한 죽음을 보여 주는 예로 예수님의 '가라지 비유(마 13:24-30, 38-42)'를 즐겨 사용합니다. 이 세상 끝에 가라지를 불에 사르듯이 영혼이 소멸하고 만다는 것입니다. 하나님은 소멸하는 불(히 12:29)이며, 악인과 믿지 않는 자들은 마지막 때 극렬한 풀무불 같은 날이 이르러 그 뿌리와 가지를 남기지 않고 소멸될 것이라고 말합니다(말 4:1). 죄의 형벌은 영원히 죽는 둘째 사망이지, 죽지 않고 고생하는 것은 영원한 사망이 아니라는 것입니다.

하지만 영혼 불멸설을 주장하는 이들은 죽음의 의미가 그러한 생기의 있고 없음이 아니라 육체와 영혼의 분리로 설명합니다. 죽음의 의학적 의미는 심장이 뛰지 않거나, 호흡이 멈추거나, 뇌의 활동이 중지되는 육체적인 현상을 의미합니다. 하지만 죽음의 신학적인 의미는 육체와 영혼의 분리를 의미합니다. 사람이 죽으면 육체는 흙으로 돌아갑니다(창 3:19).

하지만 육체는 부활을 소망하며 무덤에서 대기하는 존재입니다(살전 4:16). 의인이 죽어 육체가 장사되면, 영은 낙원에 가서 쉬는 것을 성경은 말씀해 주고 있습니다(눅 16:22, 23:43; 살전 4:16,17). 하지만 악인의 영은 죽는 즉시 소멸되는 것이 아니라 음부에서 살아 있어 부활을 대기하는 영적 존재(눅 16:22-23; 계 20:12-13; 요 5:29)라는 것을 성경은 말하고 있습니다. 또한, 영과 육은 질적으로 다릅니다. 영은 거듭나는 실존(요 3:3-6)으로서 육체와 다르다는 것을 성경은 다양하게 표현합니다(고전 2:11; 마 5:3; 시 51:10). 인간의 영은 생각(롬 8:6, 10)할 뿐만 아니라 성령님께서 교제하는 대상(롬 8:16)이기도 합니다. 그러므로 사람이 죽을 때 영혼도 같이 소멸한다고 하면, 위의 성경 구절에 대해 일일이 반박해야 할 것입니다.

그렇다면 이것이 왜 그렇게 중요합니까?

그것은 기독교가 몸을 중요하게 여기기 때문입니다. 몸을 중요하게 여기는 현대인의 감각으로 보면 이것이 큰 의미로 다가오지 않을 것입니다. 하지만 몸을 중요하게 여기지 않는 사상과 비교하면 그것이 얼마나 큰 의미를 지니는지 알 수 있습니다. 예를 들면 영지주의는 영은 선하고 영원하며 육은 악하고 저급하다는 사상을 가지고 있습니다. 그렇기 때문에 몸을 학대하는 것은 그들의 사상에 비추어 보면 어찌 보면 당연합니다. 이런 학대는 불교나 힌두교에서도 발견되는데, 그들은 고행을 합리화합니다.

이런 영지주의를 받아들이게 되면 나타나는 부정적 효과가 있습니다. 대개 영지주의를 받아들이는 2가지 반응이 있는데, 쾌락적 영지주의와 금욕적 영지주의입니다. 쾌락적 영지주의는 인간의 영과 육은 분리되어 있어서 육이 아무리 죄를 지어도 절대로 영은 육체의 영향을 받지 않는다고 생각합니다. 반면에 금욕적 영지주의는 육은 악하고 저급하기 때문에 철저하게 성적인 욕망을 억제해야 한다고 생각합니다.

쾌락적 영지주의에 빠지면 고린도 교회의 일부 교인과 같이 음행을 하는 일을 합리화합니다. 사도 바울은 하나님께서 우리 인간에게 몸을 주신 목적을 설명합니다.

> (고전 6:13-14) 몸은 음란을 위하여 있지 않고 오직 주를 위하여 있으며 주는 몸을 위하여 계시느니라 하나님이 주를 다시 살리셨고 또한 그의 권능으로 우리를 다시 살리시리라

그러면서 "너희 몸이 그리스도의 지체인 줄을 알지 못하느냐 내가 그리스도의 지체를 가지고 창녀의 지체를 만들겠느냐 결코 그럴 수 없느니라 창녀와 합하는 자는 그와 한 몸인 줄을 알지 못하느냐 일렀으되 둘이 한

육체가 된다 하셨나니 주와 합하는 자는 한 영이니라"(고전 6:15-17)고 음행하는 자들에게 강력하게 경고합니다. 왜냐하면, 음행하는 자는 자기 몸에 죄를 범하는 것이기 때문입니다. 사도 바울은 결론적으로 너희 몸은 성령의 전이니 너희 몸으로 하나님께 영광을 돌리라고 하면서 몸의 소중함을 일깨워 주었습니다.

이것이 의미하는 바는 기독교는 영과 육을 아울러 소중하게 여기는 인간론을 가지고 있다는 점입니다. 그러므로 예수님의 재림을 기다리며 영과 육의 부활을 기다리는 것입니다. 썩어질 육신, 소멸될 영혼을 가진다는 것은 인간론의 관점에서 비도덕적 인간관을 상정하는 것과 같습니다. 어차피 악인의 몸과 영혼이 소멸된다고 한다면, 이 세상에서의 죄에 대해 경각심을 제공하지 못하는 단점이 있습니다. 영지주의가 육신을 악하고 저급한 것으로 보았기 때문에 육신의 학대를 방치했다면, 영혼이 소멸된다고 하면 죄의 방조에 일조하는 것과 마찬가지입니다.

5) 하나님의 공의 vs. 하나님의 사랑 (지옥의 존재 이유)

영혼 소멸설을 주장하는 이들은 인간으로 하여금 영원한 고초를 겪게 하는 것은 하나님의 사랑에 어긋난다고 말합니다. 그러한 사랑을 보여 주는 증거 중 하나가 죄에 대한 형벌이 불타는 지옥에서 고초를 겪는 것이 아니라 죽음이기 때문이라는 것입니다. 로마서 6:7을 보면 "이는 죽은 자가 죄에서 벗어나 의롭다 하심을 얻었음이라"는 말씀처럼 죽은 사람은 자기의 죄에서 해방된다고 말합니다. 그리고 첫 인간 아담이 죄를 지었을 때 하나님은 아담에게 "너는 흙이니 흙으로 돌아갈 것이니라(창 3:19)고 말씀하셨는데, 그것은 죄에 대한 형벌이 이 세상 가운데 더 이상 존재하지 않게 되는 것을 의미한다는 것입니다. 만일 인간이 실제로 불타는 지옥에 보내진다면 하나님이 거짓말을 하신 셈이 될 것이라고 말합니다.

하나님은 사랑의 하나님이 맞습니다. 그렇기 때문에 하나님은 이 세상을 사랑하셔서 그의 독생자 예수 그리스도를 이땅 가운데 보내신 것입니다(요 3:16). 하지만 하나님은 사랑의 하나님이면서 공의의 하나님이기도 합니다. 공의의 하나님이라고 하는 점을 고려한다면 지옥의 존재는 정당화됩니다. 이런 정당화에 있어 하나님이 인간이 영원토록 고통받는 것을 즐기는 하나님이 될 수 없지 않느냐며 반문합니다. 그렇기에 하나님은 "오래 참으사 아무도 멸망하지 아니하고 다 회개하기에 이르기를 원하시는 것"입니다(벧후 3:9). 또한, 하나님의 공의는 하나님의 거룩함에 기초하고 있습니다.

하나님은 이스라엘 백성에게 가나안을 정복할 때에 하나님을 떠나 우상숭배한 민족과 그에 속한 유아와 짐승까지라도 진멸하라고 명령하셨습니다. 이 명령은 현대인의 감각으로 본다면 이해하기 어려운 명령입니다. 하지만 하나님의 거룩성을 생각한다면 지옥의 존재는 정당화될 수 있습니다.

6) 영혼 불멸설 vs. 영혼 소멸설 (지옥 개념의 존재 이유)

지옥의 존재 여부는 결국 영혼 불멸설과 영혼 소멸설 간의 싸움이라고 할 수 있습니다. 음부나 지옥의 문자적 의미가 어떠하든지, 인간의 죽음의 의미가 어떠하든지, 그에 대한 신학적 의미가 어떠하든지 상관없이 영혼이 불멸하다면 죄인의 영혼은 어디에서인가 존재해야 하기 때문입니다. 하지만 영혼이 소멸된다면 지옥의 존재는 영혼이 소멸되기까지만 의미를 갖게 될 것입니다. 그렇다면 먼저 영혼 소멸설을 주장하는 이유를 알아 보고 신학적인 함의를 살펴보겠습니다.

영혼 소멸설을 주장하는 이들은 영혼 불멸설이 헬라 사상의 영향을 받았다고 말합니다. 여기서 헬라 사상이라고 하는 것은 플라톤(Plato)의 사상을 의미합니다. 플라톤은 이데아의 철학으로 유명한데, 이데아야말로 현상 세계 밖의 세상이며 모든 사물의 원인이자 본질이라고 주장했습니다. 그는 세상에 존재하는 모든 것은 두 가지 영역으로 나눌 수 있다고 말하니다. 하나는 인간의 오감으로 지각할 수 있는 영역(the sensible realm)이며, 다른 하나는 이성으로만 볼 수 있는 형이상학적 영역(the metaphysical realm)입니다. 인간의 오감으로 지각되는 모습은 불완전하며 계속해서 변하기 때문에 세상을 오감으로 보지 말고 이성의 힘을 통해 사물의 본질적인 형상(idea)을 볼 수 있어야 한다고 주장했습니다. 왜냐하면, 이 이데아의 세계가 실체이며 영원하며 불멸을 지닌다고 보았기 때문입니다.

이런 플라톤의 사상은 육은 악하고 유한하지만, 영은 선하고 영원하다는 영지주의에도 영향을 미쳤을 뿐만 아니라 오리겐(Origen), 터툴리안(Tertullian), 어거스틴(Augustine), 그리고 아퀴나스(Aquinas)에게도 영향을 미쳤습니다. 왜냐하면, 이들도 영혼 불멸설을 가르쳤기 때문입니다.

여기까지만 보면 영혼 불멸설은 헬라 사상에게서 영향을 받은 것이 분명해 보입니다. 그 이유에 대해 대부분의 신학교에서 교회사의 교과서로 쓰이는 책을 저술한 곤잘레스(Gonzalez)는 다음과 같이 말합니다.

> 소크라테스와 플라톤은 영혼 불멸을 믿었다. 플라톤은 이 세상의 모든 유전하는 사물들을 뛰어넘어 영원한 진리의 세계가 있다고 주장했다. 초기 기독교 신자들은 이런 가르침에 매력을 느꼈으며, 자기들이 무식하고 비종교적이라는 비판에 대응하기 위해 이런 이론들을 사용했다. 처음에는 이런 철학적 전통들이 신앙을 국외자들에게 이해시키는 데 사용되었으나, 곧 기독교인들이 자신의 신앙을 이해하는 방법에 영향을 미쳤으며 이것은 결국 격렬한 신학 논쟁을 초래하게 된다.[36]

사실 기독교는 헬라 문화 속에서 기독교의 신앙을 전파하기 위해 플라톤주의와 스토아주의라는 두 가지 철학적 전통의 유익성과 매력을 발견했습니다. 그리하여 그것들을 받아들여 기독교의 신학 안에서 진리를 변증

---

36 Justo L. Gonzalez, 『초대 교회사』, 엄성옥 역 (서울: 은성출판사, 2010), 36.

하기 시작했습니다. 그 대표적인 예가 클레멘트(Clement)입니다. 그는 그의 저술 『이교도들에게의 권면』(Exhortation to the Pagans)에서 기독교 교리의 많은 부분이 플라톤 철학에 의해 증명될 수 있음을 이교도들에게 보여 주었고, 이교도들로 하여금 기독교란 무지하고 미신에 사로잡힌 자들의 종교라는 편견이 없이 기독교에 접근할 수 있게 하는 데 도움을 주었습니다.

이런 접근을 가능하게 하는 플라톤 철학의 장점 중 하나는 플라톤의 이데아론이 갖고 있는 절대주의에 있습니다. 플라톤에 의하면 이데아에서의 형상은 한 사물의 원형이자 절대적인 본질을 가지고 있습니다. 이처럼 플라톤의 이데아론은 절대적인 것을 찾기 위한 철학적 성찰의 결과입니다. 그러므로 이 세상에 하나의 절대적인 진리만이 존재한다고 하면 플라톤의 철학을 사용하지 않을 이유는 없습니다.

오리겐 또한 플라톤주의와 기독교 신앙을 연결하려고 노력했습니다. 하지만 그는 성경에서 가르치고 있지 않은 영지주의는 배격했습니다. 그는 플라톤주의를 기독교 신앙에 연결하면서도 성경적이지 않은 것은 배격하려고 노력했습니다. 어거스틴은 처음에는 마니교에 심취했지만, 회심하고 나서는 신플라톤주의자가 되었습니다. 왜냐하면, 마니교에서 해결하기 어려운 많은 부분을 신플라톤주의가 설명해 주었기 때문입니다.

신플라톤주의는 궁극적으로 하나의 원리만 존재하는데, 무한히 선한 유일의 존재가 모든 사물의 근원이라고 생각합니다. 이런 어거스틴의 신플라톤주의적인 경향은 그의 초기 저서에 남아 있었지만 결국 그는 기독교 교훈과 신플라톤주의의 요소들 사이에 존재하는 차이점들을 깨닫고 기독교 교훈을 전파하기에 힘썼습니다.

이처럼 기독교는 플라톤주의를 무분별하게 받아들이지 않고 기독교 신앙 안에서 재해석한 것임을 알아야 합니다. 그러므로 영혼 불멸 사상은 기독교 신앙을 설명하기에 좋은 도구였기 때문에 플라톤 철학을 사용한 것은 사실이나 그것은 일부분에 한정된다는 사실을 알아야 합니다. 예를 들어 헬라의 영혼 불멸 사상은 영혼이 육신보다 선재하고 있다고 생각하지만, 기독교의 영혼 불멸 사상은 육신의 창조를 통해 영혼이 시작되었다는 점이 다릅니다. 이런 차이점을 이야기하지 않고 기독교가 무조건 헬라 철학을 받아들였다고 해서는 안 됩니다.

그렇다면 이런 영혼의 불멸성에 대해 성경은 어떻게 말하고 있나요? 웨스트민스터 신앙 고백(4.2)에서는 하나님께서 사람을 창조하셨는데 이성적이고 불멸적인 영혼들을 갖게 하셨다(창 2:7; 전 12:7; 눅 23:43; 마 10:28; 시 8:5-6; 창 2:19-20)고 말합니다. 또한, 같은 신앙 고백(32.1)에서는 죽은 후의 상태를 설명하는데 사람들의 몸은 죽은 후 흙으로 돌아가며 썩지만, 죽지도 않고 잠자지도 않는 그들의 영혼들은 불멸적 본질을 가져서 그것들을 주신 하나님께로 즉시 돌아간다(눅 23:43; 겔 12:7)고 말합니다.

의인들의 영혼들은 그 때 완전히 거룩해져서 가장 높은 하늘로 영접되어 거기서 빛과 영광 가운데 계신 하나님의 얼굴을 뵈오며, 그들의 몸들의 완전한 구속을 기다리고(히 12:23; 고후 5:1, 6, 8; 빌 1:23; 행 3:21; 엡 4:10), 악인들의 영혼들은 지옥에 던져져 거기서 고통들과 전적인 어두움 속에 머물며, 큰 날의 심판 때까지 보존되어 있다(눅 16:23-24; 행 1:25; 롬 8:23; 유 6-7; 벧전 3:19)고 말합니다. 몸들과 분리된 영혼들을 위해 이 두 장소 외에 성경은 다른 아무 곳도 인정치 않는다는 것을 볼 수 있습니다.

7) 지옥 vs. 연옥 vs. 영혼 부활

위에서 살펴본 것과 같이 성경은 한결같이 의인은 천국으로, 악인은 지옥으로 간다는 것을 말씀하고 있습니다. 하지만 지옥의 문제가 여러 신학적 전제들을 가지고 있기 때문에 하나의 신학적 전제를 강조하면 천국과 지옥의 존재에 대해 왜곡되거나 편향된 시각을 가질 수 있습니다. 그러한 왜곡되고 편향된 시각이 바로 가톨릭의 연옥설과 여호와의 증인이나 안식교의 영혼 부활입니다.

먼저 연옥은 가톨릭 사전에 따르면 다음과 같이 말합니다.

가톨릭에 있어서의 연옥은 일반적으로 세상에서 죄를 풀지 못하고 죽은 사람이 천국으로 들어가기 전에, 불에 의해서 죄를 정화한다고 하는, 천국과 지옥(*infernum*)과의 사이에 있는 상태 또는 장소를 말한다. 대죄를 지은 사람은 지옥으로 가지만, 대죄를 모르고서 지은 자 또는 소죄를 지은 의인의 영혼은 그 죄를 정화함으로써 천국에 도달하게 된다. 바로 이 '일시적인 정화'(*satispassio*)를 필요로 하는 상태 및 체류지가 '연옥'이다. 가톨릭의 연옥론은 하느님의 성성(聖性), 정의, 예지, 자비를 명백히 보여 주며, 인간을 절망과 윤리적인 경솔함으로부터 지켜 주고, 더구나 죽은 사람도 도울 수 있다는 가능성을 보증하여 줌으로써 많은 위로와 도움을 주고 있다.

이런 연옥의 교리를 정식화한 때는 리용 및 피렌체의 합동 공의회(1274년과 1439년), 그레고리오 13세 및 우르바노(Urbanus) 8세의 신경(信經), 그리고 프로테스탄트에 반대하여 열린 트리엔트 공의회(1545-1563년)에서입니다.

그렇다면 그들은 왜 이런 주장을 하게 되었을까요?

그것은 가톨릭이 보속의 교리를 가지고 있기 때문입니다. 보속의 교리는 쉽게 말하면 고해 성사를 하고 난 뒤에 실천하는 속죄 행위를 말합니다. 고해 성사를 통해서는 지옥에 떨어지는 영벌만 속죄되고 잠벌(한시적인 벌)이 남게 되는데, 이런 잠벌은 회개에 합당한 열매(마 3:8)에 근거하여 보속 행위를 통해 면제받아야 한다고 가르칩니다. 이 세상에 살다가 잠벌이 남게 된 경우 천국으로 직행하지 못하고 연옥에서 이런 보속 행위를 해야 한다는 것입니다.

하지만 이런 연옥의 교리는 심리적 안정을 줄지는 모르지만, 이것은 성경에서 말하지 않은 부분입니다. 인간이 보속 행위를 통해서 잠벌을 면제받는 것은 예수님의 보혈의 공로를 훼손하는 시도입니다. 왜냐하면, 인간의 행위로 죄가 면제되기 때문입니다. 게다가 연옥의 교리는 보속 행위를 면제해 준다는 이유로 면죄부 사건을 일으킨 교리입니다. 면죄부 때문에 종교 개혁이 일어났다는 사실을 생각한다면 연옥의 교리는 인간의 상상에 기초한 교리가 될 수밖에 없으며 복음을 혼미하게 하는 악한 시도라고 할 수 있습니다.

지옥의 존재와 관련하여 영혼 소멸설을 주장하는 이들 외에도 영혼 불멸론이 사실이 아니라는 것을 주장하기 위해 부활론이 맞다는 주장하는 사람들도 있습니다. 그 대표적인 사람이 "영혼의 불멸인가, 죽은 자의 부활인가?"라는 제목의 논문을 발표한 유럽의 신학자 오스카 쿨만(Oscar Cullmann)입니다. 그는 성서적으로, 철학적으로 죽은 자의 영혼이 별개로 존재한다는 영혼 불멸설의 가르침은 부활의 신앙과는 공존할 수 없는 비성서적인 개념이라는 결론을 내렸습니다.[37]

이 논문은 당시 신학계에 엄청난 충격을 던졌는데, 영혼 불멸 사상과 기독교 신앙의 핵심을 이루고 있는 부활의 신앙을 동시에 믿을 수는 없다는 것입니다. 하늘에 간 영혼들이 부활한 육체와 결합하기 위해 이 땅으로 내려온다는 것은 좀처럼 납득하기 어려우며, 악인들도 최후의 심판을 위해 부활을 한다면 육체와 영혼이 어떻게 결합하고 부활하는지, 부활 후에 육체와 영혼이 어떻게 심판을 받고 불타는 것인지 알기 어렵다는 것입니다. 또한, 사도 바울이 전한 복음은 영혼 불멸설이 아니라 죽은 자의 부활이라는 것입니다. 그러므로 영혼 불멸설을 믿으려면 부활의 신앙을 포기해야 하고 부활의 신앙을 믿으려면 영혼 불멸설을 포기해야 하는 양자택일의 상황에 들어간다는 것입니다.

위에서 언급한 것처럼, 영혼 불멸설은 헬라 철학의 영향을 받은 것은 사실입니다. 하지만 기독교 신앙은 그러한 철학을 선별해서 수용했으며 성경에서 벗어나지 않기 위해 많은 노력을 기울여 왔습니다. 그런 노력 중 하나가 죽음 이후의 세계가 어떻게 진행될지에 대한 것입니다. 여기에는

---

[37] Oscar Cullmann, "영혼 불멸인가, 죽은 자의 부활인가?", 『영혼 불멸과 죽은 자의 부활』, 전경연 편역 (서울: 향린사, 1975), 12-47.

여러 가지 견해가 있습니다.

(1) 죽은 자들은 잠자는 상태에 있다가 역사의 마지막 날에 부활한다는 이론-오스카 쿨만(Oscar Cullmann), 볼프하르트 판넨베르크(Wolfhart Pannenberg)
(2) 죽는 순간이 부활의 순간이라는 이론-루돌프 불트만(R. Bultmann), G. 로핑크(G. Lohfink), 칼 바르트(Karl. Barth), E. 부루너(E. Brunner)
(3) 죽은 자들은 천국에서 살다가 마지막 날을 맞이한다는 이론- J. 라칭거(J. Ratzinger), W. D. 데이비스(W. D. Davis), M. 해리스(M. Harris) 등이 있습니다.[38]

이런 이론 등을 종합해 보면, 영혼이 죽어 있는 상태에서의 부활이 아닌, 살아 있는 상태에서의 부활론이 더 가깝다고 할 수 있습니다. 그렇기 때문에 예수님은 하나님이 아브라함과 이삭과 야곱의 하나님이라고 소개하면서 그 의미를 밝혀 주셨습니다(마 8:11; 눅 13:28). 즉 하나님은 죽은 자의 하나님이 아닌 산 자의 하나님이시라는 것입니다. 또한, 변화산에서 나타난 모세와 엘리야(막 9:4)는 그들의 영혼이 부활했다기보다는 살아있는 상태에서 예수님의 영광스러운 모습과 같이 나타났다고 보는 것이 더 타당할 것 같습니다.

이런 것을 종합해 보면 성경의 중심이 영혼의 불멸성에 더 가깝다는 것을 알 수 있습니다. 이런 영혼의 불멸성을 고려한다면 악인의 영혼이라고 해서 소멸한다고 말하기는 어려울 것 같습니다(마 10:28; 눅 23:43; 계 6:9-11, 14:13; 빌 1:23).

---

[38] 김명용, "영혼 불멸과 죽은 자의 부활", 「기독교사상」, 367 (1989), 98-112.

8) 결론

하나님께서 정말로 지옥을 만드셨나요?

지금까지 이런 질문에 대해 고려해야 할 다양한 신학적 함의들을 살펴보았습니다. 이런 다양한 신학적 함의가 의미하는 것은 성경은 지옥의 존재와 영혼 불멸성을 좀 더 지지하고 있다는 사실입니다. 물론 이 책에서 지옥의 문제를 포함하여 영혼 불멸설과 영혼 소멸설을 균형감 있게 다루려고 노력했지만, 그것이 100% 확실한 사실이 되려면 죽음 이후의 세계를 경험해야 할 것입니다. 하지만 그것을 경험하지 않더라도, 영혼 소멸설보다는 영혼 불멸설이 좀 더 하나님께 영광을 돌리는 신학이 된다고 확신합니다.

신학적으로 영원한 형벌은 하나님의 은혜가 얼마나 큰지를 나타내는 척도입니다. 즉 영생과 영벌의 대비는 성경 전체의 사상이며, 하나님의 구원의 은혜를 최고로 영화롭게 하는 것임을 알 수 있습니다. 만일 영벌이 아닌 한시적인 벌이라면 그것은 예수님의 성육신, 인간의 조롱, 육체적 고통, 살해의 위험, 십자가상의 희생을 당하신 보혈의 공로를 최고로 영화롭게 만들지 못합니다.

예수님은 그렇게 희생했건만 그저 영혼이 어느 일정기간 후에 소멸된다면 그 희생이 얼마나 값진 희생이 될까요? 그것은 신학적으로 용납하기 어려운 부분이며 예수님의 십자가 사건에 대한 무례한 모독이 아닐 수 없습니다. 만일 영벌이 아니면서 하나님의 구원의 은혜를 최고로 영화롭게 할 수 있는 방법이 있을까요? 만일 지옥이 없다면 공의로우신 하나님께 최고의 영광을 돌릴 수 있을까요?

중요한 사실은 지옥의 개념이 하나님과 분리된 곳을 의미한다는 사실입니다. 그렇다면, 오늘 하루하루를 하나님과 동행하는 삶을 살려고 노력하는 것이야말로 천국을 경험하는 것이라 할 수 있습니다. 지옥이 없다고 하거나 영혼이 소멸된다고 하는 이야기는 오늘 하루하루를 하나님과 동행하는 삶을 살려고 노력하는 열심에 도움이 되지 않습니다.

제5장

성자 예수님과 관련된 문제

1. 성육신의 개념은 다른 종교에도 있지 않나요?

(요 1:14) 말씀이 육신이 되어 우리 가운데 거하시매 우리가 그의 영광을 보니 아버지의 독생자의 영광이요 은혜와 진리가 충만하더라

(빌 2:6-8) 그는 근본 하나님의 본체시나 하나님과 동등됨을 취할 것으로 여기지 아니하시고 오히려 자기를 비워 종의 형체를 가지사 사람들과 같이 되셨고 사람의 모양으로 나타나사 자기를 낮추시고 죽기까지 복종하셨으니 곧 십자가에 죽으심이라

(골 2:9) 그 안에는 신성의 모든 충만이 육체로 거하시고

초대 교회는 예수님의 죽음과 부활을 목격한 제자들을 통해 발생했습니다. 그들은 예수님의 인성과 신성을 경험했기 때문에 예수님의 하나님 되심을 의심하지 않았습니다. 하지만 시간이 지나면서 예수님의 신성을 의심하는 사람들이 생겨나게 되었고 예수님이 도대체 어디에서 오신 분인지에 대해 토의하기 시작했습니다. 이런 움직임에 대해 사도 요한은 예수님은 태초부터 말씀으로서 하나님과 함께 계셨고 그 말씀이 육신을 입어 이 세상에 나타나게 되었다고 증거합니다 (요 1:1-14).

이것을 성육신(incarnation)이라는 단어로 표현합니다. 이 단어는 화신(化身) 혹은 강생(降生)이라는 말로 표현하기도 합니다. 하지만 이런 성육신, 즉 하나님이 인간이 되셨다는 것은 다른 설화나 다른 종교에서도 발견됩니다. 이집트의 바로(Pharaoh)와 일본의 국왕은 태양신의 후손이라고 주장하며, 힌두교에서는 신의 화신을 아바타(avatar)라고 부릅니다. 이처럼 성육신의 개념은 기독교 고유의 것은 아닌 것처럼 보입니다.

그렇다면 기독교의 성육신은 그런 설화나 다른 종교의 화신과 무엇이 다르며 어떻게 기독교 신앙의 정당성을 확보할 수 있을까요?

1) 기독교의 성육신은 불교식 윤회 개념이 아니다

불교의 윤회 사상은 해탈의 경지, 깨달음의 경지, 혹은 구원된 상태에 도달하지 못한 사람이 계속해서 이 세상에 다시 출생하게 된다는 내용의 교리입니다. 윤회의 어원인 '삼사라'(Samsara)는 산스크리트어로 '정처 없이 헤매다, 빙글빙글 돈다'는 뜻을 가지고 있습니다. 생로병사가 끊임없이 반복되는 것이 바퀴가 도는 것과 같다고 하여 바퀴 륜(輪)을 써서 윤회(輪廻)라고 합니다. 이것을 다시 육체화된다는 의미로 '환생'(reincarnation)이라고 번역하는 이도 있습니다. 윤회는 깨달음의 경지에 도달할 때까지 몇 겁, 또는 몇 억겁의 세월에 걸쳐 계속되기 때문이라는 것입니다.

이런 윤회 사상이 발전하게 된 것은 어찌 보면 카스트 제도의 합리화와 연관지어진 것으로 보입니다. 선업을 쌓으면 내세에는 더 존귀한 신분으로 태어나고 악업을 쌓으면 내세에는 더 비천한 신분 또는 짐승이나 아귀로 태어난다는 것입니다. 해탈하여 더 이상 윤회하지 않는 사람을 깨달은 자, 다른 말로 부처라고 하고, 윤회를 이미 벗어났음에도 중생에 대한 큰 자비심으로 윤회 세계에 들어와 화신으로서 활동하는 사람을 보살이라고 합니다.

하지만 기독교의 성육신은 불교식의 윤회 개념이 아닙니다. 왜냐하면, 기독교는 직선적인 역사관을 가지고 있기 때문입니다. 이런 직선적인 역사관을 예수님께 적용하면 예수님은 창세 전, 즉 성육신 이전에도 이미 존재해 계시다는 선재성(preexistence)이라는 단어로 표현할 수 있습니다. 이런 선재성은 요한복음에 잘 나타나 있습니다. 요한복음 1:1-2에서는 "태초에 말씀이 계시니라 이 말씀이 하나님과 함께 계셨으니 이 말씀은 곧 하나님이시니라 그가 태초에 하나님과 함께 계셨고"라고 말씀합니다. 따라서 예수님은 태초부터 계시는 분이지 윤회로 태어난 분이 아닙니다.

초대 교회에서도 예수님이 어디에서 오신 것인지에 대한 기원의 문제는 큰 관심거리였습니다. 따라서 그 기원을 선재하는 초인간적 메시아에 관한 유대교의 사색들이나 또는 헬라주의의 신비 종교들과 영지주의 제의의 특정인 구속 신들에 대한 다신교적 신화들에까지 추적하려는 시도들이 행해졌습니다.[1] 그러나 이와 같은 시도들은 한결같이 실패했습니다. 그 대표적인 시도가 바로 영지주의입니다. 영지주의는 영은 선하고 육은 악하다는 영육 이원론에 사로잡혀 있어서 심지어 영이신 하나님께서 육신을 입고 이 땅에 오셨다는 것을 도무지 받아들일 수 없었습니다. 그래서 1-2세기에 마르키온(Marcion)과 영지주의자들은 예수님이 육신을 입으신 것처럼 보였다는 가현설을 주장했습니다.

가현설(Docetism)은 헬라어로 '보이다'라는 뜻인 '도케오'(dokeo)에서 온 단어입니다. 그리스도는 인간이었던 적이 없으며 단지 인간으로 보였을 뿐이라는 것입니다. 사도 요한은 요한일서 4:1-3에서 이 그릇된 가르침에 대해서 언급하고 있습니다. 이 사상은 성육신뿐만 아니라 구속과 육신의 부활에 대한 신뢰성까지 훼손시키는 이단 사상입니다.

사실 많은 영지주의자가 윤회를 믿었습니다. 영혼이 전생에 생존했었는

---

1   J. D. Douglas 외 6인, 『새성경사전』(*New Bible Dictionary*), 나용화 김의원 옮김 (서울: CLC, 1996), 858.

데 그들이 육체를 입는 순간 영혼은 육체 속에 추락했다는 것입니다. 왜냐하면, 영은 선하고 육은 악하다고 믿었기 때문입니다. 이처럼 윤회 사상이나 영지주의는 기독교의 성육신에 대한 오해에서 비롯되었습니다. 중요한 것은 기독교의 성육신은 불교식 윤회나 영지주의가 생각하는 가현설의 개념이 아닙니다.

2) 기독교의 성육신은 이슬람식 피조물의 개념이 아니다[2]

꾸란에서는 요한복음에 명시적으로 나타난 태초의 천지창조에 참여한 예수님의 선재성과 신성을 발견할 수 없습니다. 오히려 이슬람에서 인식하는 예수님의 위치는 하나님에 의해 창조된 피조물에 지나지 않으며 꾸란의 많은 부분에서 '마리아의 아들'로 묘사됩니다. 꾸란 4:157에서는 심지어 예수님이 십자가에서 죽지 않았다고 주장합니다.

> 마리아의 아들이며 하나님의 선지자의 예수 그리스도를 우리가 살해했다라고 그들이 주장하더라 그러나 그들은 그를 살해하지 아니했고 십자가에 못박지 아니했으며 그와 같은 형상을 만들었을 뿐이라 이에 의견을 달리하는 자들은 의심이며 그들이 알지 못하고 그렇게 추측을 할 뿐 그를 살해하지 아니했노라.[3]

---

2 여호와의 증인 또한 예수님을 피조물로 보며, 피조물 중의 최고의 존재라고 인정할 뿐이다.
3 꾸란 4:157의 주석에서는 예수님의 죽음을 다음과 같이 부정한다. '예수가 복음을 전하고 가르치던 주요 3년을 제외하면 그의 생애는 물론 그가 탄생해서부터 성장에 이르기까지 또한 성장 이후 그후 사생활은 너무나 신비에 싸여있는 것들이 많다. 특히 예수의 마지막 생애에 관하여는 더욱 그렇다. 정통 기독교 학파는 그가 십자가에 못 박혀 생을 마쳤으며, 장사 지낸 지 3일 후에 상처 입은 그대로 일어나 주위를 걷다가 그의 제자들과 대화를 나누고 음식을 먹은 후 그의 몸이 하늘로 승천했다고 주장하고 있다. 그러나 초기 기독교 학파는 예수가 십자가에서 살해되었다고 믿지 않고 있다. '바실리단' 학파는 예수 대신 어떤 누가 십자가에 살해되었다고 믿고 있다. 한편 『마르시오니트 복음』 (AD 138)에서는 예수가 태어난 것까지 부정하고 단지 그가 인간의 형태로 나타났을 뿐

이슬람에서 예수님은 단지 피조물에 지나지 않고 하나님의 권능으로 승천했다고 말합니다. 그렇기에 무슬림은 기독교의 삼위일체를 이해할 수 없으며 기껏해야 삼신교(tritheism)로 이해합니다. 꾸란 5:116을 보면 이슬람이 알라를 제외한 다른 신적인 존재에 대해 매우 민감하다는 것을 알 수 있습니다.

> 하나님께서 마리아의 아들 예수야 네가 백성에게 말하여 하나님을 제외하고 나 예수와 나의 어머니를 경배하라 했느뇨 하시니 영광을 받으소서 결코 그렇게 말하지 아니했으며 그렇게 할 권리도 없나이다. 제가 그렇게 말했다면 당신께서 알고 계실 것입니다.

이슬람에서는 하나님은 초월적이어서 자녀도 배우자도 있을 수 없다는 초월적 유일신에 대한 믿음을 강조하고 있으며, 신자들이 '하나님의 자녀'라는 표현같이 하나님을 인격적 용어로 부르는 행위에 대해서도 매우 부정적인 태도를 가지고 있습니다. 이슬람의 알라는 창조주 하나님일 뿐만 아니라 그의 본질을 나누거나 동등한 관계에 있는 신이 없는 '절대적 유일신'입니다. 그런 의미에서 알라는 [삼위일체가 아닌] 일위일체의 하나님이라고 할 수 있습니다.

이와 유사하게 여호와의 증인 또한 예수님을 피조물이라고 가르치고 있습니다. 성경에는 '삼위일체'라는 단어가 나오지 않으며, 골로새서 1:15을 근거로 예수 그리스도가 하나님의 맏아들이라는 것입니다. 또한, 디모데전서 2:5을 근거로 예수님을 하나님과 사람 사이에 중보자라고 합니다. 또한, 시편 83:18을 근거로 아버지에 대해 여호와라 이름하신 하나님만 온

이라고 말하고 있다. 또한, 성 『바르나바』 복음서는 예수 대신 다른 사람이 대신하여 살해당한 이론을 주장하고 있다. 한편 꾸란에서도 예수는 십자가에 못 박혀 살해되지도 아니했으며 또한 유대인에 의해서 살해된 것도 아니라고 제시하고 있다. 예수는 그래도 하나님의 능력에 의해 하늘로 승천했다고 다음 158절은 제시하고 있다.'

세계의 지존자라고 말합니다.

　기독교의 성육신은 제2위의 하나님이신 예수님께서 육신이 되어 인간의 본성을 취하셨는데 전통적으로 요한복음 3:1-21; 골로새서 2:9; 빌립보서 2:7-8에 기초하고 있습니다. 신의 본성이 인간의 본성과 완벽하게 연합되어 예수님 안에 구현되었다는 것입니다. 그렇기에 예수님은 참하나님이시며 참인간이 되실 수 있습니다. 이처럼 기독교의 성육신은 삼위일체(trinity)의 개념을 포함하는 기독교의 근본적인 교리입니다. 그러므로 성육신은 이슬람식 피조물의 개념으로 바라보아서는 안 됩니다.

　물론 성경에는 성육신하신 예수님의 열등성을 보여 주는 구절들이 많습니다. 그러나 그것이 예수님의 신성을 부인하는 것으로 사용되어서는 안 됩니다. 왜냐하면, 예수님은 완전한 신이시며 완전한 인간이시기 때문입니다. 육체적 한계를 표현한 구절들을 신성을 부정하는 용도로 사용하는 것은 참신이시며 참인간이신 예수님을 제대로 이해하려고 하지 않기 때문에 일어나는 현상입니다.

　또한, 예수님께서 "보냄을 받은 자가 보낸 자보다 크지 못하나니"(요 13:16)라고 말씀하신 것은 예수님 본인이 열등할 수밖에 없음을 인정한 것이 아니냐고 주장합니다. 이것은 '케노시스'(kenosis) 개념의 몰이해에서 비롯된 것입니다. 케노시스는 '자기 비움'라는 뜻의 헬라어로, 예수님은 원래 하나님과 동등한 하나님이시지만 자신을 낮추셔서 이 땅에 육신의 몸을 입고 오신 것을 의미합니다(빌 2:7-8). 즉 겸손한 자기 비움을 의미하며 그러한 것을 십자가에 죽기까지 복종하신 것으로 보여 줍니다.

　이런 복종은 오히려 하나님의 사랑의 위대함을 보여 줍니다. 그러므로 예수님을 하나님께서 창조하신 최고의 피조물이라고 한다면 참인간으로 오신 예수님의 위대하고 온전하신 사랑을 훼손하는 불경한 시도가 될 수밖에 없습니다.

3) 기독교의 성육신은 힌두교식 화신(아바타)의 개념이 아니다

힌두교는 다신을 섬기는 다신교의 대표적인 종교입니다. 물론 힌두교에서는 최고의 하나의 신인 브라흐마가 있다고 말하기도 합니다. 또한, 어떤 이는 브라흐마를 힌두교의 삼위일체를 형성하는 3대 신 중 하나로 창조의 신이라고도 합니다. 즉 브라흐마(Brahma)는 창조자, 비슈누(Vishnu)는 유지자, 시바(Shiva)는 파괴자로 봅니다. 물론 힌두교에는 일신론, 범신론, 다신론, 반신론 등이 내포되어 있는 복잡한 종교이지만, 힌두교의 본질은 다신교입니다.

이런 힌두교에서 성육신은 화신이라고 표현될 수 있습니다. 이런 화신의 원어가 바로 아바타(Avatar)입니다. 이 단어의 의미는 '하늘에서 내려온 자'이며 지상에 내려온 신의 분신이라고 할 수 있습니다. 이런 아바타는 인류를 악으로부터 구하고 다르마(자연법의 개념)의 회복을 유지하는 유지의 신인 비슈누(Vishnu)로부터 발현됩니다.

이 세상에는 이미 9번째 아바타가 출현했으며, 10번째이자 마지막 아바타인 칼키(Kalki) 아바타는 아직 세상에 출현하지 않았다고 말합니다. 힌두교에 따르면 인류가 진리를 잊고 악과 부정에 빠져 있을 때 진리를 가르쳐 악으로부터 인류를 구원하고 정의를 회복하는 일을 하기 위해 신의 대리자로서 아바타가 출현합니다.

하지만 기독교의 성육신은 힌두교식 화신의 개념이 아닙니다. 힌두교에서의 아바타는 힌두교의 신들이 인간의 형상만 취한 것이기 때문에 참인간이 되신 기독교의 성육신과는 다릅니다. 예수님은 인간과 똑같은 고난을 받았을 뿐만 아니라(히 4:15), 인간만이 느낄 수 있는 감정을 느끼셨습니다. 또한, 예수님은 처음이자 마지막으로 성육신하신 분이십니다. 여기서 오해하지 말아야 할 것은 기독교의 성육신을 화신의 개념으로 해석하여 삼신 중의 하나가 성육신하신 것이 아니라는 것입니다. 기독교의 성육신의 개념은 삼위일체의 개념을 포함한 유일신론(monotheism)의 개념 안에서 이해해야 합니다. 하나님은 서로를 사랑할 수 있는 삼위일체의 인격을 가진 신이시며 오직 그 안에서 하나됨을 추구하는 유일한 절대자의 모습을 가지고 계십니다. 그러므로 아바타가 계속해서 출현하는 힌두교는 기독교의 유일신론과 비교할 때, 그 가치나 절대성은 매우 떨어진다고 할 수 있습니다.

4) 성육신 교리의 확정

기독교의 성육신 개념을 정리하자면 불교식 윤회 개념, 이슬람식 피조물 개념, 그리고 힌두교신 화신 개념이 아닙니다. 하지만 기독교 신자가 볼 때에도 이해하기 쉬운 개념이 절대 아닙니다. 그렇기에 많은 이단이 생겨날 수밖에 없었습니다. 451년 칼케톤 공의회(Council of Chalcedon)에서 이런 논란을 종합하여 성육신 개념을 선포했습니다. 즉 그리스도의 신성과 인성, 두 개의 본성이 혼합이 없고, 변화가 없고, 구분이 없고, 분리가 없다고 선언한 것입니다. 이는 그리스도의 성육신을 이해하는 거의 완전한 문장이라고 할 수 있습니다.

칼케톤 공의회에서 이 교리가 확립되기까지는 수많은 이단이 출현했습니다. 1세기의 인성을 부인한 마르키온과 영지주의는 그리스도는 인간이었던 적이 없으며 단지 인간으로 보였을 뿐이라며 가현설을 주장했습니다. 2세기의 에비온파(Ebionism)는 예수님이 요셉과 마리아의 육신적인 아들이며, 그 분이 침례를 받으실 때에 영원하신 그리스도와 연합됨으로 말미암아 하나님의 아들로 선택되었다고 주장하면서 그리스도의 신성을 부인했습니다.

3-4세기의 아리우스파(Arianism)는 말씀이신 예수님의 영원성을 부인했습니다. 아리우스는 예수님이 독생하신 분이기 때문에 시작을 가지고 있었던 분이 틀림없다 추론했고, 그리스도의 신적 본질이 하나님과 유사하지만 하나님과 똑같은 것은 아니라고 주장했습니다. 325년 니케아 공의회

(Council of Nicene)에서는 예수님이 하나님과 동일한 본질을 가진 분임을 확인하고 이 가르침을 이단으로 정죄했습니다.

4세기의 아폴리나리우스파(Apollinarism)는 그리스도의 속성에 대한 비합리적인 분리를 피하기 위해 그리스도는 인간의 몸과 인간의 혼을 가지고 있었지만, 인간의 영 대신 신적 로고스(the divine Logos)를 가지고 있었다고 가르쳤습니다. 그리고 이 로고스가 수동적인 인간의 몸과 혼을 통제했다고 가르쳤습니다. 이는 그리스도가 참된 인간이 아니라고 주장하는 잘못된 사상이었기에 381년 콘스탄티노플 공의회(Council of Constantinople)에서 이단으로 정죄되었습니다.

5세기의 네스토리우스파(Nestorianism)는 그리스도를 두 개의 위격들로 나누어 예수 그리스도가 두 개의 속성이 연합된 프로소폰(prosopon, 형태 또는 외형)이라고 주장했습니다. 그리스도의 인성은 그 인성위에 주어진 신격의 형태를 가지고 있었고 그리스도의 신성에는 종의 형태가 덧입혀짐으로 그 결과 나사렛 예수의 모습이 생겨나게 되었다는 것입니다. 이 견해에 따르면 그리스도의 신성과 인성은 분리된 상태며, 그 결과 그리스도는 두 개의 위격을 가지신 분으로 묘사되었는데 431년 에베소 공의회(Council of Ephesus)에서 정죄되었습니다.

또한, 5세기의 유티케스파(Eutyches)는 네스토리우스파와 반대 입장으로 그리스도 안에 오직 하나의 본성만 있다고 가르쳤습니다. 이 사상은 단성론(Monophysitism)이라고도 부르는데, 신적 본성은 완전히 신적인 것이 아니었고, 인간적인 본성도 참으로 인간적인 것이 아니었으며, 다만 혼합된 제3의 단일 본성만 존재했다는 것입니다. 하지만 이 사상은 451년 칼케톤 공의회(Council of Chalcedon)에서 이단으로 정죄되었습니다. 칼케톤 회의 이후 유티케스파와 비슷한 사상으로 문자적으로 그리스도는 두 개의 속성을 가지고 있다고 인정하면서도, 그 분에게는 오직 하나의 의지만 있었다고 가르쳤던 잘못된 사상이 발생했습니다. 이것은 단의론(Monothelitism)이라 불리우며 680년 콘스탄티노플 제3차 회의에서 이단으로 정죄되었습니다.

5) 결론

기독교의 성육신 개념은 이해하기 쉬운 개념이 아닙니다. 왜냐하면, 참 하나님이시면서 동시에 참인간이신 것을 설명하기가 어렵기 때문입니다. 하나님의 본질과 인간의 본질 하나만도 이해하기 어려운데 그러한 두 본질이 한 존재 안에 양립한다는 것을 설명하는 것은 매우 어려울 것입니다. 그러나 그렇다고 하여 자신의 종교나 상식으로 이해해서는 안 됩니다.

어떤 이는 윤회 혹은 피조물 혹은 화신 개념으로 이해합니다. 그렇기 때문에 이 성육신의 교리를 잘 이해하려고 노력해야 합니다. 그리고 그것을 잘 이해했을 때 이 성육신의 교리는 참인간으로 오신 예수님의 은혜를 배가시키는 교리라고 할 수 있습니다. 왜냐하면, 참하나님과 참인간의 두 본질을 소유한 예수님을 통해 우리의 구원의 확실성을 보증하기 때문입니다.

사실 하나님은 말씀만으로도 인간을 구원하실 수 있지만, 성육신이라는 행위를 통해 구원의 계획을 직접 성취하셨습니다. 그래서 예수님을 임마누엘(Immanuel)이라 부르는 것입니다(사 7:14, 마 1:23).[4] 그러므로 성육신의 교리는 직접적이며 효과적 구원을 성취하신 예수님의 무한하신 은혜를 증거하는 교리입니다.

2. 예수님은 정말로 성령으로 잉태되었나요?

(사 7:14) 그러므로 주께서 친히 징조를 너희에게 주실 것이라 보라 처녀가 잉태하여 아들을 낳을 것이요 그의 이름을 임마누엘이라 하리라

(마 1:18) 예수 그리스도의 나심은 이러하니라 그의 어머니 마리아가 요셉과 약혼하고 동거하기 전에 성령으로 잉태된 것이 나타났더니

---

4 '임마누엘'의 뜻은 '우리와 함께 계신 하나님'이라는 의미를 가지고 있다.

[마 1:20] 이 일을 생각할 때에 주의 사자가 현몽하여 이르되 다윗의 자손 요셉아 네 아내 마리아 데려오기를 무서워하지 말라 그에게 잉태된 자는 성령으로 된 것이라

[눅 1:35] 성령이 네게 임하시고 지극히 높으신 이의 능력이 너를 덮으시리니 이러므로 나실 바 거룩한 이는 하나님의 아들이라 일컬어지리라

예수님이 성령으로 잉태되었다는 것은 매우 논쟁적인 이슈임에는 틀림없습니다. 왜냐하면, 사람이 태어나기 위해서는 생물학적으로 정자와 난자가 결합해야 하는데 성령으로 잉태되었다고 성경이 말하고 있기 때문입니다. 그래서 사람들은 성령 잉태가 성경에 신화적인 요소를 삽입하여 예수님의 탄생에 신비감을 불어넣기 위한 장치에 불과하다고 주장합니다. 혹은 마리아나 후대에 성경을 기록한 사람들이 다른 사람으로부터 얻은 자녀, 즉 사생자라는 사실을 감추기 위해 꾸며낸 이야기라고 주장합니다. 혹은 예수님이 마리아의 피를 받아 태어나셨다는 소위 '월경잉태설'을 주장하기도 합니다. 물론 성령으로 잉태되었다는 사실을 반박하기 위해 다양한 시도를 할 수 있을 것입니다.

그렇다면 예수님은 정말로 성령에 의해 잉태되었나요?

1) 사건의 순서는 성령에 의한 잉태를 지지한다

먼저 사건의 순서를 살펴봐야 합니다. 마태복음에 의하면 마리아와 요셉은 정혼하고 동거하기 전에 예수님은 성령으로 잉태되었습니다(마 1:18). 그리고 나서 얼마 있다가 천사가 요셉에게 나타나 "네 아내 마리아 데려오기를 무서워하지 말라 그에게 잉태된 자는 성령으로 된 것이라"(마 1:20)고 말합니다. 그래서 요셉은 "주의 사자의 분부대로 행하여 그의 아내를 데려왔으나 아들을 낳기까지 동침하지 아니하더니 낳으매 이름을 예수"(마 1:24-25)라고 했습니다.

이와 같은 사실을 누가복음에서도 확인할 수 있는데, 누가복음에서는 가브리엘 천사가 마리아에게 나타나 아들을 잉태할 것이라고 말합니다. 이때 마리아가 남편이 없는데 어찌 그런 일이 있겠느냐고 묻자 천사는 "성령이 네게 임하시고 지극히 높으신 이의 능력이 너를 덮으시리니 이러므로 나실 바 거룩한 이는 하나님의 아들이라 일컬어지리라"(눅 1:35)고 대답합니다.

이런 수태 고지로 인해 가장 충격을 받은 사람은 누구일까요?

그는 요셉이 아니라 마리아 자신입니다. 요셉은 3자의 입장에서 마리아의 행실을 충분히 의심할 수 있기 때문입니다. 마리아는 수태 고지를 받고 처음에는 믿지 않았을 것입니다. 하지만 그녀는 생리가 중단되고 배가 불러오고, 태동을 느끼는 신체의 변화를 느끼고 그 말씀이 현실로 이루어졌다는 것을 믿었습니다.

그러나 마리아는 자신이 잉태했다는 사실이 의미하는 것을 잘 알고 있었습니다. 왜냐하면, 자신은 남자를 알지 못한 상태이며, 그 당시 남자를 알지 못한 상태, 즉 결혼하기 전의 임신은 곧 그 사회에서 죽음을 의미했기 때문입니다. 마리아는 이때 친척 엘리사벳을 방문합니다. 아마도 도움을 구하기 위해서 방문했을 것입니다. 하지만 그녀는 임신할 수 없는 나이인 엘리사벳이 자신과 마찬가지로 하나님의 능력으로 임신한 사실을 알게 됩니다.

여기서 그녀는 하나님의 능력을 전적으로 신뢰하게 되었고 천사의 수태 고지를 믿음으로 받아들이고 "능하신 이가 큰 일을 내게 행하셨다"(눅 1:49)는 고백을 하게 됩니다. 이런 사건의 순서와 기록은 마리아가 생물학적인 방법인 아닌 성령에 의한 잉태를 지지한다고 할 수 있습니다.

2) 성경을 기록한 저자의 객관성은 성령에 의한 잉태를 지지한다

먼저 똑같은 사건에 대해 증인들 간의 일관성은 사실의 진위 여부를 결정짓는 중요한 단서가 됩니다. 만일 증인들 간의 증거가 조금이라도 일치하지 않는다면 그것은 사실이 아닐 가능성이 매우 높습니다. 마찬가지로 똑같은 사건에 대해 마태(1:18-25)와 누가(1:26-38)는 동일하게 성령으로 잉태되었음을 증거했습니다. 또한, 예수님의 제자들이 예수님의 생애를 신성시하기 위해 꾸며낸 이야기라고 한다면 누가복음의 저자인 누가의 객관성은 사실의 진위 여부를 판가름하는 중요한 열쇠가 됩니다. 누가복음은 데오빌로라는 로마의 고위 관리에게 보내진 편지입니다(눅 1:1).

이 편지의 목적은 예수님의 사역에 대한 소개와 기독교를 변증하기 위한 것이었습니다. 만일 동정녀 탄생이 역사적인 사실이 아니라 예수님의 출생을 신성시하기 위해 꾸며낸 이야기라면 그것은 커다란 위험에 직면하는 지름길입니다. 왜냐하면, 데오빌로는 로마의 고위 관리로서 로마 시민 뿐 아니라 식민지에서 황제 숭배의 책임 혹은 문화를 유지해야 했던 사람이기 때문입니다.

그러한 로마 관리에게 꾸며낸 이야기를 보낸다는 것은 사실 여부에 대한 확인을 감수해야 하고 그것이 날조로 드러날 경우 위증에 따른 박해와 죽음의 모험을 감수해야 했을 것이기 때문입니다. 그런 이유로 N. T. 라이트(N. T. Wright)는 "마태와 누가가 예수의 동정녀 임신을 문자적으로 사실이라는 것을 믿지 않았다면, 고양된 은유를 목적으로 왜 그런 위험을 감수했겠는가?"[5]라고 말합니다.

또한, 누가복음의 저자인 누가가 객관적 역사가였다는 사실입니다. 누가가 사도행전에서 언급한 32개 나라, 54개 도시, 9개 섬을 면밀히 조사한

---

5 Marcus J. Borg & N. T. Wright, 『예수의 의미』, 김준우 옮김 (서울: 한국기독교연구소, 2001), 271.

고고학적인 연구의 결과, 이 모두가 역사적으로 실재한 것임이 밝혀졌습니다. 반면에 최근에 나온 몰몬경의 경우 그 책에 나오는 어떤 국가명, 지명, 인명도 실재한 것으로 밝혀지지 않고 있습니다. 따라서 이런 누가복음의 역사적 사실성과 그러한 사실을 객관적으로 변증하기 위한 그의 노력에 비추어 볼 때 누가가 기록한 성령에 의한 잉태와 동정녀 탄생은 역사적인 사실로서 받아들이는 데 거리낌이 없을 것입니다.

게다가 누가의 직업은 의사입니다. 의사는 생물학적인 결합에 의해 아이가 태어난다는 사실을 누구보다도 정확히 알고 있는 사람입니다. 그런데도 누가는 성령에 의한 잉태를 기록하고 있습니다. 그가 이렇게 과학적이지 않은 사실을 삭제하지 않고 기록하고 변증했다는 것은 그가 그것을 사실로서 받아들였을 때에만 가능합니다. 이렇듯, 성경을 기록한 저자들의 일관성과 객관성은 성령에 의한 잉태를 지지합니다.

3) 사생자라는 주장의 허구성은 성령에 의한 잉태를 지지한다

예수님의 사생아 설은 아마도 성령에 의한 잉태에 대한 가장 그럴듯한 대체 설명이라고 할 수 있습니다. 즉 예수님의 정체는 마리아가 로마 군인 판테라(Panthera)와 생물학적인 결합을 하고 태어난 아들이라는 것입니다. 차마 그 아들을 버릴 수는 없었고 그래서 성령으로 잉태했다고 말하면서 키웠다는 설명입니다. 그 증거로 위경인 '빌라도 행전'이나 '도마 복음서'에 그러한 것을 암시하는 구절들이 나온다는 것입니다. 하지만 '도마복음서'에서 마리아에 관련된 구절은 114절로 잉태와 관련된 구절이 아닙니다.[6] 또한 예수님께서 유대인들에게 "우리가 음란한 데서 나지 아니했

---

6 (114) 시몬 베드로가 그들에게 말했다. "마리아가 우리를 떠나게 하자. 여인은 생명을 받기에 합당치 아니하도다." 예수께서 말씀하셨다. "나 자신이 그녀를 남자로 만들기 위해 그녀를 이끌리니, 그녀도 너희 남자들을 닮아 살아 있는 영이 되리라. 자신을 남자로 만드는 여인마다 하늘나라에 들어가리라."

고"(요 8:41)라고 하신 말씀은 자신이 사생자라는 사실을 숨기기 위한 변명의 근거라고 주장하기도 합니다. 하지만 문맥의 전후를 살펴보면 그것은 사생아 출생에 대한 변명이 아니며 성령을 통해 거듭난 삶의 증언으로 해석해야 합니다.

이런 주장에 대해 오랫동안 연구한 제임스 D.타보르(James D. Tabor)는 실제로 예수님이 사생아로 태어났다는 역사적 확실성의 증거는 전무하다고 밝히고 있습니다.[7] 만일 예수님이 사생자였다면, 예수님은 그 사회에서 살아남기 어려웠을 것입니다. 왜냐하면, 사생자에 대한 유대인들의 문화와 관습은 그를 살도록 내버려 두지 않았을 것이기 때문입니다.

유대인의 문화와 관습에 의하면 사생자는 남에게 말하기 어려운 관계, 즉 죽음의 형벌이나 멸망의 형벌을 받아 마땅한 관계인 근친상간이나 간음(레 20:10-20)으로 태어난 후손을 뜻합니다. 요아힘 예레미아스(Joachim Jeremias)는 당시에는 누가 사생자인지 공개적으로 알려져 있었으며 족보에 기록되기도 했기 때문에 남자 사생자의 후손은 영원히 사생자라는 오명을 벗지 못했고, 공직에 오르지도 못했다고 말합니다.[8]

또한, 신명기에서는 사생자는 유대 공동체에서 추방되어야 하는 존재로 묘사하고 있습니다. 신명기 23:2을 보면 "사생자는 여호와의 총회에 들어오지 못하리니 십대까지라도 여호와의 총회에 들어오지 못하리라"고 말합니다. 이런 율법 중심의 종교 세계에서 사생자는 추방되어야 하는 사람이기 때문에, 사생자의 후손 여부를 십대까지 철저히 조사했을 가능성이 많을 것입니다. 그런 이유로 예수님이 정말 사생자였다면, 예수님은 고대 유대 공동체의 특성상 추방되었을 것이고, 같은 동네 출신의 제자들이 예수님을 '하나님의 아들'이라고 고백하는 것은 불가능했을 것입니다.

---

[7] James D. Tabor, *The Jesus Dynasty: The Hidden History of Jesus, His Royal Family, and the Birth of Christianity* (New York, NY: Simon & Schulster Paperbacks, 2007), 96.
[8] Joachim Jeremias, 『예수 시대의 예루살렘』, 편집부 옮김 (서울: 한국신학연구소, 1992), 423-7.

4) 원시복음은 성령에 의한 잉태를 지지한다[9]

창세기 3:15을 가리켜 원시복음(*protoevangelium*)이라고 합니다. "내가 너로 여자와 원수가 되게 하고 너의 후손도 여자의 후손과 원수가 되게 하리니 여자의 후손은 네 머리를 상하게 할 것이라"는 말씀은 창세기에 제시된 최초의 복음입니다. 즉 여자의 후손이 뱀을 멸망시키리라고 한 하나님의 약속은 마리아의 몸에서 성령에 의해 잉태된 예수님을 통해 실현되었습니다(마 1:18-23, 2:11).

이것이 의미하는 것은 구원이라고 하는 것은 인간의 능력을 초월한 하나님의 초자연적인 역사를 통해서만 가능하다는 것입니다. 즉 율법을 지켜서는 얻을 수가 없습니다. 그렇기에 하나님께서 인류를 구원하시기 위해 율법 아래 있는 자들을 구원하시려고 율법 아래의 여자의 몸을 통해 예수님을 보내신 것입니다(갈 4:4-5). 요약하자면 예수님의 성령에 의한 탄생은 구원이 인간의 노력으로 결코 얻을 수 없으며, 하나님의 능력을 통해서만 가능하다는 것을 보여 줍니다.

5) 예수님의 인성과 신성의 연합은 성령에 의한 잉태를 지지한다[10]

성령에 의한 탄생은 그리스도의 위격과 관련하여 매우 중요한 의미를 가집니다. 한 위격 안에 온전한 인성과 신성이 연합하는 것이 가능하기 위해서는 성령에 의한 잉태가 아니면 안 된다는 것입니다. 하나님은 그의 아들을 이 세상에 보내시기 위해서는 인간으로 태어나셔야 합니다(요 3:16; 갈 4:4). 그런데 인간으로 오셨을 때, 신성과 인성을 한 위격에 연합시키는 데 성령에 의한 잉태가 아닌 더 좋은 방법은 떠오르지 않습니다. 예를 들

---

9 Wayne Grudem, 『조직신학 (중)』, 노진준 옮김 (서울: 은성, 1997), 22-5.
10 Ibid.

어 하나님은 예수님을 신성만을 지닌 존재로 이 땅에 보내셨을 수도 있었을 것입니다.

하지만 만일 그렇게 하셨다면 우리는 예수님이 어떻게 우리와 같은 온전한 인간이 될 수 있는지 이해하기 어려웠을 것입니다. 반면에 하나님은 예수님으로 하여금 육신의 부모를 통해 이 땅에 오게 하시고 그의 생의 초기에 기적적인 방법으로 인성과 선성을 연합시킬 수도 있었을 것입니다.

하지만 만일 그렇게 하셨다면 그 시작이 우리와 하나도 다를 것이 없는 예수님을 완전한 하나님으로 이해하기 어려웠을 것입니다. 이와 같은 다른 가능성들을 생각해 볼 때 인성과 신성을 가진 예수님을 탄생하게 하심으로 인간인 어머니로부터 지극히 인간적인 방법을 통해 탄생하셔서 완전한 인간이 되게 하시고, 동시에 성령의 능력으로 동정녀에게 잉태되게 하심으로 완전한 하나님이 되게 하신 하나님의 지혜를 이해할 수 있게 될 것입니다.

6) 예수님의 죄 없는 완전한 인성은 성령에 의한 잉태를 지지한다[11]

성령에 의한 잉태는 예수님의 탄생이 죄와 관련되어 있지 않음을 보증해 주는 하나님의 지혜라고 할 수 있습니다. 모든 인류는 법적인 죄책과 도덕적 타락을 그의 첫 번째 조상인 아담으로부터 물려받았다는 원죄론의 입장에서 예수님께서 육신의 아버지가 없었다는 사실은 아담으로부터의 원죄가 차단되었음을 의미합니다. 이것이 의미하는 것은 예수님은 죄로부터 자유하다는 것입니다. 또한, 원죄론을 받아들이지 않는 입장에 있어서도 예수님은 죄 없는 완전한 인성을 지닌 분이심을 보여 줍니다. 가브리엘 천사는 마리아에게 "성령이 네게 임하시고 지극히 높으신 이의 능력이 너를 덮으시리니 이러므로 나실 바 거룩한 이는 하나님의 아들이라 일컬어지리라"(눅 1:35; 참고. 3:23)라고 말합니다. 누가복음 1:35은 성령에 의한 잉

---

11 Ibid.

태를 그리스도의 거룩함과 도덕적 순결함과 연결시키고 있습니다.

이처럼 성령에 의한 잉태는 예수님을 죄로부터 자유하게 만듭니다. 이에 대해 원죄론을 인정하는 로마 가톨릭에서는 예수님이 이처럼 죄로부터 자유하게 된 것은 여자인 마리아가 원래 죄로부터 자유로웠기 때문이라고 설명합니다. 즉 부계인 아담의 원죄로 인해 그 후손들은 죄로부터 자유할 수 없게 되었지만, 모계인 마리아의 무염시태(immaculate conception)[12]로 예수님이 죄로부터 자유할 수 있게 되었다는 설명입니다. 그러나 성경은 그렇게 가르친 적이 없으며, 근본적으로 위의 질문에 대한 온전한 답도 되지 못합니다. 만일 마리아가 죄로부터 자유스러운 인간이었다면 그녀 또한 생물학적인 결합이 아닌 성령에 의해 태어났어야만 합니다. 그리고 그의 어머니 또한 생물학적 결합이 아닌 성령에 의해 태어났어야만 합니다.

그래서 일보 후퇴하여 무염시태가 잉태된 순간부터라고 말하기도 합니다. 그렇게 한정한다고 하더라도 성경은 그렇게 말하고 있지 않습니다. 그리고 그것은 예수 그리스도의 구원의 보편적 능력을 삭감하는 결과를 가져옵니다. 예수님의 보혈의 공로는 온 인류를 구속하고도 남음이 있는데, 거기에 예외 조항을 둔다는 것은 예수님의 보혈의 공로를 훼손하는 일임에 틀림없습니다.

물론 예수님의 원죄 없음을 마리아의 무염시태라는 교리로 돕고 확증하려는 마음이 있는지도 모르지만, 그것은 인간의 생각입니다. 그런 인간의 생각은 잘못된 방향으로 흘러갈 수밖에 없는데, 리옹(Lyon)의 이레니우스(Irenaeus)는 "하와의 불순종이 그녀와 전 인류에게 죽음의 원인이 되었지만, 마리아의 순종은 그녀와 전 인류에게 구원의 원인이 되었다…….동정녀 하와가 자신의 불신앙으로 묶어 놓은 매듭은 동정녀 마리아의 믿음으

---

12 성모 마리아의 무염시태는 원죄 없는 잉태를 의미하며, 잉태하는 순간부터 하느님의 은혜와 특권으로, 그리고 예수 그리스도의 공로로 원죄의 흠이 없이 보존되었다는 가톨릭의 교리이다. 이 교리는 1854년 12월 8일 교황 비오 9세에 의해 회칙 '형언할 수 없는 하느님'을 통해 선포되었다.

로 풀어졌다. 그리하여 성모님은 당신 자신을 포함한 모든 인류의 구원의 원인이 되셨다"라고 주장하기도 했습니다.[13]

예수님의 원죄 없음을 마리아의 무염시태라는 교리로 도우려고 했는지는 모르지만, 결국 마리아는 인류의 구원의 원인이 되어 예수님의 보혈의 공로를 어마어마하게 훼손하는 우를 가져오게 되었습니다. 그러므로 가톨릭의 성모 마리아의 무염시태라는 발상은 상식적으로 이해될 수 없는 대답입니다. 더 나은 해답은 마리아 안에서의 성령의 역사가 요셉으로부터의 죄의 전가를 막았을 뿐만 아니라(육신의 아버지가 없음으로) 기적적인 방법으로 마리아로부터의 죄의 전가도 막았다고 말하는 것입니다.

7) 결론

이와 같은 모든 사항을 고려한다면 성령에 의한 잉태는 인류를 구원하시기 위한 하나님의 지혜와 사랑을 보여 주는 것입니다. 과학적인 것만을 믿으려는 사람들은 그리스도의 동정녀 탄생을 믿지 못하겠지만, 만일 성경이 그렇게 말한다면 우리는 그것을 믿어야만 합니다. 그와 같은 기적을 믿지 못하고 성령에 의한 잉태를 불가능한 것이라고 주장한다면 그것은 온 우주를 창조하신 하나님에 대한 불신앙을 표현하는 것뿐입니다.

하나님이 천지와 인간을 창조하시고 하나님께서 친히 예수님을 죽음에서 다시 살리셨다(행 2:36)는 것을 믿는다면, 성령에 의한 잉태를 믿지 못할 이유가 전혀 없습니다. 그렇기에 바르트는 "처녀 탄생은 그 누구보다

---

13 *Irenaeus of Lyon*, 『이단논박』(Adversus Haereses), 3권 22장4절. 이레니우스 교부는 '불순종과 순종', '첫 아담과 둘째 아담(그리스도)', '첫 하와와 둘째 하와(마리아)'를 대비시키면서, '아담과 하와의 불순종이 우리에게 죽음을 가져왔지만, 그리스도와 마리아의 순종은 생명을 가져왔다'고 설명한다. 이레니우스는 유스티노가 마리아를 둘째 하와로 소개한 것을 발전시켜 "하와는 불순종으로 죄와 죽음을 잉태했지만 둘째 하와인 마리아는 순종했기 때문에 동정성을 간직한 채 하나님 말씀을 잉태함으로써 죄와 죽음의 속박에서 하와를 해방시켰다"는 사상을 폈다.

전적으로 다르게, 즉 죽은 자의 부활처럼 생물학적으로는 전혀 설명할 수 없는 방식으로 태어났음을 의미한다"[14]고 말합니다. 이와 같은 모든 사항을 고려한다면 예수님의 성령에 의한 잉태는 기독교의 신비감을 불어넣어 주는 하나의 신화적 장치가 아닌 역사적 사실이자, 인류를 향한 하나님의 사랑과 지혜로 인정할 수밖에 없습니다.

3. 예수님은 역사적으로 실제적 인물인가요?

(요 15:27) 너희도 처음부터 나와 함께 있었으므로 증언하느니라

(요 20:30-31) 예수께서 제자들 앞에서 이 책에 기록되지 아니한 다른 표적도 많이 행하셨으나 오직 이것을 기록함은 너희로 예수께서 하나님의 아들 그리스도이심을 믿게 하려 함이요 또 너희로 믿고 그 이름을 힘입어 생명을 얻게 하려 함이니라

(요 21:14) 이것은 예수께서 죽은 자 가운데서 살아나신 후에 세 번째로 제자들에게 나타나신 것이라

(요 21:25) 예수께서 행하신 일이 이외에도 많으니 만일 낱낱이 기록된다면 이 세상이라도 이 기록된 책을 두기에 부족할 줄 아노라

(행 10:38) 하나님이 나사렛 예수에게 성령과 능력을 기름 붓듯 하셨으매 그가 두루 다니시며 선한 일을 행하시고 마귀에 눌린 모든 사람을 고치셨으니 이는 하나님이 함께 하셨음이라

(요일 1:1-2) 태초부터 있는 생명의 말씀에 관하여는 우리가 들은 바요 눈으로 본 바요 자세히 보고 우리의 손으로 만진 바라 이 생명이 나타내신 바 된지라 이 영원한 생명을 우리가 보았고 증언하여 너희에게 전하노니 이는 아버지와 함께 계시다가 우리에게 나타내신 바 된 이시니라

---

14 Karl Barth(1955), *Church Dogmatics* II-1, 185.

기독교에서는 예수님이 성령으로 잉태된 하나님의 아들로서 인류의 죄를 위해 이 땅 위에 오셨고 십자가에서 죽으시고 부활하신 분이라고 말합니다. 무신론자들은 이와 같은 사실을 믿지 않으며, 예수님에 대한 성경상의 기록들은 종교 설립의 정당성을 세우기 위한 하나의 신화와 같은 것이라고 말합니다. 다른 이들은 예수님이 역사적으로 실재한 인물이라는 것은 긍정하지만 예수님이 다른 종교의 성인들과 다를 바 없는 도덕적으로 뛰어난 성인의 범주에서 벗어나지 않는다고 말합니다.

또 어떤 이들은 예수님의 역사적 실재성에 대해 복음서에서 묘사하고 있는 예수님의 모델이 되는 인물이 실존했다는 것이지, 하나님의 아들로서의 예수님이 실제로 존재한 것이 아니었다고 말합니다. 그 증거로 예수님 당시의 이스라엘에서는 '예수'라는 이름이 흔한 이름이었고, 본인이 메시아라고 자청하는 인물들이 많았다는 것입니다.

그렇다면 하나님의 아들로서의 예수님은 역사적으로 실재적인 인물일까요?

1) 성경의 신뢰성을 통한 예수님의 실존 증명

예수님의 역사적 실재성에 대한 주요 출처는 성경입니다. 그러므로 성경이 신뢰성을 가지고 있다는 것을 먼저 신뢰해야 합니다. 성경은 처음부터 성경의 형태로 쓰여지지 않았습니다. 성경은 다양한 시대의 다양한 직업을 가진 저자들이 다양한 목적을 위해 다양한 형식으로 기록한 문헌들의 결정체입니다. 즉 율법, 역사, 예언, 편지, 시와 같은 문헌들을 모아서 초대 교회가 사도성, 정합성, 보편성의 기준을 적용하여 정경으로 선택하여 66권의 책을 하나로 완성한 것입니다.

그러기에 성경 각 권은 서로 독립적인 관점으로 당시의 상황과 사건들을 기록했다고 볼 수 있습니다. 하지만, 그러한 독립적인 관점에도 불구하고 성경의 모든 책이 예수 그리스도에게 초점을 맞춘 유기적인 통일성을 가지고 있습니다. 이것은 성경이 단순하게 여러 권의 책을 작위적으로 모아 놓은 것이라고 할 수 없다는 것을 의미합니다. 즉 예수님의 기록에 대한 진실성을 입증하고 있습니다.

나사렛 출신의 예수님은 인간 역사상 가장 영향력 있는 사람이며 지금까지 20억이 넘는 사람들이 그분의 추종자라고 주장하고 있습니다. 이는 그 어떤 종교나 세계관을 지지하는 사람들보다 더 많은 숫자입니다. 이런 예수님에 대한 가장 중요한 역사적 정보는 신약의 사복음서에 등장합니다. 예를 들어 신약 필사본의 경우 24,000건 이상으로 다른 어떤 고대 문서보다 월등히 많은 양이 존재합니다. 이런 신약 성경은 예수님의 생애와 기록을 확인할 수 있는 신뢰성 있는 자료가 된다고 볼 수 있습니다.

특히 신약 성경 중 A.D. 50년 후반부터 80년 중반 사이에 기록된 사복음서(마태, 마가, 누가, 요한)는 예수님을 목격한 사람들이 구전 전승을 통해 예수님의 생애와 언행을 묘사한 주요 기록입니다(눅 1:1-3). 고대 문헌의 기준으로 보았을 때 30년의 구전 전승 기간은 현저하게 짧은 기간이라고 할 수 있습니다. 이런 짧은 구전 전승 기간은 문헌의 신뢰성을 높여 줍니다.[15] 또한, 기록 시기를 고려한다면 예수님을 본 증인들이 살아 있었으며, 예수님과 관련된 전설이나 허구가 완성되기 훨씬 전임을 알려 줍니다. 따라서 대부분의 복음서 학자들은 적어도 우리가 지금 보유하고 있는 복음서들의 완성된 형태를 믿고 있습니다.[16]

---

15 밑의 성경 무오설에서 성경의 역사적 신뢰성에 대한 부분을 참조하라. "구전 전승 기간이 짧을수록 역사적 신뢰성이 높습니다. 신약 성서에서 예수님에 대한 구전 전승 기간은 30-60년 사이이며 또한 예수님에 관한 사도 바울의 가르침은 예수님 사후 18-35년에 기록되었으며 고대 다른 영웅들과 비교했을 때 가장 짧습니다."
16 Douglas Groothuis, 『기독교 변증학』, 구혜선 옮김 (서울: CLC, 2015), 678-83.

2) 성경의 내용을 통한 예수님의 실존 증명

예수님의 생애와 사역을 보여 주는 주요 출처는 사복음서입니다. 사복음서의 내용은 1세기 그리스 로마 문화 속에서 매우 대담한 내용을 포함하고 있습니다. 그것은 한 작은 식민지인 유대의 청년이 인류의 죄를 속죄하기 위해 이 땅 가운데 육신을 입고 오신 하나님의 아들이며, 그만이 죄로 인해 하나님의 품을 떠난 인류를 구원할 수 있는 유일한 구원자가 되신다는 내용입니다.

이런 복음의 내용은 너무나 담대한 것이기 때문에 복음서 저자들은 그러한 구원자의 삶과 죽음과 부활에 대한 사실과 역사들을 매우 정확하게 기록해야만 했습니다. 그렇지 않을 경우 황제 숭배를 강요하는 식민지하의 상태에서 목숨의 위협을 감수해야 했기 때문입니다. 또한, 그러한 기록의 변경을 막기 위해 역사 그대로의 기록들을 보존해야 했습니다.

복음서는 예수님의 신성에 대해 다음과 같이 묘사합니다. 예수님은 말씀으로 계셨으며 그 말씀이 육신이 되셨다고 선언합니다(요 1:14). 예수님은 하나님의 아들이시지만 인간과 동일하게 고통을 느끼셨고 죽음을 경험하셨습니다(마 27:50; 막 15:37; 눅 23:46; 요 19:30). 그리고 부활 후에는 사람의 몸을 입은 상태로 나타나셨습니다(눅 24:39; 요 20:20, 27).

또한, 복음서는 예수님을 신적인 존재로만 묘사하고 있지 않습니다. 예수님은 나사렛에서 키와 지혜가 자라나셨으며(눅 2:7, 40, 52), 육체의 연약함을 보이셨으며(마 4:11; 눅 23:26), 피로와 갈증과 허기를 느끼셨습니다(요 4:6, 19:28; 마 4:2). 무엇보다 예수님도 인간의 감정을 가지셨는데, 예수님은 백부장의 말을 듣고 놀라셨고(마 8:10), 죽은 나사로를 보시고는 눈물을 흘리셨습니다(요 11:35). 그는 괴로움을 느끼셨으며(요 12:27), 심령의 괴로움을 증언하기도 하셨습니다(요 13:21). 특히 겟세마네에 기도하러 가실 때 "내 마음이 매우 고민하여 죽게 되었다"고 할 정도로 번민하셨고(마 26:38), 심한 통곡과 눈물로 간구와 소원을 올리기도 하셨습니다(히 5:7). 또한, 복음서는 예수님이 사람과 같은 의지를 가지고 계셨다고 말합니다. 내 뜻을 행하려 함이 아니요 나를 보내신 이의 뜻을 행하려 하셨으며(요 6:38), 그러나 "나의 원대로 마시옵고 아버지의 원대로 하옵소서"라는 기도를 올리기도 하셨습니다(마 26:39).

이처럼 복음서는 예수님께서 연약한 육신을 지니셨고, 인간과 같은 감정을 느끼셨으며, 사람의 의지까지 소유하신 것을 가감 없이 전달함으로써 우리와 같은 인간의 모습으로 실제로 존재하셨음을 증명하고 있습니다. 그러므로 이와 같이 예수님의 인성과 신성에 대해 가감 없는 내용을 담은 성경의 기록은 예수님께서 역사적으로 실제로 존재했다는 것을 신뢰할 수 있게 해 줍니다.

3) 성경 외의 역사 기록을 통한 예수님의 실존 증명

성경 외의 역사적인 기록 또한 예수님이 실제로 존재했던 인물임을 증거합니다. 예수님이나 기독교에 호의적인 역사가이든 적대적인 역사가이든 상관없이 공통적으로 예수님이 실존했다는 것을 사실로써 인정합니다. 초기 몇 세기 동안 비기독 유대교, 그리스, 그리고 로마 자료에 12회 이상에 걸쳐 예수님에 대한 언급이 나타납니다.

유대인 역사가인 요세푸스(Josephus), 5천년에 걸친 유대인의 지적 자산이 농축되어 있는 탈무드(Talmud), 그리스 작가들인 사모사타의 루시안(Lucian of Samosata), 스토아 철학자였던 마라 바 세라피온(Mara bar Serapion), 로마 역사학자들인 탈루스(Thallus), 타키투스(Tacitus), 플리니 수에토니우스(Pliny Suetonius)와 같은 다양한 작가들이 예수님에 대해 언급했습니다.[17] 이런 비기독교 자료들 또한 초기 기독교 주장들의 주요 개요를 확인할 수 있는 충분한 증거를 제공합니다.

---

17 Douglas Groothuis, 『기독교 변증학』, 664.

특히 요세푸스는 성경 외의 유대사를 기록한 대표적인 역사가입니다. 그는 그의 대표적인 저작인 『유대 전쟁사』(*Ioudaikou polemos*)에서 예루살렘 함락을 기록했고, 『유대 고대사』(*Antiquitates Judaicae*)에서 아담과 하와의 창조로부터 시작하여 유대인의 역사를 기록하고 있습니다. 고대 유대교와 헬레니즘에 정통한 학자들은 요세푸스 기록의 진실성을 인정하고 있습니다. 요세푸스는 예수님에 대해 다음과 같이 묘사합니다.

> 그를 사람이라고 부를 수 있다면 예수라고 하는 현명한 사람이 있었다. 왜냐하면 그는 놀라운 일들을 행했고, 기쁨으로 진리를 받아들이는 사람들의 선생이었기 때문이다. 많은 유대인과 이방인들이 그를 찾아 왔고, 그는 그리스도였다. 그리고 빌라도가 우리의 지도자의 제안에 따라 그를 십자가 형에 처했지만, 그를 처음부터 사랑하던 자들은 그를 버리지 않았다. 사흘째 되던 날 그는 다시 그들에게 나타났고, 이는 신성한 예언자들이 이미 예언했던 수만 가지의 불가사의한 일들 중 하나였다. 그리고 그의 이름을 따른 그리스도인들은 지금까지도 사라지지 않았다.[18]

또한, 요세푸스는 예수님의 제자들에 대해서도 성경과 일치하는 기록을 남겼습니다.

> 유대인들중 일부는 헤롯의 군대가 와해된 것이 하나님으로부터 나왔다고 생각했다. 더 정확하게 얘기하면, 침례자라고 불린 요한을 처형한 것에 대한 벌이라고 생각했다. 침례 요한은 의인이었고, 유대인들에게 서로를 향한 정의와 하나님의 자비를 향해 선을 행하라고 명했고, 침례를 받으라고 했다.[19]

---

18 Flavius Josephus, *The Works of Josephus*, trans. William Whiston (Peabody, MA: Hendrickson Publishers, 1987), Antiquities of Jews, 18.3.3.
19 Ibid., 18.5.6.

페스투스가 죽었고, 알비누스가 부임했다. 그래서 그가 산헤드린의 재판 관들을 소집했고, 그리스도라고 불리는 예수의 형제인 야고보와 다른 이들을 데리고 나왔다. 그들이 법을 파괴한다는 죄명을 씌우고 돌로 죽이게 했다. 하지만 가장 공정한 시민들과 법을 어기지 않는 사람들은 일어난 일을 싫어했다.[20]

이는 성경에서 침례 요한이 헤롯에 의해 죽임을 당했다는 기록과 야고보가 예수님의 동생이며 예수님을 믿지 않았던 야고보가 예수님의 이름을 위해 순교했음을 알려 주는 기록과 일치합니다.

또한, 유대교의 주요 교파에서 기본 경전으로서 인정하고 있는 탈무드[21] 또한 예수님의 존재를 인정합니다. 탈무드는 종교적인 유대인의 생활과 신앙의 기반을 제공해 주는 백과사전적 랍비 정통 문헌이라고 할 수 있습니다. 이런 탈무드에서도 신약 성경에 기록된 것과 같이 예수님의 기적을 기록하고 있습니다.

> 예수가 마법을 행했고 이스라엘을 속이고 미혹케 했다.
>
> (*Talmud Sanhedrin* 107b)

사실 유대교에서는 신약 성경을 금서로 정해 자녀나 신자들이 읽지 못하게 합니다. 그래서 유대교 중심적인 탈무드를 살펴보면 예수님에 대한 표현들이 호의적이지 않으며 애써 예수님을 마법사로 묘사합니다. 하지만 그들도 예수님이 많은 기적을 행했다는 것을 인정하지 않을 수 없었습니다. 또한, 탈무드는 예수님의 죽음에 관해서 생생하게 증언하고 있습니다.

---

20 Ibid., 20.5.9.
21 탈무드는 크게 바빌로니아 지방에서 전수된 바빌로니아 탈무드와 이스라엘에서 편집된 예루살렘 탈무드로 분류된다.

유월절 전날 저녁에 나사렛 예수가 달렸다. 처형이 이뤄지기 40일동안 '나사렛 예수가 마술을 행해서 이스라엘을 미혹하고 있기 때문에 돌에 맞아 죽을거야! 그에게 유리한 사실을 알고 있는 사람들은 나와서 그를 변호해봐!' 라는 예고가 있었다. 그에게 유리한 증언이 없었기에 유월절 전날 달아서 죽였다(Talmud Sanhedrin 43a).

또한, 로마 역사가였던 코르넬리우스 타키투스(Cornelius Tacitus, 56~120)는 2세기 초 네로의 기독교인 핍박에 대해 이렇게 기록합니다.

이 이름의 창시자인 그리스도는 티베리우스의 통치 하에 본디오 빌라도 총독에 의해 처형당했다(Annals 44.3).

또 다른 로마 역사가였던 수에토니우스(Suetonius, 69-122)는 초기 기독교인들의 삶과 고난에 대해 다음과 같이 기록합니다.

로마에 있는 유대인들이 그리스도(Chrestus)의 선동으로 계속해서 소란을 일으켜서 로마 바깥 지역으로 쫓겨났다(Suetonius, Life of the Claudius, 25.4).

또한, 로마 귀족이었던 플리니(Pliny)2세는 트라잔(Trajan) 황제에게 보고하기 위해 다음과 같은 보고서를 작성했습니다.

그들(기독교인)은 특정한 날을 정해서 날이 밝기 전에 모이는 습관이 있습니다. 그들이 노래를 부를 때는 하나님께 부르는 것처럼 그리스도에게 찬양을 부르고 사기, 도둑질, 간음을 행하지 않고, 그들의 말을 부정하거나 질문을 받을때 믿음을 부인하지 않기로 엄숙한 맹세를 합니다. 그들은 헤어진 후 음식을 나눠 먹기 위해 다시 모이는 관습이 있었습니다. 그들이 먹는 음식은 일상적이고 평범한 것들입니다(Pliny the Younger, Letters [to Trajan] 10.96-97).

위의 자료들을 종합하면 '예수님은 1세기의 처음 30여 년간 이스라엘에서 살았던 유대인이고, 경이로운 공적으로 많은 군중을 끌어모았고, 제자라고 불리우는 특별한 추종자들의 그룹이 있었고, 때로 이단적이거나 신성 모독적으로 간주되었던 물의를 일으키는 가르침 때문에 유대교 지도자들과 충돌했고, 본디오 빌라도가 유대에서 집정하는 기간 동안(주후 26-36년) 십자가에 못 박혔으며 그의 추종자들은 예수님을 기대하고 있었던 이스라엘 해방자, 메시아였던 것으로 믿었다. 왜냐하면, 그가 죽음에도 불구하고 부활한 것을 목격했다고 주장했기 때문이다.

따라서 추종자들은 계속해서 늘어났으며 예배와 가르침을 위해 정기적으로 모였고, 그가 신이라도 되는 것처럼 그를 찬송하기도 했다'[22]고 정리할 수 있습니다. 이와 같이 예수님의 삶에 대한 전반적인 내용은 신약 성경의 내용과도 일치하며 성경이 아닌 기록만으로도 예수님의 실존을 증명할 수 있습니다.

4) 결론

예수님의 역사성에 대해서는 성경의 신뢰성을 통해서, 성경의 내용을 통해서, 성경 외의 기록을 통해서 확인할 수 있습니다. 그런데도 성경 외에는 예수님에 대한 기록이 없기 때문에 예수님을 믿지 못하겠다는 사람들이 의외로 많이 있습니다. 하지만 성경 외에도 예수님에 대한 기록을 쉽게 찾아 볼 수 있으며 예수님의 삶과 가르침, 그리고 죽음과 부활은 일반 역사를 통해서도 알 수 있습니다.

사실 석가모니 부처에 관한 기록은 불경에만 나오며, 공자의 생애는 사마천의 공자 세가에만 나오고, 무함마드의 생애는 이슬람 문헌에만 나옵니다. 그러나 예수님에 관한 기록은 신약 성경뿐만 아니라 고대 일반 문서들 가운

---

22 Douglas Groothuis, 『기독교 변증학』, 665-6.

데서 풍부하게 발견되며, 그것은 성경의 내용과도 일치합니다. 이런 사실들을 고려하면 예수님의 역사적 실재성에 대해 의심할 수 없습니다.

4. 예수님은 정말로 인류를 구원할 만한 인물인가요?

(히 4:15) 우리에게 있는 대제사장은 우리의 연약함을 동정하지 못하실 이가 아니요 모든 일에 우리와 똑같이 시험을 받으신 이로되 죄는 없으시니라

(요일 3:5) 그가 우리 죄를 없애려고 나타나신 것을 너희가 아나니 그에게는 죄가 없느니라

(롬 5:10) 곧 우리가 원수 되었을 때에 그의 아들의 죽으심으로 말미암아 하나님과 화목하게 되었은즉 화목하게 된 자로서는 더욱 그의 살아나심으로 말미암아 구원을 받을 것이니라

(엡 2:16) 또 십자가로 이 둘을 한 몸으로 하나님과 화목하게 하려 하심이라 원수 된 것을 십자가로 소멸하시고

(고전 6:11) 너희 중에 이와 같은 자들이 있더니 주 예수 그리스도의 이름과 우리 하나님의 성령 안에서 씻음과 거룩함과 의롭다 하심을 받았느니라

(딛 3:7) 우리로 그의 은혜를 힘입어 의롭다 하심을 얻어 영생의 소망을 따라 상속자가 되게 하려 하심이라

(요 14:6) 예수께서 이르시되 내가 곧 길이요 진리요 생명이니 나로 말미암지 않고는 아버지께로 올 자가 없느니라

많은 이는 예수님을 4대 성인 중의 한 사람으로 알고 있습니다. 그러나 그렇다고 모든 사람이 예수님을 구세주로 인정하지는 않습니다. 그것은 예수님을 성인 중의 한 사람으로는 인정하고 존경하지만 인류를 구원할 만한 인물은 아니라고 생각하기 때문입니다. 하지만 그것은 예수님께서 인류를 구원할 만한 자격과 능력이 있는지 잘 모르기 때문에 일어나는 현상입니다.

그렇다면 인류를 구원하기 위해서 갖추어야 하는 자격과 능력은 무엇일까요?

여기서는 예수님이 그러한 자격과 능력을 충분히 갖고 계시다는 것을 4가지로 설명하려고 합니다.

1) 구원자는 죄로부터 자유로워야 한다

모든 사람은 죄로부터 자유롭지 못합니다. 왜냐하면, 모든 사람은 죄를 범하기 때문입니다(롬 3:23). 인간은 죄의 종노릇을 하고 있으며 이 세상은 죄악으로 가득 차 있습니다. 문제는 죄의 결과(삯)는 사망이라는 점입니다(롬 6:23). 그렇기에 거의 모든 종교가 죄의 문제를 다루고 있으며 나름대로의 해결책을 제시하고 있습니다. 불교에서는 깨달음과 자기 비움을, 이슬람은 이슬람 교리의 5개 기둥[23]을 지킬 것을 요구합니다. 하지만 그러한 것들은 온 인류를 구원하기 위한 궁극적인 방법이 될 수 없습니다. 왜냐하면, 인간 스스로는 죄의 문제를 해결하지 못하기 때문입니다.

죄의 문제를 해결할 궁극적인 해결책은 죄의 문제를 해결한, 즉 죄로부터 자유로운 타자로부터 와야 합니다. 이 절대 타자를 구원자라고 부릅니다. 쉽게 말해서 구원자는 죄가 없어야 합니다. 왜냐하면, 자기 죄로 죽어야 할 사람이 남의 죄를 담당할 자격이 없기 때문입니다. 따라서 다른 사람을 위해 자신의 목숨을 내놓는다고 하더라도 그 사람이 죄인이라면 구원자의 자격을 갖추었다고 볼 수 없습니다.

그렇기에 하나님은 예수님이 인류의 죄를 담당할 자격을 갖게 하시려고 처녀 마리아의 몸을 빌려 성령으로 잉태하게 하셨습니다. 요셉이 아무리 경건한 사람이라 하더라도 요셉의 씨를 통해 이 땅에 태어났다면 원죄

---

[23] 이슬람의 5대 기둥은 신앙 고백(shahada), 기도(salah), 자선(zakat), 단식(sawm), 메카순례(hajj)이다.

의 영향력에서 자유롭지 못했을 것입니다. 위에서 살펴본 대로 성령에 의한 잉태는 원죄의 영향력을 차단하며 사람의 몸을 입는 유일한 방법이라고 할 수 있습니다.

또한, 예수님은 고범죄를 짓지 않으셨습니다. 예수님은 비록 성령에 이끌리어 사단에게 시험을 받으셨어도 사단에게 절하거나 하는 고범죄를 짓지 않으셨습니다. 이런 사실을 알 수 있는 것은 마귀들도 예수님을 하나님의 거룩하신 자라고 인정했기 때문입니다.

가버나움 회당에서 마귀들은 "나사렛 예수여 우리가 당신과 무슨 상관이 있나이까 우리를 멸하러 왔나이까 나는 당신이 누구인 줄 아노니 하나님의 거룩한 자니이다"(막 1:24)라고 했고, 또한 고린도에서 마술을 행하던 스게와의 일곱 아들들이 예수님의 이름을 빙자해 귀신을 내쫓을 때 "악귀가 대답하여 이르되 내가 예수도 알고 바울도 알거니와 너희는 누구냐"(행 19:15)라며 예수님의 무죄함과 거룩함을 인정했습니다.

또한, 사도들과 사람들은 예수님의 무죄함을 증거합니다.

> 침례 요한—(요 1:29) 이튿날 요한이 예수께서 자기에게 나아오심을 보고 이르되 보라 세상 죄를 지고 가는 하나님의 어린 양이로다
> 베드로—(벧전 2:22) 그는 죄를 범하지 아니하시고 그 입에 거짓도 없으시며
> 사도 요한—(요일 3:5) 그가 우리 죄를 없애려고 나타나신 것을 너희가 아나니 그에게는 죄가 없느니라
> 사도 바울—(고후 5:21) 하나님이 죄를 알지도 못하신 이를 우리를 대신하여 죄로 삼으신 것은 우리로 하여금 그 안에서 하나님의 의가 되게 하려 하심이라
> 히브리서 기자—(히 4:15) 우리에게 있는 대제사장은 우리의 연약함을 동정하지 못하실 이가 아니요 모든 일에 우리와 똑같이 시험을 받으신 이로되 죄는 없으시니라
> 갈보리 상의 백부장—(눅 23:47) 백부장이 그 된 일을 보고 하나님께 영광을 돌려 이르되 이 사람은 정녕 의인이었도다 하고

가룟유다—[마 27:4] 내가 무죄한 피를 팔고 죄를 범했도다

또한, 예수님의 자증을 통해 예수님의 무죄함을 알 수 있습니다. "너희 중에 누가 나를 죄로 책잡겠느냐 내가 진리를 말하는데도 어찌하여 나를 믿지 아니하느냐 하나님께 속한 자는 하나님의 말씀을 들으니 너희가 듣지 아니함은 하나님께 속하지 아니했음이로다"(요 8:46-47). 또한, 예수님은 간음하다 현장에서 잡혀 온 여인을 구원하기 위해서 "너희 중에 죄 없는 자가 먼저 [이 여자를] 돌로 치라"고 명령하셨습니다(요 8:7). 왜냐하면, 죄없는 자만이 죄를 정죄할 수 있기 때문입니다. 이처럼 예수님은 고범죄를 범하지 않으셨습니다.

그런데도 예수님의 무죄함을 인정하지 않는 사람들이 있습니다. 그것은 예수님께서 "독사의 자식들아"(마 12:34)와 같은 욕을 하셨다는 것입니다. 그러나 성경을 잘 묵상하면 그것이 욕이 아니라 신적 권위를 가지신 분의 판단이라는 것을 알 수 있습니다. 이처럼 예수님은 무죄하십니다. 그렇기에 그는 흠 없는 어린 양으로서 인간의 죄를 대신하는 속죄물이 되실 수 있는 것입니다.

2) 구원자는 죽음으로부터 자유로워야 한다

인류를 구원한다는 것은 인류의 가장 큰 적인 죽음을 극복해야 한다는 것을 의미합니다. 왜냐하면, 죄의 삯은 사망이기 때문입니다. 지금도 수많은 의사와 과학자들은 병들어 죽게 된 사람을 치료하려고 노력하고 있으며, 그러한 노력으로 죽을 수밖에 없었던 사람이 치유되고 있습니다.

하지만 결정적으로 인간은 죽음을 피할 수는 없습니다. 언젠가는 죽음에 직면합니다. 위에서 구원자는 죄로부터 자유로워야 한다고 했는데, 심지어 무죄한 사람이라 하더라도 죽음을 피할 수 없다면 그런 사람은 구원자가 될 수 없습니다. 수많은 종교 창시자는 내세에서의 풍요로운 삶을 약속합니다. 하지만 현세에서의 죽음을 극복하지는 못합니다.

기독교를 제외한 다른 종교들은 이런 죽음에 대한 성찰은 있을지언정 죽음을 극복하지는 못합니다. 그 예로 다른 종교의 창시자들은 예외 없이 무덤을 가지고 있습니다. 불교의 석가모니는 B. C. 624년 80세의 나이로 이질에 걸려 사망했고 그 무덤은 쿠시나가르(Kushnagar)에 있습니다. 이슬람의 무함마드(Muhammad)는 A. D. 632년 62세의 나이로 두통과 열병에 걸려 사망했고 그 무덤은 메디나(Medina) 예언자 사원에 있습니다.

인성을 가지신 예수님 또한 십자가의 고통과 죽음에 대한 공포가 무엇인지 잘 알고 계셨습니다. 그렇기에 땀이 핏방울이 되도록 밤새도록 기도하셨습니다.

> (눅 22:42) 아버지여 만일 아버지의 뜻이거든 이 잔을 내게서 옮기시옵소서 그러나 내 원대로 마시옵고 아버지의 원대로 되기를 원하나이다

이 기도는 그 고통과 죽음의 공포의 크기를 보여 줍니다. 이처럼 예수님은 죽음의 공포를 아셨고 실제로 죽음을 경험하셨습니다. 하지만 예수님은 육체의 부활을 통해 죽음을 극복하셨습니다. 아래에서도 살펴보겠지만, 예수님의 부활은 역사적인 사실이며 그러한 부활 신앙은 기독교의 핵심 신앙입니다. 진정한 구원은 영의 부활뿐만 아니라 육체의 부활을 동반해야 한다고 생각합니다. 왜냐하면, 죽음은 죄의 결과이기 때문입니다. 그러므로 예수님은 진정한 구원자가 되기에 부족함이 없습니다. 왜냐하면, 육체의 부활로 죄의 결과인 죽음을 극복하셨기 때문입니다.

3) 구원자는 죄인들을 의롭게 할 수 있어야 한다

구원자는 죄가 없어야 하며 죄의 결과인 죽음을 극복해야 합니다. 하지만 한 가지 자격이 더 필요합니다. 그것은 바로 죄인들을 의롭게 할 수 있

어야 한다는 것입니다. 예수님께서 병자를 고치시고, 죽은 자를 살리시고, 오병이어의 기적을 일으키시고, 버림받은 자와 죄인들의 친구가 되셨습니다. 이런 일들은 인간에게 중요한 일입니다.

그러나 죄인에게 그보다 더 중요한 것은 법적으로 의롭다 칭함을 받는 것입니다. 수많은 종교는 죄의 문제를 다루기는 하지만 죄인에게 법적으로 완전무결한 신분을 제공하지는 않습니다. 이것을 노예의 예를 들어 설명할 수 있습니다. 사람들은 노예의 몸값을 지불하고 죽을 인생을 살릴 수 있습니다. 여기서 가장 중요한 것은 바로 더 이상 노예가 아니라는 완전무결한 신분입니다. 아무리 죄가 없고 죽음을 극복한 구원자라 하더라도 인간에게 더 이상 죄인이 아닌 의인의 신분을 제공할 수 없다면 그는 진정한 구원자라고 말하기에는 부족합니다.

여기서 간과하지 말아야 하는 것은 의롭게 하는 데에 인간의 믿는 행위나 순종하는 행위를 칭의의 조건으로 삼아서는 안 된다는 것입니다. 왜냐하면, 칭의는 인간의 행위에 근거할 수는 없기 때문입니다(갈 2:16). 죄에 얽매여 종노릇하는 인간을 의롭게 할 수 있는 능력은 구원자의 자격 조건에 해당합니다. 더군다나 이 세상은 창조주와 피조물로 나누어져 있습니다. 인간은 죄를 범했고 하나님과 원수가 되었습니다. 예수님은 대속을 통해 죄인들을 하나님과 화목하게 하셨으며(롬 3:25), 양자의 자격을 얻게 하셨습니다(롬 8:15).

이처럼 예수님은 죄의 노예인 인간을 의롭다 칭하고 하나님과 화목하게 하셨으며 하나님의 가족으로 받아들이는 놀라운 은혜의 구원 방식을 제시하고 있습니다. 이렇게 죄의 노예였던 인간을 살리시고 하나님의 양자로 입양하는 방식의 구원을 제시하는 종교는 기독교 외에는 없습니다. 이처럼 구원자는 죄인들을 의롭게 할 수 있어야 합니다.

4) 구원자는 자신의 구원자 됨을 인식할 수 있어야 한다

구원자는 죄가 없어야 하며, 죄의 결과인 죽음을 극복해야 하며, 죄인들을 의롭게 할 수 있어야 합니다. 하지만 한 가지 자격이 더 필요합니다. 그것은 바로 자신의 구원자 됨을 인식할 수 있어야 한다는 것입니다. 즉 죄인을 구원하기 위해서는 의도적이어야 합니다. 자신이 선한 행위를 하고 십자가 처형과 같은 특별한 죽음을 선택한다고 해서 그것이 그 사람을 구원자로 만드는 것은 아닙니다. 이 세상에는 선한 행위를 한 사람과 특별한 죽음을 선택한 사람은 무수히 많습니다. 중요한 것은 구원은 의도적이어야 하며, 구원자는 자신이 구원자라는 인식이 있어야 합니다.

예를 들어, 불교의 창시자인 석가모니는 자신이 신이 아닌 평범한 인간으로 인식했으며 자신이 죽거든 절대로 자신을 섬기지 말라고 유언했습니다. 이슬람교의 창시자인 무함마드는 자신을 소박한 예언자로 생각했으며 평범한 지도자이기를 자처했습니다. 하지만 예수님은 자신이 구원자라는 정체성을 인식하고 있었으며 그에 상응하는 언행과 기적들을 보여 주셨습니다.

예수님은 물 긷기 위해 우물가에 온 수가 성의 여인을 향해 자신이 메시아 곧 그리스도임을 천명하셨습니다(요 4:25-26). 한 서기관은 예수님을 선생님으로 여기고 어디로 가시든지 따르겠다고 했을 때, 예수님은 "여우도 굴이 있고 공중의 새도 거처가 있으되 인자는 머리 둘 곳이 없다"고 하시며 자신을 인자라고 밝히셨습니다(마 8:20).

제자들이 모친과 동생들이 예수님께 나아왔다고 말하자 예수님은 "누구든지 하늘에 계신 내 아버지의 뜻대로 하는 자가 내 형제요 자매요 어머니이니라"고 하셨고(마 12:50), "누구든지 사람 앞에서 나를 시인하면 나도 하늘에 계신 내 아버지 앞에서 그를 시인하리라"고 자신의 정체성을 밝혔습니다(마 10:32). 그렇기에 예수님은 제자들에게 "너희는 나를 누구라 하느냐"고 물으신 것입니다(눅 9:20).

심지어 예수님은 십자가라는 극한 형벌 앞에서 대제사장과 장로들에게 "인자가 권능자의 우편에 앉은 것과 하늘 구름을 타고 오는 것을 너희가 보리라"며 자신을 그리스도라 말씀하셨고(막 14:62), 빌라도가 예수님을 풀어 주기 위해 정체성을 재차 확인하려고 하자 예수님은 자신을 왕으로 선포하셨을 뿐만 아니라 자신의 사명이 무엇인지를 확실하게 밝히셨습니다(요 18:37). 이처럼 예수님은 자신의 사명이 무엇인지를 아셨고 그 사명을 성취하시기 위해 십자가에 달리셨습니다. 그러므로 구원자는 자신이 구원자라는 자기 정체성을 인식할 수 있어야 합니다.

5) 결론

모든 인간은 생로병사를 경험합니다. 구원이라고 하는 것은 늙거나 아프거나 죽는 것을 늦추는 것이 아닙니다. 또한, 모든 인간은 죄를 범합니다. 그러므로 인간은 육적으로 또한 영적으로 죽을 수밖에 없습니다. 왜냐하면, 죄의 결과는 사망이기 때문입니다. 그러므로 구원자는 새로운 생명, 영원한 생명으로 인도해야 합니다. 좀 더 완전하게 육체와 영혼을 구원할 수 있어야 합니다. 그렇기에 구원자는 고결한 도덕성만으로는 자격이 될 수 없습니다. 구원자는 죄가 없어야 하며, 죄의 결과인 죽음을 극복해야 하며, 죄인들을 의롭게 할 수 있어야 하며, 자신이 구원자라는 것을 인식할 수 있어야 합니다.

예수님 외에 세상의 그 어떤 사람이 이런 구원자의 자격을 갖추고 있을까요?

5. 한 사람의 죽음으로 온 인류가 구원받는다는 것은 사실인가요?

> (롬 5:12) 그러므로 한 사람으로 말미암아 죄가 세상에 들어오고 죄로 말미암아 사망이 들어왔나니 이와 같이 모든 사람이 죄를 지었으므로 사망이 모든 사람에게 이르렀느니라
>
> (롬 5:15) 그러나 이 은사는 그 범죄와 같지 아니하니 곧 한 사람의 범죄를 인하여 많은 사람이 죽었은즉 더욱 하나님의 은혜와 또한 한 사람 예수 그리스도의 은혜로 말미암은 선물은 많은 사람에게 넘쳤느니라
>
> (롬 5:18-19) 그런즉 한 범죄로 많은 사람이 정죄에 이른 것같이 한 의로운 행위로 말미암아 많은 사람이 의롭다 하심을 받아 생명에 이르렀느니라 한 사람이 순종하지 아니함으로 많은 사람이 죄인 된 것같이 한 사람이 순종하심으로 많은 사람이 의인이 되리라

기독교의 구원론은 상당히 배타적입니다. 예수님을 통하지 않고서는 구원을 받을 수 없다고 말합니다. 예수님도 "내가 문이니 누구든지 나로 말미암아 들어가면 구원을 받고"(요 10:9), 또한 "내가 곧 길이요 진리요 생명이니 나로 말미암지 않고는 아버지께로 올 자가 없느니라"(요 14:6)고 말씀하십니다. 이런 배타성은 기독교에서만 발견되는 것은 아니며 다른 종교에서도 발견됩니다. 그렇기에 기독교가 배타성을 주장하는 것에 대해 어느 정도는 이해할 수 있습니다.

하지만 그 방법론에 있어서 의문을 표하는 사람들이 있습니다. 어떻게 한 사람의 죽음으로 온 인류가 구원을 받을 수 있는지에 대해 의문을 표시합니다. 특히 행위를 강조하는 불교와 같은 종교에서는 각 사람의 행위를 통해 구원을 받기 때문에 이런 기독교의 구원 방식을 이해하지 못합니다. 기독교의 구원 방식은 온 인류의 죄를 감당하시고 십자가에서 죽으신 예수님을 믿음으로 구원을 받습니다.

그렇다면 정말 한 사람의 죽음으로 온 인류가 구원받는다는 것은 사실

인가요?

1) 타력성의 원리

불교는 처음부터 창조주도 구세주도 인정하지 않습니다. 인간은 각자의 업에 따라 세상에 태어나고 스스로 지니고 있는 무지로 인해 죄를 짓는다고 생각합니다. 인간만이 인간을 고통으로부터 건져낼 수 있고 자신만이 자신의 죄를 씻어낼 수 있다고 보는 것이 불교의 구원관입니다. 이런 구원관에 기초한다면 인간은 신보다도 더욱 위대한 존재가 됩니다. 왜냐하면, 인간은 고통과 죄를 만들어 내는 나약한 존재이지만 영생과 구원을 만들어 내는 존재이기도 하기 때문입니다.

하지만 이런 자력 구원을 외치는 종교들은 정말로 자력으로 구원받을 수 있는지에 대한 진지한 성찰이 빠져 있습니다. 그것은 거룩성에 대한 몰이해에서 비롯됩니다. 자력 종교들은 인간이 자력으로 거룩해질 수 있다고 생각합니다. 하지만 인간은 불완전하고 죄된 본성을 가지고 있습니다. 따라서 인간은 창조주이신 하나님의 완전성과 거룩성에 자력으로 도달할 수 없습니다. 자력으로 도달하기 위해 수많은 사람이 참선을 하고 고행을 하지만 실패를 경험합니다. 그것은 인간이 죄된 본성을 가지고 있기 때문입니다.

만일 자력으로 구원을 받을 수 있다면 왜 부처와 같은 사람들을 현시대에 우리 주변에서 찾아볼 수 없을까요?

지금까지 불교나 힌두교와 같은 자력 구원을 믿는 신자가 수십 억이 넘는데 부처보다 더 똑똑하고 더 고행하고 더 깨달은 사람이 없을까요? 그것은 자력으로 구원을 받지 못한다는 증거입니다. 그러다 보니 부처를 신으로 섬기는 사람과 종파도 있습니다.

중요한 것은 모든 사람이 죄를 범했고 하나님의 영광에 이르지 못한다는 사실입니다(롬 3:23). 그것은 자력으로 하나님의 영광스러운 거룩함에 다다를 수 없다는 말입니다. 그리고 이런 죄의 결과(삯)는 사망입니다 (롬 6:23). 그리고 죄의 결과는 죽음으로만 끝나지 않습니다. 한 번 죽는 것은 사람에게 정해진 것이며 그 후에는 심판이 있습니다(히 9:27). 자력 종교 측에서 볼 때 이런 사실은 비관적일 수 있지만 그것은 엄연한 사실입니다. 그러므로 인간은 자력이 아닌 타력에 의해 구원받아야 합니다. 이것을 예를 들어 깊은 구덩이에 빠진 사람의 비유를 들어 설명할 수 있습니다. 이 구덩이는 정말로 깊기 때문에 도저히 어떤 능력으로도 빠져나올 수 없습니다. 이때 하늘에서 구원의 밧줄이 내려옵니다. 자력 종교 측에서는 이 밧줄을 잡으면 구원을 받을 수 있다고 말하는 것과 같습니다. 중요한 것은 밧줄을 잡는 것이 아니라 구원의 밧줄이 내려온다는 것입니다. 즉 구원의 밧줄이라는 타력이 더 중요합니다.

2) 대표성의 원리

위에서 언급했듯이 모든 사람이 죄를 지었기 때문에 자력으로는 하나님의 영광스러운 거룩함에 다다를 수 없습니다. 그 결과 인류는 죽음에 직면하게 되었습니다. 로마서 5:12을 보면 "한 사람으로 말미암아 죄가 세상에 들어오고 죄로 말미암아 사망이 들어왔나니 이와 같이 모든 사람이 죄를 지었으므로 사망이 모든 사람에게 이르렀느니라"고 말씀합니다. 한 사람으로 말미암아 죄가 세상에 들어오고 결국 사망할 수밖에 없게 된 것입니다. 이런 비관적인 현실은 인류의 시조인 아담과 하와를 원망하게 만듭니다. 내가 잘못한 것도 아닌데 인류의 시조로 말미암아 죽을 수밖에 없는 운명에 처해진 것이 너무나 억울하다고 생각합니다.

여기에 대표성의 원리가 적용됩니다. 로마서 5:18-19을 보면, "그런즉 한 범죄로 많은 사람이 정죄에 이른 것같이 한 의로운 행위로 말미암아 많은 사람이 의롭다 하심을 받아 생명에 이르렀느니라 한 사람이 순종하지 아니함으로 많은 사람이 죄인된 것같이 한 사람이 순종하심으로 많은 사람이 의인이 되리라"고 말씀합니다.

첫 번째 아담으로 인해 정죄받았다면 마지막 아담인 예수님으로 인해 의인이 됩니다. 즉 한 사람으로 인해 죽을 인생도 한 사람으로 인해 영생을 얻을 수 있습니다. 이것을 한 파산하는 회사의 예를 들어 설명할 수 있습니다. 한 사람의 오너 경영인의 잘못으로 회사가 파산할 수 있습니다. 파산하게 되면 회사 직원들은 순식간에 직장을 잃게 됩니다. 하지만 한 사람의 부자가 파산하는 회사를 인수할 수 있습니다. 그러면 직장을 잃을 수밖에 없던 회사 직원들은 계속해서 일할 수 있게 됩니다. 이처럼 한 사람으로 인해 많은 사람의 인생이 바뀔 수 있습니다. 그러므로 대표성의 원리를 적용하자면, 첫 번째 아담으로 인해 억울해 하지 말고 마지막 아담인 예수 그리스도로 인해 은혜를 경험하는 것이 중요합니다. 왜냐하면, 본인이 인류의 시조라고 하더라도 아담과 하와가 범했던 범죄를 똑같이 범할 것이기 때문입니다.

3) 죄사함의 원리

지금까지 구원에 있어 타력이 필요하고, 그 타력이 한 사람이 될 수 있음을 살펴보았습니다. 그렇다면 그 한 사람이 왜 예수님이어야 하는지에 대해 의문을 표할 수 있습니다. 여기에 죄사함의 원리가 적용됩니다. 즉 예수님만이 죄를 사할 수 있다는 것입니다. 사실 '어떻게 하면 죄를 사할 수 있을까'라는 문제는 인류가 오랫동안 고민한 문제입니다. 그러한 고민의 결과 고대 근동에서는 짐승을 잡아 피를 뿌리는 의식을 통해 그러한 죄의 문제를 해결하려고 시도했습니다. 왜냐하면, 피는 생명의 근원이라고 여겨졌기 때문입니다. 또한, 피는 생명력을 불어넣어 주고 치유능력이 있다고 받아들여졌습니다.

제사 때에 피를 뿌리는 이유가 거기 있습니다. 성경에서도 "모든 생물은 그 피가 생명과 일체"라고 말합니다(레 17:14). 그렇기에 창세기 9:4에서는

"고기를 그 생명되는 피째 먹지 말라"고 명령하고 있으며, 레위기 17:14 에서는 "모든 육체의 생명은 그것의 피인즉 그 피를 먹는 모든 자는 끊어지리라"고 선언하고 있는 것입니다.

그러나 문제는 그러한 동물 제사를 통해 인간의 죄가 사해지는가입니다. 왜냐하면, 인간의 죄라는 것은 동물 제사를 통해 사라지는 것이 아니라 죄를 잠시 가리우는 것에 불과하기 때문입니다. 레위기 4:26을 보면, "그 모든 기름은 화목제 제물의 기름 같이 제단 위에서 불사를지니 이같이 제사장이 그 범한 죄에 대하여 그를 위하여 속죄한즉 그가 사함을 얻으리라"고 말씀합니다. 여기서 제사장이 속죄한다는 표현에 쓰인 동사는 카파르(kaphar)라는 동사이며 사함을 얻는다에 쓰인 동사는 살라크(salach)입니다. 카파르의 뜻은 '덮다'(to cover)라는 의미를 가지고 있으며 살라크의 뜻은 '용서하다'(to forgive)라는 의미를 가지고 있습니다. 물론 카파르의 뜻이 속죄하다는 의미로 진화하기는 했어도 기본적인 뜻은 '덮다'입니다. 이처럼 죄라는 것은 사라지지 않으며 동물의 피로 잠시 덮어서 보이지 않게 할 수 있을 뿐입니다.

예를 들면 자동차 보험에서는 운전자의 사고 이력이 보험료 책정에 중요한 요소입니다. 보험사에서는 약 일정 기간(3년 혹은 5년)의 사고 이력을 감안하여 보험료를 책정합니다. 보험 가입자는 보험에 가입하기 전 에이전트에게 자신의 사고가 언제 사라지는지에 대해 묻습니다. 하지만 사고 이력이 사라지는 것은 아닙니다. 다만 일정 기간이 지나면 보험료 책정에서 제외시켜 줄 뿐입니다. 사고 이력이 사라지지 않는 것과 마찬가지로 인간이 범한 죄는 사라지지 않습니다. 그렇기에 시편 기자는 "허물의 사함을 받고 자신의 죄가 가려진 자는 복이 있도다"(시 32:1)라고 노래합니다. 또한, 히브리서 기자는 "황소와 염소의 피가 능히 죄를 없이 하지 못하며"(히 10:4), "더 좋은 제물을 필요로 한다"(히 9:23)고 말합니다.

그렇다면 여기서 더 좋은 제물은 무엇을 말하는 것일까요?

그것은 동물의 희생이 아닌 인간의 희생이 필요하다는 것을 말합니다.

좀 더 구체적으로 말하자면 무죄한 인간의 피의 희생이 필요합니다. 그렇기에 히브리서 기자는 자기 자신을 단번에 제물로 드리신 그리스도만이 죄를 없이 할 수 있다고 말합니다(히 9:26; 10:12). 즉 무죄하신 예수 그리스도의 십자가에서의 피흘림만이 그 죄를 도말하실 수 있습니다. 예수님의 보혈의 능력은 죄를 단지 가리우는 것(to cover)이 아닌 씻어 내는 것(to wash away)에 있습니다. 그렇기에 하나님은 이사야 43:25에서 이렇게 말씀합니다.

> (사 43:25) 나 곧 나는 나를 위하여 네 허물을 도말하는 자니 네 죄를 기억지 아니하리라

이 말씀에서 '도말하는'에 사용된 동사는 '마카흐'(machah)로, '문지르다' '지우다'라는 뜻을 가지고 있습니다. 즉 죄를 지운다는 뜻입니다. 이 구절은 히브리서 10:17와 골로새서 2:14에서 다시 반복됩니다.[24] 즉 하나님은 죄를 기억할 수 없도록 도말한다는 것입니다. 결론적으로 참인간이신 예수 그리스도의 희생 말고는 하나님께서 우리를 구원하실 다른 길이 없었다고 할 수 있습니다.

4) 대속의 원리

지금까지 구원에 있어 타력이 필요하고, 그 타력이 한 사람이 될 수 있으며, 그 한 사람이 예수님이어야 함을 살펴보았습니다. 그렇다면 그 방법론에 의문을 표할 수 있습니다. 즉 죄를 사함받기 위해 꼭 피를 흘리지 않아도 되는 다른 방법은 없는지에 관한 것입니다. 예를 들면 죄를 사함받기

---

24 [히 10:17] 그들의 죄와 그들의 불법을 내가 다시 기억하지 아니하리라 하셨으니 (골 2:14) 우리를 거스르고 불리하게 하는 법조문으로 쓴 증서를 지우시고 제하여 버리사 십자가에 못 박으시고

위해 벌금형이나 노동형과 같은 다른 방법도 생각할 수 있기 때문입니다. 그렇기에 여기서 보속(satisfaction)의 원리가 아닌 대속(atonement)의 원리가 적용됩니다.

보속의 원리는 영어의 의미대로 피해자를 만족시키는 원리입니다. 하지만 봉건 사회에서 이 원리는 피해자의 지위에 따라서 배상이나 보상의 차별이 존재했습니다. 봉건 사회에서는 상전에 대한 충성 서약에 기초하고 있으며 상전에 충성하지 않는 것은 상전의 명예를 훼손시키는 것으로 간주되었습니다. 이런 불충과 같은 죄에 대해 군주들은 죄에 대한 배상과 명예 훼손에 대한 벌금을 보태어 보속(satisfaction)을 요구했습니다. 즉 범죄자는 피해자의 지위에 따라 피해자에게 배상과 벌금을 합하여 보속해야 합니다. 그러므로 왕에 대한 죄는 귀족이나 농노에 대한 죄보다 더 많은 보속이 필요합니다.

마찬가지로 하나님은 왕이시고 인간의 죄는 하나님의 명예를 더럽혔으므로 인간은 보속해야 합니다. 그러나 왕 중의 왕이신 하나님의 명예는 끝이 없기에 유한한 인간은 결코 보속할 수 없습니다.

유일한 방법이 있다면 그것은 하나님만이 그 보속에 대한 방법을 제공할 수 있다는 점입니다. 하지만 죄를 지은 것은 인간이기 때문에 인간이 이 보속을 수행하여야만 합니다. 그러므로 죄에 대해 보속하기 위해서는 하나님이시며 인간인 신인(神人)이 필요합니다. 그 분이 바로 예수 그리스도입니다. 즉 예수 그리스도는 하나님으로서 보속의 방법을 제시하셨으며, 인간으로서 자신의 생명을 주심으로써 그 보속을 실행하신 분이십니다.

이런 보속론을 주장한 사람은 캔터베리의 안셀름(Anselm of Canterbury, 1033-1109)입니다. 그는 이런 그의 생각을 『왜 신은 인간이 되었는가』(*Cur Deus Homo*)에서 정리했습니다. 그렇기에 이 책은 이런 보속론에 관한 고전적 연구서가 되었습니다. 사실 초대의 헬라 교부들은 십자가를 일차적으로 마귀를 '만족시킴'으로—십자가는 마귀가 요구해서 마귀에게 지불된 속전이라는 의미로—설명했고, 초기 라틴 교부들은 십자가를 하나님의 율법을 '만족시킴'으로 보았다면, 안셀름은 십자가를 하나님의 손상된 명예를 만족시키는 것으로 보았습니다.[25]

이런 보속론이 주는 장점은 다음과 같습니다.

첫째, 봉건 사회에서 속죄의 어려운 개념을 그 당시의 사회적 상황에 맞게 설명함으로써 신학적 이해를 도왔다는 것,
둘째, 인간의 죄가 하나님의 명예를 더럽혔다는 사실을 인정했다는 것,
셋째, 그리스도의 속죄설이 실제적으로 당시 유행하던 그리스도의 죽음이 사탄에게 지불된 몸값이라는 생각[26]을 대치했다는 것입니다.

하지만 이런 보속론이 주는 단점은 다음과 같습니다.

첫째, 예수님의 죽으심을 대속이 아닌 보속으로 설명함으로써 속죄의 교리를 오해하게 했다는 점입니다. 성경은 예수님께서 죄에 대한 처벌을 대신하기 위해 죽으신 것이라고 가르치고 있습니다(고후 5:21; 갈 3:13; 벧전 3:18). 죄는 처벌이 필요한 범죄이지 갚아야 할 빚이 아닙니다. 안셀름이 의도하지는 않았을지라도 그의 보속론은 이렇게 생각할 수 있는 여지를 허용하고 맙니다. 즉 예수님의 죽으심은 보속이 아닌 대속입니다.
둘째, 보속론은 가톨릭의 고해 성사를 합리화하는 데에 공헌한다는 사실입니다. 가톨릭에서는 신자가 참회하여 죄의 고백을 모두 마쳤을 때 고해를 맡은 사제는 보속을 내립니다. 물론 이 보속은 신자의 참회가 진정인지를 보증하는 의미에서 바라볼 수 있습니다.

25　John Stott, 『그리스도의 십자가』, 황영철 정옥배 옮김 (서울: IVP, 1988), 162.
26　그리스도의 죽음이 사탄에게 지불된 몸값이라는 생각은 사탄이 하나님보다 크다고는 하지 않지만 적어도 동등하다는 것을 시사하기 때문이다. 그렇기에 Anselm은 하나님이 상상할 수 있는 가장 위대한 존재라면 어떻게 그것이 가능한지에 대해 논증하고 있다.

즉 회개에 합당한 열매가 필요하다는 것입니다. 하지만 사제가 고해 성사를 통해 보속을 내리는 것은 신학적으로 정당하지 않습니다. 왜냐하면, 이런 보속은 행위 구원을 시사하기 때문입니다.

가톨릭에서는 심지어 이 보속들을 현세에서 다하지 못했다면 죽어서 연옥에서 벌을 받으면서 보속을 해야 한다고 가르칩니다. 이런 가르침은 종교 개혁의 도화선이 된 면죄부라고 하는 가톨릭의 치욕스러운 역사로 진행된 것을 잘 아실 것입니다. 이처럼 보속론은 위험하며 잘못된 신학입니다. 그러므로 구원은 보속이 아닌 대속이어야 합니다.

5) 화목의 원리

지금까지 구원에 있어 타력이 필요하고, 그 타력이 한 사람이 될 수 있으며, 그 한 사람이 예수님이어야 하며, 피흘림의 방법이어야 함을 살펴보았습니다. 그렇다면 그 피흘림의 대상에 의문을 표할 수 있습니다. 그것은 '대속물은 누구에게 바쳐졌는가?'라는 질문입니다. 이레니우스(Irenaeus, 130-202)와 니사의 그레고리(Gregory of Nyssa, 335-395)와 같은 초기 교회 지도자들은 이런 난해한 질문에 대해 대속물이 사단에게 바쳐졌다는 견해를 피력하기 시작했습니다. 사단이 인간을 범죄하도록 만들었으며 인간은 사단의 영향 아래 있기 때문에 죄의 포로된 인간을 자유케 하기 위해서는 사단에게 대속물을 바쳐야 했다는 것입니다. 이런 사상은 인기를 끌었고 여러 세기 동안 계속되었습니다.

하지만, 나지안주스의 그레고리(Gregory of Nazianzus, 329-390)는 하나님께서 사단에게 빚을 지거나 배상을 해야 한다는 생각은 터무니없는 생각이라고 보았습니다. 그렇다고 해서 대속물이 하나님 자신에게 바쳐지는 것이라는 사상에도 역시 문제가 있다고 생각했습니다. 왜냐하면, 인간이 하나님의 포로가 아닌데 하나님께 대속물을 바칠 필요가 있는지에 대해 회의적이며, 게다가 하나님께서 대속물을 요구하셨다면 아버지가 아들의 죽음을 기뻐할 수 없으므로 대속물이 하나님께 바쳐지는 것은 자기 모순에 빠진다고 보았기 때문입니다.

인간은 죄의 종노릇을 하고 사단에게 매인 바 된 것처럼 보이지만 그런데도 사단에게 대속물을 바치거나 배상금을 지불해야 할 이유는 없습니다. 왜냐하면, 그들에게는 그와 같은 값을 요구할 능력도 없으며 더욱이 사단이 죗값을 요구하지도 않았기 때문입니다. 속죄를 위한 값은 그리스도에 의해 지불되었고 성부 하나님께서 그 값을 받으셨습니다.[27] 이것을 법적인 의미에서 이해해야 할 필요가 있습니다. 그것은 죄에 대한 삯을 지불하는 것은 죽음의 선고를 분명히 무효화하기 때문입니다(롬 5:16).

여기에 화목의 원리를 적용할 수 있습니다. 즉 죄로 인해 멀어진 인간이 하나님과 화목하게 되기 위해서는 신인(神人)이신 그리스도의 희생이 필요하다는 것입니다. 이런 화목의 원리는 다음과 같은 많은 성경 구절들이 지지하고 있습니다.

> (엡 2:16) 또 십자가로 이 둘을 한 몸으로 하나님과 화목하게 하려 하심이라 원수 된 것을 십자가로 소멸하시고
>
> (골 1:20) 그의 십자가의 피로 화평을 이루사 만물 곧 땅에 있는 것들이나 하늘에 있는 것들이 그로 말미암아 자기와 화목하게 되기를 기뻐하심이라
>
> (골 1:22) 이제는 그의 육체의 죽음으로 말미암아 화목하게 하사 너희를 거룩하고 흠 없고 책망할 것이 없는 자로 그 앞에 세우고자 하셨으니
>
> (요일 2:2) 그는 우리 죄를 위한 화목 제물이니 우리만 위할 뿐 아니요 온 세상의 죄를 위하심이라
>
> (요일 4:10) 사랑은 여기 있으니 우리가 하나님을 사랑한 것이 아니요 하나님이 우리를 사랑하사 우리 죄를 속하기 위하여 화목 제물로 그 아들을 보내셨음이라

---

27 Wayne Grudem, 『조직신학 (중)』, 노진준 옮김 (서울: 은성, 1997), 110.

위의 성경 구절들은 그리스도의 희생은 하나님과 화목하게 되기 위해 하나님께 바쳐졌다고 설명하는 것이 더 합리적이라는 것을 보여 줍니다. 그러므로 사단 배상설은 우리의 죄를 위해 자신을 하나님께 화목 제물로 드리신 그리스도의 죽으심에 관한 구절들을 제대로 이해하지 못하는 편협한 이론이라고 할 수 있습니다.

6) 리뎀션(Redemption)의 원리

한 사람의 죽음으로 온 인류가 구원을 받을 수 있다는 것에 대해 지금까지 5가지의 원리를 들어 설명했습니다. 그런데도 그런 원리를 이해하려고 하지 않는 목이 곧은 사람들이 있습니다. 그런 사람들을 위해 단도직입적으로 설명할 수 있는 원리가 있습니다. 그것은 리뎀션의 원리입니다. 이 리뎀션을 한국말로 정확히 번역하기는 어렵습니다. 왜냐하면, 리뎀션의 뜻이 다양하기 때문입니다. 캠브리지 사전을 참조하면 'improve, get back, exchange, satisfy, buy back'의 뜻이 있으며, 종교적 의미는 'to free people from sin'입니다. 굳이 종교적 의미를 부여하지 않는다 하더라도 리뎀션의 원리는 마켓에서 많이 사용하고 있는 원리입니다.

많은 마켓에서는 그 마켓에서만 사용 가능한 쿠폰을 발행합니다. 하지만 쿠폰은 아무 때나 사용할 수 있는 것은 아닙니다. 쿠폰에는 작은 글씨로 이용 약관(Terms and Conditions)이 적혀 있습니다. 사용 가능한 날짜, 사용할 수 있는 품목, 사용할 수 있는 제한 사항들을 지켜야 그 쿠폰을 사용(redeem)할 수 있습니다. 여기에 한 가지라도 어긋나는 것이 있으면 그 쿠폰을 사용할 수 없습니다. 마찬가지로 기독교의 구원 방식은 기독교만의 이용 약관이 있습니다. 그것은 예수 그리스도를 믿음으로만 가능하다는 것입니다.

따라서 기독교가 제시하는 이용 약관을 따르게 되면 구원을 받고, 그것을 따르지 않으면 구원을 받지 못합니다. 거기에는 예외 조항이 없습니다.

그러므로 사람들은 한 사람의 죽음으로 온 인류가 구원받을 수 있다고 정한 룰(rule)을 따르느냐 따르지 않느냐만 결정하면 됩니다. 그것이 이성적으로 감정적으로 받아들여지기 어렵다고 하여 따르지 않는다면 그것은 그 사람의 책임이 될 것입니다.

7) 결론

사실 하나님은 예수님을 보내시지 않고서도 온 인류를 구원하실 수 있습니다. 하지만 하나님은 그렇게 하지 않으셨습니다. 한 사람의 죽음으로 온 인류를 구원하시기로 작정하시고 실제로 성자 예수님을 이 땅 가운데에 보내 주셨습니다. 그러므로 이 속죄의 교리는 은혜를 배가시키는 교리가 됩니다. 왜냐하면, 그리스도의 십자가에서의 죽으심이 우리의 구원을 확정시키는 행위가 되기 때문입니다. 만일 예수님을 이 땅 가운데 보내 주시지 않았다면 우리는 구원받을 방법이 전무합니다. 하지만 예수님을 보내 주심으로 인간에게 구원의 기회가 주어졌습니다. 그러므로 속죄의 교리는 하나님의 은혜를 배가시키는 귀중한 교리라고 할 수 있습니다.

6. 예수님이 죽음에서 부활하셨다는 이야기를 어떻게 믿나요?

[눅 24:39] 내 손과 발을 보고 나인 줄 알라 또 나를 만져 보라 영은 살과 뼈가 없으되 너희 보는 바와 같이 나는 있느니라

[요 20:19-20] 이 날 곧 안식 후 첫날 저녁 때에 제자들이 유대인들을 두려워하여 모인 곳의 문들을 닫았더니 예수께서 오사 가운데 서서 이르시되 너희에게 평강이 있을지어다 이 말씀을 하시고 손과 옆구리를 보이시니 제자들이 주를 보고 기뻐하더라

[고전 15:12-13] 그리스도께서 죽은 자 가운데서 다시 살아나셨다 전파되었거늘

> 너희 중에서 어떤 사람들은 어찌하여 죽은 자 가운데서 부활이 없다 하느냐
> 만일 죽은 자의 부활이 없으면 그리스도도 다시 살아나지 못하셨으리라
> (고전 15:20) 그러나 이제 그리스도께서 죽은 자 가운데서 다시 살아나사 잠자는 자들의 첫 열매가 되셨도다

세계의 모든 종교 중에서 기독교만 유일하게 부활을 주장합니다. 기독교는 예수님의 부활을 기초로 하는 종교입니다. 그래서 기독교를 부활의 종교라고 말합니다. 그만큼 부활은 기독교 신앙에 있어 가장 핵심적 요소입니다. 하지만 많은 사람은 예수님이 죽음에서 정말로 부활한 것인지에 대해 의심합니다. 왜냐하면, 사람이 죽었다 살아나는 것은 과학적이지 않을 뿐만 아니라 예수님의 부활을 증언하는 성경을 믿지 못하기 때문입니다. 사실 굳이 무신론자가 아니더라도 사람이 죽고 부활한다는 것에 대해 의구심이 들 수밖에 없을 것입니다. 그렇다면 예수님이 죽음에서 부활하셨다는 이야기를 어떻게 믿을 수 있나요?

1) 부활의 진정한 의미와 여러 반론

사실 십자가에 달려 돌아가신 예수님의 몸이 다시 살아났다는 부활 사건은 역사적으로 유일회적 사건입니다. 그러므로 예수님의 부활은 타종교인이나 비기독교인들에게는 매우 낯선 개념입니다. 그러다 보니 예수님의 부활을 믿지 못하고 오히려 자신들이 합리적이라고 생각하는 관점으로 이해하려는 경향이 있습니다.

예수님의 부활에 대한 진정한 의미는 그것이 소생이 아니라는 점입니다. 소생은 죽었던 몸이 다시 살아나지만 결국 다시 죽는 것을 말합니다. 하지만 예수님의 부활은 다시 죽지 않는 몸으로 부활하셨다는 것을 의미합니다. 또한, 예수님의 부활은 불교에서 말하는 영혼 불멸이나 재생, 윤회나 환생도 아닙니다. 그리고 살아서 이루는 해탈도 아닙니다. 예수님의 부활

은 이 모든 것과는 질적으로 다른 것입니다.

사도 바울 당시 영은 선하고 육은 악하다는 사상인 영지주의의 영향으로 인해 죽은 자의 몸이 신령한 몸으로 부활하는 것에 대해 믿지 못하는 사람이 많았습니다. 이에 대해 사도 바울은 고린도전서 15장에서 부활에 대한 논증을 하며, "그리스도께서 다시 살아나신 일이 없으면 너희의 믿음도 헛되고 너희가 여전히 죄 가운데 있을 것"이라고 말합니다(고전 15:17). 이어서 "만일 그리스도 안에서 우리의 바라는 것이 다만 이 세상의 삶뿐이면 모든 사람 가운데 우리가 더욱 불쌍한 자"가 될 것이라고 말합니다(고전 15:19).

사도 바울은 몸의 부활을 부정하는 자들에게 그리스도의 부활이 사실이며 그것은 모든 성도의 부활의 첫 열매가 되어 부활의 소망과 확신을 주셨다고 말합니다. 그러므로 만일 부활이 없다면 기독교 신앙은 성립할 수 없으며 부활 신앙은 누구에게도 양보할 수 없는 기독교 신앙의 핵심이라 할 수 있습니다.

그런데도 예수님의 부활은 다채로운 방식으로 부정되어 왔습니다. 이런 부활을 부정하는 대표적인 주장들로서 시체도적설, 재매장설, 가사소생설, 대리처형설, 전설설, 환상설 등과 같은 것이 있습니다. 이런 주장들 모두는 공통적으로 성경의 기록을 부정합니다. 그리고 부활을 성경이나 기독교 전통이 말하는 것과는 달리 합리적이라고 여겨지는 다른 방식으로 설명하려고 시도합니다. 이런 시도들은 시대를 거쳐오면서 다양한 방식으로 진화되어 왔습니다.

하지만 이런 방식들은 일방적 혹은 편협성을 가지고 있거나, 논리의 일관성을 찾기 어려운 모순투성이의 주장들입니다. 그러므로 그런 방식들에 일일이 반박하기보다는 예수님의 부활을 직접적으로 다루는 것이 더욱 효과적일 것입니다. 여기서는 성경 내의 증거들, 정황적 증거, 그리고 성경 외의 증거들로 나누어 예수님의 부활에 대해 보다 직접적이며 합리적인 설명을 시도하려고 합니다.

2) 성경 내의 증거들[28]

신약 성경은 예수님의 부활을 증거하는 핵심적 여러 가지의 사실들을 기록하고 있습니다. 이런 기록들 하나하나는 사실들을 기록한 것이기에 신뢰할 수 있습니다. 신약 성경의 내용과 고대의 역사 기록을 비교함으로써 역사적 신뢰성을 확보할 수 있습니다. 고대 문서의 역사적 신뢰성은 구전 전승 기간이 짧을수록, 원본과 필사본 사이의 간격이 좁을수록, 사본의 개수가 많을수록, 사본들간의 내용들이 일치할수록 높아집니다.

신약 성경은 구전 전승 기간이 짧고, 원본과 필사본 사이의 간격이 300년으로 다른 고대 문서에 비해 현저히 적으며, 24,000개의 사본이 있고, 사본들 간의 내용 일치성이 99.5%인 것을 감안하면 신약 성경은 다른 어떤 고대 문서보다 역사적 신뢰성을 가진 책이라는 것을 알 수 있습니다.

또한, 예수님의 이야기를 담은 사복음서는 사실에 입각한 현실(fact)로서 연대 추정이 가능할 뿐만 아니라 실제로 부활을 목격한 사람들의 생생한 증언들은 예수님의 부활에 대한 신뢰성을 높여 줍니다.

그런데도 이런 기록들 가운데 하나만을 놓고 본다면 부활에 대한 확신을 갖기 어려울 수 있습니다. 그렇기에 '최소사실의 최대결집'이라는 방식을 사용합니다. 이 방식은 하나하나의 기록들을 연속해서 따져보는 방식입니다. 이 방식에 의해 기록들의 정합성을 고찰하면 기록들이 사실일 확률은 매우 높아집니다. 이런 방식을 통해 살펴보면 예수님의 부활이 역사적 사실이라는 것을 확신할 수 있습니다.

윌리엄 레인 크레이그(William Lane Craig, 1949-), 게리 하버마스(Gary Habermas, 1950-), 리처드 G. 스윈번(Richard G. Swinburn, 1934-)과 같은 학자들은 이런 '최소사실의 최대결집'을 통해 예수님의 부활을 증명해 왔고 그것은 매우 효과적 방법으로 알려져 있습니다.

---

[28] Douglas Groothuis, 『기독교 변증학』, 817-36 참조.

첫째, 예수님이 30대 초반에 십자가에 달려 돌아가셨다는 것은 아주 잘 확립된 역사적 사실입니다. 성경 내의 자료들과 성경 밖의 자료들 모두 예수님의 죽음을 증거합니다. 예수님이 십자가에서 죽지 않았다는 주장에는 두 가지 전형적인 것이 있습니다. 하나는 돌아가실 충분한 시간이 없었다는 것이며, 다른 하나는 십자가 상에서 예수님께서 받은 음료수는 죽은 것처럼 만드는 약이었다는 것입니다(막 15:36). 간혹 프리드리히 슐라이어마허(Friedrich Schleiermacher,1768-1834)와 같은 학자는 예수님이 십자가형에서 살아남으셨다고 주장하기도 합니다.

하지만 예수님은 확실히 십자가 상에서 돌아가셨습니다. 제자들이 부활을 쉽게 믿지 못했던 이유는 바로 참혹한 십자가의 형벌 때문입니다. 게다가 로마 군병은 창으로 예수님의 옆구리를 찔렀는데 그 이유는 예수님의 죽음을 이중으로 확인하고 싶었기 때문입니다(요 19:34). 또한, 예수님 당시의 다른 역사적인 사료들도 예수님께서 십자가에서 죽었다는 사실을 분명히 기록하고 있습니다.

또한, 의사이며 저명한 병리학자인 알렉산더 메더렐(Alexander Metherell, M.D. Ph.D.) 박사는 십자가 처형 전 잔혹한 채찍질에 대해 말하는 복음서 서술들을 감안할 때 '예수님은 급격한 혈액 손실로 인한 혈액량 저하 쇼크'(hypovolemic shock)를 겪었을 것이라고 주장합니다. 이는 손실된 혈액을 퍼 올리기 위해 심장의 빨리 뜀, 심각한 혈압 저하, 신장 기능 부진, 극심한 갈증을 필연적으로 수반한다고 말합니다.[29] 미국 의사 협회지(The Journal of the American Medical Association)에 게재된 "예수 그리스도의 육체적 죽음" 같은 전문적인 기사를 작성한 저자들은 십자가형의 예수님의 죽음을 사실로 확인해 주고 있습니다.[30]

---

29 Alexander Metherell, Lee Strobel (1955), *The Case for Jesus* (Grand Rapids, MI: Zondervan, 1998), 196에 게재된 인터뷰 내용.
30 1986년 미국 의학 협회지(*The Journal of the American Medical Association*)에서는 십자가 처형으로 죄수가 경험할 고통을 다음과 같이 설명한다. "숨을 제대로 내쉬기 위해서

둘째, 학자들은 유대 법정의 회원이었던 아리마대 사람 요셉이 소유했던 무덤에 예수님이 장사되었다는 것에 동의합니다(마 27:60). 이것이 중요한 이유는 예수님의 무덤에 대한 정확한 위치를 알려 주기 때문입니다. 이것이 의미하는 것은 다른 장례 방식이나 아리마대 요셉의 개인 무덤이 아닌 다른 무덤에 묻힌 것이 아니라는 것입니다.

이와 같은 사실은 마가, 마태, 요한복음에 나타난 다수의 증언들을 통해 이 기록들이 잘 확립된 사실임을 보여 줍니다(마 27:57-61; 막 14:42-47; 눅 23:50-53; 요 19:38-42). 게다가 예수님이 장사된 것은 바울이 고전 15:3-5의 초기 보고에 의해서도 확증된 사실입니다. 또한, 예수님에게 사형을 판결한 유대 법정의 회원인 아리마대 사람 요셉은 기독교가 꾸며냈을 것으로 보기 어려운 인물입니다. 이와 같은 사실들은 예수님께서 아리마대 요셉이 소유했던 무덤에 장사된 것을 보여 주는 확실한 근거들입니다.

셋째, 예수님께서 묻히신 무덤은 예수님의 부활 후 빈 무덤이 되었다는 사실입니다(마 28:1-8; 막 16:1-8; 눅 24:1-24; 요 20:1-11). 예수님의 무덤이 빈 무덤이었다는 데에는 여러 가설이 있습니다. 예를 들면 예수님의 시신이 알아볼 수 없을 만큼 부패했기 때문이라는 가설(시신부패설)입니다. 하지만 이 가설은 안식 후 첫날 이른 새벽에 무덤을 방문했던 사람들의 증거로 유효하지 않습니다. 시신이 형체를 알아보지 못할 정도로 부패하기에는 너무나 짧은 시간이기 때문입니다.

또 다른 가설은 어떤 그룹이 자신들의 이해로 인해 시신을 도적질했다는 가설(시체도난설)입니다. 실제로 성경은 대제사장들이 로마 군병에게 뇌

는 팔꿈치를 굽히고 발에 힘을 주어 몸을 위로 밀어 올려야 한다……. 하지만 이 행동은 족근골에 온 몸의 무게를 실어야 하기 때문에 끔찍한 아픔을 느끼게 만든다. 더욱이 팔꿈치를 굽히면 못이 박혀있는 팔목이 돌아가게 되어서 이미 손상된 동맥 중추 신경에 타는 듯한 통증을 느끼게 된다……. 옆으로 늘어져 위를 향한 팔의 근육 경련과 감각 이상증은 불편함을 더해 줄 것이다. 결과적으로 한 번 숨을 쉬려고 할 때마다 그 고통과 피곤함이 심해져서 마침내는 기절을 하게 된다." William Edwards, M.D., et al., *JAMA* vol. 255, no. 11 (March 21, 1986), 1461.

물을 주고 거짓말을 하도록 시켰다고 기록하고 있습니다(마 28:12-13). 하지만 겟세마네 동산에서 주님을 버리고 도망친 제자들이 어떻게 시체를 훔쳐낼 수 있었을까라는 의구심이 듭니다. 왜냐하면, 예수님의 부활에 대한 예언 때문에 로마 군병들은 그 무덤을 잘 지키라고 엄명을 받았기 때문입니다.

또 다른 가설은 부활을 목격했다고 주장하는 여인들이 예수님의 무덤을 다른 사람의 빈 무덤과 혼동했다는 가설(무덤혼동설)입니다. 하지만 만일 이 주장이 맞다면 부활 논쟁은 간단히 결말이 날 것입니다. 왜냐하면, 대제사장들과 빌라도가 예수의 진짜 무덤에 안치된 예수님의 시신을 보여주기만 하면 되기 때문입니다.

실제로 누가는 예수님의 죽음 후 7주가 지났을 즈음에 초대 교회가 부활에 대해 설교하기 시작했다고 기록하고 있습니다. 만일 빈 무덤이 아니었다면 로마나 유대의 정치 지도자들은 그들의 잘못된 사실 선포를 멈추게 하기 위해 예수님의 시신을 대중에 공개했었을 것입니다. 게다가 그 당시에 사흘 후 무덤이 비어 있었다는 사실은 그리스도인과 유대인들 모두 동의하는 내용입니다.

넷째, 성경에 의하면 예수님은 그의 제자들에게 여러 번 나타나셨습니다. 성경에 의하면, 부활하신 예수를 목격한 사람은 아래와 같이 다양합니다.

(1) 막달라 마리아(요 20:10-18)
(2) 마리와와 다른 여자들(마 28:8-10)
(3) 베드로(눅 24:34; 고전 15:5)
(4) 엠마오로 가는 두 제자들(눅 24:13-35)
(5) 도마를 제외한 열 명의 사도들(눅 24:36-49)
(6) 열한 명의 사도들(요 20:24-31)
(7) 일곱 명의 사도들(요 21장)

(8) 모든 사도(마 28:16-20)

(9) 오백 명의 제자들(고전 15:6)

(10) 야고보(고전 15:7)

(11) 승천 시 다시 한번 모든 사도(눅 24:50-52; 행 1:4-8)

(12) 사도 바울(행 9:1 -9; 고전 15:8, 9:1)[31]

예수님은 육체에서 분리된 영이 아닌 육체를 지닌 사람의 모습으로 나타나셨습니다. 그러나 어떤 사람들은 예수님의 제자들이 부활 사건을 조작했다고 말합니다(조작음모설). 하지만 위에서 살펴본 바와 같이 제자들이 부활을 조작하기에는 너무나 숫자가 많습니다. 게다가 부활의 최초 목격자는 여성들이라는 점을 주목해야 합니다. 그 당시 여성들의 법적인 증언은 효력이 없었습니다.

그러나 성경은 여성들이 부활의 최초 목격자임을 기록하고 있습니다. 만약 부활을 제자들의 조작으로 본다면, 제자들은 여자가 아닌 남성들을 증인으로 세웠을 것입니다. 하지만 그렇게 하지 않고 여성들을 부활의 증인으로 기록한 것은 조작의 의도가 없었기 때문입니다. 그리고 가장 강력한 부활의 목격자가 있는데 그는 사도 바울입니다. 그는 예수님을 믿는 사람들을 박해하던 자였으며, 고린도전서 15장에서 죽은 자들의 부활에 대한 논쟁을 다루면서 부활하신 예수님이 여러 번 나타나신 것에 대해 증거하고 있습니다.

또한, 어떤 사람들은 부활하신 예수님을 보았다는 당시의 목격담들은 개인과 집단의 환각에 지나지 않는다고 말합니다(환각설). 환각이라고 하는 것은 심약한 한 개인에게 있을 수 있는 질병입니다. 그러나 기질, 성별, 성품, 신분이 모두 다른 많은 사람이 각기 다른 장소에서 다른 시간대에 육체적으로 부활하신 예수님에 대해 동시에 집단 환각 상태에 빠질 수는

31　Douglas Groothuis, 『기독교 변증학』, 827.

없습니다. 만일 집단 환각이었다면 예수님의 승천 후에도 여전히 부활하신 주님을 보았다는 목격담이 추가적으로 발생해야 합니다. 하지만 이런 목격담이 더 이상 추가로 발생하지 않은 것은 그들이 집단 환각에 빠져 있지 않다는 증거이며, 예수님의 승천이 사실이라는 것을 말해 줍니다. 부활과 승천은 환각이 아니라 사실입니다.

우리는 위에서 성경이 증거하는 예수님의 부활에 대한 기록들이 반박할 수 없는 사실들로 이루어진 것이라는 것을 살펴보았습니다. 만일 위의 네 종류의 기록들이 연속적으로 사실이라면 부활이 사실일 확률은 비약적으로 높아집니다.[32] 만일 이런 사실들 중 하나라도 사실이 아니라면 부활이 아닐 수도 있는 개연성은 매우 높아집니다.

그렇기에 우리는 부활에 대한 기록들 사이에 불일치가 존재하는지를 살펴보아야 합니다. 만일 불일치가 존재한다면 부활에 대한 기록들은 허구이며 사실이 아닐 수 있기 때문입니다. 하지만 성경에 기록된 다양한 사건들이 반박될 수 없는 사실의 연속임을 놓고 생각할 때 예수님의 부활은 역사적 사실로서 인정될 수밖에 없습니다.

3) 정황적 증거(circumstantial evidences) [33]

지금까지 예수님의 부활에 대해 성경 내의 증거를 통해 부활의 역사성을 입증했습니다. 이런 부활의 역사성을 위해 강력한 정황적 증거를 사용할 수 있습니다. 정황적 증거란 실체적 진실을 검증하는 현대 법정에서도 사용되고 있는 이론으로 현장의 물적 증거, 목격자의 증거, 기록상의 증거들과 더불어 사용됩니다.

---

[32] 여러 종류의 기록들이 연속적으로 사실이라면 그 확률은 산술급수가 아닌 기하급수적으로 높아진다.
[33] Douglas Groothuis, 『기독교 변증학』, 836-44 참조.

첫째, 제자들의 변화입니다.

예수님께서 체포되었을 때 제자들은 의기소침, 비통, 소심, 절망, 혼동에 빠져 있었으며, 죽음이 두려워 도망갔습니다. 그들은 예수님이 말씀하신 십자가의 고난을 이해하지 못했고, 예수님을 위해 한 시간도 깨어 기도할 수 없었고, 예수님이 체포되실 때 떠났고 부인했으며, 유대인의 보편적 메시아 사상에 의하면 메시아는 죽지 않아야 했기에 그들은 혼란 속에 있었고, 심지어 초기 부활을 목격한 여인들의 이야기를 믿으려 하지 않았습니다(막 16:11; 눅 24:11).

그러나 예수님을 직접 목격한 이후 그들은 삶이 180도 바뀌었습니다. 절망과 혼동에서 확신에 찬 선포를 하며, 목숨을 바쳐 복음을 전했고, 고난과 박해와 순교까지도 기꺼이 감내했습니다. 게다가 도마와 바울과 같은 회의론자들도 예수님의 부활을 믿고 증거했습니다. 예수님의 형제인 야고보는 부활 전에는 예수님을 믿지 않았으나(요 7:5), 부활 후에는 부활의 증인과 사도가 되었습니다(행 13:13-14; 고전 15:7; 갈 1:19). 또한, 바울은 교회를 핍박하던 사람으로 스데반의 죽음에 동의한 사람이지만(행 7:54-8:1), 예수님의 부활을 목격한 후 증인이 되었습니다.

그들은 복음을 위해서라면 박해, 고난, 순교까지도 기꺼이 받아들일 정도로 변화했습니다. 이런 극적 변화를 설명할 수 있는 유일한 이유는 그들이 예수님의 부활을 목격했기 때문입니다.

이 세상의 그 어떤 것이 그들이 순교하는 것을 받아들이도록 만들수 있을까요?

둘째, 예수님을 예배한 것입니다.

제자들의 변화와 더불어 초대 교회 관행의 본질적인 요소의 하나는 초대 교회가 그리스도를 하나님으로 예배한 것입니다.

그들이 왜 예수님을 예배했을까요?

그것은 그들이 예수님을 하나님이라고 인정했기 때문입니다. 예수님은 공생애를 시작하시면서 대중들에게 자신이 성육신한 하나님이라고 계속해서 주장하셨습니다.

그렇다면 이런 하나님 행세는 일반 사람들에게 어떻게 받아들여질 수 있을까요?

바리새인들을 비롯하여 많은 사람은 예수님이 신성 모독한다고 여겼습니다. 그런데도 초대 교회가 예수님을 예배하게 된 것은 예수님께서 부활을 통해 하나님 되심을 증명해 보이셨기 때문입니다. 따라서 예수님의 부활은 한 분 하나님만을 섬기는 유대인들이 예수님을 하나님으로 인정하고 예배하는 것에 대한 사실상 최고의 설명이라고 할 수 있습니다.

셋째, 초대 교회의 탄생입니다.

신약 성경은 예수님의 부활을 통해 교회가 세워진 것임을 분명히 하고 있습니다(요 2:13-22). 예수님의 부활을 통해 교회는 탄생했으며, 사도 바울은 교회를 새성전(고전 3:16; 고후 6:16 참조), 또한 그리스도의 몸(고전 12:27)으로 이해했습니다. 이처럼 교회의 탄생은 예수님의 부활을 떠나서는 이해할 수 없습니다.

만일 이 부활이 실제적으로 일어나지 않았다면 우리는 어떻게 기독교의 기원과 기독교가 세계 전체에 걸쳐 급속도로 확산된 것을 설명할 수 있을까요?

만일 교회의 탄생과 급속한 확산에 대해 교회가 제시하고 있는 설명을 받아들이지 않는다면 교회의 탄생과 교회의 급속한 확산은 미해결의 수수께끼로 남게 될 것입니다.

넷째, 초대 교회의 관행입니다.

초대 교인들은 더 이상 성전에서 희생 제사를 드리지 않았습니다. 왜냐하면, 유대인들은 모세를 통해서 주신 율법을 지킬 것을 강조해 왔으나 부활 사건 이후에는 예수 그리스도를 복음의 시작으로 고백했기 때문입니다(막 1:1). 또한, 초대 교인들은 안식일 대신 예수님께서 부활하신 날인 일요일을 주일로 지켰습니다. 즉 주일 예배를 드렸습니다. 이것은 하나님에 의해 제정된 안식일인 토요일을 지켰던 유대 관습을 거스르는 것이었습니다.

또한, 주의 만찬(Lord's supper)과 침례(Baptism)를 실행했습니다. 주의 만찬은 예수님의 죽으심을 상징하며, 침례는 부활을 상징합니다. 이런 초대 교회의 관행은 예수님의 부활이 아니면 생기지 않았을 변화입니다. 이런 관행의 변화들은 성전과 율법을 통해 선민의식을 가지고 있던 유대인들에게는 매우 급격한 변화라고 할 수 있습니다.

다섯째, 현재 진행형인 신자들의 삶의 변화입니다.

세계 각국의 다양한 문화 속에 살고 있는 다양한 배경과 다양한 개성을 가진 사람들의 삶은 매일 변화하고 있습니다. 우리는 지난 2,000년간 전 세계 수십억의 신자들의 변화를 목격하고 있으며 그것이 가능하게 된 것은 복음 때문이라는 사실을 알고 있습니다.

복음은 예수님의 죽음과 부활에 기초하며(마 28:18-20), 풍성한 삶(요 10:10)과 영적 승리(엡 6:10-18)를 약속합니다. 죽음을 이기고 생명을 주시는 부활의 실재 없이는 이런 실체들을 누릴 수 없습니다(고전 15:14-19). 즉 현재 진행형인 신자들의 삶의 변화는 복음으로 비롯되고, 복음은 바로 예수님의 죽음과 부활에 기초하고 있기 때문에 이런 사실들은 예수님의 부활을 정황적으로 증거하고 있다고 할 수 있습니다.

3) 성경 외의 증거들

첫째, 예수님의 부활이 상식에 위배된다는 생각이 잘못되었다는 것입니다. 상식은 인류의 경험에서 나오는 것으로서 죽은 사람이 다시 살아날 수 없다고 말합니다. 예수님이 부활했다는 것은 이런 인류의 상식에 위배되기 때문에 예수님의 부활을 믿을 수 없다는 주장입니다.

독일의 사회학자 에른스트 트뢸치(Ernst Troeltsch, 1865-1923)와 영국의 경험주의 철학자 데이비드 흄(David Hume, 1711-1776) 등이 이런 주장을 하는데, 이들은 역사적인 사건을 확인하기 위해서는 현재 비교될 확인 대상이 있어야 한다고 말합니다. 즉 부활이 현재에도 발생하는 종류여야만 예수님의 부활은 사실로서 설득력을 가진다는 것입니다. 그런데 죽은 인간이 부활한 것을 눈으로 본 적이 없기 때문에 예수님의 부활을 믿을 이유가 없다는 것입니다.

그렇지만 판넨베르그에 의하면, 트뢸치의 주장은 잘못된 형이상학적 선입견에 지나지 않는다는 것입니다. 즉 죽은 사람은 살아날 수 없다는 선입견으로 예수님이 부활하지 않았다는 결론을 내리기 때문입니다. 과거의 사건을 관찰해서 얻어진 이론적인 상식이 있다고 가정해 볼 수 있습니다. 이 이론적인 상식, 즉 인간의 상식은 개연성에 기초할 뿐입니다. 개연성과 확실성은 다릅니다. 부활이 전혀 있을 수 없다고 단언하는 순간, 그 상식은 이미 하나의 편견에 지나지 않는다는 것을 알 수 있습니다.

둘째, 예수님의 부활은 종교적 상징일 뿐이라고 하는 생각이 잘못되었다는 것입니다. 예수님의 부활을 과학적 사실이 아닌 종교적 상징으로만 보게 되면 부활의 역사성은 사라집니다. 그리고 부활한 예수님은 사람들의 마음속에만 있는 존재가 되어, 예수님은 객관적으로 실재하는 존재가 될 수 없습니다. 초기 기독교인들이 무지해서 부활을 무비판적으로 종교적 상징으로 받아들여 역사적 사건으로 오해했다는 주장을 할 수 있습니다.

하지만 이 주장이 참이 되기 위해서는 부활 사상이 당시에 지배적인 사상이어야만 합니다. 왜냐하면, 그러한 부활의 개념이 있어야 종교적 상징으로 작용할 수 있기 때문입니다. 하지만 당시의 대표적인 종교인 유대교와 헬라 종교는 예수님의 부활과 유사한 내용을 가지고 있지 않습니다.

바리새인들은 부활을 믿기는 했지만 역사의 마지막 순간에 이르러서야 부활이 있을 것이라고 생각했습니다. 사두개인들은 부활 자체를 부인했고 헬라 문화권에서 이런 죽은 몸의 부활에 대한 개념은 존재하지 않았습니다.

이런 시대적이고 문화적인 상황을 고려하면, 예수님께서 특정한 시간과 장소에서 몸이 부활했다는 기독교의 주장은 당시 대중들의 종교적 선이해에 어긋납니다. 그러므로 예수님의 부활은 종교적 상징으로 조작될 수 없는 종류의 개념이라는 사실을 알아야 합니다.

4) 결론

우리는 위에서 성경 내의 증거들, 정황적 증거들, 성경 외의 증거들이 예수님의 부활이 단순히 주장이 아니며 증거가 충분한 역사적 사실임을 증명해 보였습니다. 즉 예수님의 부활에 대한 정합성은 충분합니다.

결론적으로 예수님의 부활은 역사적 사실이며 실제적 사건입니다. 예수님의 부활은 십자가에서 우리를 위하여 자신을 내어줌으로써 자신을 희생하신 예수님의 사랑과 구원을 현실화시키는 하나님의 지혜입니다. 그러므로 예수님의 부활을 우리 삶 속에 적용시키며 날마다 그 부활의 기쁨을 누려야 합니다. 또한, 믿지 않는 자들에게도 이런 예수님의 고귀한 죽음과 부활을 전하는 사명을 멈추어서는 안 됩니다.

제6장

성령 하나님과 관련된 문제

1. 삼위일체 교리를 어떻게 믿을 수 있나요?

(창 1:26) 하나님이 이르시되 우리의 형상을 따라 우리의 모양대로 우리가 사람을 만들고 그들로 바다의 물고기와 하늘의 새와 가축과 온 땅과 땅에 기는 모든 것을 다스리게 하자 하시고
(마 28:19) 그러므로 너희는 가서 모든 민족을 제자로 삼아 아버지와 아들과 성령의 이름으로 침례를 베풀고
(벧전 1:2) 곧 하나님 아버지의 미리 아심을 따라 성령이 거룩하게 하심으로 순종하고 예수 그리스도의 피 뿌림을 얻기 위하여 택하심을 받은 자들에게 편지하노니 은혜와 평강이 너희에게 더욱 많을지어다

기독교의 하나님은 단일신론(monarchianism)이 아닌 유일신론(monotheism)의 하나님입니다. 이 두 단어를 보시면 한 분의 하나님을 의미한다는 면에 있어서 비슷한 것 같지만 사실은 비슷하지 않습니다. 왜냐하면, 기독교의 하나님은 삼위일체의 하나님이기 때문입니다. 삼위일체의 교리는 기독교 신앙을 특징짓는 교리이자 기독교의 핵심 신앙입니다.
삼위일체를 정의하는 것은 어렵지만 굳이 정의하자면

첫째, 하나님은 오직 한 분만 존재하신다는 것과
둘째, 성부, 성자, 성령은 각각 하나님으로서 고유의 인격을 가지고 계신다는 것과
셋째, 세 위의 하나님이 한 분 하나님 안에서 유기적인 통일성을 이루며 본질과 속성이 동일하며 평등하시다는 것입니다.

하지만 삼위일체 교리는 이해하기 어렵습니다. 그러다 보니 '여호와의 증인'은 삼신론(tritheism)으로 오해하여 세 분의 하나님을 믿는 것이라고 말합니다. 또 어떤 이는 양태론(modalism)으로, 또 어떤 이는 종속론으로, 또 어떤 이는 양자론으로 오해합니다. 하지만 그것은 성경에서 말씀하고 있는 것이 아닙니다.

그렇다면 삼위일체 교리를 어떻게 믿을 수 있나요?

1) 삼위일체 교리의 형성 배경

아마도 삼위일체 교리는 교회사에서 가장 논쟁적인 교리일 정도로 이해하기 어려운 교리입니다. 문제는 현재에도 삼위일체 교리에 대한 논쟁이 쉬지 않고 제기된다는 점입니다. 그러므로 삼위일체에 대한 바른 인식을 위해 삼위일체의 교리가 어떻게 확립되어져 왔는지를 아는 것은 매우 유익합니다. 삼위일체의 교리는 325년 니케아 공의회(Council of Nicaea)에서 확립된 교리입니다. 하지만 처음부터 삼위일체 교리를 확립하기 위해 공의회가 소집된 것은 아닙니다. 예수님의 신성과 인성에 대해 토론하기 위해 소집되었지만, 결과적으로 삼위일체의 교리가 니케아 공의회에서 확립되었습니다.

초대 교회 이후 예수님의 죽음과 부활을 목격한 이들은 예수님의 신성에 대해 의문을 품지 않았습니다. 오히려 하나님의 아들인 예수 그리스도는 참된 인간의 몸을 가지지 않았다고 주장하는 사람도 있었습니다. 이런

주장을 가현설(Docetism)이라고 합니다. 가현설(Docetism)은 그리스어로 '보이다'라는 뜻인 '도케오'(dokeo)로부터 나온 단어로, 예수 그리스도가 인간의 몸을 입은 것처럼 보였다는 데에서 나온 단어입니다. 하지만 시간이 흐르면서 예수님의 죽음과 부활을 목격하지 못한 사람들은 예수님의 신성에 대해 의문을 표하기 시작했습니다. 그렇기에 시간이 흐르면서 예수님의 신성에 대한 교회의 믿음과 그 믿음을 방어해야 할 필요성이 생겼습니다.

이때 이레니우스와 오리겐은 전체 교회의 책임인 이 교리를 공식화하는 책임을 터툴리안과 함께 나누고, 아타나시우스의 지도하에 삼위일체 교리를 확립하고 교회의 믿음으로 선포했습니다.[1] 그리고 한 세기 후에 어거스틴의 손에 의해 이 교리는 아타나시우스 신경(Athanasian Creed)에 정식으로 기술되었고, 오늘날까지 삼위일체 교리는 확고한 진리로 받아들여지고 있습니다. 이후 이 교리는 칼빈에 의해 개혁 신앙의 본체가 되었습니다.[2]

2) 삼위일체의 성경적 배경(구약)

삼위일체라는 말은 성경에 나와 있지 않습니다. 예수님은 신약에 출현했기에 구약에서는 삼위일체라는 개념을 찾을 수 없을 것이라고 생각할 수도 있습니다. 하지만 삼위일체의 교리는 구약에도 분명하게 제시되어 있는 교리입니다.

첫째, 천지창조는 삼위일체 하나님의 작품입니다. 창세기 1:1에서는 "태초에 하나님이 천지를 창조하시니라"라고 말씀합니다. 이 말씀은 하나님의 존재가 천지창조 이전부터 존재했다는 사실을 알려 줍니다. 2절에서 "땅이 혼돈하고 공허하며 흑암이 깊음 위에 있고 하나님의 영은 수면 위

---

1 J. D. Douglas 외 6인, 『새성경사전』, 나용화 김의원 옮김 (서울:CLC, 1996), 798.
2 이에 대해서는 다음의 책을 참고하라. B. B. Warfield, *Calvin and Augustine* (Phillipsburg, NJ: P&R Pub Co, 1956), 189-284.

에 운행하시니라"고 말씀합니다. 여기서 하나님의 영은 성령님을 가리킵니다. 3절에서 "하나님이 이르시되 빛이 있으라 하시니 빛이 있었고"라고 말씀합니다.

여기서 '이르시되'라는 말은 말씀을 의미하며 창조의 에이전트(agent)로서 기능합니다. 즉 예수님은 말씀의 형태로서 창조의 실행자가 됩니다. 이와 병행되는 요한복음 1:1-3을 보면, "태초에 말씀이 계시니라 이 말씀이 하나님과 함께 계셨으니 이 말씀은 곧 하나님이시니라 그가 태초에 하나님과 함께 계셨고 만물이 그로 말미암아 지은 바 되었으니 지은 것이 하나도 그가 없이는 된 것이 없느니라"고 말씀합니다. 사도 요한은 태초부터 말씀이 계셨을 뿐만 아니라 그 말씀은 곧 하나님이시라고 말합니다. 이 말씀이 예수 그리스도를 지칭하는 것은 성경 전체의 증언이기 때문에 천지 창조는 삼위일체 하나님의 작품이라는 것을 가르쳐 줍니다.

둘째, 인간 창조 또한, 삼위일체 하나님의 작품입니다. 창세기 1:26을 보면 "하나님이 이르시되 우리의 형상을 따라 우리의 모양대로 우리가 사람을 만들고 그들로 바다의 물고기와 하늘의 새와 온 땅과 땅에 기는 모든 것을 다스리게 하자"라고 말씀합니다. 여기서 사용된 '우리'라는 단어는 복수를 의미합니다. 그러므로 단수와 복수의 차이점을 고려하고, 그러한 복수의 협동을 바라볼 때 인간 창조는 삼위일체 하나님의 작품임을 알 수 있습니다.

셋째, 삼위일체 하나님은 공동 원인들(co-causes of effects)로 결합하여 역사하셨습니다.[3]

이사야 63:8-10에서는 이스라엘의 언약의 하나님, 임재의 사자, 이스라엘의 반역으로 인해 근심하시는 주의 성령이 나옵니다. 그리고 성부와 성령의 결합을 보여 주는 구절들로는 출애굽기 31:1-3과 민수기 11:25; 사사기 3:10이 있습니다. 성부와 '지혜'로 의인화된 말씀의 결합을 보여 주

---

3 J. D. Douglas 외 6인, 『새성경사전』, 797.

는 구절들로는 잠언 8:22과 욥기 28:23-27이 있습니다. 이를 볼 때 성부 하나님은 성자, 성령님의 결합을 통해 이 세상을 창조하시고 통치하시며 복을 주시는 분임을 알 수 있습니다.

넷째, 삼위일체의 하나님은 구속사에서 더욱 분명하게 나타납니다.

이사야 7:14, 9:6에는 메시아의 탄생, 승리, 통치에 대한 예언이 나옵니다. 그 구절들을 살펴보면 그(예수님)는 임마누엘, 기묘자, 모사, 전능하신 하나님, 영존하시는 아버지, 평강의 왕이라는 신성한 명칭으로 불리울 뿐만 아니라 신적인 존귀함과 신적인 권능을 부여받습니다.

그래서 그는 신적인 구원을 베풀고 오직 하나님께만 돌려야 할 존경과 영광과 찬양을 받습니다. 이사야 11:2, 42:1, 61:1에서는 하나님께서 하나님의 영(the Spirit of God)을 그리스도께 보내셔서 메시아가 사역하실 수 있도록 준비시키는 모습이 나옵니다. 요엘 2:28; 이사야 32:15과 에스겔 36:26-27에서는 하나님께서 성령을 그의 백성에게 주셔서 구속 사역을 준비시키는 모습을 볼 수 있습니다.

다섯째, 삼위일체 하나님은 아론의 삼중적인 축복에서 발견할 수 있습니다. 민수기 6:24-26을 보면 "여호와는 네게 복을 주시고 너를 지키시기를 원하며 여호와는 그의 얼굴을 네게 비추사 은혜 베푸시기를 원하며 여호와는 그 얼굴을 네게로 향하여 드사 평강 주시기를 원하노라 할지니라 하라" 여기서 성부 하나님은 복을 주시는 분, 성자 예수님은 은혜를 베푸시는 분, 성령 하나님은 평강을 주시는 분이라는 것을 의미합니다.

이와 병행되는 신약의 고린도후서 13:13에 "주 예수 그리스도의 은혜와 하나님의 사랑과 성령의 교통하심이 너희 무리와 함께 있을지어다"라고 말씀하는 것을 볼 때, 이는 신약의 사도적 축복의 원형이라고 할 수 있습니다.[4]

---

4 Ibid., 797.

3) 삼위일체의 성경적 배경(신약)

신약에서 삼위일체 하나님을 묘사한 구절들을 찾는 것은 구약보다 훨씬 쉬운 일입니다.

첫째, 수태 고지에서 찾을 수 있습니다. 수태 고지는 성육신의 관점에서 매우 중요한 사건입니다. 누가복음 1:35을 보면 "성령이 네게 임하시고, 지극히 높으신 이의 능력이 너를 덮으시리니 이러므로 나실 바 거룩한 이는 하나님의 아들이라 일컬어지리라"는 천사의 수태 고지가 나옵니다. 성부와 성령께서는 성자 예수님의 성육신에 역사하신 것을 알 수 있습니다.

둘째, 그리스도의 침례를 통해 알 수 있습니다. 마태복음 3:16-17을 보면 성자는 침례를 받으시고, 성령은 비둘기같이 임하시고, 성부는 하늘로부터 자신의 아들이라는 선포를 하시는 모습은 명백히 삼위일체 하나님의 모습을 보여 줍니다.

셋째, 예수님의 가르침을 통해 알 수 있습니다. 요한복음 14:7, 9-10, 16-26을 보면 예수님은 성부가 자신을 보내셨고, 자신은 성부를 계시하며, 성부께 성령을 보내 달라고 요청하시는 모습이 나옵니다. 이런 삼위일체의 협동의 모습은 하나님이 세상을 이처럼 사랑하시는 일에 최선을 다하시는 모습을 보여 줍니다.

넷째, 예수님의 대위임령을 통해 알 수 있습니다. 마태복음 28:19-20을 보면 "그러므로 너희는 가서 모든 민족을 제자로 삼아 아버지와 아들과 성령의 이름으로 침례를 베풀고 내가 너희에게 분부한 모든 것을 가르쳐 지키게 하라 볼지어다 내가 세상 끝날까지 너희와 항상 함께 있으리라 하시니라"고 말씀합니다. 이 말씀을 보면 세 인격의 일치를 찾아 볼 수 있으며, 삼위일체가 이보다 더 명백하게 표현된 구절을 찾기는 어렵습니다.

다섯째, 복음서 외의 다른 신약에서도 찾아 볼 수 있습니다. 사도행전 2:33을 보면 "하나님이 오른손으로 예수를 높이시매 그가 약속하신 성령을 아버지께 받아서 너희가 보고 듣는 이것을 부어 주셨느니라"라는 베드로의 설교가 나옵니다. 베드로는 오순절의 역사를 설명하면서 그것이 삼위일체 하나님의 역사임을 증거하고 있습니다. 이런 역사를 통하여 교회가 세워졌는데, 그것이 함의하는 바는 교회가 삼위일체의 교리 위에 세워졌다는 점입니다. 고린도전서 12:4-6을 보면 성령의 "은사는 여러 가지나 성령은 같고, 직임은 여러 가지나 주는 같으며, 또 사역은 여러 가지나 모든 것을 모든 사람 가운데서 이루시는 하나님은 같으니"라고 말씀합니다. 다양한 은사, 다양한 직임, 다양한 사역은 동일한 성령, 동일한 주, 동일한 하나님을 위한 것이라고 말합니다.

고린도후서 13:13에서는 "주 예수 그리스도의 은혜와 하나님의 사랑과 성령의 교통하심이 너희 무리와 함께 있을지어다"라는 바울의 축도가 나옵니다. 이는 위에서 언급한 바 있는 아론의 축도와 동일한 연장 선상에 있다고 할 수 있습니다. 베드로전서 1:2에서는 "곧 하나님 아버지의 미리 아심을 따라 성령이 거룩하게 하심으로 순종하고 예수 그리스도의 피 뿌림을 얻기 위하여 택하심을 받은 자들에게 편지하노니 은혜와 평강이 너희에게 더욱 많을지어다"라고 말씀합니다. 즉 구원이라고 하는 것은 삼위일체 하나님의 협력 속에서 이루어진다는 것을 알려 줍니다.

이처럼 삼위일체 하나님 교리는 신약 교회의 핵심 신앙이자 고백입니다. 비록 성경에는 삼위일체라는 단어가 나오지 않지만, 삼위일체 교리는 성경적이며, 누구에게도 양보할 수 없는 귀중한 교리입니다.

4) 삼위일체의 진정한 의미

삼위일체의 교리처럼 오해받는 교리는 없습니다. 왜냐하면, 삼위일체의 개념은 적절히 설명하기 어려울 뿐만 아니라 그러한 설명을 위한 다양한 시도가 많은 오해를 불러 일으키기 때문입니다.

첫째, 다양성 가운데의 통일성입니다.

삼위일체 교리의 핵심은 하나님이 본질에 있어서는 한 분이시나 그 안에 세 위격이 존재한다는 것입니다. 한 하나님은 통일성을, 세 위격은 다양성을 보여 줍니다. 이런 세 위격의 존재는 세 가지의 양식(mode) 혹은 형태로 나타납니다. 그러다 보니 여기서 많은 오해가 발생합니다. 대표적인 오해가 양태론(modalism)입니다.

예를 들어 물은 액체인데, 얼면 고체가 되고, 수증기가 되면 기체가 됩니다. 또 다른 예는 한 남자가 아내와 같이 있을 때는 남편이 되고, 자녀와 함께 있을 때는 아버지가 되고, 부모와 같이 있을 때는 아들이 되는 것과 같다고 설명하는 식입니다. 보이는 형태에 따라 다르게 나타날 뿐 본질은 같은 것이라고 설명합니다.

이런 양태론을 하나님께 적용하면 하나님이 하늘에 계실 때는 성부로 계셨고, 이 땅에 구속주로 오셨을 때는 성자로 계셨고, 예수님이 승천하신 후에는 성령으로 계신다고 주장하는 것과 같습니다. 이런 오해는 삼위일체가 가지고 있는 신비로움 때문에 연유한다고 볼 수 있지만, 그렇다고 하여 삼위일체를 양태론으로 설명해서는 안 됩니다.

여기서 삼위일체에 사용되는 용어를 알아볼 필요가 있습니다. 삼위일체에 대해 "하나의 본체에 대해 세 개의 위격"(one substance and three persons)이라는 표현을 사용할 수 있습니다.[5] 여기서 본체는 그리스어로 '우시아'(*ousia*)라 하며 본질로, 위격을 그리스어로 '하이포스타시스'(*hypostasis*)라 하고 실체라고 번역하기도 합니다. 이런 본질을 나타내는 단어로 '호모우시오스'(*homoousios*)라는 그리스어가 있습니다. 이 단어의 뜻은 '동일 본질'이라는 뜻입니다. 즉 성부의 본질과 성자의 본질은 동일하다는 의미입니다.

---

5 Tertullian은 삼위일체의 올바른 이해를 위해 "하나의 본체에 세 개의 위격"이라는 표현을 제안했다. Justo L. Gonzalez, 『초대 교회사』, 엄성옥 역 (서울: 은성출판사, 2010), 140.

왜 이런 본질 이야기가 나왔을까요?

그것은 아리우스가 아버지와 아들의 본질적인 동일성은 어떠한 경우를 막론하고 있을 수 없으며, 아들은 하나님이라고 부를 수 있지만 그의 신성을 속성에까지 연장시킬 수는 없고, 따라서 그의 신성은 하나님의 은총에 의해서 수여되었다고 주장했기 때문입니다. 하지만 니케아 공의회는 본질이나 영광에 있어 성자 예수님은 성부 하나님과 조금도 다르지 않은 동일한 본질(*homoousios*)을 지니신 하나님이라는 '니케아 신조'(Nicene Creed)를 채택했습니다. 이것은 성령 하나님에게도 동일하게 적용할 수 있습니다. 그러므로 삼위일체의 교리는 3가지 양식이라는 다양성과 동일 본질이라는 통일성이라는 관점에서 이해되어야 합니다.

둘째, 위엄에 있어서의 평등입니다.

삼위들은 본질과 존귀와 위엄에 있어 완전히 평등합니다. 성부 하나님은 제1위의 본질을 가지고 계시며 이 자격은 영원 전부터 소유하고 계십니다. 굳이 그 자격을 성경에서 찾자면 성부는 천지창조 이전부터 존재하셨고, "하늘과 땅에 있는 각 족속에게 이름을 주신"(엡 3:14-15) 분이시기 때문입니다.

성자는 성부와 본질과 존귀와 위엄에 있어 완전히 동등하십니다. 요한복음 5:17-18을 보면 "예수께서 그들에게 이르시되 내 아버지께서 이제까지 일하시니 나도 일한다 하시매 유대인들이 이로 말미암아 더욱 예수를 죽이고자 하니 이는 안식일을 범할 뿐만 아니라 하나님을 자기의 친아버지라 하여 자기를 하나님과 동등으로 삼으심이러라"는 말씀이 나옵니다.

예수님은 성부와 자신을 동등한 분이라고 주장하셨고, 그러한 동등됨을 이해할 수 없었던 유대인들은 예수님을 죽이려고 했습니다. 하지만 '여호와의 증인'은 아리우스와 마찬가지로 예수님의 선재성이 성부 하나님과 동등하다는 것을 인정하지 않으며 "종이 주인보다 크지 못하고 보냄을 받은 자가 보낸 자보다 크지 못하다"(요 13:16)라는 말씀에 기초하여 성자 예수님을 피조물로 보고 있으며 성부 하나님보다 열등한 존재라고 말합니다.⁶ 하지만 그것은 위에서 언급한 삼위일체를 양태론의 입장에서 파악하다 보니 생기는 오류라고 할 수 있습니다.

성령 하나님은 고린도전서 2:10-11을 보면, "성령은 모든 것 곧 하나님의 깊은 것이라도 통달하시느니라…… 하나님의 일도 하나님의 영 외에는 아무도 알지 못하느니라"라고 말씀합니다. 성령은 하나님의 모든 것을 아시는데, 이것은 하나님의 존재의 가장 깊은 본질에 계신 바로 하나님 자신이라는 의미를 가지고 있습니다. 왜냐하면, 본인이 아니라면 자신의 모든 것을 알 수는 없기 때문입니다.

이 모든 것을 종합하면 삼위 하나님은 본질과 존귀와 위엄에 있어서 평등하다는 성경의 가르침을 확인할 수 있습니다.

셋째, 활동에 있어서의 개별성입니다.

삼위일체의 하나님은 각 위격의 기능들에 있어서 개별성이 존재합니다. 이런 기능들의 개별성으로 인해 삼위 간의 종속적 관계가 수반됩니다. 성부가 첫째이시고 성자는 둘째이시고 성령은 셋째이십니다. 그렇다고 하여 이런 종속성이 본질에 있어서의 종속성은 아닙니다. 이런 활동에 있어서의 차이를 '성부는 성자를 통해 성령에 의해 역사한다'고 공식화할 수 있으며, 그런 이유는 성자 예수님은 "아버지는 나보다 크심이니라"(요 14:28)고 말씀하시기 때문입니다.

성부가 성자를 보내시는 것과 마찬가지로 성자는 성령을 보내십니다. 성부를 드러내는 것이 성자의 직무인 것처럼 성자를 드러내는 것이 성령의 직무입니다. 이런 직무를 보여 주는 구절로서 "그가 내 영광을 나타내리니 내 것을 가지고 너희에게 알리시겠음이라"(요 16:14)라는 구절을 예로 들 수 있습니다. 위에서 언급한 바와 같이 '여호와의 증인'은 이런 기능상의 차이를 삼위 간의 우등과 열등의 관계로 파악합니다. 그래서 성자 예

---

6 The Watchtower Announcing Jehovah's Kingdom-1961, What Does the Bible Teach About the Divinity of Christ, https://wol.jw.org/en/wol/d/r1/lp-e/1961681 (3/21/2020 accessed).

수님을 피조물로 인식하고 열등한 존재라고 하는데 그것은 삼위일체 교리에 대해서 평등하지 못한 인간 사회의 관점으로 보는 극히 인간적인 접근방식이라고 할 수 있습니다.

결론적으로 삼위일체의 진정한 의미를 파악하기 위해서는 화목이라는 신학적 개념을 이해하는 것이 필요합니다. 즉 초대 그리스도인들은 성부 하나님과 화목하게 하기 위한 성자 예수님의 대속의 역사로 말미암아 성부 하나님과 화목하게 되었고, 성령 하나님을 체험함으로써 그 화목이 전달되고 유지된다는 것을 알고 있었습니다.[7] 이것은 삼위일체라는 교리가 되기 전에 이미 그들은 경험으로 알고 있는 사실이었으며, 그러한 사실을 신앙으로 보존하고 전수하기 위해 삼위일체라는 교리로 공식화한 것입니다. 우리는 다양성 가운데 통일성, 위엄에 있어서 평등성, 활동에 있어서 개별성을 고려할 때 진정한 삼위일체 교리의 진수를 맛볼 수 있습니다.

5) 삼위일체의 적용

삼위일체의 교리는 단지 사변적이거나 신학을 위한 것만이 아니라 현실 가운데에서 적용할 수 있는 교리이기도 합니다. 삼위일체의 교리를 적용하기 위해서 아래의 여러 속성을 기억하시면 좋습니다.

첫째, 다양성(diversity)을 인정해야 합니다. 삼위일체의 하나님은 이런 다양성을 인정하는 모습을 보여 줍니다. 예를 들면 성부는 계획(plan)하시고, 성자는 창조(create)하시고, 성령은 운영(maintain)하시는 모습을 보이십니다. 이런 모습은 우리 인간의 삶에 다양성이 얼마나 중요한지를 보여 줍니다. 이런 다양성은 여러 분야에 적용할 수 있습니다. 생명의 다양성, 생각의 다양성, 행동의 다양성 등과 같은 것입니다. 하나님은 이 우주 만물

---

[7] J. D. Douglas 외 6인, 『새성경사전』, 799.

에 다양한 생명체를 창조하셨습니다. 과학자들은 지금까지 발견되지 않은 생물까지 약 1,000만 종 이상의 생물이 지구상에 존재할 것으로 추정하고 있습니다. 자연은 단조로운 동일성이나 획일적인 형태가 아닌 다양성을 가지고 있습니다. 또한, 인간의 생각은 다 똑같지 않습니다. 행동도 다 다릅니다. 이런 다양성을 고려한다면 인종 차별, 성차별, 신분 차별과 같은 것은 하나님의 삼위일체의 관점에서 볼 때 다양성을 반영하지 못한 잘못된 행위라는 것을 알 수 있습니다.

둘째, 정체성(identification)을 가져야 합니다.

이런 정체성을 이해하기 위해 두 단어를 사용할 수 있습니다. 하나는 내재적 삼위일체(immanent trinity)이며 다른 하나는 경세적 삼위일체(economic trinity)입니다. 내재적 삼위일체는 삼위의 내적 관계를 존재론적으로 표현한 단어입니다. 삼위의 내적 관계가 삼위가 존재하는 방식이라는 것입니다. 뒤집어서 표현하자면 삼위가 존재하기 위해서는 내적으로 관계해야만 한다는 것입니다. 존재 방식이 내적 관계에 의존하고 내적 관계가 존재 방식을 결정하는 것은 삼위일체가 얼마나 신비한 교리인가를 알려 줍니다.

경세적 삼위일체는 삼위의 행위를 행위론적으로 표현한 단어입니다.[8] 그리고 경세적 삼위일체는 삼위가 역사 속에서 행하신 구체적인 행위를 섭리라고 하고 그러한 섭리를 통해 삼위일체를 이해하는 방식입니다. 이런 섭리는 구체적이어서 삼위 하나님의 각 하나님을 구체적으로 경험할 수 있고 인식할 수 있습니다.

그렇기 때문에 경세적 삼위일체의 관점에서만 하나님을 파악하려는 시도를 하기 쉽습니다. 그러한 시도는 양태론과 같은 오해를 낳기 마련입니다. 왜냐하면, 내재적 삼위일체는 이해하기 어렵고 신비롭기 때문입니다. 그러므로 삼위일체의 진정한 의미를 알기 위해서는 경세적 삼위일체에 기

---

[8] 경세적 삼위일체를 경륜적 삼위일체라고도 하는데, 우주 만물과 역사를 창조하고 경영하는 주체로서의 섭리를 강조하는 단어이다.

초하여 내재적 삼위일체의 의미를 이해하려고 노력하는 것이 좋습니다. 즉 하나님의 활동은 그의 존재를 전제하고 있기 때문에 내재적 삼위일체와 경세적 삼위일체는 분리되지 않습니다. 그런 관계로 하나님의 존재 방식과 행동 방식이 서로 상호 의존적이라고 할 수 있습니다. 그러므로 이 둘 모두를 고려하는 것이 신비로운 삼위일체의 진정한 의미를 이해하는 열쇠라고 할 수 있습니다.

또한, 이런 심오한 삼위일체의 교리를 삶에 적용하기 위해서는 나의 행동이 나의 존재를 입증하는 삶을 살아야 합니다. 내가 행하는 행동 하나하나가 나의 정체성을 드러내기 때문에 매일매일 하나님의 영광을 위해서 살고 있는지 반문하며 조심스러운 삶을 살아야 합니다. 왜냐하면, 우리는 하나님의 형상으로 지어진 사람으로서 그 사람의 존재 방식에 어긋나는 일이 없도록 삶을 살아야 하기 때문입니다.

셋째, 공동체성을 가져야 합니다.

삼위일체의 교리는 이런 공동체성을 보여 줍니다. 이런 공동체성의 의미를 알기 위해 삼위 간의 연합적 친교의 모습을 나타내는 단어인 '페리코레시스'(*perichoresis*)⁹라는 단어를 살펴볼 필요가 있습니다. 이 단어는 주위(around)라는 뜻을 가진 '*peri*'라는 단어와 '공간을 만들다'(to make room for), '전진하다'(go forward), '포함하다'(contain)라는 여러 가지 뜻을 가진 '*chorein*'의 합성어입니다.

즉 삼위 하나님은 각각 완전한 신이시지만 독립적으로 존재하는 것이 아니라 언제나 상호 내주하시는 연합체 혹은 공동체로서 존재하신다는 것을 의미하는 단어입니다. 그렇기에 항상 함께 협력하여 일하시는 것을 볼 수 있습니다. 또한, 삼위의 하나님은 서로 교제하심으로써 이런 공동체성의 모습을 보여 줍니다. 공동체성의 기초는 바로 이런 자발적인 교제(fel-

---

9 *Perichoresis*는 그리스어이며, 라틴어로는 *circumincessio* 또는 *circuminsessio*로서, 상호내주(mutual indwelling, co-inherence) 또는 상호침투(interpenetration)를 의미한다.

lowship)에 있습니다.

삼위의 하나님은 창조 전부터 하나님 안에서 교제했으며, 창조 후에는 그의 피조물들과도 교제하기를 원하셨습니다. 하나님께서 인간들을 구속하기 위해 이 땅에 오신 것은 이런 교제를 보여 주시기 위함이었습니다. 하나님은 죄 지은 인간과 교제하기 위해 자신의 교제의 범위를 낮추셨습니다. 그러므로 이런 공동체성을 우리 삶 가운데 적용하기 위해서는 이런 교제의 정신을 배워야 합니다.

이런 교제를 '코이노니아'(koinonia)라는 말로 표현할 수 있습니다. 이 말은 성찬(communion)이나 교제(fellowship)를 의미하는 그리스어로서 선물을 제공하고, 수집하고, 배분하는 일에 참여한다는 의미를 지니고 있습니다. 이런 참여에 있어 '디아코니아'(diakonia)의 정신이 필요합니다. 이 단어는 원래 가난한 사람을 위한 교회의 자선 활동이라는 의미를 지니고 있습니다. 이런 자선 활동을 위해서 섬김과 봉사의 정신이 요구됩니다. 그러므로 개인의 독립성이나 자율성을 지나치게 강조하는 삶의 방식은 지양되어야 하며 공동체의 유익을 위한 삶이 요구된다고 하겠습니다.

넷째, 통일성(unity)을 지향해야 합니다.

삼위일체의 교리는 한 분 하나님을 의미한다는 면에 있어서 하나라는 숫자에 큰 의미를 둔 것처럼 이해되지만, 세 위격이 상호 내재하며 연합된 공동체적 하나님을 의미한다고 할 수 있습니다.

여기서 중요한 개념이 바로 통일성이라는 개념입니다. 즉 하나님은 세 분이시면서 하나로 연합된 완전한 공동체를 이루시는 분입니다. 그것은 대립과 분열을 의미하는 것이 아니라 질서와 연합을 의미합니다. 이런 질서와 연합이라고 하는 통일성을 지니고 있으며 그것이 삼위 하나님의 존재 방식임을 잊지 말아야 합니다.

이런 통일성을 개인의 삶 속에 적용하자면 매일매일의 삶 속에서 질서와 연합을 도모해야 합니다. 하나님과 인간, 자연과 인간, 인간과 인간 사이의 질서와 연합을 고려해야 합니다. 나 자신만을 위한 생각과 행동보다는 하나님, 자연, 그리고 인간과의 관계 속에서 그들을 고려하며 사랑하는 모습을 보여야 합니다. 특히 하나님과 관련하여 하나님을 삶 속에서 배제하는 삶의 방식, 자연과 관련하여 무분별한 개발과 과다한 자원 사용, 인간과 관련하여 경제적인 착취와 차별은 이런 통일성의 관점에서 하지 말아야 하는 일들입니다. 이런 통일성을 교회에 적용하자면, 교회를 이루는 각 구성원들의 다양성을 인정함과 동시에 한 몸으로서 통일성을 이루어가는 것이 중요합니다. 왜냐하면, 교회는 그리스도를 머리로 하는 공동체이기 때문입니다.

6) 결론

사실 삼위일체의 교리가 어렵기 때문에 사람들은 그것을 이해하려 하지 않거나 적용하려 하지 않는 경향이 있습니다. 하지만 삼위일체의 교리는 인류가 발견한 교리 가운데에 가장 힘이 되는 교리라고 할 수 있습니다. 왜냐하면, 삼위 하나님은 지금도 우리 인간과 교제하기를 원하시기 때문입니다.

그러므로 삼위일체의 교리를 그냥 사변적으로만 이해할 것이 아니라 매일매일의 삶 가운데에 적용하는데 최선을 다해야 합니다. 비록 죄로 말미암아 하나님과의 교제가 끊어졌지만, 삼위 하나님의 속성인 다양성을 인정하고, 정체성을 확인하며, 공동체성을 함양하고, 통일성을 지향하는 삶을 산다면, 끊어진 하나님과의 교제가 회복되고 삼위일체 하나님의 능력과 지혜와 은총을 경험할 수 있으리라 생각합니다.

2. 성령님도 하나님이신가요?

> (지) (고전 2:10) 오직 하나님이 성령으로 이것을 우리에게 보이셨으니 성령은 모든 것 하나님의 깊은 것까지도 통달하시느니라
> (정) (롬 8:26) 이와 같이 성령도 우리의 연약함을 도우시나니 우리는 마땅히 기도할 바를 알지 못하나 오직 성령이 말할 수 없는 탄식으로 우리를 위하여 친히 간구하시느니라
> (의) (요 16:8) 그가 와서 죄에 대하여, 의에 대하여, 심판에 대하여 세상을 책망하시리라

위에서 살펴본 바와 같이 삼위일체 교리는 성령도 한 위격을 담당하는 하나님이시라는 것을 가르쳐 줍니다. 하지만 삼위일체 교리는 이해하기 어렵습니다. 그러다 보니 삼위일체 교리의 본질을 이해하려고 노력하기보다는 자신이 원하는 방식대로 이해하려는 사람들이 적지 않습니다. 그중의 하나가 바로 여호와의 증인입니다. 그들은 삼위일체 교리를 받아들이지 않으며 특히 성령님의 존재를 인정하지 않습니다. 즉 성령님을 인격체가 아닌 하나의 활동력(power) 혹은 힘(force)이라고 생각합니다.

그렇다면 정말 성령님도 하나님이신가요?

우리가 보통 한 인격체를 정의할 때에 지정의의 인격이라는 표현을 많이 씁니다. 사실 인격이라고 하는 것은 지적 부분, 정적 부분, 의지적 부분은 물론 더 복잡한 부분이 존재합니다. 하지만 여기서는 먼저 편의상 지정의의 부분을 살펴보면서 왜 성령님이 인격을 가지신 하나님이신가를 살펴보겠습니다.

1) 지적 활동 때문이다

성령님이 활동력이나 힘이 아닌 첫 번째 이유는 성령님께서 지적 활동을 하시기 때문입니다. 요한복음 14:26을 보시면 성령님께서 가르치시고 내가 너희에게 말한 모든 것을 생각나게 하신다고 말씀합니다. 또한, 성령님께서는 하나님의 모든 사정을 알고 계십니다. 고린도전서 2:11을 보면, "사람의 일을 사람의 속에 있는 영 외에 누가 알리요 이와 같이 하나님의 일도 하나님의 영 외에는 아무도 알지 못하느니라"고 말씀합니다. 이런 전지성은 사람에게도 적용되는데, 사도행전 5장에는 베드로가 아나니아와 삽비라에게 "성령을 속이고 땅값 얼마를 감추었느냐"며 책망하는 장면이 나옵니다(행 5:3). 성령님께서는 인간의 마음을 모두 알고 계시기 때문에 성령님을 속일 수는 없습니다. 이런 전지성을 가진 성령님을 하나님의 권세가 미치는 범위 내에서의 하나의 활동력으로 파악하는 것은 성령님을 기능적으로 파악하려는 오해에서 비롯됩니다.

2) 정적 활동 때문이다

성령님께서는 지적 활동과 함께 위로, 사랑, 근심, 탄식과 같은 정적 활동을 수행하십니다. 요한복음 16:7을 보시면 위로하시는 성령님의 활동을 볼 수 있습니다. 또한, 성령님께서는 사랑하실 수 있으며(롬 15:30), 근심하실 수 있습니다. 그렇기에 사도 바울은 에베소 교인들에게 성령을 근심하게 하지 말라고 명령하고 있습니다(엡 4:30). 또한, 성령님께서는 우리가 마땅히 기도할 바를 알지 못하는 어려운 순간에도 말할 수 없는 탄식으로 우리를 위해 친히 간구하십니다(롬 8:26). 즉 성도가 고난을 당할 때 하나님의 구원을 완성시키기 위해 간절한 탄식으로 도우십니다.

그러므로 이런 성령님의 간구를 하나의 활동력과 힘으로 보는 것은 굉장히 이상한 일입니다. 성령님의 간구는 확실히 성령님께서 인격을 가지신 분이라는 것을 보여 줍니다.

3) 의지적 활동 때문이다

고린도전서 12장은 은사장이라고 할 정도로 성령의 은사에 대해 자세히 밝혀 주고 있습니다. 사도 바울은 성령님께서는 그의 뜻대로 각 사람에게 나누어 주신다고 말씀합니다(고전 12:11). 즉 성령님께서는 자신의 의지대로 각 성도들이 교회를 섬길 수 있도록 은사를 주어 효과적으로 교회를 섬길 수 있도록 하신다는 것입니다. 이처럼 성령님께서는 자신의 의지를 확실하게 소유하고 계십니다. 그것을 좀 더 명확하게 알 수 있는 것은 사도 바울이 소아시아에 가서 선교하려고 할 때에 성령님께서는 이를 허락하지 않으시고 그를 마게도니아로 보내십니다. 이런 장면은 성령님께서 자신의 뜻과 의지를 가지고 계시다는 것을 확실히 보여 줍니다. 예수님 또한 성령님에게 이끌리어 시험을 받으러 광야에 나가셨습니다. 그러므로 이런 의지를 가지신 성령님을 단지 활동력으로만 보는 것은 성령님의 인격을 모욕하는 일임을 알아야 합니다.

4) 성령님에 대한 표현들은 의인화된 표현이 아니기 때문이다

여호와의 증인은 다음과 같은 성경에서 성령님에 대한 표현이 한 인격체가 아닌 하나님의 활동력임을 증명해 준다고 말합니다.

(눅 11:13) 성령을 주시지 않겠느냐
(행 2:38) 성령의 선물을 받으리니
(행 6:3) 성령과 지혜가 충만하여
(행 6:5) 믿음과 성령이 충만한
(행 7:55) 스데반이 성령 충만하여

(행 8:15) 성령 받기를 기도하니

(행 8:17) 그들에게 안수하매 성령을 받는지라

(행 8:19) 성령을 받게 하여 주소서

(행 9:17) 성령으로 충만하게 하신다 하니

(행 11:24) 성령과 믿음이 충만한

(행 13:9) 사울이 성령이 충만하여

(행 13:52) 기쁨과 성령이 충만하니라

(행 19:2) 성령을 받았느냐

(롬 9:1) 내 양심이 성령 안에서

(롬 14:17) 성령 안에 있는 의와 평강과 희락이라

(롬 15:13) 성령의 능력으로

(롬 15:16) 성령 안에서

(롬 15:19) 성령의 능력으로

(고전 12:3) 성령으로 아니하고는

(히 2:4) 성령이 나누어 주신 것으로써

(히 6:4) 성령에 참여한 바 되고

(벧후 1:21) 성령의 감동하심을 받은

(유 1:20) 성령으로 기도하며

여호와의 증인은 이런 표현들이 하나님의 보이지 않는 활동력으로써의 힘을 표현한다고 생각합니다. 성령님의 인격성을 표현한 구절들, 예를 들면 '돕는자', '성령이 탄식으로 우리를 위하여 친히 간구한다' 등의 표현들은 가인이 아벨을 죽였을 때 하나님께서 '아벨의 피가 내게 호소한다'라는 표현, '죄가 문에 엎드린다'는 표현, '돌들이 소리치게 할 것이다'와 같은 표현처럼 의인화된 표현이라고 주장합니다.

물론 위의 표현들이 성령님의 강력한 힘을 시사하는 것은 사실입니다. 하지만 그것은 성령님의 다른 인격적 사역들을 표현하는 다음과 같은 구

절들을 고려할 때 그러한 표현들을 의인화된 표현이라고 주장하는 것은 성령님의 인격성을 무시하는 것은 매우 편협한 주장입니다.

(창 6:3) 나의 영이 영원히 사람과 함께 하지 아니하리니
(요 15:26) 진리의 성령이 오실 때에 그가 나를 증언하실 것이요
(요 16:13) 진리의 성령이 오시면 그가 너희를 모든 진리 가운데로 인도하시리니
(행 8:29) 성령이 빌립더러 이르시되 이 수레로 가까이 나아가라 하시거늘
(행 13:4) 성령의 보내심을 받아
(롬 8:14) 무릇 하나님의 영으로 인도함을 받는 사람은
(롬 8:26) 성령도 우리의 연약함을 도우시나니… 성령이 말할 수 없는 탄식으로
(고전 2:13) 오직 성령께서 가르치신 것으로 하니
(고전 12:11) 이 모든 일은 한 성령이 행하사 그의 뜻대로 각 사람에게 나누어 주시는 것이니라
(계 22:17) 성령과 신부가 말씀하시기를 오라 하시는도다

위의 구절들은 확실히 성령님의 인격성을 보여 줍니다. 성령님께서는 함께 하시고, 증언하시며, 인도하시고, 중보하시며, 명령하시고, 사역자들을 보내시며, 가르치시며, 나누어 주시고, 말씀하시는 인격체이십니다. 물론 여호와의 증인들이 이야기하는 대로 강력한 힘을 행사하시고 성령님의 힘과 능력을 주십니다. 그러나 힘을 주시는 것만 강조해서 힘이나 활동력만으로 성령님을 정의한다면 그것은 다양한 능력을 가지고 계신 성령님의 인격을 모독하는 일입니다.

5) 예수님의 자기 정체성의 표현들은 성령님을 무시하는 것이 아니기 때문이다

여호와의 증인은 삼위일체 교리를 부정합니다. 그 이유는 예수님께서

자기 자신을 표현할 때 아버지와 예수님 둘 만 언급할 뿐 성령님을 언급하지 않았기 때문이라고 말합니다.

> (요 10:30) 나와 아버지는 하나이니라 하신대
>
> (요 17:3) 영생은 유일하신 참 하나님과 그가 보내신 자 예수 그리스도를 아는 것이니이다
>
> (요 17:26) 내가 아버지의 이름을 저희에게 알게 했고 또 알게 하리니

물론 이 구절들만 볼 때에는 예수님께서 자기 자신을 표현할 때 아버지만을 언급한 것은 사실입니다. 하지만 그것이 성령님의 존재를 부정하는 것은 아닙니다. 다른 구절들을 보면 예수님은 성령님에 대해 내 아버지의 약속하신 것(눅 24:49), 보혜사(요 14:16, 26, 15:26, 16:7), 진리의 영(요 14:17, 15:26, 16:13), 물과 생수(요 4:14, 7:38), 바람(요 3:8), 아버지의 성령(마 10:20), 하나님의 성령(마 12:28), 하나님의 손(눅 11:20), 주의 성령(눅 4:18)과 같은 다양한 표현들을 사용하십니다. 이런 표현들을 보면서 성령님을 활동력이라고 할 수는 없습니다.

6) 삼신론이 아니기 때문이다

여호와의 증인들은 삼위일체 교리를 대표하는 구절인 마태복음 28:19의 "아버지와 아들과 성령의 이름으로 침례를 주고"라는 표현은 그 셋을 단순히 언급하고 나열한 것뿐이지 셋이 한 몸이라는 사상을 전달하지 않는다고 주장합니다. 오히려 그것은 각각 다를 뿐 아니라 각각 중요한 역할을 한다는 점을 부각시키는 표현이라는 것입니다. 예를 들어 우리가 "아빠와 아들과 선물이 있다"고 할 때 누가 이 셋을 한 몸이라 생각할 수 있느냐는 것입니다. 이렇듯 성경 어디에도 셋이 실제 한 몸으로 이루어진 삼위일체 사상을 전달하는 내용은 없다는 것입니다.

그렇기에 그들은 유일하신 하나님을 삼위일체 교리로 이해하는 것은 이교적 전통의 영향을 받은 교리라고 봅니다. 즉 얼굴 셋 달린 삼신론은 고대 바빌론과 이집트 시대의 이교의 전통이며, 그 증거로 얼굴 셋이 달린 이교도들의 숭배 형상들이 많이 발견되었다는 것입니다. 그러다가 플라톤과 같은 그리스 철학자들의 삼위일체 개념이 점차 교회의 가르침 안으로 슬그머니 들어 왔으며 이교신을 숭배하던 로마가 자신들의 통치를 위해 그리스도교를 국교로 지정하면서 교리들의 많은 부분이 혼합되고 변질되기 시작했다고 말합니다. 따라서 삼신론을 삼위일체의 교리로 바꾸어 놓은 것은 잘못이라는 것입니다.

하지만 위에서 살펴본 바와 같이 삼위일체 교리는 삼신론이 아닙니다. 물론 삼위일체 교리의 확립에 호모우시우스(*homoousios*), 페리코레시스(*perichoresis*)와 같은 헬라 철학의 용어를 차용한 것은 사실입니다. 하지만 그것이 헬라 철학의 영향을 받은 증거는 될 수 없습니다. 왜냐하면, 삼위일체 교리는 성경 전체의 맥락과 교회사의 경험을 종합한 교리이기 때문입니다. 그렇기에 초대 교부 중에는 철학적 전문 용어를 의도적으로 피한 사람도 있습니다. 만일 그 당시 사용하던 언어가 헬라어가 아닌 다른 언어였다면 그 언어를 차용하여 삼위일체 교리의 개념을 설명했을 것입니다.

중요한 것은 성령님은 삼신론의 한 신이 아닌 삼위일체의 하나님이시라는 것입니다. 삼위일체의 교리가 이해하기 어렵다 하여 그것을 이해 가능한 방식으로 삼신론의 영향을 받았다고 주장하는 것은 잘못된 일입니다. 이것은 창조의 교리가 이해하기 어렵다 하여 진화론 혹은 유신론적 진화론으로 설명하려는 시도와 별반 다르지 않습니다.

7) 결론

성령님의 본질을 제대로 이해하는 것은 힘든 일입니다. 왜냐하면, 성령님은 신비로운 삼위일체의 하나님이시기 때문입니다. 하지만 그렇다고 해서 성령님을 자기만의 방식으로 이해하여 활동력이나 힘으로 규정짓는 우를 범해서는 안 됩니다. 성령님께서는 활동력이나 힘이 아닌 보혜사로서 우리와 늘 동행하시는 분이십니다. 그분은 지정의의 인격체로서 모든 믿는 자들 안에 계시고, 그리스도 안에서 우리를 새로운 창조물로 살아가게 하십니다. 그러므로 인격체이신 성령님께 민감하게 반응하며 성령님의 인도함을 따라 살아가려고 노력하는 것이 중요합니다.

3. 성령 침례[10]를 받아야만 하나요?

(욜 2:28-29) 그 후에 내가 내 영을 만민에게 부어 주리니 너희 자녀들이 장래 일을 말할 것이며 너희 늙은이는 꿈을 꾸며 너희 젊은이는 이상을 볼 것이며 그 때에 내가 또 내 영을 남종과 여종에게 부어 줄 것이며

(마 3:11) 나는 너희로 회개하게 하기 위하여 물로 침례를 베풀거니와 내 뒤에 오시는 이는 나보다 능력이 많으시니 나는 그의 신을 들기도 감당하지 못하겠노라 그는 성령과 불로 너희에게 침례를 베푸실 것이요

(행 1:5) 요한은 물로 침례를 베풀었으나 너희는 몇 날이 못되어 성령으로 침례를 받으리라 하셨느니라

(행 10:45) 베드로와 함께 온 할례 받은 신자들이 이방인들에게도 성령 부어 주심으로 말미암아 놀라니

(행 11:15) 내가 말을 시작할 때에 성령이 그들에게 임하시기를 처음 우리에게 하신 것과 같이 하는지라

(고전 12:13) 우리가 유대인이나 헬라인이나 종이나 자유자나 다 한 성령으로

---

10 한국 교회에서는 장로교 전통의 용어인 세례라는 단어를 많이 사용하지만, 원래 세례라는 용어는 침례(baptism by immersion)를 의미한다. 특히 성령 세례라는 단어는 물을 살수하는 행위를 연상시키기 때문에 성령님의 전인적 영향력을 표현하는데 한계가 존재한다. 왜냐하면, 세례는 물을 머리에 뿌리는 제한적인 것을 의미하지만 침례는 온 몸이 물에 잠기는 것을 의미하기 때문이다.

침례를 받아 한 몸이 되었고 또 다 한 성령을 마시게 하셨느니라

(딛 3:5) 우리를 구원하시되 우리의 행한 바 의로운 행위로 말미암지 아니하고 오직 그의 긍휼하심을 따라 중생의 씻음과 성령의 새롭게 하심으로 하셨나니

아마 기독교 내에서 성령 침례만큼 다양한 견해를 가지고 있는 이슈는 찾아보기 어렵습니다. 왜냐하면, 성령 침례에 대해 교단마다, 또 같은 교단에 속해 있어도 개인마다 자기만의 이해 방식이 다르기 때문입니다. 또한, 20세기의 오순절 운동과 같은 성령 운동의 확산으로 인해 교회론적으로도 성령 침례에 대한 다양한 이견이 존재합니다. 예를 들면 성령 침례가 무엇인지, 성령 침례는 누가 주는지, 성령 침례는 어떻게 받는지, 성령 침례의 증거는 무엇인지, 성령 침례의 목적은 무엇인지에 대해 다양한 견해를 가지고 있습니다. 게다가 성령 침례가 구원과 관련되면 논쟁은 더욱 격렬해집니다.

그렇다면 성령 침례를 꼭 받아야만 하나요?

1) 성령 침례는 성부 하나님의 약속과 관련된다

사실 성령 침례를 한마디로 정의하는 것은 쉬운 일이 아닙니다. 하지만 성령 침례는 삼위일체적 관점으로 이해할 수 있습니다. 예수님은 승천하시기 전에 누가복음 24:49에서 그의 사랑하시는 제자들에게 "볼지어다 내가 내 아버지의 약속하신 것을 너희에게 보내리니 너희는 위로부터 능력을 입혀질 때까지 이 성에 머물라"고 말씀하셨고, 사도행전 1:5에서 "요한은 물로 침례를 베풀었으나 너희는 몇 날이 못되어 성령으로 침례를 받으리라 하셨느니라"고 말씀하셨습니다.

예수님의 말씀대로 제자들은 예루살렘에 머무르며 성부 하나님의 약속하신 것을 기다렸습니다. 왜냐하면, 성부 하나님은 성령님의 강림을 이미 구약에서 약속하셨기 때문입니다. 요엘서 2:28-29에서는 다음과 같이 말

합니다.

(욜 2:28-9) 그 후에 내가 내 영을 만민에게 부어 주리니 너희 자녀들이 장래 일을 말할 것이며 너희 늙은이는 꿈을 꾸며 너희 젊은이는 이상을 볼 것이며 그 때에 내가 또 내 영을 남종과 여종에게 부어 줄 것이며

요엘 선지자는 하나님께 회개하고 주께 돌아온 하나님의 백성들에게 성령 강림에 대한 약속을 예언하고 있습니다. 또한, 성령 충만함을 받은 백성들은 예언을 하게 되고 꿈과 이상을 볼 것이라고 예언했습니다. 성서학자들은 오순절의 성령 강림을 요엘 선지자의 예언의 연장 선상에서 이해하고 있습니다. 그러므로 성령 침례는 이런 하나님의 약속이라는 관점하에서 바라보아야 합니다. 그러한 약속은 침례 요한과 예수님의 관계 속에서도 발견됩니다.

침례 요한은 자기 뒤에 오셔서 성령으로 침례 주실 분이 자기보다 얼마나 능력이 많은 분인가를 예언했습니다. 예수님께서 공생애를 위해 성령을 받으신 것처럼 사역을 앞둔 제자들도 성령을 받았습니다. 이처럼 성령 침례는 자신의 백성을 위한 성부 하나님의 약속과 관련됩니다. 그러므로 성령 침례는 선택이 아니라 필수라고 보아야 합니다. 성령 침례를 받지 못한다면 그것은 하나님의 예비된 백성이 아닐 수 있습니다. 그러므로 신자들은 성령 침례를 받아야 합니다.

2) 성령 침례는 성자 예수님의 죄 사함과 관련된다

성령 침례는 성자 예수님의 사역과 관련됩니다. 예수님의 본질적인 사역은 죄를 사하는 사역입니다. 이런 죄사함에 있어 성령 침례는 매우 중요한 역할을 합니다. 왜냐하면, 물침례가 죄사함을 상징하는 것이라면, 성령 침례는 죄사함을 구현시킨 것이라고 할 수 있기 때문입니다. 마가복음 1:4

을 보시면 "침례 요한이 광야에 이르러 죄사함을 받게 하는 회개의 침례를 전파하니"라고 말씀하고 있으며 마가복음 1:8에서 "나는 너희에게 물로 침례를 베풀었거니와 그는 너희에게 성령으로 침례를 베푸시리라"고 말씀합니다. 즉 침례 요한은 죄사함을 상징하는 물침례만을 베풀었으나, 예수님은 죄사함을 구현하는 성령 침례를 베푸셨습니다.

사도행전 2:38에서는 "베드로가 이르되 너희가 회개하여 각각 예수 그리스도의 이름으로 침례를 받고 죄사함을 받으라 그리하면 성령의 선물을 받으리니"라고 말씀하고 있으며, 사도행전 5:31-32에서는 "이스라엘에게 회개함과 죄사함을 주시려고 그를 오른손으로 높이사 임금과 구주로 삼으셨느니라 우리는 이 일에 증인이요 하나님이 자기에게 순종하는 사람들에게 주신 성령도 그러하니라 하더라"고 말씀합니다.

이와 같이 성경은 성령 침례를 예수님의 죄사함과 연관시키는 것을 알 수 있습니다. 사실 물침례는 죄로 더러워진 몸을 씻는다는 의미를 가지고 있으며, 죄로부터 정결해진 신자됨의 표시(sign)라고 할 수 있습니다. 이런 물침례의 기원은 구약의 정결 예식과 밀접한 연관이 있습니다.

> [레 14:7-9] 나병에서 정결함을 받을 자에게 [흐르는 물 위에서 잡은 새의 피를 찍어] 일곱 번 뿌려 정하다 하고 그 살아 있는 새는 들에 놓을지며 정결함을 받는 자는 그의 옷을 빨고 모든 털을 밀고 물로 몸을 씻을 것이라 그리하면 정하리니 그 후에 진영에 들어올 것이나 자기 장막 밖에 이레를 머물 것이요 일곱째 날에 그는 모든 털을 밀되 머리털과 수염과 눈썹을 다 밀고 그의 옷을 빨고 몸을 물에 씻을 것이라 그리하면 정하리라
>
> [레 17:15-16] 또 스스로 죽은 것이나 들짐승에게 찢겨 죽은 것을 먹은 모든 자는 본토인이거나 거류민이거나 그의 옷을 빨고 물로 몸을 씻을 것이며 저녁까지 부정하고 그 후에는 정하려니와 그가 빨지 아니하거나 그의 몸을 물로 씻지 아니하면 그가 죄를 담당하리라

레위기 14장의 나병 환자에 대한 정결 예식이나, 레위기 17장의 부정한 음식에 대한 정결 예식은 물침례의 필요성에 대해 언급하고 있습니다. 더러워진 육신의 몸을 씻는 물침례가 필요하다면 더러워진 영을 씻는 성령 침례는 반드시 필요할 것입니다. 요한복음 16:7-8을 보면 성령님은 죄에 대하여, 의에 대하여, 심판에 대하여 세상을 책망하시는 사역을 한다고 말씀합니다. 즉 죄인을 회개시키는 역할을 감당하십니다. 즉 물침례가 죄사함을 상징하는 의식이라면 성령 침례는 그러한 상징을 한 인격 속에 내면화시킨 것이라고 할 수 있습니다. 그러므로 예수님의 죄사함을 받기 위해서는 성령 침례가 절대적으로 필요하다고 할 수 있습니다.

3) 성령 침례는 성령 하나님의 거듭남의 사역과 관련된다

성령 침례는 죽은 자를 산 자로, 불신자를 신자로 만드는 성령님의 창조적인 사역입니다. 예수님은 요한복음 3:5에서 바리새인이자 유대인의 지도자였던 니고데모에게 "사람이 물과 성령으로 나지 아니하면 하나님의 나라에 들어갈 수 없느니라"고 말씀합니다. 니고데모는 자신이 율법을 지킴으로써 구원받을 수 있다고 생각했지만 예수님은 성령으로 거듭나야 구원을 받을 수 있다고 말씀합니다. 사람은 율법을 지킨다고 하여 구원받지 못하며 영적으로 죽어 있는 상태입니다. 그러므로 영적으로 구원받기 위해서는 성령님의 거듭남의 역사가 필요합니다.

이런 것을 보여 주는 선명한 예는 구약의 에스겔이 골짜기에서 보았던 마른 뼈에 대한 환상입니다. 에스겔은 골짜기의 무수히 많은 마른 뼈들이 하나님의 생기가 들어가니 뼈들이 연결되고 힘줄이 생기고 살이 오르며 살아나서 일어나 서서 큰 군대를 이루는 것을 목격했습니다(겔 37:1-14). 이 환상은 성령님의 영적으로 거듭나게 하시는 역사만이 죽어 있는 영혼을 살릴 수 있다는 것을 보여 줍니다. 그러므로 성령 침례는 당신의 생명을 주시며 다시 살아나게 하는 성령님의 역사입니다. 이런 역사의 과정을 디도서 3:5-7에서는 자세히 기록하고 있습니다.

> [딛 3:5-7] 우리를 구원하시되 우리의 행한 바 의로운 행위로 말미암지 아니하고 오직 그의 긍휼하심을 따라 중생의 씻음과 성령의 새롭게 하심으로 하셨나니 우리 구주 예수 그리스도로 말미암아 우리에게 그 성령을 풍성히 부어 주사 우리로 그의 은혜를 힘입어 의롭다 하심을 얻어 영생의 소망을 따라 상속자가 되게 하려 하심이라

이런 과정들을 살펴보면 성령님의 새롭게 하시는 거듭남의 역사가 없다면 인간은 구원받을 수 없다는 것을 알게 됩니다. 즉 삼위일체의 협력적인 사역이 다 중요하지만, 특히 성령님의 거듭남의 역사는 현재를 살아가는 우리에게 매우 소중하다고 할 수 있습니다. 그러므로 성령 침례는 거듭남을 위해 꼭 필요합니다.

4) 결론

성령 침례는 삼위일체적 사역의 관점으로 볼 때 매우 분명한 통찰력을 얻을 수 있습니다. 성령 침례와 성령 충만을 인위적으로 구분하거나, 성령 침례를 섬김을 위한 능력을 받는 것이라고 주장하거나, 침례를 성화라고 보거나, 회심 이후에 성령 침례를 받는다거나, 성령 침례를 원죄로부터 정결함을 받는 것으로 인식하거나 하는 성령 침례에 대한 논쟁은 이런 삼위일체적 사역의 범위를 벗어나면 안 됩니다.

우리가 단지 여기서 결론 내릴 수 있는 것은 성령 침례는 구원을 위해 꼭 필요한 것이고 모든 신자가 경험해야 하는 과정이라는 사실입니다. 그러므로 성령 침례에 대해 자신만의 신학으로 오해하지 말고 성령 침례를 통해 하나님의 은혜를 직접 체험하는 것이 중요합니다.

제7장

성경과 관련된 문제

1. 성경이 정말로 하나님의 말씀인가요?

[삼하 23:2] 여호와의 영이 나를 통하여 말씀하심이여 그의 말씀이 내 혀에 있도다

[딤후 3:16-17] 모든 성경은 하나님의 감동으로 된 것으로 교훈과 책망과 바르게 함과 의로 교육하기에 유익하니 이는 하나님의 사람으로 온전하게 하며 모든 선한 일을 행할 능력을 갖추게 하려 함이라

[히 4:12] 하나님의 말씀은 살아 있고 활력이 있어 좌우에 날선 어떤 검보다도 예리하여 혼과 영과 및 관절과 골수를 찔러 쪼개기까지 하며 또 마음의 생각과 뜻을 판단하나니

많은 사람이 성경은 좋은 책인 것은 알지만 성경이 정말로 하나님의 말씀인지에 대해서는 의심합니다. 성경은 약 1,500년의 기간 동안 50여 명의 인간 저자들이 쓴 글을 모은 책으로 시간의 차이 속에 오류가 발생할 수밖에 없고 다양한 저자에 의해 쓰여지고 편집되었기 때문에 성경 상의 오류가 많다는 것입니다. 이런 오류가 존재하는 한 그것을 하나님의 말씀이라고 보기 어렵다고 말합니다. 또한, 각 종교들은 자신들만의 경전들이

하나님의 말씀이라고 말합니다. 예를 들어, 이슬람에서는 신구약 성경은 변질되었으므로 알라의 말씀이 될 수 없으며, 꾸란만이 마지막 알라의 말씀이라 주장합니다. 이처럼 각 종교마다 자신들의 경전이 오류가 없는 신의 말씀이라고 말합니다.

그렇다면 성경은 정말로 하나님의 말씀인가요?

1) 성경은 자체적으로 하나님의 말씀이라고 증거한다

성경의 모든 말씀은 하나님의 말씀이라는 것을 성경 자체가 증거합니다. 디모데후서 3:16은 "모든 성경은 하나님의 감동으로 된 것으로 교훈과 책망과 바르게 함과 의로 교육하기에 유익"하다고 말씀합니다. 즉 성경은 하나님의 영감을 받은 말씀이라는 것입니다. 이에 대한 성경적 지지는 확고합니다(삼하 23:2; 막 12:36; 눅 1:70; 행 1:16, 3:18, 28:25; 롬 1:2, 3:2, 9:17; 고전 9:8-10; 히 1:1-2, 6-7; 벧후 1:20-21). 비록 글은 사람이 썼지만, 그 글은 하나님의 영감을 받았기 때문에 하나님의 말씀이라는 것입니다. 예를 들어, 한 신하가 왕의 명령을 받고 그것을 다른 이에게 전해 줄 때 '어명'이라고 말하면서 왕의 명령을 전달합니다.

그때 '어명'은 누구의 말이 됩니까?

그것은 신하의 말입니까?

마찬가지로 하나님께서 종종 선지자를 통해 말씀하실 때(왕상 14:18, 16:12, 34; 왕하 9:36, 14:25; 렘 37:2; 슥 7:7, 12), 선지자가 하나님의 이름으로 한 말은 곧 하나님의 말씀이 됩니다(왕상 13:21, 26, 21:19; 왕하 9:25-26; 학 1:12; 참조 삼상 15:3, 18). 그러므로 선지자의 말을 불신하거나 불순종하는 것은 하나님을 불신하고 불순종하는 것과 같습니다(신 18:19; 삼상 10:8, 13:13-14, 15:3, 19, 23; 왕상 20:35-36).

2) 성령의 영감을 받을 때 성경이 하나님의 말씀임을 확신한다

성경은 성령의 영감을 받은 하나님의 말씀이기에, 성령의 영감을 받으면 성경이 하나님의 말씀임을 확신할 수 있습니다. 바울은 고린도 교회에 보낸 편지에서 자신의 교훈이 성령의 가르치심으로 된 것이라고 설명합니다(고전 2:13). 이어서 "육에 속한 사람은 하나님의 성령의 일을 받지 아니하나니 저희에게는 미련하게 보임이요 이는 그것들이 그에게는 어리석게 보임이요, 또 그는 그것들을 알 수도 없나니 그러한 일은 영적으로 분별되기 때문이라"(고전 2:14)고 말씀합니다.

성경이 정말 하나님의 말씀임을 확신하는 것은 오직 성령께서 성경 말씀 안에서, 말씀을 통하여 우리 마음속에 말씀하실 때 성경이 정말로 하나님의 말씀이라는 내적 확신을 갖게 됩니다. 하지만 성령께서 역사하시지 않으면 누구라도 성경이 하나님의 말씀이라는 진리를 받아들일 수 없습니다.

3) 성경에 기초한 세계관의 우월성은 성경이 하나님의 말씀임을 증거한다

성경 자체가 성경은 하나님의 말씀이라고 주장하고, 성령의 영감을 받아 성경이 하나님의 말씀임을 확신할 수 있다고 해도, 그것은 기독교의 주장이지 타종교인이나 무신론자에게는 해당되는 것은 아니라고 생각할 수 있습니다. 그런데도 성경이 하나님의 말씀이라고 말하는 이유는 성경에 기초한 세계관이 다른 어떤 세계관보다 우월할 뿐만 아니라 현실 세계에 가장 잘 들어맞기 때문입니다. 이런 우월성은 다방면에 걸쳐 나타납니다. 그러한 우월성을 설명하는 다양한 시도 중의 하나가 웨스트민스터 신앙 고백(WCF-The Westminster Confession of Faith)입니다.

웨스트민스터 신앙 고백 1.5는 성경의 신적 권위의 증거들과 확신에 대해 다음과 같이 고백합니다.

우리는 교회의 증언에 감동되고 권유되어 성경을 높고 귀하게 여길 수 있을 것이다(딤전 3:15). 또한, 그 내용의 고귀함, 그 교리의 유효함, 그 문체의 장엄함, 그 모든 부분의 상호일치, (모든 영광을 하나님께 돌리는) 그 전체의 목적, 사람의 구원의 유일한 길을 충만히 발견케 함, 및 기타 비교할 수 없이 많은 탁월한 점들과, 그것의 전체적 완전성은 성경이 하나님의 말씀이라는 것을 풍성히 증거하는 증거들이다. 그런데도 그것의 무오한 진리와 신적 권위에 대한 우리의 완전한 납득과 확신은 우리 마음속에 그 말씀으로 그리고 그 말씀과 함께 증거하시는 성령의 내면적 사역으로부터 온다 (요일 2:20, 27; 요 16:13-14; 고전 2:10-12; 사 59:21; 고전 2:6-9).

성경은 그 내용의 고귀함, 교리의 건전성, 세상 어느 책과도 비교할 수 없는 장엄한 문체, 성경의 내적 일관성, 수많은 사람들의 삶의 변화, 인류 역사에 끼친 지대한 영향, 일일이 비교할 수 없이 많은 탁월함, 성경 전체적인 완전성 등은 성경을 하나님의 말씀이라고 주장해도 마땅합니다.

이처럼 성경에 기초한 세계관의 우월성은 성경이 하나님의 말씀임을 증거합니다. 세계관은 우주의 근원, 인간의 삶, 역사와 세상, 인식론의 문제와 같은 근본적 질문에 답할 수 있어야 합니다. 세상에는 많은 세계관이 있지만 이런 근본적 질문에 답할 수 있는 세계관은 많지 않습니다. 또한, 그러한 질문에 대해 적절한 답을 주는 세계관은 기독교 세계관이 유일하다고 할 수 있습니다.

4) 성경의 권위가 스스로를 하나님의 말씀이라 증거한다

성경은 이 세상 그 어떤 책보다도 권위가 있는 책입니다. 그러한 권위를 생각한다면 성경은 절대적인 권위를 가진 하나님의 말씀이라는 것을 증거합니다. 이런 절대적인 권위를 가지고 있기 때문에 더 높은 권위에 호소하여 성경이 하나님의 말씀이라고 증명받아야 하는 것이 아닙니다. 만일 성경이 하나님의 말씀이라는 것을 증명하는데 사용될 수 있는 더 높은 권위가 있다면, 그것은 성경을 하나님의 말씀이라고 증명해 준 그 권위에 종속되고 맙니다.[1] 성경의 권위는 그 어떤 권위보다 높기 때문에 인간의 이성이나 논리, 역사적 정확성이나 과학적 사실에 의존하지 않습니다. 성경은 스스로가 하나님의 말씀임을 증거하기 때문에 성경이 하나님의 말씀임을 믿을 수 있습니다.

성경을 하나님의 말씀이라고 생각한다면 여기에 주의해야 할 사항이 있습니다. 그것은 성경에 오류가 있다고 생각하거나, 성경에는 하나님의 말씀이 포함되어 있다고 생각해서는 안 된다는 것입니다. 이것을 영어로는 "The Bible is not the words of God, but the Word of God"이라고 표현할 수 있습니다. 종교 간의 화합을 주도하거나 관용주의를 실천하려고 하는 유혹은 성경이 하나님의 말씀을 포함하고 있다고 하는 생각을 갖게 만듭니다. 그것은 성경의 권위를 무시하는 처사이며 하나님을 모욕하는 일임을 알아야 합니다.

5) 결론

성경을 하나님의 말씀이 아니라고 말하는 사람들이 많습니다. 혹은 성경을 하나님의 말씀이 포함된 것이라 말하는 사람들도 있습니다. 그 이유는 성경에 오류가 포함되었다거나, 자신의 신념과 맞지 않기 때문이거나 하는 다양한 이유에서 비롯됩니다. 하지만 성경은 성경 그 자체로 권위를 가지며 다른 어떤 권위에 종속되지 않습니다. 그러므로 먼저 성경을 탐독해 보아야 합니다. 그런 주장을 하는 사람들은 성경을 읽지 않았거나 성경을 제대로 읽지 않았기 때문에 그런 주장을 하기 쉽습니다. 그러므로 성경을 탐독하면서 성경이 왜 하나님의 말씀인지를 깨닫는 것이 필요합니다.

---

1 Wayne Grudem, 『조직신학 (상)』, 노진준 옮김 (서울: 은성, 1997), 100.

2. 성경에는 오류가 없다는 것이 사실인가요?

> (사 40:8) 풀은 마르고 꽃은 시드나 우리 하나님의 말씀은 영원히 서리라 하라
> (마 5:18) 진실로 너희에게 이르노니 천지가 없어지기 전에는 율법의 일점일획도 결코 없어지지 아니하고 다 이루리라
> (시 19:7-8) 여호와의 율법은 완전하여 영혼을 소성시키며 여호와의 증거는 확실하여 우둔한 자를 지혜롭게 하며 여호와의 교훈은 정직하여 마음을 기쁘게 하고 여호와의 계명은 순결하여 눈을 밝게 하시도다
> (벧후 1:20-21) 먼저 알 것은 성경의 모든 예언은 사사로이 풀 것이 아니니 예언은 언제든지 사람의 뜻으로 낸 것이 아니요 오직 성령의 감동하심을 받은 사람들이 하나님께 받아 말한 것임이라

많은 사람은 성경에 오류가 없다는 사실에 대해 불편해 합니다. 왜냐하면, 성경을 보면 오류로 여겨지는 것들이 많아 보이기 때문입니다. 사실 성경의 오류에 대해서 이야기하는 것은 쉽지 않은 문제입니다. 왜냐하면, 대부분의 종교가 자신들의 경전에는 오류가 없다고 이야기하기 때문입니다.

그렇다면 어떤 경전이 정말로 오류가 없을까요?

경전마다 부딪히는 부분이 있기 때문에 어떤 경전이 맞다고 하면 다른 경전은 틀려야 합니다.

그렇다면 성경에는 오류가 없다는 것이 사실인가요?

1) 성경 무오설의 의미

성경의 무오설은 성경을 하나님의 말씀으로 믿으며, 성경이 정확 무오한 진리임을 믿는 것입니다. 여기서 분명히 해야 할 일은 성경 사본에 오류가 없다는 것이 아니라 성경 원본에 오류가 없다는 것입니다. 성경 사본들 간의 상이점이나 부정확한 점들을 발견할 수 있지만, 성경의 원본은 하

나님의 영감과 섭리로 인해 오류가 있을 수 없다는 것을 의미합니다. 웨스트민스터 신앙 고백 1.8에서는 그러한 점을 명확하게 밝혀 줍니다.

> (옛날 하나님의 백성의 모국어이었던) 히브리어로 된 구약 성경과, (기록될 당시 여러 나라들에 가장 일반적으로 알려져 있었던) 헬라어로 된 신약 성경은 직접 하나님의 영감을 받았으며 그의 독특한 배려와 섭리로 모든 시대에 순수하게 보존되었으므로 믿을 만하다(마 5:18).

성경의 일점일획도 결코 없어지지 않는다(마 5:18)고 말씀하신 예수님의 언명은 이런 성경 무오설을 뒷받침하고도 충분하다고 할 수 있습니다. 또한, 이 말씀은 축자 영감설을 뒷받침하는 중요한 구절이기도 합니다. 축자 영감설은 말 그대로 글자 한 글자까지라도 하나님의 영감으로 기록되었기 때문에 단 한 글자도 한 문장도 오류가 없다는 주장입니다.

이와 관련하여 축자 영감설을 포함한 성경 영감설의 종류를 알아보는 것이 좋습니다. 왜냐하면, 축자 영감설을 '기계적 영감설'로만 생각하려는 경향이 있기 때문입니다. '기계적 영감설'은 '문자 무오설', '문자 절대주의'라는 말로도 표현할 수 있습니다. 그러므로 축자 영감설을 '기계적 영감설'로 알고 있는 사람은 축자 영감설을 주장하는 사람을 '문자주의자', 아니면 '근본주의자'라고 생각할 수 있습니다. 왜냐하면, '기계적 영감설'이 성경 무오설에 대한 가장 보수적인 관점이므로 축자 영감설을 주장하면 사람들은 근본주의나 원리주의를 떠올리기 마련이기 때문입니다. 그래서 근본주의자나 원리주의자라는 말을 듣기 싫어서 축자 영감설이 아닌 다른 영감설이나 비평학을 취하려고 하는 유혹을 받는다는 것입니다.

미국 위키백과에서는 성령께서 성경의 집필에 있어 어떻게 역사하셨는지에 대한 구두 영감(verbal inspiration)에는 5가지 접근 방법이 있다고 말합니다.

(1) Verbal dictation theory
(2) Verbal plenary inspiration
(3) Intuition theory
(4) Partial inspiration
(5) Dynamic inspiration

여기서 축자 영감설을 의미하는 접근 방법을 고르라고 하면 축자라고 번역되어 있는 한국에서는 (1)의 의미를 가장 먼저 떠올리는 것 같습니다. 즉 '기계적 영감설'이라고 불리우는 것인데, 직역하자면 '구두 받아쓰기 이론'입니다. 그러나 축자 영감설은 (1)번부터 (5)번까지 모두 해당된다는 것을 알아야 합니다.

영감설의 종류를 영감의 성질에 관해서 분류하면, 기계적(Mechanical) 영감설, 역동적(Dynamic) 영감설, 유기적(Organic) 영감설 등으로 구분할 수 있습니다. 영감의 범위에 관해서 분류하면 부분적(Partial) 영감설, 사상적(Intuition/Thought) 영감설, 축자적(Verbal) 영감설 등으로 구분할 수 있습니다. 중요한 것은 성경의 무오설을 주장하려면 성령의 전적인 영감이 필요하다는 점입니다. 그런 면에 있어서 유기적 영감설이나 축자적 영감설이 여러 복음주의적인 교회에서 일반적으로 받아들여지고 있습니다.

굳이 위의 5가지 접근 방법 중 고르라고 한다면 (1)번과 (2)번이 가장 근접해 있으며, 인간 저자들의 개인적 배경, 개인의 기질, 문체 스타일을 존중하여 그들을 성경을 집필하는 도구로 사용하셨다는 유기적 영감설을 좀 더 선호하는 사람들은 (2) 구두 전체 영감(Verbal plenary inspiration)을 선호하는 것 같습니다.

이 축자 영감설이 주는 의미가 어디 있는지 살펴보는 것은 성경의 무오성의 개념을 이해하는데에 도움이 됩니다. 하나님은 본질적으로 선지자들에게 구두(verbal)로 자신을 계시하셨습니다. 이런 계시는 꿈이나 환상 가운데에서 이루어지기도 했는데, 루드윅 쾰러(Ludwig Koehler)는 '환상 가운데 주어진 계시도 또한 말로 된 계시이다"[2]라고 말합니다. 브루너는 "선지자들이 그들이 하나님으로부터 직접적으로 받았고 또 그들이 받은 그대로 반복하도록 위임받았다는 것으로 선포하는 하나님의 말씀 안에서……. 아마도 우리는 축자 영감설의 의미에 가장 밀접한 유사성을 발견할 수 있을 것이다"[3]라고 말합니다.

이런 축자 영감설이 의미하는 것은 성경의 집필 과정이 기계적으로 단순하게 받아 적는 것 이상을 의미한다는 사실입니다. 하나님은 성경의 저자들을 선택하고 예비시키시고 집필하게 하는 모든 과정에서 역사하셨습니다(렘 1:4-5; 갈 1:15). 그러므로 그들이 성경을 집필하는 과정에서뿐만 아니라 그들의 삶 전체에 영감하셨다는 것입니다.

또한, 하나님은 이 성경을 들을 백성들에게 구원의 지식을 전하기 위해 하나님께서 쓰기를 원하시는 것을 정확히 기록하도록 영감을 불어넣어 주셨다는 것을 의미합니다. 이런 하나님의 영감을 받아 집필했기에 그것을 '이론'(theory)이라고 하는 것은 잘못된 용어라고 할 수 있습니다.

이런 영감을 받아 집필한 성경에 대한 태도는 사도 바울의 태도와 같아야 합니다. 사도 바울은 사도행전 24:14에서 "나는 그들이 이단이라 하는 도를 따라 조상의 하나님을 섬기고 율법과 선지자들의 글에 기록된 것을 다 믿으며"라고 고백하고 있습니다. 또한, 데살로니가후서 2:15에서는 "형제들아 굳건하게 서서 말로나 우리의 편지로 가르침을 받은 전통을 지키라"고 권면합니다. 왜냐하면, 성경은 성령의 영감을 받은 책이기 때문입니다.

---

2 Ludwig Koehler, *Old Testament Theology* (London, UK: The Westminster Press, 1957), 103.
3 Emil Brunner, *Revelation and Reason* (London, UK: The Westminster Press, 1946), 122. n.9.

2) 성경 무오설의 중요성

첫째, 구원의 길을 제시하기에 중요합니다.

하나님께서 성경을 주신 가장 큰 목적은 인류의 구원 때문입니다. 구원은 진리와 비진리, 의와 불의, 생명과 죽음, 천국과 지옥을 나누는 일이며 영원한 죽음에서 영생으로, 지옥 형벌에서 천국 복락으로 이끄는 것입니다. 이처럼 성경은 구원의 길잡이로서의 역할을 합니다. 만일 그런 성경에 오류가 있다면 그런 구원의 길잡이로서의 역할을 감당할 수 없습니다. 즉 성경을 주신 하나님의 구원 계획은 실패할 수 없기에 성경 무오설은 중요합니다.

둘째, 교리의 확정을 위해 중요합니다.

교리라고 하는 것은 많은 토론(debate)을 거친 후 확정된 선언문이라고 할 수 있습니다. 이런 토론에 있어 성경은 최종적인 권위를 가집니다. 그렇기에 성경에 오류가 존재한다고 하면 그것은 기독교의 근본을 파괴하는 결과를 가져옵니다. 그러므로 성경은 자유주의 신학과 이단을 분별하는 기본적 잣대(canon)로서 기능합니다.

셋째, 성경 무오설은 신앙과 행동의 규칙을 위해 중요합니다.

시편 19:7-8은 "여호와의 율법은 완전하여 영혼을 소성시키며, 여호와의 증거는 확실하여 우둔한 자를 지혜롭게 하며, 여호와의 교훈은 정직하여 마음을 기쁘게 하고, 여호와의 계명은 순결하여 눈을 밝게 하시도다"라고 말씀합니다. 디모데후서 3:16은 "모든 성경은 하나님의 감동으로 된 것으로 교훈과 책망과 바르게 함과 의로 교육하기에 유익"하다고 말씀합니다.

성경은 완전성, 확실성, 정직성, 순결성을 가지고 있으며, 교훈, 책망, 바르게 함, 의로 교육하기에 유익합니다. 이처럼 성경은 신앙에 관계된 것뿐만 아니라 일상 생활 속의 행동의 규범을 제공해 줍니다(눅 16:29, 31; 엡 2:20; 계 22:18-19; 딤후 3:16; 마 11:27).

3) 성경 무오설에 대한 도전

성경 무오설에 대해 많은 도전이 있어 왔습니다. 여기서는 3가지 정도만 살펴보겠습니다.

첫째, 성경에는 과학적, 역사적, 도덕적 오류가 존재한다는 것입니다.
예를 들어, 레위기 11:20-23에 보면 "네 발로 기어다니는 모든 곤충"이라는 표현 등과 같이 자연 현상에 대한 어떤 서술들에서 과학적 오류가 보인다는 것입니다.[4] 또한 성경의 역사적 사실들이 알려져 있는 역사들과 일치하지 않는다고 말합니다. 또한, 야곱, 다윗과 같은 신앙인들의 일부다처, 노예 제도, 가나안 족속을 진멸하라는 명령, 시편의 저주시 등과 같은 도덕적인 오류가 존재한다고 말합니다.

하지만 그러한 과학적, 역사적, 도덕적 오류에 대해 일일이 반박하는 것은 쉽지 않은 일입니다. 하지만 오류라고 생각되는 대부분은 개인이 가지고 있는 전제에서 비롯된 경우가 많이 있습니다. 또한, 현재의 매우 제한된 과학 지식과 역사 지식으로 읽고 해석하는 데에서 비롯된 경우가 많이 있습니다. 또한, 전체적 서술과 부분적 서술의 차이, 자세한 서술과 간략한 서술의 차이, 혹은 강조점의 차이를 고려하지 못한 경우가 많이 있습니다.

예를 들어, 아직도 현재의 과학 지식이나 역사 지식으로 설명되지 않는 불가사의들이 세계 곳곳에 존재합니다. 또한, 오류라고 생각되었던 것이 새로운 과학의 발전으로, 혹은 고고학적 발굴로 인해 사실로 드러나 성경의 역사성이 증명된 경우들도 많이 있다는 점을 고려해야만 합니다.

---

4 사실 이 표현은 곤충의 손과 발을 구분하지 않는 현대인들의 감각에서는 잘못된 표현이지만, 손과 발을 구분한 구약 사람들의 감각에서는 이상한 표현이 아니다.

둘째, 성경 상의 불일치 사례가 많다는 것입니다.

예를 들면 창세기 1장과 2장의 천지창조 순서가 서로 모순된다고 말합니다. 하지만 이 구절은 단지 인간의 창조에 대한 언급을 한 후 동물 창조를 언급했을 뿐이지 창조 순서가 아닙니다. 또한, 노아 홍수의 기사에서 창세기 6장과 7장의 방주에 싣는 동물의 숫자가 다르다는 것입니다. 하지만 이 구절은 6장은 일반적인 지시, 7장은 구체적인 지시를 의미하는 것이라고 이해할 수 있습니다.

또한, 마태복음과 누가복음의 예수님의 탄생 기사나 족보가 서로 일치하지 않는다고 말합니다. 예를 들면 예수님이 마태복음에서는 헤롯왕이 죽기 전(B.C. 4년)에, 누가복음에서는 구레뇨 총독 때(A.D. 6년)에 태어난 것으로 되어 있어 무려 십 년이 넘는 시간의 차이가 있다는 것입니다. 왜냐하면, 누가복음의 "이 호적은 구레뇨가 수리아 총독이 되었을 때에 처음 한 것이라(눅 2:2)"라는 구절 때문입니다. 기록에 의하면 구레뇨는 B.C. 12년 로마의 집정관이 되었으며 A.D. 6년 수리아 지역을 총괄하는 총독(proconsul)이 되었으며, A.D. 21년 로마에서 죽은 것으로 나옵니다.

그래서 A.D. 6년에 예수님이 태어난 것처럼 생각될 수 있습니다. 하지만 인구 조사는 그 구절이 의미하는 바 두 번 이상 시행되었다는 점과 로마제국의 총독의 직위가 'governor(임시)'와 'proconsul(정식)'의 2가지 직위로 나누어지는데 누가가 기록한 것은 구레뇨가 정식 총독이 되기 전의 인구 조사를 의미한다면 그것은 사실의 모순이 아닌 사실의 확정을 의미합니다. 그러므로 성경에서 불일치처럼 여겨지는 부분을 찾게 된다면 문학적 표현의 다양함, 문화적인 관습, 역사적 배경 등을 깊이 살펴볼 필요가 있습니다.

셋째, 무오한 사본이 존재하지 않는다는 것입니다.

물론 지금 우리 손에 성경의 원본은 없으며 사본의 사본들만 존재합니다. 그리고 어떤 사본이 원본과 가장 가까운지를 판단하는 것은 매우 어려운 일입니다. 하지만 원본의 본문은 사본들의 비교 연구를 통해 거의 대부분 확인할 수 있습니다. 이런 점은 성경은 고대 어떤 문헌보다도 많은 사본의 수를 가지고 있다는 점을 고려하면 성경을 신뢰할 수 있습니다.

그렇다면 성경이 어떻게 역사적 신뢰성을 가질 수 있을까요?

(1) 앞에서도 살펴보았지만, 구전 전승 기간이 짧을수록 역사적 신뢰성이 높습니다. 신약 성서에서 예수님에 대한 구전 전승 기간은 30-60년 사이이며 또한 예수님에 관한 사도 바울의 가르침은 예수님 사후 18-35년에 기록되었으며 고대 다른 영웅들과 비교했을 때 가장 짧습니다.
(2) 원본과 필사본 사이의 시간 간격이 작을수록 그 내용이 원본에 가깝습니다.
(3) 신약 성서의 원본과 사본 수가 많을수록 내용의 신뢰성은 높습니다. 신약 성서의 사본의 개수는 24,000여 개로 다른 고대 기록물들과 비교할 수 없을 만큼 많습니다.
(4) 사본들간의 내용이 일치하면 할수록 신뢰성은 높습니다.

종합하자면, 구전 전승 기간이 짧을수록, 원본과 필사본 사이의 시간 간격이 작을수록, 사본의 수가 많을수록, 사본과 사본 간의 오류가 적으면 적을수록, 그 사본은 원본과 가까운 사본이 됩니다.

이런 구전 전승 기간, 원본과 필사본 간의 시간차, 사본의 수, 사본 간의 오류의 수 등을 성경에 적용해 보면, 그동안 인류가 남긴 책 중에서 가장 신빙성이 있다고 알려진 일리아드조차 비교 대상이 되지 못합니다. 이런 점은 비록 무오한 사본이 존재하지 않는다는 비난에 대해 성경 무오설의 가능성은 획기적으로 높다고 할 수 있습니다.

웨인 그루뎀(Wayne Grudem)은 성경에 있는 말씀들의 99%정도는 원문에 어떻게 기록되었는지 알고 있다고 말합니다.[5] 실제로 사본들 간의 차이점이 매우 적기 때문에 그것들이 성경의 교리나 신학적 함의에 어떤 중대한 영향을 미치지는 못합니다. 심지어 그 차이점이 많다 하더라도 사본상의 비교를 통해 또한 문맥의 정황을 통해 문장의 일반적 흐름을 분명하게 알 수 있습니다. 이런 사본의 차이를 연구하는 것이 중요하지 않다는 말이 아니라, 그 차이를 연구하는 것은 원본이 말하는 것에 혼란을 주지는 않는다는 것입니다.

따라서 성경이 무오하다고 말할 때에는 사본의 99% 이상이 무오하다는 의미가 내포되어 있습니다. 게다가 사본상의 차이를 통해 불확실한 부분도 알 수 있습니다. 그러므로 현재 우리가 소유하고 있는 사본은 기독교 신앙과 관련하여 원본과 하나도 다를 바가 없다고 해도 좋습니다. 그러므로 원본의 무오성은 사본의 무오성으로 인식한다고 해도 무방합니다. 사본 간의 사소한 차이나 번역상의 실수를 가지고 원본의 무오성을 공격하는 것은 성경의 무오성에 대한 오해에서 비롯된 것입니다.

4) 결론

성경 무오설은 지금까지 다방면에서 많은 도전을 받았습니다. 하지만 그러한 도전은 무위로 끝났고, 앞으로도 많은 도전이 좌절될 것입니다. 성경 무오설에 도전하면 할수록, 성경 무오설은 점점 더 확고한 진리라는 것을 밝혀 줄 것입니다.

---

5 Wayne Grudem, 『조직신학 (상)』, 126.

3. 성경을 문자적으로 해석해야 하나요?

> (벧후 1:20-21) 먼저 알 것은 성경의 모든 예언은 사사로이 풀 것이 아니니 예언은 언제든지 사람의 뜻으로 낸 것이 아니요 오직 성령의 감동하심을 받은 사람들이 하나님께 받아 말한 것임이라
> (계 22:18-19) 내가 이 두루마리의 예언의 말씀을 듣는 모든 사람에게 증언하노니 만일 누구든지 이것들 외에 더하면 하나님이 이 두루마리에 기록된 재앙들을 그에게 더하실 것이요 만일 누구든지 이 두루마리의 예언의 말씀에서 제하여 버리면 하나님이 이 두루마리에 기록된 생명나무와 및 거룩한 성에 참여함을 제하여 버리시리라

많은 사람은 성경을 어떻게 해석해야 하는 지를 궁금해 합니다. 이에 대해 성경은 기본적으로 문자로 구성되어 있기 때문에 문자적으로 해석해야 한다고 대답할 수 있습니다. 하지만 이렇게 대답하면 반감을 가질 분도 있을 것입니다. 왜냐하면, 문자적 해석을 문자주의로 받아들이기 때문입니다.

그렇다면 성경을 문자적으로 해석하지 말아야 하나요?

1) 문자주의(literalism)로 해석하면 안 된다

성경의 해석 방법은 다양합니다. 하지만 성경은 문자로 구성되어 있기 때문에 먼저 문자적으로 해석(literal interpretation)해야 합니다. 여기서 혼동하지 말아야 할 것은 바로 문자적 해석(literal interpretation)과 문자주의(literalism)의 차이입니다.

많은 사람이 문자적 해석과 문자주의를 혼동하기 때문에 성경을 문자적으로 해석한다고 말하면 근본주의를 떠올립니다. 왜냐하면, 근본주의가 대체적으로 문자주의를 취하고 있기 때문입니다. 그래서 문자적 해석을

주장하면 근본주의자가 아니냐는 오해를 받을 수 있습니다.

문자주의를 취하게 되면 어떤 현상이 일어날까요?

그것은 바로 건전한 교리(doctrine)가 아닌 독단적 신념(dogma)을 갖게 만듭니다. 그러한 신념이 지나치면 결국에는 성경을 왜곡하는 현상이 나타납니다. 예를 들어 요한계시록에는 144,000명의 인침을 받은 자의 숫자(계 7:4)가 나옵니다. 그것을 문자주의로 해석하면 144,000명은 선택받은 사람의 수라고 여길 수 있습니다. 그래서 한정된 144,000명만 구원받는다고 가르치는 사람이 있습니다.

그 대표적 사람은 여호와의 증인입니다.

맨 처음 포교할 때에는 144,000명만 천국에 간다고 주장했습니다. 하지만 적극적인 포교의 결과 그 수가 훨씬 넘어가자 천국의 개념을 바꾸었습니다. 천국은 하늘나라가 아닌 이 땅에서 이루어진다는 것입니다. 그리고 그것이 진정한 천국의 개념이라고 가르칩니다.

그들의 포교지 천국 개념을 설명하는 질문은 다음과 같습니다.

"이 땅에 낙원은 언제 이루어지는가?"

이 질문은 '언제'에 초점을 둔 질문으로 이 땅에 낙원이 이루어지는 것을 기정사실화하는 교묘한 질문입니다. 이런 교리의 변개에 대해 지적하자, 그들은 성경을 자세히 살펴보니 천국이 아닌 이 땅의 낙원이 맞는 것이라고 설명합니다. 이처럼 성경을 문자주의로 해석하면 하나님의 말씀 성경을 왜곡할 수 있습니다.

베드로후서 1:20을 보면, 성경의 모든 예언은 사사로이 풀 것이 아니라고 말씀하고 있으며, 요한계시록 22:18-19에서는 예언의 말씀에 더하거나 빼면 재앙을 받고 거룩한 성에 참여하지 못하게 된다고 강력하게 경고하고 있습니다. 그런데도 그들은 그들의 독단적 신념(dogma)에 맞춰 성경을 아예 고쳐서 사용하고 있습니다. 이처럼 문자주의는 위험한 것입니다.

문자주의의 위험성은 많은 신자를 율법주의로 끌고 가는 데에 있습니다. 예를 들어 음식법이 그렇습니다. 돼지고기는 성경에서 부정한 음식으로 분류되어 있습니다(레 11:7; 신 14:8; 잠 11:22). 유대교의 코셔(kosher)나 이슬람교의 할랄(halal)을 지키는 사람은 그러한 문자주의에 얽매여 있는 사람이며 율법주의로 회귀하는 사람입니다.

그런 사람들에게 사도행전 10:12-15의 베드로가 본 환상은 무엇을 의미하는지 묻고 싶습니다. "하나님께서 깨끗케 하신 것을 속되다 하지 말라"는 주님의 음성은 3번이나 반복되었습니다. 이것은 그 말씀이 가장 강력(원급, 비교급, 최상급 중의 최상급)하다는 것을 의미합니다.

그렇다면 문자적 해석이란 어떤 해석일까요?

문자적 해석이란 문법적이며 문헌학적 해석을 말합니다. 성경은 기본적으로 글이라는 수단으로 기록된 문서이기 때문에 성경에 쓰여진 단어들의 의미와 어순과 문맥을 살피며 해석해야 합니다. 이런 문자적 특징에 따라 먼저 해석하고, 다양한 문학 장치에 맞게 해석해야 합니다. 이런 다양한 문학 장치로서는 수사법, 비유, 은유, 직유, 대조, 비교, 과장, 축소, 일반화 등을 들 수 있습니다. 또한, 성경은 역사적 배경과 문화적 배경을 고려하여 해석해야 합니다.

역사서는 역사적 기술로, 시편은 시가 문학으로, 예언서는 예언서의 특징대로 해석해야 합니다. 왜냐하면, 성경의 대부분은 이런 문자적, 문법적 해석만으로도 하나님의 계시의 의미를 알 수 있기 때문입니다.

2) 풍유적으로만 해석(allegorical interpretation)하면 안 된다

성경을 문자적으로 해석한다는 의미는 풍유적 해석을 의미하는 것이 아닙니다. 풍유적 해석 방법은 2세기부터 등장한 성경 해석 방법으로 청중의 다양한 수준에 맞게 영적 의미를 설명하는 방법입니다. 이 방법은 문자적 의미보다는 영적인 의미에 더 초점을 맞춘 성경 해석 방법입니다. 예를 들면 알렉산드리아 신학 전통의 오리겐은 선한 사마리아인의 비유를 다음과 같이 풍유적으로 해석합니다.

강도 만난 사람은 아담이며, 예루살렘이 하늘인 것처럼 여행자가 강도만
나 다친 곳은 세상이다. 강도는 사람의 적이며 마귀와 사람의 앞잡이이다.
제사장은 율법을 대표하며 레위인은 예언자를 대표한다. 착한 사마리아인
은 그리스도 자신이며 짐승은 그리스도의 몸이다. 여관집은 교회이고 두
데나리온은 아버지와 아들이다. 사마리아인이 '내가 다시 오겠다' 한 것은
그리스도의 재림이다.

이런 풍유적 해석을 보면 직관적으로 이해하기 쉬운 부분이 있습니다. 그래서 본문의 사건들(문자적인 의미)로부터 나아가 그리스도인의 삶을 위한 숨겨진 원리들(도덕적인 의미)과 교리적 진리(영적인 의미)를 찾도록 해야 한다고 오리겐은 주장합니다.[6]

하지만 문자적 해석을 위한 노력 없이 알레고리적 영적 해석으로 바로 넘어가 버리면 문제가 심각해집니다. 비록 성경에 상징적이거나 시적 표현들이 많이 있더라도, 성경의 대부분을 영적으로 풀어 이해하거나 풍유적으로 해석하는 것은 잘못된 해석 방법입니다.

오리겐과 같이 풍유적 해석을 즐겨 사용하게 되면, 개인의 견해가 투영된 주관적 해석을 하게 되어 성경의 순수한 뜻을 왜곡시킬 수 있습니다. 예를 들어 가톨릭교회에서는 16세기 트리엔트 공의회 이후에 풍유적 성경 해석으로 새로운 교리들을 만들어 냈습니다.

특히 19세기에는 하나님의 어머니, 평생 동정녀, 원죄 없는 잉태, 성모 승천과 같은 마리아론을 교리로 규정했습니다. 이처럼 문자적 해석이 없는 풍유적 해석은 매우 위험하다는 것을 알아야 합니다.

---

6 William Klein 외 2인, 『성경해석학 총론』, 류호영 역자 (서울: 생명의말씀사, 1997), 92.

3) 역사비평(historical criticism)으로만 해석하면 안 된다

이 비평 방법은 성경 안에 언급된 역사적 배경을 조사해 해석하는 방법을 말합니다. 역사적 배경에는 시간, 장소, 자료, 사건, 날짜, 사람, 관습 등과 같은 것이 들어갑니다. 이 비평은 다른 말로 역사적-비평적 방법(historical-critical method), 혹은 고등비평(higher criticism)이라고 합니다.[7] 이것을 고등비평이라고 하는 이유는 텍스트의 내용에 대한 비평이기 때문입니다. 즉 텍스트의 배경이 되는 역사적 사실들을 기초로 텍스트의 내용의 진실성을 추적하는 방법입니다.

성경의 많은 부분은 역사로 이뤄져 있습니다. 하나님은 자신을 계시하실 때 어떤 특정한 역사적 혹은 문화적 상황 속에서 주셨습니다. 그러므로 역사나 문화에 대한 지식은 성경 해석에 많은 도움을 줄 수 있습니다. 또한, 성경의 역사와 더불어 동시대의 세속 역사에 대해서도 관심을 갖고 알도록 힘써야 합니다.

여기까지만 이야기하면 역사비평이 매우 좋은 비평처럼 느껴집니다. 그렇기에 왜 성경을 역사비평으로만 해석하면 안 되는지에 대해 반문하실 것입니다. 그것은 성경이 기적을 이야기하고 있기 때문입니다. 예를 들어 천지창조는 이 세상 기적 중 가장 큰 기적일 것입니다. 이런 천지창조 이야기를 들으면 너무나 허무맹랑한 이야기라고 여길 수 있습니다. 그래서 천지창조를 지어낸 이야기, 혹은 성경의 신비감을 불어넣기 위한 하나의 문학적 장치, 혹은 그냥 신화나 설화라고 생각합니다.

성경에는 천지창조뿐만 아니라 애굽에 내린 10가지 재앙, 홍해가 갈라진 사건, 여호수아가 해를 멈춘 사건, 연못에 빠진 도끼를 떠오르게 한 엘리사, 마리아의 성령에 의한 잉태, 예수님의 부활 등등 너무나 많은 기적

---

[7] 이 비평은 강조점에 따라 자료비평(source criticism), 양식비평(form criticism), 편집비평(redaction criticism), 전통비평(tradition criticism), 급진적 비평(radical criticism) 등으로 나눌 수 있다.

이 쓰여 있습니다. 그러므로 성경을 역사비평의 방식으로만 해석하면 안 됩니다. 하나님은 자연, 사람, 동물, 자연의 법칙을 거스리는 기적 등등 다양한 방법을 통해서 역사하십니다. 그러나 역사비평으로 해석하면 이런 하나님의 역사를 제한하는 결과를 가져오기 마련입니다. 그것은 신비로운 기적을 인정하지 않는 현대적인 조류 가운데에서 계속해서 성경의 진실성에 대해 도전하고 있습니다. 그러므로 성경을 문자적으로 해석할 때, 역사비평으로 해석하는지를 주의할 필요가 있습니다.

4) 본문비평(text criticism)/자료비평(source criticism)으로만 해석해서는 안 된다

본문/자료비평은 사본에서 텍스트의 변형이 얼마나 일어났는지를 판단하기 위해 본문/자료를 비평하는 해석 방법으로 언어학 및 문학비평의 한 분야입니다. 이 비평을 하등비평(lower criticism)이라고 하는 이유는 텍스트의 내용보다는 텍스트를 담고 있는 자료의 신뢰성에 대한 비평이기 때문입니다. 즉 사본이 사본으로서 얼마나 신뢰가 있는지를 비평하는 해석 방법입니다. 이런 비평이 생기는 이유는 원본의 부재에서 일어납니다. 안타깝게도 성경의 원본은 찾을 수 없거나, 어떤 사본이 진짜 원본인지를 알 수 없습니다. 또한, 한 사본이 얼마나 정확한지 알기 어렵습니다.

성경 무오설에 의해 성경의 원본은 오류가 없지만, 그것을 사본으로 옮기면서 텍스트의 변형이 생길 수 있습니다. 왜냐하면, 그것을 손으로 필사했기 때문입니다. 특히 구약의 경우, 그것을 필사하는 서기관들의 우발적 필사 오류나 본문에 관한 부주의 때문에 오류가 생길 수 있습니다.[8]

---

8 서기관들의 오류나 부주의에는 다음과 같은 예를 들 수 있다. 교리적 이유로 인한 의도적인 본문 변경, 철자의 혼동, 철자의 위치 변동, 유사 단어들의 연속적인 등장으로 인한 단어 생략, 비슷한 철자와 단어의 중복 기록, 문장 띄어쓰기와 붙여쓰기의 잘못, 모음을 잘못 붙이는 경우, 병행 구절의 융합, 어귀 삽입, 이름 첨가, 비슷한 문장의 융합, 조화를

신약의 경우, 필사하는 사람의 신학적 또는 교리적 이유 때문에 오류가 생길 수 있습니다. 그러므로 본문의 배경 역사 연구, 고대 번역본들에 대한 연구, 사본들이나 역본들의 비교 연구, 필사상의 오류 분류 및 수정 등을 통해 원래의 본문을 확인해 내는 작업이 본문/자료비평의 역할이라 할 수 있습니다.

여기까지만 이야기하면 본문/자료비평이 매우 좋은 비평처럼 느껴집니다. 그래서 본문/자료비평으로 해석하면 왜 안되는지를 다시 질문할 것입니다. 물론 본문/자료비평으로 성경의 원본을 추적하려는 노력을 폄하하는 것은 아닙니다. 그러한 노력의 결과로 문서의 내용이 길수록, 시대가 오래될수록, 많이 필사될수록 사본 간의 차이가 생길 가능성이 크다는 점을 발견하게 되었습니다.

그러한 노력은 지속되어야 하고 칭찬받아 마땅합니다. 하지만 성경을 본문/자료비평으로만 해석하면 다음과 같은 문제들을 경험할 수밖에 없습니다. 사본에 남긴 인간적 실수들이 크게 느껴지게 되고, 원본에 대한 의심이 생길 수 있으며, 연구자들의 개인적 견해에 따른 잘못된 확신, 성경의 무오설에 대한 의심의 확대 등등 많은 문제를 만날 수 있습니다. 이런 문제들은 성경은 하나님의 말씀이 아닌 하나님의 말씀을 포함하고 있는 문서라고 생각하게 만듭니다. 심한 경우 자유주의 신학으로 빠져 버리거나, 나쁘게는 신앙을 잃게 됩니다.

자유주의 신학이 이런 비평에서 나왔다는 것은 누구도 부인할 수 없는 주지의 사실입니다. 이런 자유주의 신학에 빠지면 낙태와 동성애의 옹호, 종교 다원주의적 경향, 정통 교리를 포기한 교회 연합 운동, 말씀을 벗어난 은사 운동, 잘못된 선교 개념 등과 같은 심각한 문제를 일으킵니다. 그러므로 성경을 문자적으로 해석할 때, 본문/자료비평으로 해석하는지를 주의해서 살펴야 합니다.

위한 내용 수정 등등.

5) 결론

성경은 문자주의, 풍유적 해석, 역사비평, 그리고 본문/자료비평으로 해석하지 않도록 노력해야 합니다. 성경을 내가 가지고 있는 어떤 확신이나 비평학적 견해로 해석하는 것은 위험한 일입니다. 그러므로 성경은 성령님의 조명을 받아 해석하도록 노력하고, 이해가 되지 않는다면 보다 분명한 의미를 가진 다른 성경 구절을 참고해서 살펴야 합니다. 웨스트민스터 신앙 고백 1.9는 이런 성경 해석의 법칙에 대해 다음과 같이 말합니다.

> 성경 해석의 무오한 법칙은 성경 자체이며; 그러므로 어떤 성경 구절의 참되고 온전한 뜻(그것은 여럿이 아니고 단 하나인데)에 관한 질문이 있을 때, 그것은 더 분명히 말하는 다른 곳들에 의해 연구되고 알려져야 한다(벧후 1:20-21; 행 15:15-16; 마 4:5-7; 12:1-7).

이런 성경 해석의 법칙을 사용해야한 하는 이유는 바로 성경의 무오설에 근거합니다. 성경의 참된 저자는 하나님 자신이시기 때문에 성경의 한 부분이 불분명하다면, 성경의 다른 곳의 보다 분명한 의미에 의해 해석될 수 있습니다. 구약은 신약에 비추어 해석하고, 신약은 구약 위에서 이해되어야 합니다. 결국, 성경은 성경으로 해석하는 것이 안전한 해석이며, 천지창조, 인간의 타락, 예수님의 구원, 종말과 새 창조라는 성경 전체의 맥락을 고려하여 해석하는 것이 보다 안전하며 건전한 해석이 될 것입니다.

4. 천지창조는 신화 아닌가요?

> (창 1:1-3) 태초에 하나님이 천지를 창조하시니라 그 땅이 혼돈하고 공허하며 흑암이 깊음 위에 있고 하나님의 영은 수면 위에 운행하시니라 하나님이 이르시되 빛이 있으라 하시니 빛이 있었고
>
> (잠 8:22-24) 여호와께서 그 조화의 시작 곧 태초에 일하시기 전에 나를 가지셨으며 만세 전부터, 태초부터, 땅이 생기기 전부터 내가 세움을 받았나니 아직 바다가 생기지 아니했고 큰 샘들이 있기 전에 내가 이미 났으며
>
> (요 1:1-3) 태초에 말씀이 계시니라 이 말씀이 하나님과 함께 계셨으니 이 말씀은 곧 하나님이시니라 그가 태초에 하나님과 함께 계셨고 만물이 그로 말미암아 지은 바 되었으니 지은 것이 하나도 그가 없이는 된 것이 없느니라

성경은 우주 만물의 근원이 어디에 있는지를 알려 줍니다. 성경의 맨 처음을 보면 하나님께서 말씀으로 천지를 창조하셨음을 장엄하게 선포합니다(창 1:1-3). 말씀으로 천지를 창조하셨다고 하니까 사람들은 이 천지창조 기사를 잘 믿지 않습니다. 무신론자나 타종교인, 그리고 일부 기독교인들은 그것이 실제적 사실이 아닌 그저 신비감을 불어넣기 위한 하나의 문학적 장치라고 말합니다. 실제로 자유주의 신학자들은 성경을 대할 때 가장 먼저 부인하는 것이 창조 기사입니다.

그들은 창조 기사를 단지 신화로 여기는데, 그렇다면 창조 기사는 정말로 신화일까요?

1) 역사비평으로 해석해서는 안 된다

각 나라는 그 나라의 시조에 대한 신화가 있습니다. 또한, 세상에는 천지창조에 관한 신화들이 많이 존재합니다. 역사비평의 관점으로 해석하면 성경의 천지창조 이야기는 제사 법전에 속하며, 메소포타미아 지역의 천

지창조 신화의 영향을 받은 것이라고 말합니다. 즉 바벨론의 신화, 메소포타미아 신화, 수메르 신화에도 천지창조 이야기가 나오는데 그것들을 성경의 창조 기사와 비교해 보니 적지 않은 유사성이 발견된다는 것입니다. 그러한 유사성이 의미하는 것은 창조 기사는 다른 민족의 신화의 영향을 받아 지어낸 이야기에 불과하다는 것입니다.

그러한 유사성만을 고려하면 그렇게 주장하는 것도 이해가 가지 않는 것은 아닙니다. 하지만 중요한 것은 성경의 창조 기사와 그러한 신화들의 차이점에 주목해야 한다는 사실입니다. 그러한 차이점을 고려하지 않고 판단하는 것은 한쪽 이야기만 듣고 재판하는 판사와 같습니다. 성경의 창조 기사와 메소포타미아 신화들의 절대적 차이는 유일신론(monotheism)과 다신론(polytheism)이라는 점입니다. 고대 신화들을 보면 여러 신이 서로 사랑도 하고 싸우기도 합니다.

예를 들어, 고대 그리스 로마 신화는 그러한 다신론적 전통 가운데에 지어낸 이야기로, 세계의 어떤 신화보다도 양과 질에 있어서 여타 신화들과 비교할 수 없을 만큼 풍부한 내용과 예술적 가치를 지니고 있습니다. 그리스 로마 신화는 일찍부터 문자의 옷을 입었고, 뛰어난 상상력과 문장력을 갖춘 시인들의 손으로 아름답게 치장된 픽션(fiction)입니다. 신화에는 수백 명의 신들이 등장하며 올림포스 신만 열두 명입니다.

하지만 성경의 창조 기사는 그러한 다신론을 철저히 배격합니다. 오직 유일하신 하나님을 강조하는 유일신 사상은 창조 기사에서뿐만 아니라 성경 전체의 토대를 이루고 있습니다. 이런 배격은 다신을 믿는 애굽에 내린 10가지 재앙을 통해서도 알 수 있습니다.

이런 유일신 사상은 창조론뿐만 아니라 구원론의 입장에서 매우 중요한 역할을 합니다. 창조는 하나님의 구속 행위의 시작점이자 근거가 됩니다. 또한, 창조는 기독론의 입장에서 매우 중요합니다. 창조는 예수그리스도의 선재성을 나타낼 뿐만 아니라 예수 그리스도 안에 나타난 하나님의 계시라는 관점에서 중요합니다. 이런 차이점들을 고려한다면 천지창조가 다신론에 입각하여 만들어진 고대 신화들과 같은 것으로 취급받는다는 것은 온당치 않습니다.

2) 본문/자료비평으로 해석해서는 안 된다

본문/자료비평의 관점으로 성경을 바라보는 사람들은 창세기 1장과 2장의 창조 질서와 내용의 차이점에 의심을 품고 창세기가 복수의 저자에 의한 작품이라고 주장합니다. 단일 저자의 성령의 영감에 의한 집필이라기보다는 여러 자료를 수집하고 편집한 설화라는 것입니다. 예를 들어 야훼 자료(J), 엘로힘 자료(E), 신명기 자료(D), 사제적 자료(P)가 있는데, 이를 활용하여 이스라엘 사람들의 종교적 기호에 맞게 각색했다는 것이 그들의 주장입니다.

물론 여러 자료가 있기 때문에 그렇게 생각할 수 있습니다.

그렇다면 여러 자료가 있다고 해서 없는 사실이 있는 사실로 바뀝니까? 진화론인데 창조론으로 바뀝니까?

문화 인류학과 종교 현상학적 연구에 의하면, 고대 유사한 신화들에서 발견되는 것처럼 흙으로 사람을 만들고 생명의 숨을 불어넣는다는 인간 창조 설화나 홍수 설화에서 유사성이 발견되는 것은 사실입니다. 하지만 그것은 오히려 성경의 진실성을 확인해 준다고 볼 수 있습니다.

중요한 것은 창조 기사가 그러한 본문/자료비평에서 얼마나 자유로운가의 문제입니다. 클라우스 웨스터만(Claus Westermann)은 창조를 설명하는 4가지의 범주를 다음과 같이 제시합니다.

(1) 만드는 행위를 통한 창조
(2) 음양 생식과 출생을 통한 창조
(3) 투쟁을 통한 창조

(4) 말씀을 통한 창조[9]

그에 의하면 창세기 창조 설화는 둘째와 셋째 유형을 철저히 배격하고, 첫째와 넷째 범주의 창조 방식이 압도적으로 강조되고 있습니다. 사제 자료(P자료)는 전형적 말씀을 통한 창조 설화이며, 야훼 자료(J자료)는 만들기나 행위를 통한 창조 설화인데, 말씀을 통한 창조 설화가 가장 후대의 가장 신학화된 창조 설화라는 것입니다.

둘째 유형의 생식과 출생을 통한 창조, 또는 발생과 생성을 통한 창조는 수메르, 이집트의 우주 창조 이야기의 특징이고, 셋째 유형의 투쟁을 통한 창조 설화는 바빌로니아 서사시인 '에누마 엘리쉬'(Enuma Elish)에서 고전적 표현으로 나타났는데, 마르둑(Marduk)과 티아맛(Tiamat) 사이의 투쟁에서 패배하여 찢긴 티아맛의 몸으로 세계가 창조되었다는 설화입니다.[10] 종합하자면, 창조 기사는 '말씀을 통한 창조', '무로부터의 창조'를 강조한 것을 볼 수 있습니다.

여기서 본문/자료비평이 무엇을 지향하는지 알아야 합니다. 본문/자료 비평은 창조 기사를 그저그런 하나의 신화로 취급하지만, 성경의 창조 기사는 '말씀을 통한 창조', '무로부터의 창조'라는 것을 강조합니다. 우리는 창조 기사에서 창조 이전의 상태와 창조 이후의 상태를 비교할 수 있습니다. '무로부터의 창조'는 창조가 인과율의 연쇄 고리로 연결된 세계나 혹은 음양의 조화의 결과물이 아니라는 점을 보여 줍니다. '말씀을 통한 창조'는 창조가 피조물들의 존재의 확실성을 창조주로부터 부여받는 존재 확인의 행위라는 것을 보여 줍니다.

이런 창조는 그 어떤 신화에서도 발견될 수 없는 하나님의 지혜와 피조물들을 향한 영원하신 섭리를 보여 줍니다. 그런 의미에서 창조 기사는 자

---

9 Claus Westermann, 『창조』, 황종렬 옮김 (서울: 분도출판사, 2009), 61.
10 Ibid., 62-3.

료의 많고 적음, 자료의 각색을 떠나 야훼 신앙의 위대함을 드러내는 영감받은 영감의 말씀이라고 할 수 있습니다. 그러한 영감은 창조 기사를 진실되게 하며 본문/자료비평으로부터 자유롭게 만들어 줍니다.

3) 과학비평으로 해석해서는 안 된다

창세기 1장에서 하나님은 천지를 6일 동안 창조했습니다. "저녁이 되고 아침이 되니 ~째 날이니라"는 표현이 계속해서 등장합니다(창 1:5, 8, 13, 23, 31). 또한, 출 20:11에는 하나님께서 직접 "이는 엿새 동안에 나 여호와가 하늘과 땅과 바다와 그 가운데 모든 것을 만들고"라고 말씀합니다. 성경은 분명히 6일의 창조를 말씀합니다. 하지만 오늘날의 신학자와 과학자를 포함한 많은 사람이 6일의 창조를 부정합니다.

왜냐하면, 과학은 상상하기 어려운 세월 동안 지구가 만들어졌다고 말하기 때문입니다. 그래서 6일의 창조를 주장하면 '극단적 문자주의자'라는 비난을 합니다. 그래서 신학자와 과학자는 유신 진화론이라는 다른 방법으로 이 문제를 해결하려고 합니다.

우리는 위에서 성경을 해석할 때 역사비평이나 본문비평으로만 성경을 해석해서는 안 되고 문자적으로 해석해야 한다고 했습니다.

그렇다면 천지창조도 문자적으로 해석해야 할까요?

만일 문자적으로 해석한다면 하루를 24시간으로 정한 그 시간만을 의미할까요?

기본적으로 문자적으로 해석한다고 하는 것은 문자 자체가 의미하는 것을 의미합니다. 하지만 위에서 문자주의는 위험하다는 것을 살펴보았습니다. 그러므로 문자주의에 의하면 천지창조의 하루는 정확하게 24시간이 되어야 합니다. 하지만, 문자적 해석에 의하면 하루를 24시간이라고 볼 수도 있고, 그렇게 보지 않을 수도 있습니다.

베드로후서 3:8에 "사랑하는 자들아 주께는 하루가 천 년 같고 천 년이 하루 같다"는 표현이, 시편 90:4에 "주의 목전에는 천 년이 지나간 어제 같으며 밤의 한 순간 같을 뿐"의 비슷한 표현이 나옵니다. 베드로후서의 표현은 예수님의 재림이 늦어지고 있다고 생각하는 사람에게 주신 말씀으로 하나님의 시간과 인간의 시간은 다르다는 표현입니다.

또한, 이런 표현은 일상생활에서도 많이 사용됩니다. 예를 들어, 밥 달라는 아이에게 '일 분만 기다려 줘'라고 할 때 그것이 정확하게 60초를 의미하는 것은 아닙니다. 이처럼 문자적으로 해석한다는 것은 그것의 용례를 통해서 결정되어야 마땅합니다.

이 창조 기사를 문자적으로 해석하기 위해서 단어의 용례를 살펴볼 필요가 있습니다. 성경에서 '날'에 해당하는 히브리 단어는 '욤'(yom) 입니다. '욤'의 어의적 범위는 다음과 같이 매우 다양합니다.

(1) 일광의 시간들
(2) 24시간으로 이루어진 하루
(3) 특별한 날들(예, 그의 죽음의 날)
(4) 여러 날 혹은 심지어 일 년을 가리킬 수도 있는 복수적 용법
(5) '욤'에 정관사가 붙어서 '오늘'을 의미하는 경우
(6) 그 앞에 전치사가 붙거나 그것과 관련된 지시 대명사가 덧붙여져서 '그 날에' 또는 단지 '~할 때'를 의미하는 경우[11]

이와 같이 많은 용례가 있습니다. 이런 용례를 따라 창조 기사의 '날'을 크게 4가지의 견해로 해석할 수 있습니다.

(1) 길이를 알 수 없는 장구한 시대(Josephus, Origen)

---

11 John H. Walton, 『창세기』, 『NIV 적용주석』, 김일우 전광규 옮김 (서울: 성서유니온선교회, 2007), 107.

(2) 현재의 길이와 동일한 24시간(Calvin, Luther)

(3) 앞의 3일과 후의 3일의 기간이 다름(Augustine, Bavinck, 제4일에 태양이 창조되었으므로 제4일 이후는 현재와 같은 24시간)

(4) '날'의 기간을 따지는 것은 무의미

그러나 문제는 이런 용례 중 하나를 선택해 그것을 지지하는 성경 구절을 모아 어떤 특정한 견해를 표명할 수 있다는 점입니다. 그러므로 용례를 살펴본 후 그 문맥에서 사용된 용례에서 창세기의 저자와 청중이 이해한 것이 무엇인지 찾는 노력이 필요합니다.

구약학자 존 H. 월튼(John H. Walton)은 창조 기사에서 창세기의 구조와 기능을 고려해 저자와 청중이 무엇을 이해했는지를 찾는 노력을 했습니다. 그러한 노력은 언어와 역사와 문화와 신학적 함의 등을 고려한 전체적 그림으로 파악하려는 노력이라고 할 수 있습니다.[12]

중요한 사실은 창조 기사가 지구가 몇 시간 동안에 창조되었으며 사람이 어떤 재료로 만들어졌는지 등을 과학적으로 알려 주기 위해서 작성된 것은 아닙니다.

창조 기사는 다양한 의미를 포함하지만, 핵심은 하나님이 창조주라는 사실과 그의 피조물이 어떤 관계를 맺고 살아야 하는지를 가르쳐 줍니다. 아울러 창조 기사의 창조의 순서와 방법, 인간의 창조 방법, 하나님과 피조물과의 관계, 인간과 자연과의 관계, 문학적 아름다움 등을 고려한다면 창조 기사는 단지 신화가 아닌 하나님의 영원하신 경륜을 보여 주는 역사적 사실입니다.

---

12 John H. Walton, 『창세기 1장의 잃어버린 세계』(The Lost World of Genesis One), 김인철 옮김 (서울: 그리심, 2011). 이 책은 히브리 원어에 대한 심층적 연구와 고대 중근동 문헌을 바탕으로 창세기 1장을 고찰한 책이다. 저자는 이 책에서 창세기 1장은 고대 우주론이며, 고대 우주론은 기능 지향적이어서 기원에 대한 과학적 설명들은 목적의 빛 안에서 볼 수 있다고 말한다. 왜냐하면, 지적 설계에 대한 최근의 논쟁은 궁극적으로 목적에 관한 것이라고 보기 때문이다.

그러므로 성경을 읽을 때 두 가지를 피해야 합니다.

첫째 문자주의를 피해야 합니다. 이런 해석의 원칙을 창조 기사에 적용하면 하나님께서 6일 만에 천지를 창조하신 것이 100% 맞다고 강하게 주장하지 말아야 합니다.

둘째 자신이 가지고 있는 특정한 견해로 성경을 해석하지 말아야 합니다. 그러한 해석의 원칙을 보여 주는 것이 바로 '성경의 무오성에 관한 시카고 선언'(Chicago Statement on Biblical Inerrancy)입니다.[13]

이 선언의 12조를 살펴보겠습니다.

> 12조: 우리는 성경 전체가 거짓과 사기와 속임이 없는 무오한 것임을 확인한다. 우리는 성경의 절대 확실성과 무오성은 역사와 과학의 영역에 있는 주장들은 제외하고, 영적인 주제나 종교적인 주제나 구속적인 주제에만 한정된다는 주장을 거부한다. 나아가 지구의 역사에 관한 과학적인 가정들은 창조와 홍수에 관한 성경의 가르침을 부결시키는데 쓰여질 수 있다는 주장을 거부한다.

시카고 선언의 12조는 특별히 창조 기사에 관련해 중요한 의미를 제공합니다. 이런 해석의 원칙을 창조 기사에 적용하면 자신의 과학적 상식

---

[13] 성경의 무오성을 위한 국제회의(ICBI: International Council on Biblical Inerrancy)는 1977년에 성경적 무오 사상을 변호하고 확장시키기 위한 10년간의 캠페인을 시작했고 ICBI의 후원 아래 "성경적 무오설에 대한 시카고 선언"(Chicago Statement on Biblical Inerrancy)이 만들어졌다. 이 선언은 100% 완전하지는 않지만, 대부분의 복음주의자가 의미하는 무오설의 의미를 훌륭하게 정의해 놓았다. 예를 들어 6조는 그러한 무오성의 원칙을 잘 설명해 주고 있다. 제6조: 우리는 성경 전체와 각 부분은, 원본의 바로 그 단어들에 이르기까지, 신적인 감동에 의해서 주어졌음을 확인한다. 성경은 부분들이 없는 전체, 혹은 전체가 아닌 어떤 부분들에 대해 영감될 수 있다고 정당하게 단언하는 주장을 거부한다.

이나 견해로 하나님께서 특정한 시간이나 오랜 시간에 걸쳐 창조한 것이 100% 맞다고 주장하는 것을 피해야 합니다.

4) 결론

하나님은 6일 만에 천지를 창조하실 수도 있고, 오랜 시간에 걸쳐 창조하실 수도 있습니다. 이런 열린 마음으로 창조 기사의 핵심을 이해하는 것은 중요합니다. 그것은 바로 하나님께서 이 세상을 창조하시고 인간과 교제하기를 원하신다는 사실입니다. 결론적으로 하나님의 천지창조는 여타 민족에게도 있는 신화가 아니며, 그것을 역사비평, 본문/자료비평, 과학비평으로 해석해서는 안 됩니다.

5. 성경은 정말로 동성애를 죄라고 이야기하나요?

(창 19:4-5) 그들이 눕기 전에 그 성 사람 곧 소돔 백성들이 노소를 막론하고 원근에서 다 모여 그 집을 에워싸고 롯을 부르고 그에게 이르되 오늘 밤에 네게 온 사람들이 어디 있느냐 이끌어 내라 우리가 그들을 상관하리라

(레 18:22) 너는 여자와 동침함 같이 남자와 동침하지 말라 이는 가증한 일이니라

(레 20:13) 누구든지 여인과 동침하듯 남자와 동침하면 둘 다 가증한 일을 행함인즉 반드시 죽일지니 자기의 피가 자기에게로 돌아가리라

(롬 1:26-27) 이 때문에 하나님께서 그들을 부끄러운 욕심에 내버려 두셨으니 곧 그들의 여자들도 순리대로 쓸 것을 바꾸어 역리로 쓰며 그와 같이 남자들도 순리대로 여자 쓰기를 버리고 서로 향하여 음욕이 불 일듯 하매 남자가 남자와 더불어 부끄러운 일을 행하여 그들의 그릇됨에 상당한 보응을 그들 자신이 받았느니라

위에서 우리는 성경의 해석은 일차로 문자적으로 해석하고, 그 후에 전후 문맥을 고려해 보다 분명한 뜻을 가진 다른 성경 구절로 해석해야 한다는 것을 살펴 보았습니다. 그런 의미에서 동성애 이슈는 성경을 어떻게 해석해야 좋은지를 보여 주는 좋은 예라고 할 수 있습니다. 왜냐하면, 동성애자도 성경을 인용하며 동성애가 죄가 아니라는 해석을 시도하기 때문입니다. 사실 동성애 이슈는 해석의 문제만이 아니라 여러 사회적 문제를 일으킬 수 있는 실제적 문제이기도 합니다. 그렇기에 동성애 이슈는 아직도 뜨거운 감자이며, 동성애자의 친구나 동성애자 가족은 성경이 정말로 동성애를 죄라고 이야기하는지 궁금해 합니다.

그렇다면 성경은 정말로 동성애를 죄라고 하나요?

1) 소돔과 고모라 논쟁

성경에서 동성애를 의미하는 단어는 창세기의 소돔과 고모라의 멸망 이야기에서 처음 등장합니다.

소돔과 고모라가 멸망한 이유가 무엇일까요?

소돔은 아브람의 조카 롯이 처음 살기로 택한 곳입니다. 그곳은 창세기 13:10에 "온 땅에 물이 넉넉하니……. 여호와의 동산같고"라고 나옵니다. 물이 넉넉한 비옥한 땅이었던 소돔과 고모라 사람들은 하나님 보시기에 악을 행하여 하나님 앞에 큰 죄인이었습니다(창 13:13).

창세기 18:20에서도 "여호와께서 또 이르시되 소돔과 고모라에 대한 부르짖음이 크고 그 죄악이 심히 무거우니"라고 나옵니다. 결국, 하나님은 롯을 구하신 후 소돔과 고모라를 멸하셨습니다. 동성애를 비판하는 쪽에서는 소돔과 고모라의 동성애 때문에 멸망했다고 말하고, 동성애를 지지하는 쪽에서는 멸망의 1차적 원인이 꼭 동성애 때문만은 아니라고 말합니다. 그럼 이슈가 되는 성경 구절을 살펴보겠습니다.

[창 19:4-5] 그들이 눕기 전에 그 성 사람 곧 소돔 백성들이 노소를 막론하고 원근에서 다 모여 그 집을 에워싸고 롯을 부르고 그에게 이르되 오늘 밤에 네게 온 사람들이 어디 있느냐 이끌어 내라 우리가 그들을 상관하리라

여기서 이슈가 되는 단어가 바로 '상관하리라'라는 단어입니다. 히브리어로는 '야다'(yada)라는 단어로 원어적 의미는 '알다', '이해하다'라는 뜻입니다. 영어 NIV 성경에서는 "Bring them out to us so that we can have sex with them."라고 번역했으며, NKJ 성경에서는 "Bring them out to us that we may know them carnally."라고 번역해 놓았습니다. 여기서 상관한다는 의미는 섹스를 한다는 의미이며, '육체적으로'(carnally)라는 이 단어는 육체 관계를 의미합니다.

동성애를 지지하는 사람들에 따르면 '야다'(yada)는 구약에 873번 사용되었는데 '성교하다'의 의미보다는 시편 139:1에서처럼 '개인적으로 안다'의 의미로 훨씬 더 많이 사용되었다고 주장합니다. 성경의 다른 책을 보면 소돔의 멸망은 폭력과 적대(inhospitality)에 기인한 것이라고 말합니다(겔 16:49-50).

그렇다면 성경은 정말로 그렇게 말씀하고 있나요?

먼저 '야다'(yada)의 문자적 의미는 '개인적으로 안다'는 의미도 있고 그런 의미로 쓰인 구절이 있다 하더라도 문맥의 정황상 그 단어는 동성 성교를 의미합니다(창 19:7-8). 또한, 창세기의 다른 구절에 나오는 남자와 여자의 관계 속에 쓰였던 '야다'(yada)는 성교를 의미합니다(창 4:1, 17, 19:8, 24:16, 38:26).

물론 꼭 동성애를 지칭하지 않았다 할지라도 에스겔의 '가증한 일' (겔 44:7) 은 동성애를 지칭하는 것입니다. 아니, 창세기에서 그런 가증한 일의 대표적인 것으로 '동성 성교'를 말하고 있고, 유다서에서도 소돔과 고모라의 멸망(유 1:7) 원인은 '동성 성교'에 있다고 분명히 밝히고 있습니다.

2) 레위기 논쟁

동성애에 대한 두 번째 본문은 레위기에 나옵니다. 이슈가 되는 구절은 다음의 구절들입니다. 이 구절들은 남자 동성 간의 성교는 금지되고 이를 위반했을 때에는 사형에 처해진다고 말씀합니다.

> (레 18:22) 너는 여자와 동침함 같이 남자와 동침하지 말라 이는 가증한 일이니라
> (레 20:13) 누구든지 여인과 동침하듯 남자와 동침하면 둘 다 가증한 일을 행함인즉 반드시 죽일지니 자기의 피가 자기에게로 돌아가리라

동성애를 지지하는 사람들은 구약은 하지 말아야 하는 것이 많다고 말합니다. 예를 들면 여성의 생리 기간에 섹스하는 것, 금전 대출에 이자를 받는 것, 두 가지 재료를 섞어 짠 옷감으로 만든 옷을 입는 것, 금지된 동물(돼지고기, 낙타, 오소리, 토끼, 조개)을 먹는 것, 구레나룻을 미는 것 등이 있는데, 그것들은 오늘날 대부분 지켜지지 않고 있다는 것입니다. 그것들은 구약 율법의 일부이며 옛 율법은 쓸모없는 것이고 오래된 것이라고 설명합니다(히 8:13).

즉 율법의 많은 규정이 폐기되었는데, 굳이 동성애 관련 규정의 유효성만 계속 주장하는 것은 신학적 모순이라는 것입니다. 또한, 그리스도는 율법의 마침이 되시기 때문에 구약은 기독교인에게 문제의 해결책이 되지 못한다고 말합니다(막 7:19; 행 10:15; 롬 10:4).

하지만 그들의 논리대로라면 같은 장에 나오는 근친상간 금지나 수간 금지(레 18:6-18, 22-23)는 어떻게 이야기할 수 있을까요?

즉 근친상간 금지나 수간 금지도 오늘날 지키지 말아야 합니까?

율법이 없는 이방인들의 동성 성교도 하나님의 정죄 (레 18:1-3, 25)가 있었습니다. 또한, 금지된 음식을 먹은 벌은 며칠의 격리였지만, 동성 성교

의 벌은 사형(레 18:29)이라는 것을 알아야 합니다. 그것은 동성 성교가 얼마나 사회적으로 악한 일인지를 알려 줍니다. 또한, 예수님은 구약의 음식법을 변경하셨지만, 동성 성교 금지는 신약에서 계속 반복된다는 것을 확인할 수 있습니다(막 7:18; 행 10:12-15; 고전 6:9; 딤전 1:10; 유 1:7).

3) 로마서 논쟁

로마서 논쟁이야말로 가장 격렬한 논쟁이라고 할 수 있습니다. 로마서 1장의 말씀은 우상을 숭배하기 위해 신에게서 돌아선 사람들이 정욕과 비행에 빠져드는 모습을 적나라하게 표현하고 있습니다.

> (롬 1:26-27) 이 때문에 하나님께서 그들을 부끄러운 욕심에 내버려 두셨으니 곧 그들의 여자들도 순리대로 쓸 것을 바꾸어 역리로 쓰며 그와 같이 남자들도 순리대로 여자 쓰기를 버리고 서로 향하여 음욕이 불 일듯 하매 남자가 남자와 더불어 부끄러운 일을 행하여 그들의 그릇됨에 상당한 보응을 그들 자신이 받았느니라

동성애를 지지하는 사람들은 사도 바울이 말한 '역리'는 동성애가 도덕적으로 잘못된 것이 아니고, 이성 행위가 동성애자에게는 역리라고 주장합니다. 이를테면 동성애자가 이성애를 하거나, 이성애자가 동성애를 하는 것이 '역리'라는 것입니다. '역리'를 이렇게 해석하면 동성애자가 이성애를 하는 것이 부끄러운 일이 됩니다.

즉 로마서 1:26의 '역리'는 생물학적이기 보다는 사회학적으로 보아야 하며, 동성 성교를 정죄한 것이 아니라 오히려 동성애자를 인정한 구절이라고 주장합니다. 즉 각 사람은 그들이 이성애자이든지, 동성애자이든지 그들의 사회적 경향에 따라 행동해야 한다는 것입니다.

여기서 바울의 말이 분명히 부정적이라는 것을 그들도 인정합니다. 하

지만, 그가 저주한 행위는 호색적인 것을 의미한다는 것입니다. 동성애 행위에 관한 바울의 설명은 과잉(방종)과 육욕 때문이지 그것이 꼭 동성애만을 지적하는 것은 아니라는 것입니다. 예를 들어, 그런 행위를 한 대다수의 남성은 여성들과 혼인을 했지만, 폭식이나 폭음과 같이 통제되지 않는 육욕 때문에 방종했다는 것입니다.

고대 세계에서 동성 행위는 주로 남성들과 사춘기 소년들 사이에, 주인과 노예 사이에, 또는 창녀들 사이에만 일어납니다. 그 시대에는 일시적인 동성애자(실제로는 동성애자가 아닌데 여러 이유로 이성에 대해 싫증을 느낀 나머지 일시적으로 동성애를 하는 사람)나 상황에 따른 동성애자(이성과 만날 기회가 없어서 동성애적 행위에 의존하는 사람)도 있었다는 것입니다.

그렇다면 성경은 그런 주장을 지지할까요?

성경은 동성 성교가 본성에 반하는 것이라고 선언(롬 1:26)하고 있을 때는, 그것이 본질적 본성을 말하는 것이지 사회적 본성을 말하는 것이 아니라는 점입니다.

그러므로 이 구절은 이성 간의 행위가 동성 간의 자연적 경향에 반대된다는 근거로 동성애를 정당화하는 데 사용될 수 없습니다.

왜일까요?

첫째는 성은 창조시부터 생물학적으로 정의되어 왔다는 사실입니다. 창세기 1장에서 하나님은 남자와 여자로 창조하시고 생육하고 번성하라고 말씀하셨습니다(27-28절). 이런 재생산은 생물학적으로 남자와 여자 안에서만 가능합니다.

둘째는 성적 지향은 사회학적으로가 아닌 생물학적으로 이해되며, 하나님께서 생물학적 결합을 명령하셨다는 점입니다. 이런 명령을 하신 이유는 생물학적 부모만이 자녀들을 생산할 수 있기 때문입니다.

그렇기에 한몸이 된다는 의미는 육체적 결합, 육체적 결혼을 의미합니다(창 2:24). 그러므로 "남자가 남자로 더불어 부끄러운 일을 행하는 것"(롬

1:27)은 죄악된 행동이고, 그 죄악된 행동이 동성애라고 지적하고 있습니다. 그들이 하는 행동은 자연스러운 것이 아니기 때문에 순리를 바꾼 것이며(26절), 그들의 동성 욕구는 부끄러운 음욕이며(26절), 따라서 성경은 생물학적 동성간의 성적 관계를 금지하고 있다는 것을 알 수 있습니다.

4) 결론

결론적으로 창세기의 소돔과 고모라는 그 도시의 가증한 죄악으로 인해 멸망했는데, 비록 동성애가 멸망의 1차적 원인이 아니라 하더라도 성경은 그러한 죄악의 절정으로 동성 성교를 표현하고 있다는 것을 알아야 합니다. 또한, 레위기는 '동성 성교는 사형에 처해야 할 만큼 가증한 것이라는 것을 말해 주고 있는데, 동성 성교를 음식법이나 의식법과 같이 취급하여 지키지 않아도 된다고 하는 것은 율법의 기능을 무시하는 일입니다.

또한, 로마서의 '역리'는 동성 성교를 의미하고, 그것이 동성애자가 이성애를 하는 것은 아니라는 것을 알아야 합니다. 그러므로 성경은 '동성애'를 하나님의 창조 질서를 어지럽히는 죄악으로 본다는 확실한 결론을 내릴 수 있습니다. 사실 동성애를 옹호하는 사람들은 성경의 텍스트를 집요하게 파고들며 성경을 문자주의로 해석하지 말라고 합니다. 율법의 돼지고기에 대한 문자주의 해석이 잘못된 것처럼 동성애도 마찬가지라는 것입니다. 성경은 언제나 매우 특수한 동성애적 상황을 묘사하고 있는 것이지, 그것은 오늘날 우리가 생각하는 동성애적 삶의 방식과는 다르다고 주장합니다. 이처럼 그들은 문자주의를 비난하면서 현대적 의미의 동성애와는 무관한 것임을 밝히려 합니다.

그러나 문자주의와 문자적 해석은 다르며 신구약 성경은 동성애에 대해 매우 단호한 입장을 취하고 있습니다. 더 이상 견강부회식의 성경 해석은 하지 말아야 합니다. 남자와 여자로 만든 하나님의 뜻을 알아야 합니다.

그러나 동성애자나 비동성애자나 하나님 앞에서는 동일하게 죄인이며, 동일하게 하나님의 은혜를 필요로 합니다. 그러므로 하나님의 은혜를 경험한 사람은 그들을 긍휼히 여기고 동성애에서 빠져나와 동일하게 하나님의 은혜를 경험할 수 있도록 도와야 합니다. 그렇게 할 때, 하나님의 나라는 이 땅 가운데에 실현되어질 것입니다.

제8장

교회와 관련된 문제

1. 기독교 정당이 성경적인가요?

(롬 13:1) 각 사람은 위에 있는 권세들에게 복종하라 권세는 하나님으로부터 나지 않음이 없나니 모든 권세는 다 하나님께서 정하신 바라

(벧전 2:13-17) 인간의 모든 제도를 주를 위하여 순종하되 혹은 위에 있는 왕이나 혹은 그가 악행하는 자를 징벌하고 선행하는 자를 포상하기 위하여 보낸 총독에게 하라 곧 선행으로 어리석은 사람들의 무식한 말을 막으시는 것이라 너희는 자유가 있으나 그 자유로 악을 가리는 데 쓰지 말고 오직 하나님의 종과 같이 하라 뭇 사람을 공경하며 형제를 사랑하며 하나님을 두려워하며 왕을 존대하라

(딛 3:1) 너는 그들로 하여금 통치자들과 권세 잡은 자들에게 복종하며 순종하며 모든 선한 일 행하기를 준비하게 하며

종교와 정치를 논하는 것은 역사적으로나 현실적으로나 매우 복잡한 주제입니다. 거기에서 더 나아가 기독교 정당을 논하는 것은 매우 논쟁적 주제임에는 틀림없습니다. 왜냐하면, 종교나 정치의 문제 하나만 하더라도 민감한데, 종교와 정치를 연관지어서 논한다는 것은 고차원의 함수를 푸

는 것처럼 매우 어려운 문제이기 때문입니다.

그렇다면 기독교 정당은 성경적인가요?

1) 자유 - 정치의 자유는 누구에게나 열려 있다

많은 사람은 종교가 정치에, 정치는 종교에 관여하지 말아야 한다고 생각하고 이것을 정교분리의 원칙이라고 설명합니다. 정교분리 원칙은 대부분의 민주 국가들이 채택하고 있는 원칙입니다. 대부분의 민주 국가의 헌법에서는 '모든 국민은 종교의 자유를 가진다', '국교는 인정되지 아니하며 종교와 정치는 분리된다'고 선언합니다. 이것은 종교의 자유를 보장한다는 것과 국교의 제정을 금지한다는 의미입니다.

그러나 정교분리만큼 오해되는 원칙은 없는 것 같습니다. 많은 사람은 교회의 정치 참여를 반대하며, 이런 정교분리 원칙을 중요한 근거로 삼고 있습니다. 교회는 영적 문제에 관심을 기울이고 바른 정치를 할 수 있도록 정치인들을 위해 기도해야 한다고 주장합니다.

이것이 종교는 영적 일에만 관심을 두어야 하고, 세속적 영역은 정치에 맡겨야 하고, 정치가 어떻게 되든 종교의 정치 참여를 절대적으로 금지하는 것을 의미하는 것은 아닙니다.

그러므로 교회의 정치적 행위가 원천적으로 모두 금지되었다고 주장하는 것은 정교분리 원칙을 오해한 것이라고 할 수 있습니다. 기본적으로 종교의 자유를 인정한다면 정치의 자유를 인정해야 합니다. 성경 또한 정치의 자유를 인정하고 있습니다. 성경에서는 이런 정치의 자유를 우익과 좌익, 자유주의와 무정부주의 등 다양한 모습으로 보여 줍니다.

첫째, 우익의 모습은 로마서 13:1-7, 베드로전서 2:13-17, 디도서 3:1에서 볼 수 있습니다. 특히 사도 바울은 로마의 그리스도인들에게 "위에 있는 권세에 복종하라"고 권면합니다. 왜냐하면, 세상의 모든 권세는 하나님께서 정하셨기 때문이라고 설명합니다. 즉 하나님은 정부가 사회 질서를 보존하는 주된 도구가 되도록 하셨기 때문입니다.

그러므로 그리스도인들은 정부가 사회 질서를 해치지 않는다면 정부를 지지해야 하며 낙태, 동성애, 인종 차별과 같은 사회 문제에 대해 정치적 견해를 형성할 수 있습니다. 그리스도인도 시민 사회의 구성원이기 때문에 그 권리를 사용 할 수 있습니다.

둘째, 사도행전 2장과 4장에서 좌익의 모습을 살펴볼 수 있습니다. "하나님과 이웃을 사랑하라"는 그리스도의 명령을 실천하기 위해 그들은 자신의 소유물을 공유했습니다. 그들은 그러한 공유를 통해 이상적 사회를 형성하기 위해 노력했습니다. 이런 공동체의 정신을 기독교 사회주의 혹은 기독교 공산주의라 부릅니다. 이런 전통은 재침례파의 영적 후손에게 계승되었으며, 현재의 '브루더호프'(Bruderhof)공동체나 '후테르파'(Hutterites) 형제단에서 찾아 볼 수 있습니다. 그러므로 좌익이라고 해서 비난 받을 필요는 없으며 비난해서도 안 됩니다.

셋째, 사무엘상 8장에서 자유주의 또는 기독교 자유주의의 모습을 볼 수 있습니다. 사무엘을 이어 사사가 된 사무엘의 아들은 뇌물을 받고 불의한 판결을 하는 등 공정한 통치를 하지 않은 불량한 사람이었습니다. 그러자 이를 기회로 이스라엘 백성은 다른 통치자, 즉 왕을 요구했습니다. 이에 사무엘은 하나님께 지혜를 구했고 하나님은 그러한 왕정 제도가 이스라엘 백성에게 세금, 노역, 병역과 같은 무거운 짐을 부과할 것을 알리라고 하셨습니다. 이스라엘 백성은 그러한 무거운 짐에도 불구하고 왕을 세우라고 요청했고, 이렇게 왕정 제도가 시작 되었습니다.

기독교 자유주의는 그러한 왕정, 혹은 정부 제도보다는 개인의 자율을 존중하는 것이 보다 윤리적이고 생산적이라고 여겼습니다. 여기서 교회의 역할은 하나님께 대한 겸손한 순종과 봉사로 사회 정의를 증진시키는 것이고, 국가의 역할은 자유를 최대한 보존할 수 있도록 권리 위반을 방지하는 것입니다. 여기에는 신앙적 자유뿐만 아니라 자연권이 포함됩니다.

자연법에서 합법적으로 취득한 사유 재산을 강압적으로 압류하거나 타인의 이익을 위해 사유 재산을 침해하는 것은 인간의 존엄성을 위반하는 것으로 간주합니다.

넷째, 무정부주의 모습은 예수님의 산상수훈에서 살펴볼 수 있습니다. 산상수훈은 무정부주의의 기초로 사용됩니다. 특히 "누구든지 네 오른편 뺨을 치거든 왼편도 돌려 대라"는 마태복음 5:39의 말씀은 정부의 탄압에 비폭력 무저항의 원칙을 보여 줍니다. 정부가 불공평하고 정의롭지 못한 법을 집행하려고 할 때, 그 법의 구속력은 영원한 자연법과 충돌을 일으킵니다.

여기서 영원한 자연법은 대체적으로 사람의 양심을 가리키며 모든 사람에게 구속력을 갖습니다. 그러므로 불공평하고 정의롭지 못한 법에 대해 비폭력 무저항의 원칙을 가지고 무정부주의를 외칠 수 있습니다. 특히 이런 원칙은 분노와 복수보다는 평화와 화해를 지향합니다.

그런 의미에서 로마서 13장을 정부의 전복을 위해 폭력과 저항을 사용하지 말고 평화와 화해를 추구하라는 의미로 해석하기도 합니다. 이런 무정부주의는 레프 톨스토이(Lev Nikolayevich Tolstoy)나 자크 엘륄(Jacques Ellul)에게서 발견할 수 있습니다.

그런 의미에서 기독교 무정부주의자들은 요한계시록의 해석에 있어 어려움을 겪을 수밖에 없습니다. 왜냐하면, 요한계시록에서는 로마를 암시하는 국가와 정치권력을 짐승으로 비유했기 때문입니다.

위에서 살펴본 바와 같이 성경의 여러 구절은 정치 참여의 다양성을 보여 줍니다. 그러므로 어떤 특정한 구절에 얽매여 한 가지 방식만을 고집하는 것은 바람직하지 않습니다. 종교의 자유를 인정한다면 정치의 자유도 인정해야 합니다. 비록 교회가 종교 단체일지라도 교회의 정치 참여를 막는 것은 민주주의 사회의 가장 근본적 가치인 자유를 훼손하는 것입니다.

2) 정의 – 교회는 구조적 악에 관해 침묵하지 말아야 한다

시민 사회의 근본적 지향점은 정의 사회 구현입니다. 정의로운 사회를 지향하는 것은 정치뿐만 아니라 종교의 역할이기도 합니다. 예를 들어 종교에서 사회의 정의에 반하는 일을 주장하거나 행할 때에 그러한 일은 제지되어야 마땅합니다. 마찬가지로 정치가 사회의 정의에 반하는 법률을 제정한다면 그러한 법률이 제정되지 못하도록 해야 할 것입니다. 그러므로 개인과 교회는 정의를 지키는 일에 동참해야 합니다.

현재의 사회는 자본주의 사회로 개인의 생명, 자유, 재산과 같은 자연권을 보장하고 있습니다. 그러한 기본적 자연권을 보장함으로 자본주의는 그 어떤 체제보다 효율적인 시스템이라는 것을 보여 주었고, 전보다 풍요로운 사회가 되는데 큰 역할을 감당했습니다. 물론 더 많은 자본을 향한 노력과 열심은 칭찬받아 마땅하지만, 자본주의의 폐단인 구조적 모순 즉 사유 재산권의 침해와 구조적 빈부의 격차, 경제적 불평등은 날이 갈수록 심화되고 있습니다.

> 인정하고 싶지 않은 사실이지만, 금세기에 들어 생산력이 엄청나게 증가했고 또 지금도 가속적으로 증가하고 있으나 극심한 빈곤을 퇴치하거나 고통받는 노동자의 짐을 덜어 주는 경향은 보이지 않는다. 오히려 빈부 격차를 더 심하게 하고 생존 경쟁을 더 치열하게 만들고 있다.[1]

이와 같은 헨리 조지(Henry George)의 탄식은 그 시대만의 문제가 아닙니다. 그러므로 교회는 구조적 악에 침묵하지 말아야 합니다. 만일 개인이나 교회가 이런 구조적 악에 침묵한다면 사회는 더 혼란스럽고 부정의가 만연해질 것입니다. 정의로운 사회를 향한 종교의 관심은 지탄의 대상이 되

---

1 Henry George, 『진보와 빈곤(개역판)』, 김윤상 옮김 (서울: 비봉출판사, 2018), 31.

어서는 안 됩니다.

예를 들어 가톨릭에서는 비록 가톨릭의 비인가단체이기는 하지만 정의구현사제단(Catholic Priest's Association of Justice)라는 단체를 통해, 속세를 떠나 참선과 수행을 지향하는 불교에서도 최근에는 사회 정의 없이는 깨달음도 없다는 기치를 내세우고 실천불교전국승가회와 같은 단체를 통해, 기독교에서는 전국목회자정의평화실천협의회와 같은 단체를 통해, 그리고 세계 최대 교단인 미국의 남침례교에서는 윤리와종교자유위원회(The Ethics & Religious Liberty Commission)과 같은 단체를 통해 사회의 정의 구현을 위해 노력하고 있습니다.

이처럼 개인뿐만 아니라 교회는 정의를 세울 책임이 있습니다. 왜냐하면, 구조적 모순으로 인해 신음하고 있는 사람들이 내 주변에 존재하고, 그들을 향해 복음을 외치는 것도 중요하지만, 그러한 신음이 더 이상 발생되지 않도록 하는 것도 중요하기 때문입니다.

3) 평화 – 교회는 보편적 가치를 추구하되 평화와 화해를 지향해야 한다

고린도전서 10:23에서는 "모든 것이 가하나 모든 것이 유익한 것은 아니요 모든 것이 가하나 모든 것이 덕을 세우는 것은 아니니"라고 말씀하고 있습니다. 이 말씀을 정치에 적용하면, 정치하는 것이 가능하지만 정치의 모든 행위가 유익한 것은 아닙니다.

여기서 중요한 것은 바로 덕을 세우는 것입니다. 덕을 세우지 못한다면 정치를 하지 말아야 합니다. 기독교 정당은 개인의 정치 활동과는 매우 다른 성격을 가지고 있으며, 그 한계나 책임에 있어 개인과는 비교할 수 없는 무게감을 가지고 있습니다. 그러므로 기독교 정당은 사회적으로 덕을 세우지 못하면 정당 활동을 하지 말아야 합니다.

여기서 사회적 덕은 개인의 견해에 따라 편차가 존재할 수 있습니다. 그러므로 사회적 덕을 세우기 위해 자유, 정의, 평화, 생명, 화해, 관용과 같은 보편적 가치를 추구하는 것이 보다 안전할 것입니다. 만일 기독교 정당이 사적 욕구 충족시키기 위한 것이거나 특정한 집단의 이기적 경제적 이득을 위한 것이라면 하지 않음만 못합니다. 물론 특정 집단이나 개인을 위해 정당활동을 할 수는 있습니다. 그렇다면 특정 집단이나 개인이 그러한 보편적 가치가 얼마나 훼손되었는지, 얼마나 고통받았는지를 판단한 후에 정치에 참여할 수 있습니다.

그렇기에 성직자가 하나님의 말씀을 전하는 강단에서 자신의 정치적 견해를 밝히는 것은 최소 3가지 면에서 매우 신중해야 합니다.

첫째, 성직자는 정치가가 아닙니다. 성직자는 본연의 임무인 하나님의 말씀을 전하는 일에 최선을 다해야 합니다. 본인의 정치적 견해를 밝히는 것은 하나님으로부터 부여받은 성직의 임무를 감당하는 일에 방해가 될 수 있습니다. 성직자가 강단에서 자신의 정치적 견해를 밝힘으로써 회중 중 한 명이라도 낙담하거나 마음의 상처를 받을 수 있습니다. 물론 사안의 경중에 따라 그러한 개인의 마음의 상처보다 더 큰 유익을 기대할 수 있기 때문에 가능하다고 이야기할지 모릅니다. 그러나 대부분의 경우에 있어 강단에서 정치적 견해를 밝히는 일은 목양에 그다지 도움이 되지 않습니다.

둘째, 성직자는 자신의 정치적 견해를 강제해서는 안 됩니다. 성직자는 자신의 정치적 견해를 밝힐 수는 있지만, 자신의 정치적 견해를 실행에 옮기도록 강제해서는 안 됩니다. 예를 들어 사람을 동원한다거나 교회 재정을 강제적으로 집행해서는 안 됩니다. 그러한 동원과 교회 재정의 집행은 위에서 아래로(Top-down) 방식이 아닌 아래에서 위로(Down-top)방식이 되어야 합니다. 교회 회중이 행동으로 옮기고 싶을 때 가능한 것이지 성직자의 직임을 이용한 강제적 집행은 부작용이 따라올 수밖에 없습니다.

셋째, 명백히 비윤리적 일에 대해서는 예언자적 기능으로써 정치적 견해를 밝힐 수 있습니다. 성직자가 강단에서 정치적 견해를 밝히는 거의 유일한 조건은 명백히 비윤리적 일에 한정된다고 할 수 있습니다. 예를 들면, 정부의 비윤리적 정책때문에 고통과 억압이 발생했다면 그 고통과 억압을 시정하라는 정치적 견해를 밝힐 수 있습니다. 왜냐하면, 목양의 안정과 특별한 이유를 위해 그러한 고통과 억압을 외면하는 것은 예언자적 기능을 충실하게 이행한다고 볼 수 없기 때문입니다.

그런 의미에서 유럽의 기독당은 교회의 정치 참여 원칙을 잘 보여 줍니다. 특히 독일의 '기독교민주연합'(Christlich Demokratische Union Deutschlands)은 1945년 결성된 중도우파 정당으로 현재 독일의 총리인 앙겔라 D. 메르켈(Angela D. Merkel,1954-)이 이 정당의 당원입니다.

이 정당은 '인간에 대한 기독교적 이해와 신을 향한 그들의 의무'를 강조하고 있으며, 비종교인을 포함한 다양한 종교의 회원을 보유하고 있습니다. 경제적으로는 우파의 정책을 선호하며, 사회 문화적으로는 동성 결혼과 마리화나 합법화에 반대하는 보수주의적 성향을 가지고 있습니다. 또한, 최저 임금이나 연금에 있어 저소득층을 위한 관심을 가지고 실행에 옮기고 있습니다.

이 외에도 세계에는 많은 기독교 정당들이 있습니다. 벨기에, 스페인, 러시아, 네덜란드뿐만 아니라 호주 등 약 80여 개 국가에서 기독교 정당들이 활발히 활동하면서 기독교의 목소리를 대변하며 국가의 중요한 역할을 수행하고 있습니다.

4) 결론

최근 들어 기독교 정당에 대한 관심이 높아지고 있습니다. 하지만 관심에 비해 그 성경적 신학적 통찰력은 매우 협소한 것이 사실입니다. 왜냐하면, 기독교 정당에 대한 부정적 인식을 가지고 있거나 정교분리의 원칙을 오해하고 있기 때문입니다. 하지만 기독교 정당이라 하여 정치에 참여하지 말아야 한다는 것은 이런 정교분리의 원칙의 오해 때문에 생깁니다.

 종교의 자유와 마찬가지로 정치의 자유는 민주 사회에서 근본적 가치에 해당하기 때문에 그러한 가치를 훼손해서는 안 됩니다. 정교분리 원칙의 진정한 의미는 정치가 한 종교에 혜택을 주어 국교로 삼고 다른 종교는 탄압하거나, 종교가 정치에 혜택을 주어 권력을 독점하게 하는 야합적 관계가 되어서는 안 된다는 의미입니다.

 또한, 교회는 사회의 구조적 악에 침묵하지 말아야 하고, 정의 사회 구현을 위해 예언자적 기능을 행사할 수 있습니다. 하지만 교회는 개인과 달라 그 한계나 책임이 무겁기 때문에 기독교 정당의 정치 참여가 사회적 지탄을 받지 않고 오히려 덕을 세우는 데에 최선을 다해야 합니다.

 또한, 성직자가 강단에서 자신의 정치적 견해를 밝히는 것은 매우 신중하게 접근함으로써 이 땅 가운데에 하나님의 나라를 확장하는 일에 최선을 다해야 합니다. 왜냐하면, 예수님은 잃어버린 한 영혼을 찾으러 이 땅 가운에 오셨기 때문입니다.

2. 십일조는 꼭 드려야 합니까?

 (창 14:20) 너희 대적을 네 손에 붙이신 지극히 높으신 하나님을 찬송할지로다 하매 아브람이 그 얻은 것에서 십분의 일을 멜기세덱에게 주었더라

 (말 3:10) 만군의 여호와가 이르노라 너희의 온전한 십일조를 창고에 들여 나의 집에 양식이 있게 하고 그것으로 나를 시험하여 내가 하늘 문을 열고 너희에게 복을 쌓을 곳이 없도록 붓지 아니하나 보라

 (마 23:23) 화 있을진저 외식하는 서기관들과 바리새인들이여 너희가 박하와 회향과 근채의 십일조는 드리되 율법의 더 중한 바 정의와 긍휼과 믿음은 버렸도다 그러나 이것도 행하고 저것도 버리지 말아야 할지니라

많은 사람은 교회가 타 종교에 비해 너무나 많은 헌금을 요구한다고 생각합니다. 이런 과도한 헌금 때문에 신앙생활이 어렵다고 말합니다. 그리고 교회의 타락은 이런 돈 문제 때문에 생긴다고 말합니다. 그래서 교회를 개혁해야 하는데 그중에서도 십일조를 개혁해야 한다고 말합니다.

또한, 구약의 레위 지파가 신약에는 존재하지 않기 때문에 구약의 십일조는 분명히 폐지돼야 한다고 주장합니다. 구약의 기준을 가져와 십일조를 강제화할 수 없으며 다만 각각 그 마음에 정한대로 하는 것이 신약적 헌금의 방식이라고 말합니다.

그들은 신약적 헌금의 근거로 고린도후서 9:7 말씀을 예로 듭니다. "각각 그 마음에 정한 대로 할 것이요 인색함으로나 억지로 하지 말지니 하나님은 즐겨내는 자를 사랑하시느니라." 여기서 그 기준은 "그 마음에 정한 대로"이고, 하한선은 "인색함으로 하지 말 것"이며, 상한선은 "억지로 하지 말라"는 것입니다. 그러한 하한선과 상한선 안에서 헌금을 하되, '십일조' 대신 '연보' 혹은 '사랑의 실천을 위한 나눔'과 같은 다른 용어를 사용해야 한다는 것입니다.

사실 돈 문제는 매우 민감한 문제이며, 십일조 문제는 돈 문제 중의 가장 어려운 문제입니다. 하지만 십일조는 성경의 주요 주제 중 하나입니다(민 18:21, 24, 26, 28; 신 12:6, 11, 17, 14:22, 23, 26:12; 삼상 8:15; 대하 31:5-6, 31:12; 느 10:37, 38, 12:44, 13:5, 12; 암 4:4; 말 3:8, 10; 마 23:23; 눅 11:42, 18:12; 히 7:2, 4, 5, 6, 8, 9). 또한 십일조 문제는 그리스도인의 자유를 확보하기 위해 꼭 다루어야 하는 문제입니다(갈 2:4).

재정적 자유함이 중요한 것처럼 헌금의 자유함 또한 중요합니다. 이런 헌금의 자유함이 상실할 때 많은 그리스도인은 시험에 들거나 정죄 의식을 갖고 교회를 떠나기도 합니다. 그러므로 헌금과 십일조에 대한 건전한 관점을 소유해야 합니다. 왜냐하면, 그리스도께서 위해서 대신 죽으신 형제를 돈 문제로 실족하게 할 수 없기 때문입니다.

1) 십일조에 대한 성경의 이해

(1) 아브라함 시대

창세기 14:20에 아브라함이 전쟁에서 얻은 전리품의 십일조를 멜기세덱에게 드리는 장면이 나옵니다.

멜기세덱은 예수 그리스도를 예표하는 지극히 높으신 하나님의 제사장입니다. 여기서 성경 최초로 십일조의 개념이 등장합니다. 십일조 폐지론자들은 아브라함이 전리품을 드린 것은 단회적 사건이며 고대 근동의 관습 중 하나였다고 말합니다.

실제로 십일조는 고대 근동의 관습이자 일종의 세금 형태로써 당시 국민이라면 누구나 납세 의무가 있었다는 것을 고대 근동학, 고문서학, 고고학, 사회 인류학, 고대 지리학, 고대 역사학 관련 문헌 등에서 찾아 볼 수 있습니다. 이에 대해 옹호론자들은 창세기 14장은 아직 율법이 주어지기 전에도 십일조가 존재했으며 십일조는 재물을 주신 하나님의 주권을 인정한 자발적 감사함의 표시였다고 말합니다.

(2) 야곱 시대

창세기 28:20-22에 야곱은 형에게 쫓겨나 처량한 신세임에도 하나님께 자신의 조상 아브라함을 언급하면서 복을 달라고 구하는 장면이 나옵니다. 여기서 야곱은 하나님께서 자신에게 복을 주시면 십분의 일을 드리겠다고 서원합니다.

십일조 폐지론자들은 조건부 십일조는 바른 신앙의 모습이 아니며, 이 구절은 기복주의적 십일조를 조장하는 성경 구절 중 하나라고 말합니다. 이에 대해 옹호론자들은 창세기 28장은 아직 율법이 주어지기 전이며 하나님의 언약의 축복들에 대한 감사의 표시로 십일조를 약속한 것이라고 말합니다.

(3) 모세 시대

모세 시대의 십일조는 다양한 관점에서 그 기원을 찾을 수 있습니다.

첫째, 애굽에 내린 10개의 재앙을 통해서 십일조의 기원을 찾을 수 있습니다.

하나님은 이스라엘 백성이 출애굽할 때 애굽에 10가지의 재앙을 내리셨습니다. 그중 열 번째 재앙은 짐승과 사람의 장자를 죽이는 형벌이었습니다. 이때 애굽의 짐승의 초태생과 장자들은 모두 죽고, 이스라엘의 장자는 하나님의 은혜로 살게 됩니다. 그 후에 하나님은 이스라엘의 장자와 짐승의 초태생은 모두 하나님의 것이므로 하나님께 바치라고 명령하십니다(출 13:1-2).

만일 그렇게 하지 못할 경우에는 그 가치에 합당한 돈으로 대신 내야 했습니다. 이것이 함의하는 바는 나의 소중한 것을 하나님께 드릴 수 있어야 하며 그것이 십일조라는 형태로 구현되었다는 것입니다.

둘째, 성막입니다.

이스라엘 백성은 출애굽한 이후 성막을 세웠는데, 이때 성막을 돌볼 사람이 필요했습니다. 하나님은 12지파 중 레위 지파에게 성막을 돌보라고 하셨습니다. 그들은 생계를 위한 직업을 가질 수가 없었기에 나머지 11지파가 십일조를 내서 레위 지파의 생계를 책임져야 했습니다.

이 경우 십일조는 각 가정의 장자를 대신해서 성막의 일을 담당하는 댓가로 지불하는 돈이라는 것입니다(민 18:21). 만일 십일조를 내지 않으면 11지파 각 가정의 장자들이 성막에 나와서 성막 일을 담당해야 했습니다. 하지만 이런 방식은 많은 어려움을 발생시키기 때문에 한 지파가 성막 일을 감당하게 하고 나머지 지파는 생계에 전념하게 한 것입니다.

셋째, 제사장과 레위인입니다.

민수기 18장에 레위기에서 언급한 제사장과 레위인의 직무와 분깃에 대한 규례가 나옵니다(민 18:26). 하나님은 제사를 위해 수고하는 레위인과 제사장들의 분깃을 정해 주셨는데, 레위인들이 토지의 분깃을 받지 못했기 때문입니다. 하지만 레위인들 역시 그 수입의 십일조를 제사장에게 드리게 했습니다.

이런 제도는 당시 12지파에게 매우 효율적 제도였다고 할 수 있습니다. 이는 마치 청년들이 군 복무를 할 때 국민이 그들의 생계를 책임지는 것과 같은 원리라고 할 수 있습니다. 이것은 하나님의 일을 위해 수고하는 자는 하나님께서 친히 먹이시며 채워 주신다는 것을 교훈해 줍니다(참조, 마 6:33).

넷째, 다양한 십일조입니다.

신명기 14:22-23에 십일조의 율법이 제정되는 장면이 나옵니다. 여기서 십일조는 이스라엘 백성의 의무가 되는데, 성경 전체를 살펴보면 시기와 형태별로 다양한 십일조가 존재했다는 것을 알 수 있습니다.

시기별로 해마다 드리는 십일조(신 14:22), 삼 년마다 드리는 십일조(신명기 14:28; 26:12)가 있으며 이 시기를 어기는 것은 죄로 여겨졌다는 것을 알 수 있습니다(암 4:4-5).

형태별로 곡식, 포도주, 기름, 소 떼와 양 떼의 첫 태생들, 거룩한 물건의 십일조(신 14:23; 대하 3:16), 경작하는 모든 성읍의 십일조(느 10:37), 모든 소산의 십일조(신 26:12; 대하 31:5), 모든 소득의 십일조(눅 18:12)가 나옵니다. 십일조는 내가 하나님께 속해 있다는 것을 확인하는 것이며, 내가 정말로 하나님을 최우선으로 놓고 있는가라는 점이 강조됩니다.[2]

(4) 히스기야 왕국 시대

왕국 시대에 이르러 십일조는 왕에게 바치는 조세와 같은 것이 되는데 그것은 사사 사무엘 이후 왕정 제도를 수용하면서 생기는 의무였습니다(대하 31:5).

---

[2] NIV에서는 learn to revere the LORD your God always 라고 번역하고 있다.

왕은 십일조를 거두어 제사 업무를 관장하는 레위 지파를 위해 사용했습니다. 십일조는 히스기야 왕 때 잠깐 회복되었지만(대하 31:6, 12), 그 이후 온전한 십일조를 내는 경우가 드물었습니다. 왜냐하면, 십일조는 조세의 형태로 거두어졌으며, 때와 상황에 따라 저항이 존재했기 때문입니다.

(5) 느헤미야 포로 후 시대

왕정 시대의 북 이스라엘과 남 유다가 모두 망하고 난 후, 그들은 하나님께 십일조를 전혀 드리지 못하게 되었고, 그 후에 이스라엘 백성은 포로지에서 귀향하게 됩니다. 느헤미야서를 보면 포로에서 돌아온 이스라엘 백성이 다시 십일조를 드리는 것을 봅니다(느 10:37-38, 12:44, 13:5, 12). 그러나 이 역시 잠시 동안의 회복이었을 뿐입니다.

(6) 말라기 포로 후 시대

하나님은 다시 한번 이스라엘 백성에게 십일조의 언약을 상기시키시고 약속하신 복이 십일조와 연관된다는 사실을 다시 한번 알려 줍니다. 여기서 십일조 논쟁에서 유명한 구절로 쓰이는 말라기서가 나옵니다(말 3:8-10).

하나님께서 이스라엘 백성에게 십일조를 말씀하시는 이유는 그들이 이미 주께로부터 모든 것이 떠나 있었기 때문이라고 말라기 1:12-13에 잘 나타나 있습니다. 십일조 폐지론자들은 도적질한 사람은 일반 백성이 아니라 타락한 제사장들이기 때문에 일반 백성이 십일조를 바치기를 주저한 것이라고 말합니다(느 13장).

이에 대해 옹호론자들은 제사장이 십일조를 도적질했다고 하여 백성조차 십일조를 드리지 말아야 한다는 것은 또 다른 문제이며, 그것이 말라기가 진정으로 의미하는 바라고 말합니다.

(7) 예수님 시대

예수님 시대의 십일조를 이해하기 위해서는 바리새인의 기도(눅 18:12)를 참조할 수 있습니다. 이 기도에서 보듯이 십일조가 이미 이때에 율법화되었고 형식화되어 있었다는 것을 알 수 있습니다.

예수님은 율법화된 바리새인들의 외식적 십일조에 대해 꾸짖으시며, 이것(십일조)도 행하고 저것(공의와 긍휼과 믿음)도 버리지 말라고 말씀합니다(마 23:23). 즉 십일조를 낸다고 하면 공의와 긍휼과 믿음도 실천해야 한다는 것입니다.

십일조 폐지론자들은 예수님이 율법을 완성하신 분이므로 율법인 십일조는 예수님 시대 이후로는 폐지되었다고 주장합니다. 이에 대해 옹호론자들은 예수님이 율법을 폐하러 오신 분이 아니라 완성하러 오신 분임을 강조합니다(마 5:17).

(8) 초대 교회 시대

초대 교회는 기독교로 개종한 유대인들의 예루살렘 공동체, 사도 바울이 개척하거나 자발적으로 형성된 이방인 공동체가 있었습니다.

예루살렘 공동체의 경우, 자신들의 소유물을 팔아 교회에 바치고 서로 공유하는 모습이 사도행전에 나옵니다(행 2:44-47, 4:32-35).

이방인 공동체의 경우는 헌금을 '연보'라고 하여 자발적으로 얼마씩 모아서 내도록 했기에 헌금 액수의 제한이 없었다는 것을 알 수 있습니다.

십일조 폐지론자들은 초대 교회에서는 십일조라는 제도가 없었다고 말합니다. 십입조 옹호론자들은 초대 교회에서는 십일조보다 더한 유무상통을 통해 사랑의 모습을 보여 주었으며, 그러한 헌금이 복음을 전하기 위한 선교 활동을 도왔다고 말합니다.

2) 십일조에 대한 교회 역사의 이해

(1) 속사도 시대

십일조에 대한 가르침은 『디다케』(Didache)라는 문서에도 나오며 오리겐, 이레니우스, 키프리안도 자발적으로 드리는 십일조를 가르쳤습니다. 특히 오리겐은 "그리스도인은 구약 시대의 유대인보다 헌금에 있어서 능가해야 된다"고 가르쳤습니다.[3] 이에 대해 폐지론자들은 디다케에 '만물'을 바치라고 언급되어 있을 뿐 십일조에 대한 규정은 없는데, 개신교 일부에서 이 만물 봉헌의 규정을 십일조의 근거로 보는 것은 명백히 잘못된 것이라고 말합니다.

이레니우스 교부는 "유대인들은 정기적으로 십일조를 내야 했다. 자유를 가진 그리스도인들은 더 큰 일에 대한 소망을 가지고 있기 때문에 자기 재산의 작은 부분이 아닌 모든 재산을 주님께 맡겨야 한다"고 가르쳤습니다.[4] 이에 대해 폐지론자들은 유대인들은 십일조를 바친다고 언급하며 기쁜 마음으로 헌금할 것을 촉구하고 있으나 십일조를 직접 강조하지는 않았다고 말합니다.

터툴리안도 강제적 십일조는 반대했지만, 기부에 관한 교회의 관행을 무시하지는 않았습니다. 카르타고의 터툴리안의 뒤를 이은 키프리안(Cyprian, 200-258)은 십일조가 전임(full-time) 성직자를 지원해야 한다고 제안한 최초의 영향력 있는 지도자였습니다.[5]

이에 대해 폐지론자들은 3세기 초 교부인 키프리안이 최초로 성직자에 대한 재정적 지원을 언급하면서 십일조를 그 좋은 예로서 언급했으나, 오

---

3 William Smith & Samuel Cheetham, *A Dictionary of Christian Antiquities: Being a Continuation of the Dictionary of the Bible*, Volume 2, (London, UK: John Murray, Albemarle Street, 1880), 1963.
4 Irenaeus of Lyons, *Against Heresies*, 4.18.2.
5 Russell Kelly, *Should the Church Teach Tithing* (Writers Club Press, 2000), 247.

리겐과 사도 규범에서는 성직자에 대한 재정 보조만 다시 강조되었을 뿐이지 그 수단으로서의 십일조는 언급되지 않았고, 그 이후 100년 이상 십일조에 대한 주장은 교회 안에서 조명받지 못했다고 말합니다.

(2) 제도 교회 공인 이후의 가톨릭교회 시대

로마 황제 콘스탄틴(Constantine, 272-337)은 313년 밀라노 칙령을 선포하고 기독교에 대한 박해를 끝내고 기독교를 정식 종교로 공인했습니다. 이때부터 기독교는 제도 교회로 발전함에 따라 교회 재정의 확충이 요구되어 십일조를 강조하는 교부들이 늘어나기 시작했습니다. 에피파니우스 (Epiphanius, 310-403)는 그리스도인의 기부에서 자유함이 강조되어야 한다고 말했지만,[6] 동서방을 막론하고 교부들은 십일조를 신자의 덕목으로 권장하기 시작했습니다.

서방의 히에로니무스(Hieronymus), 어거스틴과 동방의 크리소스톰 (Chrysostom)은 십일조를 옹호한 대표적 교부입니다. 어거스틴은 "십일조는 빚의 문제이며 십일조를 드리기를 주저하는 사람은 강도죄를 범한 것이다"[7]라고 말했으며, 크리소스톰 콘스탄티노플 대주교는 바리새인들의 의로움에 대해 주석하면서 "유대인에게 십일조를 드리지 않는 것이 위험한 일이라면 지금은 훨씬 더 위험하다는 것을 확신해야 한다"[8]고 말했습니다.

이처럼 수위권을 확립하고 동로마 제국의 영향으로부터 독립하려는 로마 가톨릭교회에 의해서 십일조는 더욱 강조되었습니다. 황제권에 대한 교황권의 우위를 주장한 교황 겔라시우스(Gelasius, 재임시기 492-496)의 시대 이후로 교황의 법령(decretal letter)의 분배 규정에서 십일조 수입의 분배 방식에 대해서 언급하고 있는 것으로 보아 서방 교회에서는 본격적인 십

---

6 *Zondervan Pictorial Encyclopedia of the Bible*, Vol. 5, tithing.
7 Henry Lansdell, *The Sacred Tenth* (Grand Rapids, MI: Baker Book House, 1955), 185-6.
8 Ibid., 201.

일조가 시작된 것으로 보입니다. 왜냐하면, 시간이 지나면서 교회가 확장되고 다양한 제도가 생겨나면서 성직자들의 적절하고 영구적인 지원을 보장하는 법을 제정할 필요가 생겼기 때문입니다.

그래서 585년의 마콘 3차 공의회(Council of Macon)에서는 십일조가 교회법의 일부가 되었고 그 의무를 등한시할 때 파문도 가능하게 되어 강제적 규율의 성격을 가지게 되었습니다.

(3) 중세 교회 시대

십일조는 중세 교회 시대 이후로 공고해졌습니다. 1140년 발간된 것으로 추정되는 12세기의 법학자이자 신학자로 알려진 『그라티아누스의 교령집』(Decretum Gratiani)에서도 십일조를 언급하고 있습니다. 그 이유는 십일조가 성직자 지원을 위한 자원이 되기 때문이었습니다. 그러나 교회와 수도원이 영주의 보호 혹은 감독하에 있었던 그 당시의 상황에서는 십일조는 사실상 세속적 조세 납부의 형태를 띠게 되었습니다. 그러다 보니 십일조를 내지 못하는 사람을 위하여 십일조를 빌려 주는 사람도 생겨나기도 했습니다.

이런 경제 상황 속에서 농부들은 수확의 십분의 일을, 수공업자들은 생산의 십분의 일을 내야 했습니다. 시간이 지나면서 이런 조세 납부의 형태는 완전한 조세의 형태가 되었습니다. 1550년 트렌트 공의회(The Council of Trent)에서는 십일조를 내지 않는 것에 대해 파문할 수 있는 정당한 이유가 된다고 결정했습니다.[9] 이렇듯 로마 가톨릭교회는 십일조를 신자의 당연한 의무로 보았으며 오랜 시간 동안 교회법으로 인정받아 왔습니다.

---

[9] John W Duncan, *Our Christian Stewardship* (Cincinnati, OH: Jennings and Graham, 1909), 66.

(4) 종교 개혁 시대

종교 개혁자들도 십일조에 대해서는 당연하게 받아들였습니다. 토마스 뮌처(Thomas Münzer, 1489-1525)는 루터(Luther)의 추종자가 되었고 가톨릭 교회에 반대했습니다. 하지만 뮌처는 사회 변화를 열망하여 노동조합을 결성하려 했던 광부 계층을 지원했고 농민 세력과 결탁하여 십일조를 면제해 줄 것을 요구하기도 했습니다.

이에 대해 루터는 십일조를 보류하는 것은 지배적인 시스템의 경제적 활동에 대한 부당한 공격이 될 것이라고 주장했습니다. 루터나 칼빈의 관심사는 십일조를 걷는 것보다는 헌금이 어떻게 쓰여져야 하는지에 대한 것이었습니다.

(5) 시민 혁명 시대

유럽의 시민 혁명으로 교회가 국가와 분리되면서 십일조가 폐지되었습니다. 프랑스는 대혁명 이후 1790년 폐지되었으며, 영국은 1836년 폐지되었으며, 곡물 가격에 근거한 소작세로 대체되었습니다. 이탈리아는 1887년 폐지되었고, 독일은 제국 회의에 의해 교회 재산이 국가에 귀속되면서 1803년 십일조가 폐지되고 이에 대한 보상으로 교회세가 등장했습니다. 아일랜드는 성공회가 국교회 자격을 잃으면서 1871년 폐지되었습니다.

3) 십일조에 대한 신학적 이해

첫째, 십일조는 하나님과의 관계를 나타내는 척도가 됩니다.

인간은 하나님의 영광을 위하여 창조되었고(사 43:7), 인간의 본분은 바로 하나님을 경외하고 그 명령을 지키는 것입니다. 하나님은 십일조를 명령하고 계십니다(레 27:30; 학 2:8). 그러므로 십일조는 하나님이 천지 만물의 주인이심을 확인하는 행위이며(창 1:1), 인간에게 재물 얻을 능력을 공급해 주시는 분을 기억하는 행위입니다(신 8:18). 인간은 하나님의 물질을 위탁 받은 자이며(욥 1:21), 십일조는 주인의 뜻대로 사용한다는 고백의 표식입니다(출 23:19; 시 96:8). 이것을 주인과 청지기의 관계라고 본다면, 십일조는 주인께 마지막을 결산한다는 표식입니다(마 25:13-30; 롬 14:12; 갈 6:7).

그러므로 그리스도인은 하나님께 헌신해야 하며, 이런 헌신의 첫 출발로써 재물에 대한 모든 주권을 주님께 드릴 수 있어야 합니다(행 17:25). 즉 십일조는 받은 구원에 대한 지극한 보은 행위 중 하나라고 할 수 있습니다(고후 9:15).

이런 보은의 행위는 예배를 통해 나타나며, 예배는 그러한 보은을 결단하는 시간이기도 합니다. 성경은 "나를 존중히 여기는 자를 내가 존중히 여기고 나를 멸시하는 자를 내가 경멸하리라"(삼상 2:30)고 말씀합니다. 하나님을 존중하고 경외하는 고백의 표시로 십일조는 하나님을 섬기는 예배 행위의 중요한 부분이 됩니다(잠 3:9-10). 왜냐하면, 십일조는 하나님이 인간을 신뢰할 수 있는가를 결정짓는 테스트와 같은 것이 되기 때문입니다(말 3:8-11). 그러므로 십일조를 드렸다 하여 모든 의무를 다한 것은 아니며 또한 그것을 축복의 통로로 삼는 것은 십일조를 드리는 정신에 어긋납니다. 십일조는 자신의 믿음을 하나님께 보여드리는 척도가 됩니다.

둘째, 십일조는 복음을 전하는 자원이 됩니다.

십일조 폐지론자들은 구약의 십일조는 예수님에 의해 완성되었기 때문에 십일조에 대해서만큼은 구약과 신약이 불연속 선상에 있다고 말합니다. 이런 불연속성으로 인해 신약 성경에는 십일조를 강제하는 구절이 없다고 말합니다(고후 9:7). 하지만 십일조가 복음을 전하는 자원이 된다는 것에 대해서는 그들도 부정하지는 못할 것입니다. 십일조는 복음을 전하는 아주 중요한 자원입니다. 주님의 몸된 교회는 예배, 교육, 선교, 친교의 공동체입니다. 이를 위해 부름을 받았고, 그것이 교회의 설립 목적이 됩니다. 이런 목적을 감당하기 위해서는 자원이 필요합니다.

구약의 레위 지파가 제사에 전념했듯이, 신약의 성직자들은 예배, 교육, 선교, 친교에 전념합니다. 구약의 11지파가 레위 지파의 생계를 책임졌듯이,

교인들이 성직자들의 생계를 책임지는 것은 구약과 신약의 원리가 동일하다는 것을 보여 줍니다. 그리고 그것이 매우 합리적이고 효율적인 제도라고 할 수 있습니다. 이처럼 십일조는 복음 전파를 위한 자원이 되며(마 28:19-20), 십일조는 교회를 굳건히 세우는 수단이 됩니다(고후 9:13).

셋째, 십일조는 평균의 원리 위에 존재합니다.

십일조는 복음을 전하는 자원이 되며, 교회 안의 가난한 자들의 복지에 사용되어야 합니다. 즉 십일조는 부자와 가난한 자들의 평균화를 위한 수단이 됩니다(고후 8:13-15). 이런 평균화의 사례가 바로 초대 교회 공동체입니다. 그들은 자신의 소유물을 나눔으로 인해 이런 평균의 원리를 실천했습니다(행 4:32, 34-35). 그러므로 이런 평균의 원리를 기억한다면 부자는 십일조 이상을 헌금할 수 있으며, 교회는 헌금을 축적하지 말아야 합니다. 왜냐하면, 헌금의 축적은 인간의 욕심을 불러 일으키고, 부패는 그러한 축적으로 인해 발생하기 때문입니다. 그러므로 헌금은 축적하기 위해 하는 것이 아닌 평균의 원리를 실천하기 위해 사용해야 합니다.

넷째, 십일조는 자원의 원리 위에 존재합니다.

성경은 십일조를 드릴 때에 하나님의 은혜를 생각하며 자원하여 드리라고 가르칩니다. 왜냐하면, 하나님이 사랑하시는 자는 자원하여 드리는 사람이기 때문입니다(고후 9:7). 이런 자원은 다른 지출을 다한 후의 나머지를 하나님께 드리는 것이 아니라 하나님께 드릴 부분을 미리 선별해 놓아야 합니다. 사도 바울은 "매주 첫날에 너희 각 사람이 수입에 따라 모아 두어서 내가 갈 때에 연보를 하지 않게 하라"(고전 16:2)고 권면합니다. 이렇게 선별된 헌금은 하나님께 향기로운 예물이 됩니다(빌 4:18). 이처럼 십일조는 물질적 축복을 100% 보장하는 것은 아니지만, 하나님만을 섬긴다는 일종의 표시가 되며(마 6:24), 결과적으로 미래의 축복으로 연결됩니다(말 3:11-12).

4) 십일조에 대한 종합적 이해

십일조 문제는 매우 민감한 문제입니다. 하지만 십일조는 하나님과의 관계를 나타내는 척도이며, 복음 전파의 수단으로서 매우 중요한 문제입니다. 그러므로 십일조에 대한 건전한 관점을 소유해야 합니다. 이런 건전한 관점의 소유를 방해하는 대부분의 이유는 교회가 헌금을 잘못 사용하기 때문입니다. 피땀 흘려 번 물질을 헌금하는 것이 아깝다는 것입니다. 그러므로 교회는 복음 전파를 위해 헌금을 매우 귀중하게 사용해야 할 책임이 있습니다.

이런 건전한 관점에서 가장 중요한 요인은 십일조에 대한 역사적 이해 방식입니다. 위에서 살펴본 바와 같이, 십일조는 이스라엘 백성에게 부과된 세금과 같은 것이었습니다. 그리고 초대 교회 이후에도 십일조가 존재했던 이유는 십일조가 세금과 같은 역할을 했기 때문입니다. 그러한 세금은 신정 사회를 유지하는 거의 유일한 자원이었습니다. 하지만 십일조가 세금과 같은 역할을 할 것을 요구받지 않는 신정 사회가 아닌 곳에서는 모든 국민이 십일조를 내야 하는 의무 조항이 사라졌습니다.

그러나 그것이 십일조의 무용론을 주장하는 근거는 될 수 없습니다. 왜냐하면, 신약 성경은 십일조를 하지 말라고 가르치는 것이 아니라 십일조를 뛰어넘는 재물 전부를 하나님을 위해 사용할 것을 가르치고 있기 때문입니다. 또한, 위에서 언급한 바와 같이 십일조의 정신은 사라지는 것이 아니며, 십일조의 기능론적 평가는 매우 긍정적이기 때문입니다. 그러므로 강제적이었던 십일조는 이제 자발적인 십일조로 변화되었다고 말하는 것이 안전할 것입니다.

예수님은 십일조의 의무 대상이 아니던 박하와 회향과 근채의 십일조를 드리되, 율법의 더 중요한 정의와 긍휼과 믿음을 버린 바리새인들을 질책하셨습니다. 이때 예수님은 이것도 행하고 저것도 버리지 말아야 한다고 말씀하셨습니다(마 23:23). 이것은 십일조의 그러한 기능론적 평가를 무시하지 않았기 때문입니다. 그러므로 예수님을 주인으로 모신 사람이 천국 시민이 되었다면, 육적인 이스라엘 백성에게 요구되는 강제적인 세금으로서의 십일조가 아닌 영적 이스라엘 백성, 즉 천국 시민에게 요구되는 자발적 세금으로써 십일조가 요구됩니다.

5) 결론

결론적으로 십일조를 율법주의적으로 느낄 필요는 없습니다. 신약 성경은 헌금을 어떻게 드리고, 어떻게 사용해야 하는지에 대해 분명한 원칙을 가르칩니다(고전 16:1; 고후 8:9; 9:7).

그러므로 이런 원칙에 맞도록 자발적으로 헌금하면 됩니다. 신앙이 약할 때에는 본인이 더 이상 양보할 수 없는 최소한의 금액(예를 들어 수입의 2.5%)을 정해서 헌금할 수 있습니다. 신앙이 성장함에 따라 자유스럽게 그 %를 올릴 수 있습니다. 그래서 어떤 사람은 십일조(十一租)가 아닌 십구조(十九租)를 드리기도 합니다. 또 어떤 이는 인생 전체를 복음을 전파하는 일에 헌신하기도 합니다. 그러므로 십일조를 뛰어넘어 인생 전체를 드릴 수 있을 정도까지 신앙이 성장하도록 최선을 다해야 합니다. 그런 의미에서 신앙의 선배들은 다음과 같이 조언합니다.

> 존 웨슬리(John Wesley) – 사람에게 있어서 마지막으로 개종 작업이 일어나야 할 부분은 돈지갑이다.
> 마틴 루터(Martin Luther) – 모든 그리스도인은 두 가지로 변화 체험을 해야만 한다. 먼저는 심령이요, 그 다음은 돈지갑이다. 신자가 십일조를 드리지 않음으로 인하여 받는 영적 고통과 괴로움은 당연하다. 이것은 믿음 있는 신자의 건강한 괴로움이다.
> 사무엘 영(Samuel Young) – 우리가 드리는 모든 헌물은 예수 그리스도의 십자가 은총에 대한 보은 중심이어야 한다.

아드리안 로저스(Adrian Rogers, 침례교 목회자) – 십일조는 하나님이 누구신가를 보여 주는 통로이다. 왜냐하면, 십일조 생활을 통하여 당신 안에서 우리의 믿음을 성장시키는 수단이기 때문이다.

리처드 포스터(Richard Foster, *Money, Sex, and Power*의 저자) – 사람들의 돈에 대한 태도를 알아보면 하나님께 대한 태도를 알아볼 수가 있다. 돈은 영성의 척도가 된다

해롤드 피켓(Harold Fickett, 침례교 신학자) – 그리스도인의 영성의 출발점은 바로 십일조의 실천에서부터 시작된다

3. 하나님만 믿으면 되지 왜 꼭 교회에 다녀야 합니까?

(신 9:10) 여호와께서 두 돌판을 내게 주셨나니 그 돌판의 글은 하나님이 손으로 기록하신 것이요 너희의 총회 날에 여호와께서 산상 불 가운데서 너희에게 이르신 모든 말씀이니라

(고전 10:16) 우리가 축복하는바 축복의 잔은 그리스도의 피에 참예함이 아니며 우리가 떼는 떡은 그리스도의 몸에 참예함이 아니냐

(고전 12:27) 너희는 그리스도의 몸이요 지체의 각 부분이라

(엡 2:20-22) 너희는 사도들과 선지자들의 터 위에 세우심을 입은 자라 그리스도 예수께서 친히 모퉁잇돌이 되셨느니라 그의 안에서 건물마다 서로 연결하여 주 안에서 성전이 되어 가고 너희도 성령 안에서 하나님이 거하실 처소가 되기 위하여 예수 안에서 함께 지어져 가느니라

우리 주변에는 하나님의 존재를 의심하지 않으며, 하나님에 대한 신앙이 있음에도 불구하고 교회에 나가지 않는 사람들이 있습니다. 그들이 처음부터 교회에 나가지 않은 것은 아닙니다. 그들이 교회에 나가지 않는 데에는 다양한 이유가 존재합니다. 교회가 너무 세속화되었다거나, 교회에

서 마음의 상처를 경험했기 때문입니다. 그러한 상처가 깊으면 깊을수록 교회에 다시 출석하기는 어렵습니다.

그렇다면 왜 꼭 교회에 다녀야 할까요?

1) 교회는 하나님의 백성들의 총회이기 때문이다

교회는 다양한 방식으로 이해될 수 있습니다. 그러한 다양한 방식 가운데 바울이 서신서를 통해서 전하는 삼위일체론(Trinitarianism)적 이해 방식을 채택하는 것이 좋습니다. 즉 바울이 교회를 이해하는 방식으로서 하나님의 백성, 그리스도의 몸, 성령의 전에 대한 개념은 교회에 대한 공동체적 면모를 이해하는 데에 도움이 됩니다.

성부 하나님과 관련하여 교회는 하나님의 백성들의 총회로 이해할 수 있습니다. 이런 이해에 있어 성경의 3가지 단어가 도움이 됩니다.

첫 번째 단어는 '카할'(qahal)이라는 히브리 단어입니다. 이 단어는 교회의 어원적 의미로 쓰이며, 집회 혹은 회중을 의미합니다. 특히 성경의 많은 곳에서 여호와의 총회 혹은 하나님의 총회라는 의미로 사용되었습니다(신 31:30; 민 16:3, 20:4).

두 번째 단어는 '에클레시아'(ἐκκλησία)라는 그리스 단어입니다. 이 단어는 주전 3세기 동안에 히브리 성경을 헬라어로 번역할 때 쓰였던 단어입니다. 즉 '카할'이란 히브리어를 '에클레시아'라는 그리스어로 번역했습니다. 이 단어의 용례는 '일반 대중으로부터 불러내다'라는 의미를 가지고 있습니다. 이 단어는 신약 성경에서 '하나님의 부름을 받은 사람들의 모임'으로 원용되었으며, 초기 기독교 공동체는 의식적으로 유대적 회당 공동체로부터 자신들을 구별하기 위해 '에클레시아'라는 용어를 채택했습니다.

세 번째 단어는 '라오스'(λαος)라는 단어입니다. 이 단어는 헬라어로 본래 '군중', '한 국가의 백성'을 의미합니다. 나중에 그 단어는 구약 성경의 헬라어역(70인역)에서 '암'(am)이란 히브리어를 번역할 때 '하나님의 백성'을 지칭하는 보편적인 단어로 채용되었습니다.[10]

이런 단어들이 주는 함의는 교회는 하나님의 백성들의 총회라는 것을 의미한다는 것입니다. 교회에 나가지 않는 것은 이런 하나님의 백성들의 총회의 권위를 무시하는 행동이며, 그러한 총회로 자신의 백성을 부르신 하나님을 욕보이는 행위가 됩니다.

2) 교회는 그리스도의 몸이기 때문이다

적지 않은 사람들은 교회를 보이는 교회 건물이라고 생각합니다. 하지만 교회는 보이는 건물이 아닌 그리스도를 중심으로 하는 공동체입니다. 교회는 그리스도의 몸으로, 그리스도를 배제하고는 생각할 수 없습니다. 하나님은 그리스도의 몸인 교회를 창조하셨고, 그 몸을 통해 그리스도의 존재와 영광을 드러내시기를 원하십니다. 즉 이 땅에서 그리스도를 중심으로 하나님 나라를 이루어가시기를 원하십니다. 그렇기에 그리스도인들은 자기 중심적으로 사는 것이 아니라 그리스도 중심적으로 살도록 창조되었으며 그리스도의 삶을 드러내야만 합니다.

그리고 그러한 것을 감당하는 공동체가 교회입니다. 즉 교회는 그리스도가 구심점이시며, 구심점이신 그리스도를 믿는 사람들의 공동체라는 사실을 잊지 말아야 합니다.

여기서 중요한 점은 교회가 그리스도의 몸이라면 교회는 생명력을 소유하고 있다는 점입니다. 교회는 하나님의 존재, 능력, 목적을 이루어 가는 진실한 성경적 공동체입니다. 교회가 그리스도의 몸이라고 하는 것은 교회에서 그리스도를 경험할 수 있다는 말이며, 그리스도를 경험한다는 것은 이 지상 가운데에 하나님의 나라를 경험할 수 있다는 말입니다. 그리스

10　Paul Stevens, 『평신도 신학』, 홍병룡 옮김 (서울: IVP, 2001), 39.

도의 복음으로 말미암아 교회는 생명력을 가지고 있으며, 그러한 생명력은 불신자들에게까지 흘러넘쳐 그리스도를 경험케 함으로써 이 지상에서 하나님의 나라를 이루어 갑니다.

쉽게 말하자면, 교회는 하나님 나라의 그림자로 이 지상에서 하나님의 속성을 경험할 수 있는 유일한 곳이라고 할 수 있습니다. 그러므로 교회에 나가지 않는다는 것은 이런 생명력을 경험할 수 없게 된다는 것을 의미합니다. 교회에 출석한다는 것은 그러한 생명력을 제공받는다는 것을 의미합니다. 실제로 오랫동안 교회에 출석하지 않을 경우, 신앙은 생명력을 잃고 무기력해지며 결국 신앙에서 멀어집니다. 실제로 그러한 현상을 자주 목격합니다. 그러므로 교회에 나가지 않는 것은 자신의 신앙을 무기력하게 만드는 지름길임을 알아야 합니다.

3) 교회는 성령의 전이기 때문이다

교회는 하나님의 백성의 총회이며 그리스도의 몸일 뿐만 아니라 성령님의 전이기도 합니다(고전 3:16). 그리스도의 몸인 성도로 세움을 받은 교회는 성령이 거하는 처소라고 할 수 있습니다. 에베소서 2:20-22에서는 "너희는 사도들과 선지자들의 터 위에 세우심을 입은 자라 그리스도 예수께서 친히 모퉁잇돌이 되셨느니라 그의 안에서 건물마다 서로 연결하여 주 안에서 성전이 되어 가고 너희도 성령 안에서 하나님이 거하실 처소가 되기 위하여 예수 안에서 함께 지어져 가느니라"고 말씀합니다.

교회는 예수를 그리스도로 고백하는 모임입니다. 교회의 기초는 사도들과 예언자들이 기초를 놓았으며 예수 그리스도가 친히 모퉁잇돌이 되십니다. 더 나아가서 교회는 성령 하나님이 거하시는 처소로서 '성령의 전'이라고 불립니다. 이렇게 교회가 '성령의 전'이라 불리는 이유는 성령 하나님께서 교회 안에 계시기 때문입니다. 이것이 바로 교회의 영광입니다. 모세는 호렙산 가시떨기 나무 불꽃 가운데 임재하신 하나님을 뵈었을 때, 하나님은 모세에게 "네가 선 곳은 거룩한 땅이니 네 발에서 신을 벗으라"(출 3:5)고 하셨습니다. 우리가 신을 벗어야 할 거룩한 곳은 바로 이 교회입니다.

그러므로 소수의 사람이 모인 곳이라 할지라도 하나님은 그의 거처를 삼고 계십니다. 그런 의미에서 교회에 출석하지 않는 것은 하나님의 거하시는 처소를 외면하는 일이 되며, 성령의 은사를 받아 아름다운 공동체를 이루어가야 하는 사명을 저버리는 일이 됩니다.

4) 결론

물론 교회는 인간들의 모임이며 조직이기 때문에 완벽하지 않습니다. 때로는 부패하고 변질됩니다. 그래서 적지 않은 사람들은 하나님만 믿으면 되지 왜 교회에 꼭 나가야 하는지에 대해 의문을 표시합니다.

하지만 교회가 하나님의 백성의 총회, 그리스도의 몸, 그리고 성령의 전이라는 사실을 받아들여야 합니다. 비록 교회가 흠이 있고 부족하고 마음에 들지 않는 부분이 있다 하더라도, 그 교회에 속한 사람들은 하나님이 사랑하시며, 하나님이 그들을 통해 일하시는 하나님의 백성이라는 사실을 알아야 합니다. 또한, 예수님은 하나님의 백성을 구원하시고 그리스도의 몸으로 받아들이고 그들을 성령의 전으로 아름답게 건축하셨습니다. 이런 사역을 통하여 예수님은 친히 모퉁잇돌이 되셔서 교회의 기초를 놓으셨다는 사실을 잊어서는 안 됩니다. 즉 교회는 예수님께서 피로 값 주고 사신 고귀한 것입니다(고전 6:12-20).

이런 사실들은 왜 교회에 소속되어야 하는지에 대한 당위성을 제공해 줍니다. 교회에 나가지 않는 것은 하나님의 백성의 총회를 아름답게 하지 못하는 일이 되며, 그 결과 그리스도가 제공해 주시는 생명력을 잃어버리게 됩니다. 교회가 마음에 들지 않는다면 교회 내에서 개혁할 수 있습니다.

교회가 마음에 들지 않고 마음에 상처를 받았다 하여 교회에 나가지 않는다면 누가 교회를 개혁하겠습니까?

4. 어떤 교회가 이단 교회인가요?

> (마 4:3) 시험하는 자가 예수께 나아와서 가로되 네가 만일 하나님의 아들이어든 명하여 이 돌들이 떡덩이가 되게 하라
> (막 15:39) 예수를 향하여 섰던 백부장이 그렇게 숨지심을 보고 이르되 이 사람은 진실로 하나님의 아들이었도다 하더라
> (요 11:27) 이르되 주여 그러하외다 주는 그리스도시요 세상에 오시는 하나님의 아들이신 줄 내가 믿나이다
> (요일 4:15) 누구든지 예수를 하나님의 아들이라 시인하면 하나님이 그의 안에 거하시고 그도 하나님 안에 거하느니라

우리는 위에서 비록 교회가 흠이 있고, 마음에 들지 않는 부분이 있더라도 교회에 꼭 나가야 한다는 사실을 배웠습니다.

그렇다면 어떤 교회를 나가야 할까요?

많은 사람은 이단이 아닌 정통 교회를 선택하고 싶을 것입니다. 하지만 신앙생활을 시작하는 사람들은 정통 신앙과 이단 신앙의 가르침을 분별하기 어렵기 때문에 자신의 귀에 듣기 좋은 교회를 선택하기 쉽습니다. 그러므로 여기서는 어떤 교회가 이단 교회인지를 분별할 수 있는 3가지의 기준을 제시하려고 합니다. 그러한 3가지 기준은 '성경적으로 건전한 교리'(biblically sound doctrine)이라는 세 단어로 생각해 볼 수 있습니다.

1) '성경적(biblical)' 교회여야 한다

대부분의 교회는 자신들의 교회가 성경적 교회라고 말합니다. 정통 교회뿐만 아니라 이단 교회도 동일한 주장을 합니다. 그러므로 어떤 교회가 성경적 교회인지를 분별하기 어렵습니다. 여기서 성경적 교회라고 하는 것은 성경을 무오한 하나님의 말씀으로 받아들이는 교회를 의미합니다.

여기서 성경을 무오한 하나님의 말씀으로 받아들인다는 것은 성경 무오설(biblical inerrancy)을 지지한다는 것을 의미합니다. 성경 무오설은 정통과 이단을 분별하는 매우 중요한 기준입니다.

대부분의 이단은 성경을 무오하다고 생각하지 않습니다. 그렇기 때문에 이단들은 성경 외에 다른 경전을 가지고 있거나 성경을 자신들의 교리에 맞추어 개정합니다. 예를 들어, 몰몬교는 성경과 더불어 『몰몬경』이라는 경전을 가지고 있습니다. 몰몬경이라는 제목은 고대 미대륙에서 하나님의 백성이었던 니파이인들의 영감과 역사를 요약 기록한 역사가이자 선지자인 몰몬의 이름에서 유래되었습니다. 그들은 『몰몬경』이 왜 필요한지에 대해 다음과 같이 말합니다. 예수님은 주로 팔레스틴 지역에서 활동하셨고 성경이 팔레스틴 지역을 위해 내려 준 경전이므로, 따라서 미 대륙을 위해서는 또 다른 경전이 필요했기 때문이라고 말합니다.

그렇다면 성경도 몰몬경도 아닌 다른 지역, 예를 들면 아시아나 아프리카를 위한 경전이 또 있어야 하지 않을까요?

또한, 여호와의 증인은 1950년에 『신세계역 성경』을 발행했습니다. 여호와의 증인은 자신들의 교리에 맞추어 성경을 개정했습니다. 하지만 최근 들어서는 자신들의 교리에 맞추어 성경을 개정한 것에 대해 비난을 받자 다른 성경 번역판들도 사용한다고 말합니다. 하지만 그들은 그들의 교리에 맞추어 개정한 『신세계역 성경』의 사용을 멈추지 않을 것입니다. 그러므로 성경 외의 다른 경전을 가지고 있거나 성경을 자신들의 교리에 맞추어 변개하는 교회는 이단 교회입니다.

또한, 성경 무오설을 믿는다는 것은 성경 상의 내용을 100% 진실한 것으로 믿는다는 의미입니다. 즉 성경에 나오는 기적들을 기적으로 받아들여야 합니다. 기적을 기적으로 받아들이지 않는 것은 이단 교회의 특징입니다. 성경에는 많은 기적이 나오며 이런 기적들을 현실 가운데에 이루어진 100% 사실로 받아들여야 합니다. 예를 들어 창세기의 천지창조는 기적 중의 기적으로 그것이 현실로 이루어졌다고 받아들여야 합니다. 그것을 신화 혹은 설화 혹은 신비감을 불어넣는 하나의 문학 장치로 받아들이는 것은 정통 교회의 모습이 아닙니다. 또한, 노아의 대홍수나 홍해의 갈라짐과 같은 기적들을 기적으로 받아들이지 않는 교회는 복음주의권에 소속된 정통 교회가 아닙니다.

2) '건전한(sound)' 신학을 가진 교회여야 한다

이단 교회는 말 그대로 불건전한 신학을 가지고 있습니다. 불건전한 신학은 하나님께 영광을 돌리지 못할 뿐만 아니라 사람을 미혹합니다. 여기서 불건전하다고 하는 것은 하나님께 영광을 돌리지 못하는 신학을 의미합니다. 하나님께 영광을 돌리지 못하는 신학도 예수님의 보혈의 공로를 훼손하는 신학입니다. 이런 불건전한 신학은 의외로 많이 있습니다.

예를 들면, 선악과를 먹은 것은 인간의 자유의지에 의한 선택이었습니다. 하지만 불건전한 신학은 이런 인간의 자유의지에 의한 선택을 부정하거나 희석시킵니다. 즉 하나님께서 만세 전에 결정하신 대로 인간은 선악과를 먹었을 뿐이라고 말합니다. 이렇게 선악과를 먹은 것에 대해 인간의 자유의지에 의한 선택이 아닌 하나님의 예정으로 그것을 돌리게 되면 그것은 인간의 죄에 대해 하나님의 책임을 묻는 꼴이 됩니다. 즉 결정론을 주장하게 되면 인간의 죄악은 결국 하나님의 작품이 되기 때문에 그것은 하나님을 욕보이는 것과 같습니다.

또한, 불건전한 신학을 가진 사람들은 선악과를 먹게 된 것은 뱀의 유혹으로 인한 것이었다고 말합니다. 그러므로 선악과를 먹은 것은 인간의 잘못이 아닌 사탄의 잘못이 됩니다. 그러므로 인간의 적은 사탄이 됩니다. 그러한 사탄과 싸우기 위해서는 하나님의 능력이 필요합니다. 그리고 그러한 능력을 하나님에게서 구합니다.

결국, 인간은 사탄과 싸우기 위해서 하나님의 능력을 이용하는 구조가 됩니다. 이런 신학에서 예수님이 이 땅 가운데 오신 것은 마귀의 일을 멸하기 위해서 오신 것이 됩니다(요일 3:8). 예수님은 인간을 사랑해서 이 땅 가운데 오셔서 십자가에서 피를 흘리셨습니다. 하지만 하나님의 창조물인 사탄을 멸하시기 위해 이 땅 가운데에 오셨다는 것은 예수님의 보혈의 공로를 훼손하는 신학이 됩니다. 왜냐하면, 하나님은 세상을 이처럼 사랑하사 독생자 예수 그리스도를 주셨기 때문입니다(요 3:16). 그러므로 신학은 건전한 신학이어야 하며, 그런 건전한 신학을 가진 교회를 선택해야 합니다.

3) '교리(doctrine)'를 가진 교회여야 한다

여기서 '교리'(doctrine)라고 하는 것은 '교조'(dogma)와 다른 것입니다. 교조는 독단적인 신념이나 학설, 이성으로서 비판 증명이 허용되지 않는 교리 혹은 교의라고 번역할 수 있습니다. 물론 교조도 교리라고 번역할 수 있지만 교리와는 질적인 면에서 차이가 있습니다. 그것은 교조가 편견을 가지고 있다면 교리는 편견을 가지고 있지 않은 교리이기 때문입니다. 그러므로 교회를 선택할 때 교리 위에 세워진 교회를 선택해야 합니다. 이런 교회를 정통 교회라고 합니다.

대개 이단 교회들은 다음과 같은 논리를 가지고 있습니다. 이단 교회가 이단 교회가 된 것은 그 숫자가 적기 때문이라는 것입니다. 숫자가 적으면 이단 소리를 듣지만 숫자가 많아지면 이단 소리를 듣지 않는다는 것입니다. 예를 들어 예수님도 사역 당시에는 이단이라는 소리를 들었으며, 순복음 교회도 처음에는 이단이라는 소리를 들었는데, 그들을 지금 이단이라고 하는 사람은 없다는 논리입니다. 하지만 이것은 정통과 이단을 구분하는 잣대가 될 수 없습니다. 몰몬교는 이미 회원수가 1500만 명을 넘는 규모를 자랑하고 있습니다. 하지만 그들의 신앙은 교리 위에 세워진 것이 아닌 교조 위에 세워진 교회이기 때문에 이단이라고 말하는 것입니다.

여기서 교리는 대체적으로 하나님과 관련된 신학, 예를 들어 하나님의 삼위일체성 부인, 예수 그리스도의 신성과 인성 부인, 성령 하나님의 인격성 부인 등과 같은 곳에 적용할 수 있습니다. 예를 들어 여호와의 증인은 삼위일체 교리를 부정하고 있으며, 성령 하나님의 인격성을 부인합니다. 교리는 많은 토론(debate)를 거친 후에 성립된 것이기 때문에 이단 교회는 자신들의 교리가 얼마나 많은 토론 후에 세워진 것인지를 증명해야 합니다. 하지만 그들의 교리는 이런 토론을 견디지 못하고 무너지고 맙니다. 왜냐하면, 그들의 교리는 교리 간의 일관성 혹은 정합성이 확보되지 않을 뿐만 아니라 하나님께 영광을 돌리지 못하며 예수님의 보혈의 공로를 훼손하기 때문입니다.

4) 결론

교회는 하나님의 백성들의 총회이며 그리스도의 몸이며 성령의 전입니다. 그러므로 교회는 성경적으로 건전한 신학(biblically sound doctrine) 위에 세워진 교회가 되어야 합니다. 하지만 많은 이단들은 이런 세 가지의 기준들을 통과하지 못합니다. 왜냐하면, 성경적이지도 않고, 건전하지도 않으며, 편견된 시각을 가진 교조(dogma)를 소유하고 있기 때문입니다. 그러므로 어떤 교회가 이단 교회인지를 파악하기 위해서는 먼저 이런 3가지의 기준을 통과하는지를 판단해야 합니다. 그런 후에 교회를 선택한다면 이단 교회의 분별에 있어 많은 시행착오를 줄일 수 있으리라 생각합니다.

제9장

과학과 관련된 문제

1. 성경 상의 기적을 어떻게 믿을 수 있나요?

> (출 14:21) 모세가 바다 위로 손을 내밀매 여호와께서 큰 동풍이 밤새도록 바닷물을 물러가게 하시니 물이 갈라져 바다가 마른 땅이 된지라
> (수 10:12) 여호와께서 아모리 사람을 이스라엘 자손에게 넘겨주시던 날에 여호수아가 여호와께 아뢰어 이스라엘의 목전에서 이르되 태양아 너는 기브온 위에 머무르라 달아 너도 아얄론 골짜기에서 그리할지어다 하매
> (요 3:2) 그가 밤에 예수께 와서 이르되 랍비여 우리가 당신은 하나님께로부터 오신 선생인 줄 아나이다 하나님이 함께 하시지 아니하시면 당신이 행하시는 이 표적을 아무도 할 수 없음이니이다

성경에는 홍해가 갈라지고 태양이 멈춘 것과 같은 기적이 많이 나옵니다. 또한, 불치의 병에 걸린 사람들이 치유되는 기적도 많이 나옵니다. 그러한 기적들은 절대자의 존재를 입증하는 증거가 되며 사람들로 하여금 종교에 입문하게 하는 요소로 작용합니다. 하지만 그러한 기적들은 자연의 법칙을 거스르는 것이며 때로는 인간의 상상력을 뛰어넘습니다. 그렇기에 사람들은 그러한 기적 사실을 부인하거나 비합리적이라고 생각합니

다. 그래서 성경을 신뢰할 수 없다고 말합니다.
그렇다면 성경 상의 기적을 어떻게 믿을 수 있나요?

1) 기적은 자연의 법칙을 거스리는 것이다

성경 상의 기적들을 믿지 못하는 이유는 그것이 자연의 법칙을 거스리는 것이기 때문입니다. 영국 경험론의 대표적 철학자 데이비드 흄(David Hum)도 기적에 대해 비판했습니다. 그는 『기적에 관하여』(Of Miracles)에서 "기적이 종교를 지지하는 객관적 경험적 증거가 될 수 없다"고 주장합니다.

여기서 그는 기적을 반대하는 2가지의 논증을 제시합니다. 첫 번째 논증은 '기적에 대한 믿음은 결코 지적으로 정당화될 수 없다'는 것입니다. 그는 기적을 "신의 특별한 의지나 어떤 보이지 않는 행위자의 간섭에 의해 생긴 자연법칙의 위반"[1]이라고 정의합니다. 이런 정의에 의하면 기적은 원칙상 일어날 수 없습니다. 왜냐하면 자연적으로 설명할 수 없기 때문입니다.

기적은 자연법칙을 거스리는 것이기 때문에 흄의 이런 주장이 틀린 것은 아닙니다. 그러나 그렇다고 해서 기적에 대한 믿음이 지적으로 정당화될 수 없는 것은 아닙니다. 왜냐하면 흄은 논점 선취의 오류를 범하고 있기 때문입니다.

실제로 많은 철학자는 흄의 논증이 이런 논점 선취의 오류를 범하고 있다고 비판합니다. 논점 선취의 오류는 3단 논법을 진행할 때, 전제가 오류가 있다면 그로부터의 논리 전개는 오류가 생길 수 밖에 없다는 것을 의미합니다.

---

1 David Hume, 『기적에 관하여』, 이태하 옮김 (서울: 책세상문고, 2003), 18.

(1) 자연법칙은 어떤 사건에 의해서도 어겨질 수 없다.
(2) 기적은 자연법칙의 위반이다.
(3) 그러므로 기적은 없다.

이 논리에서 기적을 자연법칙의 위반으로 가정하는 순간, 기적은 정의상 불가능하게 됩니다. 비록 3단 논법은 타당하지만 이 논증은 논점 선취의 오류를 범하고 있습니다. 이처럼 흄은 선결문제를 해결하지 않은 채 자신의 주장을 펴는 논점 선취의 오류를 보이고 있습니다. 즉 기적이 발생하지 않거나, 결코 기적이 확인될 수 없는 것이라고 전제하면 기적은 발생하지 않는다는 결론을 가져오게 됩니다.

하지만 전능하신 하나님이 계시다면 하나님은 자연의 법칙을 초월하는 방식으로 당신의 뜻을 행사하실 수 있습니다. 그러므로 기적이 자연법칙을 위반하는 것이기는 하지만, 하나님이 계시다면 기적은 언제나 그가 원하시는 때에 발생할 수 있습니다.

일보 후퇴해서 기적이 발생할 수 있다고 이야기할 수 있습니다. 왜냐하면 흄은 기적이 발생하지 않는다고 이야기하는 것은 아니기 때문입니다. 하지만 '기적이 발생할 수도 있으나, 우리가 기적을 믿는 것은 결코 정당하지 않다'는 식의 주장 또한 합리적이지 않습니다.

물론 기적이 발생할 보편적 확률은 낮습니다. 왜냐하면 기적은 정의상 드물게 일어나기 때문입니다. 하지만 우리는 조건부 확률을 반드시 고찰해야 합니다. 왜냐하면, 어떤 일이 발생하기 위한 조건부 확률은 하나의 주장을 위해 연관된 모든 증거를 평가해야 하기 때문입니다.

2) 기적은 미신적 오해가 아니다

기적은 인간의 경험적, 합리적 이해를 넘어선 믿음과 신앙의 문제로 치부하는 사람들이 꽤 많습니다. 그래서 그들은 흄이 정의한 자연법칙의 위반 그 이상도 그 이하도 아니며 종교적 토대가 될 수 없다는 흄의 의견에 동의할 수 밖에 없다고 말합니다.

흄의 두 번째 논증은 모든 기적은 무지하고 야만적인 민족들의 미신적 오해에 기초한 것이라고 주장합니다. 여기서 미신적 오해는 자연법칙을 아는 만큼 기적을 기적으로 인식할 수 있다는 것이 전제됩니다.

예를 들면 자연법칙을 이해하지 못하는 자에게 기적은 존재하지 않는다는 논리입니다. 이 논리에 의하면 기적을 인식할 수 있는 것은 그것이 자연법칙을 벗어난다는 것을 인식할 때만 가능합니다. 즉 과학과 자연법칙에 대한 이해가 전혀 없기 때문에 속임수에 빠질 수 있다는 것입니다. 이것을 좀 더 부드럽게 말하면 기적에 대한 많은 증거들이 있다고 해도 그것이 믿음의 근거가 될 수 없다는 것입니다.

사실 그의 책 『기적에 관하여』는 기적이 발생하지 않는 것이 아니라 기적에 대한 증언과 믿음 사이의 관계에 대해 논한 책입니다. 즉 기적의 증언에 의한 믿음의 정당성에 관한 책입니다. 그는 이 책에서 어떤 사건을 기적이라고 증언하는 것은 신앙을 바탕으로 해석한, 즉 자신의 세계관을 드러내는 종교적 주장일 뿐이라는 것입니다.

또한, 기적이 신앙을 만드는 것이 아니라 신앙이 기적을 만든다고 보았습니다. 결국, 참된 기적이란 현실 세계에서 일어나는 것이 아니라 인간의 마음속에서 일어나는 것으로 생각했습니다.

여기서 흄은 자신의 주장을 뒷받침하기 위해 무효화 논증(The cancellation argument)을 사용합니다. 만일 기적을 종교와 연계해서 그것이 사실이더라도 다양한 종교들이 서로의 기적을 무효화할 것이라고 주장합니다.

만일 기적 1이 종교 X의 진리 주장을 증명하고, 기적 2가 종교 Y의 진리 주장을 입증한다면, 두 종교 중 어떤 것도 기적에 기초해서는 우위에 위치할 수 없다는 것입니다.

예를 들면 불치병을 낫게하는 기적이 있다면 그것은 어떤 특정 종교에만 일어나는 기적이 아니기 때문에 무효화되며, 종교 간에 다른 기적이 일어난다고 하더라도, 다른 종교에서도 기적이 일어나는 것은 마찬가지이기 때문에 어떤 특정한 기적에 기대어 진리를 주장할 수는 없다는 것입니다.

즉 종교에서 기적은 종교의 진정성을 증명하는 시도인데, 기적에 종교적 호소를 하는 것은 증거력이 상실된다는 논리입니다.

그렇다면 이 무효화 논증이 어떻게 무효화될 수 있을까요?[2]

첫째, 기독교를 제외한 다른 종교들은 기적에 대한 주장을 자신들의 핵심 교리들에 각기 다른 방식들로 연결시킨다는 점입니다. 즉 모든 종교들이 자신들의 진리 주장을 위해 기적을 직접적으로 사용하는 것은 아니며, 불교, 도교, 힌두교의 기적들은 해당 종교의 핵심적인 선언에 중요하지 않다는 점입니다.

불교는 부처의 탄생과 삶에서 기적 이야기가 있지만 핵심 가르침과 연계되지는 않습니다. 도교도 노자가 초자연을 말하지만 기적을 주장하지는 않습니다. 힌두교의 경전은 신과 인간의 기적적 만남을 소개하지만 역사적 사건들에 대한 구체적인 주장을 한 것은 아닙니다. 이슬람의 경우도 꾸란의 신적 영감을 위한 증거는 충분치 않으며, 마호메트를 위한 기적의 주장은 없습니다.

둘째, 기독교에서는 예수님의 기적, 특히 부활이 중심이 되어 예수님을 다른 모든 사람보다 높게 승귀시킨다는 점입니다. 즉 예수님 부활의 기적은 비기독교 종교들이 해 온 그 어떤 기적 주장보다 훨씬 더 역사적으로 강력하다는 점입니다.

셋째, 만일 일신론을 위한 변증이 성공적이라면, 일신론이 아닌 종교들의 기적 주장은 비교열위에 있다는 점입니다. 즉 일신론이지 않은 종교들은 기적 주장에도 불구하고 경쟁에서 탈락하게 됩니다.

---

[2] Douglas Groothuis, 『기독교 변증학』, 구혜선 옮김 (서울: CLC, 2015), 808-14 참조.

넷째, 실제적 경합은 예수님의 기적적 행동들이 유대교와 이슬람교에서 제기한 논증들을 반대로 무효화할 수 있는 방법들로 증명될 수 있는가의 문제로 제한됩니다. 일신론을 주장하는 종교들을 비교하면, 유대교의 기적 주장은 기독교와 양립 가능하지만 기독교의 기적 주장은 유대교와 양립이 불가능합니다. 기독교의 기적 주장은 이슬람교와 양립이 불가능합니다. 왜냐하면 이슬람교는 예수님의 부활을 부정하기 때문입니다.

하지만 예수님의 부활에 대한 역사성은 위에서 살펴본 대로 비기독교 종교들이 해 온 그 어떤 기적 주장보다 훨씬 더 역사적으로 강력하다는 점을 고려한다면 기독교의 기적은 유대교나 이슬람교에서 제기하는 논증들을 무효화 할 수 있습니다.

4) 결론

결론적으로 성경 상의 기적을 믿어야 할 이유는 기적을 행하실 수 있는 초자연적 하나님의 존재에 대한 확실한 증거가 있다는 점과 기적 주장을 뒷받침하는 증거와 증인들이 있다는 점입니다. 사실 기적은 쉽게 일어나지 않지만 종교적으로 큰 의미를 지니고 있습니다.

흄은 기적을 믿고 설교하는 성직자를 광신자로 보았습니다. 그래서 그는 일상적 삶의 토대를 해치는 유해한 종교를 배격하기 위한 철학적 근거를 마련하기 위해 책을 저술했습니다. 하지만 그의 논증은 결국 위에서 살펴본 바와 같이 무효화될 수밖에 없습니다. 기적에 관한 흄의 종교 철학적 논의는 기적과 종교의 진정한 의미가 어디에 있는지를 생각하게 만드는 데에 공헌한 것은 사실이지만, 그의 주장은 논리적으로나 경험적으로 타당하지 않습니다. 그러므로 성경 상의 기적을 믿지 못할 이유는 없습니다.

2. 진화에 관한 기독교의 입장은 무엇인가요?

> (창 1:1) 태초에 하나님이 천지를 창조하시니라
>
> (창 1:11) 하나님이 이르시되 땅은 풀과 씨 맺는 채소와 각기 종류대로 씨 가진 열매 맺는 나무를 내라 하시니 그대로 되어
>
> (히 11:3) 믿음으로 모든 세계가 하나님의 말씀으로 지어진 줄을 우리가 아나니 보이는 것은 나타난 것으로 말미암아 된 것이 아니니라

진화론자들은 '진화가 과학이고 창조는 신화'라고 하면서 창조론자들을 공격합니다. 이에 대해 창조론자들은 '창조는 믿음이 아닌 사실이며 진화는 상상력의 산물'이라고 진화론자들을 공격합니다. 문제는 학교에서 진화를 가르친다는 데에 있습니다. 기본적으로 창조론은 신앙에, 진화론은 과학에 호소하는 것같이 보입니다. 그래서 창조론은 비과학적이고 진화론은 과학적인 것으로 오해하기 쉽습니다.

그렇다면 진화에 대한 기독교의 입장은 무엇인가요?

사실 창조와 진화의 문제는 너무나 다양한 주제와 증거와 논증들로 인해 긴 분량이 필요합니다. 여기서는 기독교 신앙의 변증과 관련하여 창조와 진화에 대한 핵심적 주제 3가지만 살펴보겠습니다.

1) 하나님께서 천지를 창조하셨다

창조와 진화 논쟁에서 절대로 양보할 수 없는 진리는 하나님께서 천지를 창조하셨다는 사실입니다(창 1:1-2:14). 성경은 기본적으로 하나님은 모든 생물을 종류대로 창조하셨으며, 인간은 하나님의 형상대로 지음을 받았다고 말씀합니다(창 1:26-30).

위의 시계 제작자의 비유에서 설명한 것처럼 우주는 시계와 비교할 수 없는 매우 정밀한 창조물입니다. 그것이 저절로 생겼다고 주장하는 것은

길을 가다가 땅 위의 시계를 보고 그것이 저절로 생긴 것이라고 주장하는 것과 다르지 않습니다. 그런 의미에서 지적 설계 이론은 창조론이 주는 종교적 어감을 상쇄시키는 좋은 접근 방법입니다.

물론 '지적 설계자'(intelligent designer)가 기독교의 '하나님'을 지칭하지 않는다고 갑론을박할 수 있지만, 지적 설계자는 절대자를 의미하기 때문에 기독교에 입문하는 데 방해가 되는 '장벽'(barrier) 하나를 이미 제거했다고 하는 점에 있어서 유용하다고 할 수 있습니다.

창조론에서는 우주와 생명의 기원에 관련된 3가지의 관점이 있습니다.

첫째는 젊은 지구 창조론(YEC: Young Earth Creationism)입니다. 즉 창세기 1장의 6일을 문자 그대로 해석하여 지구의 나이를 6,000년에서 10,000년 사이로 보는 이론입니다. 이는 우주는 약 138억 년 전에, 지구는 약 46억 년 전에, 생명의 기원은 약 40억 년 전에 일어났다고 보는 과학적 합의에 항의하기 위해 고안된 이론입니다. 이 이론은 주로 안식교에서부터 근본주의 계열의 기독교인들에게 주로 지지를 받는 이론으로 알려져 있습니다.

둘째는 오래된 지구 창조론(OEC: Old Earth Creationism)입니다.

이 이론은 창세기 1장의 6일을 해석할 때, 오랜 기간으로 해석하며, 우주와 생명의 기원에 관련된 학문의 성과를 일부 수용하는 이론입니다. 이런 수용을 위한 노력은 여러 가지 방법으로 이루어져 왔습니다.

갭(gap) 창조 해석은 창세기 1장의 6일을 전반부 3일과 후반부 3일의 시간이 동일한 시간의 양이 아니라고 봅니다. 프레임워크(framework) 해석은 성경의 6일 창조가 시간의 순서로 이루어진 것이 아니라, 창조 사건의 주제 순서대로 제시된 것이기 때문에 시간의 양과는 무관하다고 봅니다. 일-시대(day-age) 해석은 창세기 6일이 평범한 24시간이 아닌 오랜 시간이라고 보는 해석으로, 하루를 시대로 보는 관점입니다.

또한, 점진적(progressive) 창조론은 하나님께서 수억 년에 걸쳐 새로운 형태의 생명을 점진적으로 창조하셨다는 해석입니다. 또한, 과학에서 성경으로의 접근인 우주 시간(cosmic time) 해석이 있습니다. 이 해석은 빅뱅과 같은 이론을 이용하는 것으로 빅뱅이 일어날 때의 공간 확장 시간이 현재의 시간과 다르다는 관점입니다. 이 이론은 젊은 지구 창조론과 유신론적 진화론의 중간에 위치하고 있는 관점이라고 할 수 있습니다.

셋째는 유신론적 진화론(TE: Theistic Evolution)입니다.

이 이론은 진화론적 사고와 신에 대한 믿음을 조화시키는 이론입니다. 그래서 신에 대한 종교적 가르침과 생물학적 진화에 대한 현대의 과학적 이해와 양립한다고 보는 관점입니다. 그렇기에 과학과 종교가 서로 모순될 필요가 없다고 주장합니다.

결론적으로 이런 3가지 관점들이 함의하는 것은 이 세상은 하나님께서 창조하셨다는 것을 말해 준다는 것입니다. 사실 창조된 과정을 관찰한 사람도 없고, 실험으로 반복할 수 있는 것도 아니기 때문에 자연과학적 실험 방법으로 증명할 수는 없습니다. 하지만 창조물의 결과를 볼 때 우리는 그것이 창조되었다고 이야기할 수 있습니다. 고양이는 고양이를 낳고 호랑이는 호랑이를 낳습니다. 같은 고양이과에 속하지만, 다른 종이나 다른 과의 후손을 낳지 않습니다. 유전학적 한계 내에서 같은 종끼리만 교배하며 번식합니다.

이렇게 복잡하고 다양한 생물은 정해진 질서 가운데에 조화를 이루며 살아갑니다. 또한, 유전 질서는 놀라울 만큼 엄격하게 유지되는 것을 볼 수 있습니다. 유전학이나 분자 생물학이 놀랍게 발전하여 모든 유전 정보가 모든 생물의 세포 속에 저장되어 있다는 것을 알게 되었고 유전인자들을 해독할 수 있게 되었습니다. 이런 사실을 보면 이 세상은 고도의 지능과 지혜를 가진 창조주의 작품이라고 합리적으로 추론할 수 있습니다.

그럼에도 불구하고 그렇게 복잡하고 다양한 우주와 생물들이 진화해서 현재의 우주와 생물들이 되었다고 주장하는 것은 현실과 맞지 않습니다. 예를 들면 현재의 우주와 생물들은 복잡한 것에서 단순한 것으로 갈 수는 있어도, 단순한 것에서 복잡한 것으로 가지는 않습니다. 단순한 것에서 복잡한 것으로 가게 된다면, 그것은 외부의 힘이 필요합니다. 하지만 진화는 그것에 역행하는 진술을 하기 때문에 합리적이지 않습니다.

2) 창조와 진화는 둘 다 믿음에 호소한다

하나님께서 천지를 창조하신 것을 본 사람은 없습니다. 그것을 믿는 것뿐입니다. 마찬가지로 진화하는 것을 본 사람도 없습니다. 단지 그것을 믿는 것뿐입니다.

진화론자들은 그들의 믿음을 과학이라는 프레임으로 가져와서 그것이 사실인 것처럼 말합니다. 그들은 진화의 증거로 화석을 가져오지만 중간 화석(intermediate fossil)이 없기 때문에 진화는 믿음에 속할 수밖에 없습니다. 과학은 관찰과 실험으로 확인되는 것을 사실로 인정합니다. 진화 또한 관찰과 실험을 할 수 없지만 그에 상응하는 증거가 있어야 합니다.

그렇다면 진화에 대한 중간 단계의 화석 또한 가져와 보여 주어야 합니다. 하지만 그들은 가져올 수가 없습니다. 왜냐하면, 생물들은 진화한 것이 아니라 창조되었기 때문입니다. 또한, 중간 화석의 자격은 불완전한 기능을 가진 기관이 있어야 합니다. 완전한 기능을 하고 있는 기관을 가진 생명체들은 '완전한 창조'를 주장하는 창조론의 증거들이기 때문입니다.

진화가 사실이라면 무척추동물에서 최초 척추동물이라는 물고기 사이에 불완전한 기능을 가진 중간 형태의 화석이 존재해야 합니다. 무척추동물이 전체 화석의 95% 정도를 차지하고 있기 때문에 가장 많이 나와야 할 무척추동물과 물고기 사이의 중간 화석이 발견되지 않습니다. 중간 화석의 부재는 이미 많은 논의들이 되었기에 언급할 가치가 없습니다.

하지만 진화론의 허구를 밝히는 데 중간 화석의 부재는 매우 치명적이라고 할 수 있기 때문에 언급한 것입니다. 진화론자들은 흔적 기관이라든가, 변이 등을 이야기하지만 진화와 자연 선택에 있어 진화의 증거가 될 수 없다는 것은 이미 알려진 사실입니다.

중요한 것은 창조론과 진화론 둘 다 믿음에 호소한다는 사실입니다. 진화론만이 과학에 호소하는 것은 아닙니다. 창조론도 과학에 호소합니다. 창조론은 일차적으로 믿음에 호소하지만 창조론을 뒷받침하는 많은 과학적 증거들이 있습니다. 이런 과학적 증거들이 일관성을 이루기 때문에 그 믿음의 진실성을 높여 줍니다. 하지만 진화론은 그렇지 않습니다. 진화론은 과학에 호소하는 것 같지만 믿음에 호소하는 것은 매한가지입니다. 실제로 그들이 제시하는 과학적 증거들이 일관성을 이루지 못하기 때문에 그 믿음은 허구화된 믿음이라는 것을 증명할 뿐입니다.

3) 진화론은 확률적으로 0에 수렴한다

진화론에서 가장 중요한 것은 DNA 라고 할 수 있습니다. 과학자들은 이 DNA를 생명의 언어라고 부를 정도로 인체의 모든 정보를 갖고 있다고 말합니다. DNA는 A,G,C,T의 네 가지 염기 세 개가 합쳐져 특정한 아미노산이 되고, 이 아미노산의 특정한 서열이 기능을 가진 단백질을 만드는 정보를 저장한다고 알려져 있습니다. 여기서 진화론이 불가능한 확률적 근거가 제시되는데, DNA 배열을 통해 어떤 생명이 진화한다는 것은 확률적으로 불가능하다는 과학적 증거입니다.

무신론자인 도킨스는 "하나의 백합꽃 꽃씨 또는 하나의 도롱뇽 정자의 DNA에는 브리태니커 백과사전을 저장할 수 있을 만큼의 충분한 저장 용량이 있다"[3]고 말합니다. 이처럼 DNA 안에는 엄청난 정보가 있습니다. 단백질 하나가 우연히 새로 생길 확률은 10^{130}분의 1, 생명이 우연히 발생할 확률을 $10^{40,000}$분의 1로 계산하기도 합니다. 예를 들어 보겠습니다.

---

[3] Richard Dawkins, *The Blind Watchmaker: Why the Evidence of Evolution Reveals a Universe Without Design* (New York, NY: W. W. Norton & Company, 1996), 115-6.

평균적으로 124개의 단백질을 코드화하기에 필요한 특정한 DNA 배열 순서를 우연히 가지기 위한 확률은 $1/10^{89190}$ 이다. 10^{89190} 개의 DNA는 지구의 무게보다 10^{89147} 배 무겁다. 그리고 전 우주를 몇 배 이상 가득 채울 수도 있을 것이다. 천억 명의 사람들을 암호화하는데 필요한 DNA의 총량을 어림잡아보면, 아스피린 반 알 안에 들어갈 수 있다. 확실히 지구 무게의 10^{89147} 배나 되는 DNA의 양은 놀랄만한 양이다. 그리고 이는 하나의 DNA분자가 우연히 형성될 가능성이 얼마나 미미한지를 강하게 말하고 있는 것이다. 이처럼 거대한 DNA의 양은 결코 형성될 수 없다.[4]

수학자들은 확률이 $1/10^{50}$ 이상이 되면 통계적으로 발생 확률을 0으로 간주하는 것에 동의한다고 말합니다. 이런 계산을 할 때 확률적 요소를 어디에 두느냐에 따라 숫자는 조금씩 달라질 수 있지만, 모든 계산은 통계적으로 발생 확률이 0입니다. 진화론자들에게는 매우 절망적인 확률이 될 것입니다.

또한, DNA 장벽은 DNA가 변화하기에는 너무나 높습니다. 즉 한 종이 다른 종으로 변하는 확률은 0입니다. 그 이유는 DNA 안에 너무나 많은 정보가 있기 때문에 위에서 살펴본 것처럼 변화를 허락하지 않습니다. 게다가 DNA가 스스로 만들어지는 것은 불가능합니다.

즉 우연이라고 하더라도 DNA는 변화가 일어나지 않으며, 이렇게 복잡한 DNA는 자연적으로 발생될 수 없기 때문에 진화는 불가능합니다. 이것은 믿음이 아닌 과학자들이 증거하는 DNA에 대한 팩트입니다. 이런 팩트를 고려한다면, 진화론은 과학이 아니라 커다란 신앙을 필요로 하는 종교라고 할 수 있습니다.

---

[4] R. L. Wysong, *The Creation-Evolution Controversy* (Midland, MI: Inquiry Press, 1976), 115.

4) 결론

진화에 대한 기독교적 입장은 매우 단호합니다. 그것은 하나님께서 창조하셨다는 믿음에 근거합니다. 하지만 그것이 사실이 될 수밖에 없는 이유는 그의 창조물의 다양성과 복잡성에 근거합니다. 이런 다양성과 복잡성은 시계 제작자의 비유에서와 같이 지적 설계자, 즉 하나님의 작품이라는 것을 분명하게 말해 줍니다. 또한, DNA를 비롯한 확률적 증거가 진화론을 무력화시키며 그것은 곧 창조론을 지지한다는 것을 의미합니다. 그러므로 진화만이 사실이라고 하는 것은 믿음에 불과하다는 것을 알아야 합니다.

3. 유신론적 진화론은 진화론과 창조론의 대안이 될 수 있나요?

[창 1:20-21] 하나님이 이르시되 물들은 생물을 번성하게 하라 땅 위 하늘의 궁창에는 새가 날으라 하시고 하나님이 큰 바다 짐승들과 물에서 번성하여 움직이는 모든 생물을 그 종류대로, 날개 있는 모든 새를 그 종류대로 창조하시니 하나님이 보시기에 좋았더라

[창 1:27-28] 하나님이 자기 형상 곧 하나님의 형상대로 사람을 창조하시되 남자와 여자를 창조하시고 하나님이 그들에게 복을 주시며 하나님이 그들에게 이르시되 생육하고 번성하여 땅에 충만하라, 땅을 정복하라, 바다의 물고기와 하늘의 새와 땅에 움직이는 모든 생물을 다스리라 하시니라

[창 2:19] 여호와 하나님이 흙으로 각종 들짐승과 공중의 각종 새를 지으시고 아담이 무엇이라고 부르나 보시려고 그것들을 그에게로 이끌어 가시니 아담이 각 생물을 부르는 것이 곧 그 이름이 되었더라

[창 6:20] 새가 그 종류대로, 가축이 그 종류대로, 땅에 기는 모든 것이 그 종류대로 각기 둘씩 네게로 나아오리니 그 생명을 보존하게 하라

유신론적 진화론(TE: Theistic Evolution)은 신에 대한 믿음과 진화론적 사고를 조화시키는 이론입니다. 어떤 이는 하나님께서 자신의 계획을 위해 진화를 사용하신다는 믿음이 있으며, 이를 진화론적 창조(evolutionary creation)라고 부르기도 합니다. 이처럼 신에 대한 종교적 가르침과 생물학적 진화에 대한 현대의 과학적 이해와 양립한다고 보기 때문에 창조론을 훼손하지 않으면서 진화론도 수용하는 장점을 가지고 있는 것처럼 보여집니다. 그래서 진화론과 창조론의 대안처럼 여겨지기도 합니다.

그렇다면 유신론적 진화론은 성경적인가요?

1) 과학적 증거들은 유신론적 진화론을 지지하지 않는다

유신론적 진화론 혹은 진화론적 창조의 골자는 창조와 진화를 동시에 허용하는 이론입니다. 즉 하나님께서 진화의 방식으로 세상을 창조하셨다고 주장합니다. 그렇게 주장할 수 있는 이유는 많은 사람들이 진화론만 과학으로 인정하기 때문입니다. 비록 우주와 생명의 기원에 대해 설명하기는 어렵지만, 주류 과학자들은 진화를 인정하고 있으며, 창조 후의 변화와 환경과의 상호 작용에 대한 상당히 근거 있는 과학적 증거들이 있다고 주장합니다. 또한, 과학은 방법론적 자연주의를 사용하기 때문에 진화론은 충분히 과학적이라는 것입니다.

유신론적 진화론자들은 빅뱅 이론이 하나님의 초월적 창조를 대신할 수 있는 이론으로 여깁니다. 빅뱅 이론은 우주의 기원을 설명하는 우주론의 모형으로 매우 높은 에너지를 가진 작은 물질과 공간이 약 138억 년 전의 거대한 폭발을 통해 우주가 되었다고 보는 이론입니다. 에드윈 P. 허블(Edwin P. Hubble, 1889-1953)은 은하를 관측한 후 후퇴하는 속도가 은하 간 거리에 비례한다는 허블의 법칙을 발표했습니다. 이는 우주가 팽창한다는 것을 의미하며, 이후 빅뱅 이론의 기초가 되었습니다. 이 이론은 우주는 시공간과 관계없이 일정하다는 정상 우주론(steady state theory)을 제외하면 거의 유일한 과학적 우주의 기원 이론입니다.

하지만 빅뱅 이론은 한계가 존재합니다. 그것은 우주의 팽창을 가능하게 하는 힘은 어디서 연유되며, 우주 전체를 형성하는 작은 초기 물질이 어떻게 존재할 수 있는지, 순간적으로 매우 높은 온도에 도달한 에너지는 어디에서 왔는지, 공간 팽창이 점점 더 빨라지는 이유는 무엇인지, 빅뱅으로 인해 정말로 다양한 우주의 구조가 어떻게 형성되었는지, 그리고 빅뱅으로 인해 이렇게 질서정연한 우주가 어떻게 만들어졌는지에 대해 설명할 수 없습니다. 빅뱅 이론은 그저 하나의 이론일 뿐입니다.

우주 과학이야 그렇다 쳐도 진화론의 주 무대인 생명 과학은 어떻게 설명할 수 있을까요?

생명 과학 분야에서도 진화론자들의 주장은 그들의 믿음에 호소하는 것뿐임을 증명합니다. 위에서 DNA의 예를 들었지만, 인간의 유전자에 대한 연구가 발전하면서 유전 정보를 조절하는 질서가 기존에 연구되었던 것보다 훨씬 복잡하다는 것이 밝혀졌습니다. 그리고 세포의 DNA는 쉽게 변화하지 않을 뿐 아니라 돌연변이에 의한 변화로 진화한다는 것이 불가능하다는 것을 알게 되었습니다.

진화론에 입각하여 유전자 돌연변이와 자연 선택 프로그램을 만들어 시뮬레이션해 보면 시간이 지날수록 유전 정보의 무질서는 증가할 뿐 그들이 원하는 결과를 얻지 못하고 있습니다. 그래서 과학자들이 유전자에 대해 알게 된 것은 그들이 모르는 것이 너무나 많다는 것입니다. 이처럼 과학적 증거들은 유신론적 진화론을 지지하지 않습니다.

2) 유신론적 진화론은 철학적 문제를 발생시킨다

유신론적 진화론은 보통 과학자들이 사용하는 방법론적 자연주의라 불리는 방법론을 사용합니다. 방법론적 자연주의는 물리적 현상의 원인이 되는 원인과 결과의 메커니즘을 파악하여 지식을 얻는 방법입니다. 그렇기에 방법론적 자연주의는 과학이라는 학문이 성립하기 위한 필수적인 전제이며 작업가설입니다. 즉 자연법칙에 대한 과학적 연구를 수행하기 위한 틀을 제공합니다. 그러므로 유신론적 진화론자들은 이런 과학의 핵심적 작업가설을 거부하면 과학의 열매를 얻을 수 없다고 말합니다.

그렇다면 그들이 사용하는 방법론적 자연주의가 창조와 진화의 논쟁에 있어 어떠한 의미를 가질까요?

유신론적 진화론자들은 이런 방법을 사용하면 종교적 믿음과 아무런 연관이 없다고 말합니다. 하지만 그들은 이미 과학의 결과를 정하고 과학의 방법론을 그 결과에 맞추어 연구를 진행한다는 데에 문제가 있습니다. 즉 연구의 결과에 맞는 논리나 증거들을 끼워 맞추는 것입니다. 예를 들어, 유신론적 진화론자들은 진화론이 과학적으로 타당한데 과학적 증거를 관찰할 수 있어서가 아니라 여러 모델 중에서 예측이 가장 정확한 이론이기 때문이라고 주장합니다.

하지만 진화론의 예측대로 관찰된다는 것은 중간 화석의 부재로 인해 설득력을 잃어버리고 말았습니다. 그러자 그들은 진화가 중간중간 급격하게 갑자기 일어나다 보니 화석으로 남지 않았다는 '단속 평형 이론'을 제시했습니다. 실제로 화석은 진화론의 예측대로 발견되는 것이 아니라 발견된 화석들 때문에 진화론이 변화된 것입니다.

위에서도 언급한 바와 같이 진화론은 진화의 과학적 증거를 제시할 수 없습니다. 왜냐하면, 우주나 생물들이 진화한 것이 아니라 창조되었기 때문입니다. 그렇기에 그들은 발견된 화석을 위주로 그들의 진화론을 진화시켜 왔습니다. 즉 진화가 맞다고 전제하고 그 전제를 지지해 줄 방법론을 고안하여 연구한 것인데, 그것은 무신론적 진화론자들의 방법론과 다를 바가 없습니다.

이를 삼단 논법에 적용하면 논점 선취의 오류를 범하는 것과 같습니다. 논점 선취의 오류는 삼단 논법에서 전제가 무조건 맞다고 생각하고 논의를 진행시켜 나가는 것입니다. 전제 자체가 문제가 있다는 열린 마음을 가지고 접근해야 하는데 그렇지 못하고 있는 것이 사실입니다. 이런 사실에 비추어 본다면 그들도 진화론이라고 하는 종교를 믿고 있다는 것을 알 수 있습니다.

또한, 자연주의에는 방법론적 자연주의만 있는 것이 아닙니다. 존재론적 자연주의(ontological naturalism) 또는 형이상학적 자연주의(metaphysical naturalism)의 방법론이 있습니다. 그런 접근은 우주를 포함하는 자연 세계에 대해 형이상학적 믿음들이 모두 실제로 존재한다는 것에 대해 긍정적입니다. 유신론적 진화론자들은 방법론적 자연주의의 수호자로서 존재론적 자연주의를 부정하며, 창조론자들이 방법론적 자연주의를 사용하지 않는 것처럼 이야기합니다.

하지만 창조론자들이 방법론적 자연주의를 사용하지 않는 것은 아닙니다. 중세 시대까지는 그러한 방법론에 기댈 필요가 없었을 뿐이지 현대에 와서는 방법론적 자연주의를 적극적으로 사용하고 있습니다. 그 결과 창조론을 지지하는 과학적 증거들은 계속해서 나오고 있으며, 그것은 그들의 주장을 무력화시키고 있습니다.

또한, 위에서 살펴본 것처럼 이 세상에 기적이 존재한다는 사실을 인정한다면 존재론적 자연주의를 받아들이지 않을 이유가 없습니다. 초자연적 존재나 자연의 법칙을 거스리는 기적은 과학의 영역 밖입니다. 실험은 관찰과 다양한 변수의 통제를 요구하는데 그러한 실험을 할 수 없습니다. 그렇기에 방법론적 자연주의는 이런 면에 있어서 유효하지 않습니다. 초자연적 존재와 기적을 자연적 존재와 실험 가능한 방법론적 자연주의의 방식으로 접근한다는 자체가 난센스일 수밖에 없는 것입니다. 그러므로 방법론적 자연주의와 존재론적 자연주의 모두를 고려하는 것이 필요합니다.[5]

---

5 Roy Bhaskar(1944-2014)와 같은 철학자는 자연주의를 존재론적 자연주의, 방법론적인 자연주의, 인식론적인 자연주의로 나누기도 한다. 인식론적 자연주의는 지식에 대한 이론이 다른 자연에 대한 이론과 연속적임을 주장한다. 즉 외부 세계의 존재에 대한 믿음

3) 신학적 가르침은 유신론적 진화론과 양립하지 않는다

유신론적 진화론은 너무나 많은 부분에서 구약이나 신약의 가르침과 양립하지 못합니다.

첫째로 유신론적 진화론자들은 하나님께서 만드신 피조 세계에서 벌어지고 있는 대재앙들과 엄청난 멸종의 증거들은 창조론으로 설명하기 힘들다고 말합니다. 그렇기 때문에 진화론을 받아들이는 것이 훨씬 합리적이며, 유신론적 진화론이 신학적 미스터리를 풀 수 있는 방법을 제공해 주며, 오히려 그것이 하나님을 높이는 방법이 될 수 있다고 주장합니다. 하지만 하나님은 이 세상을 창조하시고 보시기에 좋았다고 연속해서 말씀할 정도로 흡족해 하셨는데, 그것은 하나님의 창조 솜씨에 대한 정면적 부정입니다. 왜냐하면, 하나님이 보시기에 좋았다고 말씀하신 이 세상이 진화가 필요할 정도의 수준이라면, 그것은 지적 설계자로서의 하나님의 놀라운 능력을 부인하는 것이 되기 때문입니다. 이는 하나님의 능력에 대한 신성 모독이 됩니다.

둘째로 인간의 존엄성에 관한 부분입니다. 유신론적 진화론자들은 예를 들어 침팬지와 사람의 유사성에 대해 진화의 관점으로 설명합니다. 침팬지와 사람의 유전자가 유사하고, 고장난 유전자도 공유하고 있으며, 인간의 발에 물갈퀴가 있거나 꼬리가 있는 것은 과거의 유전자가 미처 제거되지 못하고 나타났기 때문이라고 주장합니다. 이는 만물의 영장이며 하나님의 형상으로 지음받은 인간의 존엄성을 훼손하는 사악한 시도입니다.

셋째로 죄의 기원에 대한 것입니다. 성경은 죄의 기원에 대해 매우 단호합니다. 그것은 하나님께서 한 인간을 창조하셨고 그 '한 사람의 범죄'로 인해 죄와 죽음이 들어왔다는 것입니다. 하지만 그들의 주장에 의하면 그

을 자연주의의 관점에서 이해하려고 노력하는 관점이다.

것은 아담이라고 하는 특정한 '한 사람의 범죄'가 아닌 점진적으로 생명이 진화하면서 발전한 것이라고 주장합니다. 그러다 보니 그들은 성경에 기록된 첫 사람 아담 이전에도 사람들이 살았으며, 그 사람들도 죄를 지었다고 말합니다. 그리고 아담 이전에 죽음도 있었다고 말합니다. 그래서 그들은 아담과 하와를 모든 인류의 조상이라고 생각하지 않습니다. 왜냐하면, 진화론이 그렇지 않다고 가르치기 때문입니다.

만일 유신론적 진화론자들이 주장하는 것처럼 인간의 죄가 진화되어 가고 있는 인간에 의한 것이라면 그것은 많은 신학적 질문들을 생산해 냅니다. 그 대표적인 것이 바로 예수님을 통한 구원의 필요성이 부정된다는 것입니다. 왜냐하면, 성경의 아담이 없다면 원죄도 없게 되고, 원죄가 없다면 십자가도 의미가 없게 되기 때문입니다. 그러므로 예수님이 이 땅에 오셔서 십자가를 지실 이유가 없습니다. 이는 예수님의 보혈의 공로를 훼손하는 신성 모독입니다.

이처럼 아담의 역사성을 부정하는 것은 기독교의 근본을 뒤집는 시도입니다. 여기서 역사성이라고 하는 것은 아담의 존재 여부에 관한 것이 아니라 모든 인류의 조상인지에 대한 것입니다. 그들도 아담이 존재했음을 인정합니다.

하지만 그들은 아담을 모든 인류의 조상이라고 생각하지 않습니다. 그렇다면 아담 당시에 살았던 많은 사람들 중 한 명 아담이 선악과를 먹은 것이 됩니다. 그것은 곧 선악과를 먹지 않았던 다른 사람들은 구원이 필요하지 않다는 것을 의미합니다. 또한, 현재의 우리 인류는 선악과를 먹은 아담의 후손들과 선악과를 먹지 않은 대다수의 후손들이 함께 살고 있는 셈이 됩니다. 그러므로 예수님께서 이 땅위에 오신 목적이 사라지거나 희석되게 됩니다.

그러자 그들은 예수님께서 이 땅에 십자가에 달리시기 위해 오신 것이 아니라 사람들에게 인간이 어떻게 살아야 하는지 본이 되기 위해 오셨다는 주장을 펼치기도 합니다. 그래서 그들은 진화론의 관점에 맞추어 성경에 대한 해석을 바꾸어야 한다고 주장합니다. 성경의 원어 히브리어가 다른 언어로 번역될 때 그 의미를 충분히 담을 수 없고 다양한 신학적 해석이 가능하기 때문이라고 말합니다. 또한, 성경은 고대 이스라엘 사람들의 우주관이 반영되었기 때문에 현대 과학의 발견과 동떨어져 있다고 말합니다. 그렇기 때문에 창세기를 비롯한 성경을 문자 그대로 해석하지 말고 은유적으로 해석하는 것이 필요하다고 말합니다. 그래서 그들은 진화론과 은유를 접목해서 해석하며, 그것이 바람직한 성경 해석 방법이라고 주장합니다.

즉 죄의 기원을 진화론에 맞추어 설명하려다 보니 또 다른 설명이 필요하고 그러한 설명의 합리성을 위해 결국은 성경을 왜곡합니다. 이것을 보기 쉽게 연결해 보면,

나는 진화론을 믿는다 → 하나님께서 이 세상을 진화하도록 창조했다 → 인간은 진화되고 있다 → 진화된 많은 인간 중 한 사람이 선악과를 먹었다 → 예수님이 이 땅에 오신 것은 죄인들을 구원하시기 위해서 오신 것이 아니라 본이 되기 위해 오셨다

즉 진화론을 믿는다는 전제하에 이루어진 논리의 전개는 결국 성경의 가장 근본적 교리마저 왜곡하게 만듭니다. 이런 행위가 의미하는 것은 예수님의 십자가의 희생의 고귀함을 격하시키는 결과를 가져오며 결국 신성모독을 범하게 되는 것입니다.

또한, 성경은 사도행전 17:26에서 "인류의 모든 족속을 한 혈통으로 만드사 온 땅에 살게 하시고 그들의 연대를 정하시며 거주의 경계를 한정하셨으니"라고 말씀합니다. 수십 년 전만 해도 진화론자들은 인류를 5개의 종으로 나뉘어 있다고 가르쳤습니다. 이는 어떤 과학적 근거에 기반한 것이 아니라 그들의 진화에 대한 믿음 때문이었습니다.

그렇다면 과학의 발견은 진화론을 지지하고 있을까요?

그렇지 않습니다. 1987년 캘리포니아 대학에서는 각 대륙 여러 인종의

147명 여성의 태반을 조사하던 연구팀은 큰 충격에 빠졌습니다. 왜냐하면, 여성에게만 유전되는 미토콘드리아 DNA의 서열이 인종에 관계없이 굉장히 비슷했는데, 이는 이 모든 여성이 한 명의 공통 조상을 갖고 있다는 증거가 되기 때문입니다. 사람의 유전 정보인 DNA는 핵(nucleus)에 들어 있고 반은 아버지에게서 그리고 반은 어머니에게서 옵니다. 핵에는 미토콘드리아(mitochondria)라고 불리는 수천의 작은 에너지 제조 공장이 있는데 미토콘드리아 각각은 환상으로 된 DNA 가닥(a circular strand of DNA)을 가지고 있습니다.

이 미토콘드리아 DNA(mtDNA)는 오로지 어머니로부터만 오는데, 통상적으로 미토콘드리아DNA는 세대에서 세대로 전해지면서 변하지 않는다고 알려져 있습니다. 이런 충격적인 사실을 알리기 위해 버클리 대학의 앨런 C. 윌슨(Allan C. Wilson) 박사 연구팀은 「Nature 325」, 31-36(1987)에 "Mitochondrial DNA and human evolution"이란 제목의 논문을 발표했습니다. 지리적으로 다른 전 세계의 5군데 위치에서 살고 있는 147명의 미토콘드리아DNA를 비교한 연구를 진행한 결과, 그들 147명 모두는 같은 여성 조상을 가지고 있다고 결론을 내릴 수밖에 없었다는 것입니다. 그리고 그녀를 '미토콘드리아 이브(mitochondria Eve, mt Eve)'로 불렀습니다.

이후 남성에게만 유전되는 Y 염색체에 대한 연구가 진행되었고, 역시 모든 남성 역시 인종에 상관없이 공통 조상을 갖고 있다는 결론을 얻게 되었습니다. 이처럼 과학은 진화를 지지하지 않고 창조를 지지합니다.

4) 결론

유신론적 진화론은 창조와 진화를 모두 수용하는 것처럼 여겨지기 때문에 창조와 진화의 대안처럼 생각하기 쉽습니다. 유신론적 진화론자들은 창조와 진화는 서로 반대되는 개념이 아니어서 한쪽을 선택하면 다른 쪽은 자동적으로 포기해야 하는 것이 아니며, 과학으로서의 진화와 세계관으로서의 창조에 대한 믿음이 얼마든지 공존할 수 있다고 말합니다.

하지만 위에서 살펴본 것처럼 유신론적 진화론은 과학적으로, 철학적으로, 신학적으로 타당하지 않습니다. 그리고 그러한 주장들은 신성 모독을 범합니다. 그런 의미에서 유신론적 진화론은 무신론적 진화론과 차이가 없습니다. 무신론적 진화론에서 과학적 증거를 제시할 수 없기 때문에 유신론적 진화도 과학적 증거를 제시할 수 없습니다. 유신론적 진화론에서 주장하는 것은 단지 하나님께서 천지를 창조하셨다는 사실을 인정한 것뿐입니다. 하지만 그것도 진화하도록 창조했다고 함으로써 하나님의 창조 능력에 대해 신성 모독을 범하고 있습니다. 그러므로 유신론적 진화론을 창조와 진화의 대안처럼 생각하는 것은 잘못된 생각입니다.

4. 빅뱅 이론을 어떻게 이해해야 하나요?

> (엡 3:9) 영원부터 만물을 창조하신 하나님 속에 감추어졌던 비밀의 경륜이 어떠한 것을 드러내게 하려 하심이라
>
> (골 2:2-3) 이는 그들로 마음에 위안을 받고 사랑 안에서 연합하여 확실한 이 해의 모든 풍성함과 하나님의 비밀인 그리스도를 깨닫게 하려 함이니 그 안에는 지혜와 지식의 모든 보화가 감추어져 있느니라
>
> (딤전 6:20-21) 디모데야 망령되고 헛된 말과 거짓된 지식의 반론을 피함으로 네게 부탁한 것을 지키라 이것을 따르는 사람들이 있어 믿음에서 벗어났느니라 은혜가 너희와 함께 있을지어다

빅뱅 이론은 우주의 팽창을 설명하는 하나의 이론입니다. 허블에 의해 우주의 팽창이 설명된 뒤, 러시아의 과학자 조지 가모우(George Gamow, 1904-1968)는 우주가 시간에 따라 팽창한다면 팽창하기 전의 시간을 거슬러 올라가면 우주가 매우 작은 점으로부터 팽창되었을 것이라고 유추했습

니다. 이런 유추가 빅뱅 이론의 시작이 되었고, 빅뱅 이론의 발전을 위해 원자핵의 모델, 방사성 붕괴, 별의 형성, 항성 핵 합성과 같은 많은 것을 연구하게 되었습니다. 또한, 수많은 과학자들의 노력으로 우리 인류는 우주에 대해 좀 더 많은 것을 알게 되었습니다. 그렇기에 빅뱅 이론이 매우 과학적인 것 같은 인상을 받습니다.

그렇다면 빅뱅 이론을 어떻게 이해해야 할까요?

1) 빅뱅 이론은 우주의 시작에 대한 하나의 이론이다

조지 가모우는 매우 작은 점 안에 에너지 보존 법칙에 따라 현재 우주의 모든 질량과 에너지가 어마어마한 밀도로 압축되어 있었고 빅뱅에 의해 현재의 우주로 팽창되었다고 설명합니다. 이런 우주의 팽창에 따라서 고온 고압의 물체가 식어 대략 2.725K(섭씨 -270도 정도)의 온도를 가진 우주 배경 복사(CMB: Cosmic Microwave Background)가 나온다고 말합니다. 실제로 이런 우주 배경 복사는 우주에서 발견되었고, 빅뱅 이론의 근거로 사용되고 있습니다.

하지만 이것을 빅뱅 이론의 근거로 삼기에는 너무나 많은 난관이 기다리고 있습니다. 왜냐하면, 우주가 팽창하기 시작하여 은하나 별, 그리고 다양한 화학 원소들이 생성되려면 우주 배경 복사가 비등방성을 갖는다는 증거를 찾아야만 했기 때문입니다. 하지만 그들이 찾은 것은 그들의 예상과는 달리 우주 배경 복사가 등방성, 즉 전 우주에 걸쳐 균일한 온도를 유지한다는 점이었습니다. 천체가 형성되려면 소립자들이 뭉쳐 별과 은하가 형성되어야 하고, 이런 형성을 위해서는 중력의 차이가 있어야 하며, 이런 균일한 온도로는 그런 천체의 형성을 설명하기 어렵습니다. 그렇기에 그들은 우주 배경 복사에 온도 변화가 있었는지를 관측하기 시작했습니다. 과학 기술의 발전으로 인공위성을 통해 아주 미세한 온도 변화가 있었다는 것을 발견하고 그것이 빅뱅 이론의 근거가 된다고 주장했습니다. 왜냐하면, 초기 우주에서 아주 조그만 밀도의 요동이라도 있어야만 어떤 특정한 구조로 진화할 수 있다고 믿었기 때문입니다.

하지만 이런 미세한 온도 변화가 천체 형성의 원인이 어떻게 될 수 있는지, 그리고 그것이 빅뱅과 얼마나 관련이 있는지는 설명하지 못합니다. 결국, 이런 미세한 온도 변화로 별이나 은하가 만들어질 수 있다는 것은 그것이 믿음이지 어떤 사실의 확인이 아닙니다.

이 외에도 빅뱅 이론이 가지고 있는 여러 단점이 많이 있습니다. 합리적으로 설명하기 어려우니 급팽창, 암흑 물질, 암흑 에너지 등과 같은 새로운 개념들을 만들어 냅니다. 하지만 그러한 관측 증거는 없으며 그것이 무엇인지도 전혀 알지 못합니다. 위의 진화론에서 언급했듯이, 발견된 화석을 따라 진화론이 진화한 것처럼 빅뱅 이론도 계속 진화하고 있는 중입니다. 결국, 빅뱅 이론은 이런 한계로 인하여 우주의 기원을 설명하는 그저 하나의 이론일 뿐이라는 것을 보여 주고 있습니다.

2) 빅뱅 이론은 창조주 하나님의 존재를 보여 주지 못한다

빅뱅 이론과 관련하여 우리는 우주론적 논증과 목적론적 논증을 통해 하나님의 존재를 증명할 수 있습니다. 하나님은 첫 번째 원인으로 존재하며 우주는 그 원인으로부터 생겨났습니다. 빅뱅 이론을 지지하는 유신론적 진화론자들은 원인 없는 하나님의 존재와 원인 있는 우주의 존재에 대해 빅뱅 이론이 도움이 되리라 생각하는 것 같습니다. 왜냐하면, 다음과 같은 이유들 때문입니다.

첫째로 빅뱅 이론의 우주의 시작이 있다는 점이 기독교의 가르침에서 벗어나지 않는다고 생각하기 때문입니다. 기독교의 역사관은 직선적 역사관입니다. 빅뱅 이론은 우주의 시작을 설명하는 이론이기 때문에 그런 직선적 시간의 흐름을 보여준다고 할 수 있습니다.

둘째로 빅뱅 이론은 우주의 절대적 기원을 암시하고 있기 때문입니다. 어찌 보면 빅뱅 이론은 하나님께서 우주를 창조하실 때의 모습을 보여 주는 것 같습니다. 하나님께서 말씀으로 천지를 창조하신 것처럼, 천지가 아주 작은 점으로부터 순식간에 퍼져 나가는 모습을 상상하며 비슷한 점을 발견하는 것 같습니다.

셋째로 빅뱅 이론은 빅뱅을 일으킬 만한 무한한 능력에 대해 암시하기 때문입니다. 빅뱅이 일어나기 위해서는 무한한 에너지가 필요합니다. 팽창하기 위해서 무한한 동력원이 필요합니다. 하나님은 그러한 에너지와 동력원을 가지신 전능하신 하나님이십니다.

그러므로 빅뱅 이론 지지자들은 빅뱅 이론이 우주의 시작점, 우주 시작을 가능케 하는 절대자, 우주의 팽창을 가능케 하는 무한한 동력원을 암시하고 있기 때문에 기독교적 관점에서 해가 되는 것은 아니라고 말합니다. 하지만 빅뱅 이론은 최소 2가지 면에서, 즉 철학적 면과 신학적 면에서 기독교적 관점에 해가 됩니다.

첫째는 철학적으로 빅뱅 이론이 실재주의(realism)에 기초하고 있는지가 의문시되기 때문입니다.

원래 과학은 실재주의에 기초해야 합니다. 그러나 빅뱅 이론은 실재주의에 기초하는 것 같으면서도 철학적 가정에 기초하고 있습니다. 이런 가정에 기초하고 있기 때문에 가정은 또 다른 가정을 필요로 합니다.

또 다른 가정은 또 다른 가정을 필요로 합니다. 이런 가정의 연결고리가 함의하는 것은 빅뱅 이론이 과학의 기반이 되는 실재주의로부터 지속적으로 이탈하게 만든다는 점입니다. 예를 들어 스티븐 호킹(Stephen Hawking)은 우주론이 철학적 바탕에 가정을 두지 않으면 생길 수 없다고 말합니다. 그렇기에 그는 빅뱅 이론이 함축하고 있는 절대적 기원(absolute origination)에 대해 부정적 입장을 보입니다.

우주가 특이점이었던 시작이 있는 한, 우주는 외부의 행위 주체에 의해 창조되었다고 혹자는 가정할 수 있을 것이다. 그러나 만일 우주가 아무 경계선이나 가장자리 없이 정말 자급자족적이라면(self-contained), 그것은 창조도 파괴도 되지 않을 것이다. 그것은 그저 존재할 것이다. 그렇다면 창조주를 위해 도대체 어떤 여지가 존재한다는 것인가?[6]

위에서 언급했듯이, 빅뱅 이론은 절대적 기원을 암시하는 듯이 보입니다. 왜냐하면, 우주가 처음 시작될 때의 기원적 특이점(original singularity)은 절대적 기원을 필연적으로 수반하기 때문입니다. 하지만 그는 우주의 기원에 대해 설명하면서 비특이점(no-singularity) 모델을 사용하는데, 그것은 전적으로 추측에 근거한 것입니다.

또한, 그의 책 『만물의 이론』(The Theory of Everything)에서 비실재론적(non-realistic) 접근법을 취하고 있는 듯이 보입니다. 왜냐하면, 우주는 시작되었고 우주의 경계선이나 가장자리를 발견할 수 없다면 우주는 자급자족적이라고 생각할 수밖에 없다는 것입니다.

아주 쉽게 말하자면 우주가 시작된 것은 사실이지만, 시작점도 끝점도 발견할 수 없기에 우주가 그냥 거기에 있었다는 결론을 도출할 수밖에 없다는 것입니다. 그 결론이 함의하는 것은 거기에는 창조주 하나님을 위한 자리가 없다는 점입니다.

하지만 여기서 강조하고 싶은 것은 창조주 하나님을 위한 자리가 없다는 점이 아니라, 이런 류의 접근 방법은 과학적 방법이 될 수 없다는 점입니다. 사실 과학자들은 이런 접근법을 사용하고 있지 않습니다. 왜냐하면, 그들의 실험과 이론과 데이터가 객관적 실재에 일치시키려고 노력하기 때문입니다.

---

6 Stephen Hawking, *The Theory of Everything* (Beverly Hills, CA: New Millennium, 2002), 126.

비록 빅뱅 이론이 가정으로 시작했을지라도 실재주의에서 벗어나면 안 되며 실재주의를 지향해야 합니다. 과학의 방법이 어떤 가설을 세우고 그것이 현실 가운데에 어떤 의미를 가지는지를 조사하고 연구하는 것이라면, 호킹과 같이 우주가 그냥 거기에 있기 때문에 창조도 파괴도 되지 않는다라고 결론짓는 것은 과학적 실재주의와는 거리가 있습니다.

둘째는 신학적으로 우주의 기원을 하나님에게 두지 않기 때문입니다.

빅뱅 이론은 만물이 한 점으로부터 나온 것처럼 만물이 무로부터 나왔음을 암시하고 있습니다. 성경은 하나님의 천지창조를 무로부터의 창조(*ex nihilo creatio*)라고 말씀합니다. 그러므로 유신론적 진화론자들은 과학자들이 빅뱅 이론을 수용한다면, 그러한 무로부터의 창조를 받아들일 수밖에 없지 않겠냐는 기대를 합니다.

그러나 빅뱅 이론의 수용이 우주의 기원을 하나님께 둔다는 것을 의미하는 것은 아닙니다. 몇몇 과학자와 철학자는 울며 겨자 먹기식으로 무로부터의 창조를 받아들일 수는 있습니다. 하지만, 그렇다고 해서 그들 모두가 제1원인으로서의 하나님을 인정하지는 않습니다. 오히려 과학자들은 우주의 기원적 원인으로서의 하나님을 불신하는 경향이 있습니다. 왜냐하면, 그들은 우주의 기원을 초월적 존재인 하나님으로부터 찾기보다는 새로운 과학적 발견을 우선시하기 때문입니다. 게다가 그들은 방법론적 자연주의를 취하고 있기 때문에 우주의 기원을 초자연적 하나님에게 두지 않습니다. 그러므로 우주의 기원을 하나님에게 둘 것이라는 기대는 너무나 순진한 접근입니다.

3) 결론

빅뱅 이론은 우주의 기원을 설명하는 하나의 이론입니다. 그것은 우주의 시작점, 우주의 기원으로서의 절대자, 우주 팽창의 동력원의 관점에서 기독교에 호의적인 것은 사실입니다. 하지만 빅뱅 이론은 과학적으로, 철학적으로, 신학적으로 받아들이기 어려운 점들을 소유하고 있습니다. 그러므로 빅뱅 이론을 과학적 진실인 것처럼 호도하는 것을 자제해야 합니다. 그리고 철학적 가정의 연속인 빅뱅 이론은 실재주의를 지향해야 합니다. 또한, 신학적으로 무로부터 창조하실 수 있는 전능하신 하나님을 증거해야 합니다.

제10장

타종교와 관련된 문제

1. 종교란 두렵고 불안할 때 신을 찾는 심리적 요인에 근거하지 않나요?

(시 119:10-11) 내가 전심으로 주를 찾았사오니 주의 계명에서 떠나지 말게 하소서 내가 주께 범죄하지 아니하려 하여 주의 말씀을 내 마음에 두었나이다

(사 40:31) 오직 여호와를 앙망하는 자는 새 힘을 얻으리니 독수리가 날개치며 올라감 같을 것이요 달음박질하여도 곤비하지 아니하겠고 걸어가도 피곤하지 아니하리로다

(빌 4:6) 아무 것도 염려하지 말고 오직 모든 일에 기도와 간구로, 너희 구할 것을 감사함으로 하나님께 아뢰라

독일의 철학자이자 공산주의 혁명가인 칼 H. 마르크스(Karl H. Marx, 1818-1883)는 "종교는 민중의 아편"이라는 말을 남겼습니다. 이 말은 사람들이 두렵고 불안할 때 아편을 찾는 것처럼 두렵고 불안할 때 종교를 찾는다는 의미입니다. 그는 철저히 유물론에 기초한 사상을 지니고 있었기에 종교에 대해 부정적 견해를 가지고 있었습니다. 그래서 억압과 착취로 인해 피폐해진 삶을 사는 사람들, 특히 노동자들이 종교에 빠지는 것을 아편을 피우는 것과 같다고 보았습니다. 그는 종교에 빠져 현실 도피를 하지 말고

공산주의를 통해 새로운 세계를 열어 가야 한다고 선동했습니다. 즉 종교를 통한 위안이 필요하지 않은 사회를 지향했습니다. 이처럼 적지 않은 이들은 종교가 두렵고 불안할 때 신을 찾는 심리적 요인에 근거한 것이라고 생각합니다. 심하게 이야기하면 집단적 노이로제나 민중의 아편이라고 생각합니다.

그렇다면 종교란 심리적 안정감을 주기 위한 것에 불과할까요?

1) 종교는 지적 깨달음만을 위한 것이 아니다

종교란 전인적 인격 형성을 목표로 해야 합니다. 이런 전인적 인격 형성에 있어 지정의의 3요소가 균형감을 이루어야 합니다. 이런 균형감을 이루지 못하면 전인적 인격 형성이 온전히 이루어지기 어렵습니다. 예를 들어, 불교는 깨달음의 종교라고 말합니다. 그만큼 깨달음을 강조합니다. 이런 깨달음을 위해 출가하고, 경전을 반복해서 읽고 암송하며 묵상합니다. 때에 따라서 화두를 놓고 참선하기도 합니다. 이처럼 경전을 반복해서 읽고 암송하며 묵상하는 것은 매우 필요한 일입니다.

하지만 종교가 깨달음만을 강조해서는 안 됩니다. 그것은 전인적 인격 형성에 있어 지정의의 균형감을 이루어야 하기 때문입니다. 기독교는 깨달음만을 강조하지 않고 지정의의 균형감을 강조하고 있습니다. 그런데도 깨달음을 위한 지적 노력은 절대적으로 필요합니다. 기독교에서도 그런 깨달음을 위한 노력의 하나로 '렉시오 디비나'(*Lectio Divina*)를 강조합니다. 렉시오 디비나는 라틴어로 '신적인 독서'라는 의미입니다. 말 그대로 성경을 읽는 것입니다. 성경을 읽으면서 묵상을 하는 것을 통해 하나님의 뜻을 깨달아 가는 것입니다. 이런 렉시오 디비나의 전통은 3세기 오리겐에게까지 거슬러 올라갑니다. 오리겐은 말씀이 성육신되어 그분의 백성을 가르치셨던 것처럼 성경을 읽는 것은 초등적 생각을 넘어 하나님의 말씀에 숨겨져 있는 더 높은 지혜를 발견하는데 도움이 된다고 가르쳤습니다.

그는 성경을 읽으면서 그리스도가 성경을 해석하는 열쇠라고 생각했습니다. 즉 그리스도를 열쇠로 사용하면 성경 본문의 메시지가 잠금 해제된다는 것입니다. 이처럼 성경을 반복해서 읽는 것은 하나님의 뜻을 깨닫는 중요한 일입니다.

2) 종교는 정적 불안감만을 위한 것이 아니다

사회학자이며 정신 건강 분야의 전문가인 앨런 V. 호위츠(Allan V. Howitz) 교수는 그의 책 『불안의 시대』(Anxiety : a short history)에서 기원전 4000년부터 현대에 이르기까지 각 시대는 불안을 어떻게 정의했는지, 우리가 '불안'이라고 부르는 복잡하고 모호한 감정을 철학, 종교, 의학, 심리학 등 다양한 분야와 수단을 이용해 어떻게 이해하고 치료하려고 노력했는지를 살펴보고 있습니다. 그는 이 책에서 4세기 초, 로마 황제 콘스탄틴이 기독교로 개종하면서 새롭게 등장한 종교적 세계관은 불안을 비롯한 정신질환에 대한 경험적 개념을 바꾸게 되었다고 합니다. 즉 그리스 시대에는 불안에 대해 의학적으로 접근했지만, 이제는 종교적으로 대응하게 되었다는 것입니다.

그는 중세 프란체스코 교회 수도사가 남긴 기록을 다음과 같이 인용합니다.

> 1239년 일식이 일어났다. 한낮의 빛은 끔찍하고 공포스럽게 어두워졌고 곧 별들이 보이자 밤이 온 것만 같았다. 모든 남녀가 겁에 질려 미친 듯이 돌아다니고 두려움과 슬픔에 벌벌 떨었다. 수많은 사람들이 고해 성사를 하고 죄를 고백했고, 이를 통해 곧 마음의 평안을 되찾았다.[1]

---

1 Allan V. Howitz, 『불안의 시대』, 이은 옮김 (서울: 중앙북스, 2013), 33.

이 기록이 의미하는 것은 불안에 대한 해결책으로 종교적 믿음이 사용된 것처럼 종교는 심적인 불안감을 해소시키는 도구에 불과하다는 것입니다.

하지만 종교를 감정적인 불안에 대한 해결책으로만 생각해서는 안 됩니다. 지정의의 전인적 인격형성을 위해서는 감정적 부분만 강조해서는 안 됩니다. 그런데도 기독교는 그런 불안에 대해 한결같이 불안감을 해소하는 방법을 제시해 주고 있습니다. 예를 들어, 마태복음 6:25-33에서는 "목숨을 위하여 무엇을 먹을까 무엇을 마실까 몸을 위하여 무엇을 입을까 염려하지 말라"고 명령하십니다.

빌립보서 4:6에서는 "아무 것도 염려하지 말고 다만 모든 일에 기도와 간구로, 너희 구할 것을 감사함으로 하나님께 아뢰라"고 말씀합니다. 누가복음 18장에서는 "항상 기도하고 낙심하지 말아야" 할 것을 비유로 말씀하고 있습니다.

데살로니가전서 5:17-18에서는 "쉬지 말고 기도하라 범사에 감사하라 이것이 그리스도 예수 안에서 너희를 향하신 하나님의 뜻"이라고 말씀합니다. 이처럼 불안은 하나님의 본질과는 반대되며 하나님 안에 거하게 될 때 기쁨과 감사를 경험할 수 있게 된다는 것을 성경은 가르치고 있습니다.

3) 종교는 의지적 성취만을 위한 것이 아니다

종교는 자신의 교리를 실천하는 일만 강조해서는 안 됩니다. 즉 전인적 인격 형성을 위해서 지적 부분, 감정적 부분도 강조해야 합니다. 이렇게 의지적 부분만 강조하는 것은 율법주의로 가는 지름길입니다. 이런 율법주의는 유대교의 613개의 계명에서 확인할 수 있습니다.

613개의 계명은 율법에 포함된 계명을 체계화하고 열거하려는 시도로 만들어졌습니다. 그들은 긍정적 계명 248개는 인체의 뼈와 주요 장기의 수에 따른 것이며, 부정적 계명 365개는 태양년의 날수와 일치한다고 말합니다. 그 대표적인 것이 5계명인 '안식일을 거룩히 지키라'는 명령의 해석으로 '안식일에 가기 알맞은 거리'를 만들어 내게 되었습니다(마 21:1, 26:30; 눅 21:37, 24:50, 52; 요 11:18; 행 1:12).

그러나 기독교는 이렇게 율법을 지키려는 의지도 중요하고 지적, 감정적, 영성적 부분도 중요하다는 것을 강조합니다. 그 예로 예수님은 마태복음 23:23에서 다음과 같이 말씀합니다. "화 있을진저 외식하는 서기관들과 바리새인들이여 너희가 박하와 회향과 근채의 십일조는 드리되 율법의 더 중한 바 정의와 긍휼과 믿음은 버렸도다 그러나 이것도 행하고 저것도 버리지 말아야 할지니라." 이 말씀은 율법을 지키려는 형식은 중요시하면서 율법의 내용을 저버리는 위선적 행동을 비판하신 내용입니다.

그러므로 종교는 율법의 형식뿐만 아니라 내용도 강조해야 합니다. 왜냐하면, 전인적 인격 형성을 위해 지정의의 모든 부분이 강조되어야 하기 때문입니다.

4) 종교는 육신만을 위한 것이 아니다

많은 사람들은 내세에서의 복락보다는 현세에서의 복락을 더 중요시합니다. 영을 생각하기보다는 육을 먼저 생각합니다. 그래서 종교조차 내세에서의 복락보다 현세에서의 복락을 추구하며, 종교를 그러한 목적을 이루는 하나의 수단으로 생각합니다. 뇌 과학은 빅데이터나 인공 지능의 발전과 더불어 매우 빠르게 발전하고 있는 학문 분야입니다.

21세기 들어 종교가 뇌에 미치는 영향을 연구하는 사람들이 늘어나고 있습니다. 이들은 신을 영접하는 순간 뇌에서는 어떤 일이 벌어지는지, 명상을 하는 동안 뇌 활동은 어떻게 바뀌는지, 종교를 가진 사람들은 그렇지 않은 사람들과 어떻게 뇌 구조가 다른지에 대해 연구를 합니다. 그들이 내리는 결론은 종교적 체험을 하는 동안 뇌의 특정 영역이 활성화되고, 종교적 체험이 우리의 뇌에 유익하기 때문에 인간이 종교 활동을 영유한다는 이야기입니다.

물론 종교 활동이 신체의 일부분에 긍정적 영향을 끼친다니 나쁜 일은 아닙니다. 하지만 그들의 의도는 육적인 스트레스, 강박 신경증, 심리적 착각, 심리적 망상 등과 같은 육체적 어려움에 대한 하나의 처방전으로 종교활동을 권장하는 듯한 인상을 받습니다. 그것은 종교를 육신의 쾌락을 위한 하나의 수단으로 전락시켜 버리는 결과를 가져옵니다.

성경은 육신의 복보다 영의 복, 또한 일시적 복보다는 영원한 복을 강조합니다. 그렇기에 지성에서 영성으로 이행할 것을 요구합니다. 그렇다고 해서 기독교가 육신을 무시하는 것은 아닙니다. 기독교는 몸의 부활을 이야기할 정도로 육신의 소중함을 가르치고 있습니다. 또한, 사도 바울은 고린도전서 3장에서 쾌락적 영지주의와 금욕적 영지주의를 경계하며 육신의 소중함을 가르치고 있습니다(고전 3:16-17). 그러므로 종교는 육신만을 위한 것이 아니라는 것을 알아야 합니다.

5) 결론

결론적으로 종교란 두렵고 불안할 때 신을 찾는 심리적 요인에만 근거한 것으로 생각해서는 안 됩니다. 참된 종교를 판단하려면 지정의의 온전한 인격을 기초로 하며 영성을 포함하여 판단해야 합니다. 지정의의 한 부분만 강조하는 것은 참된 종교라 할 수 없습니다. 또한, 종교가 육신의 복락만을 강조하는 것은 참된 종교가 아닙니다. 그러므로 종교를 불안의 처방전으로, 육신의 복락만을 위한 것으로 인식하는 것은 바람직한 태도가 아닙니다. 물론 종교의 기능들은 그러한 역할들을 할 수 있습니다. 하지만 종교의 기능을 본질로 착각해서는 안 됩니다. 참된 종교를 선택하기 위해서는 지정의의 온전한 인격을 기초로 하며 영성을 고려하여 선택해야 합니다.

2. 구원을 받는 길은 다양하지 않나요?

> (요 14:6) 예수께서 이르시되 내가 곧 길이요 진리요 생명이니 나로 말미암지 않고는 아버지께로 올 자가 없느니라
> (행 4:12) 다른 이로써는 구원을 받을 수 없나니 천하 사람 중에 구원을 받을 만한 다른 이름을 우리에게 주신 일이 없음이라 했더라
> (히 10:19-20) 그러므로 형제들아 우리가 예수의 피를 힘입어 성소에 들어갈 담력을 얻었나니 그 길은 우리를 위하여 휘장 가운데로 열어 놓으신 새로운 살 길이요 휘장은 곧 그의 육체니라
> (벧전 3:18) 그리스도께서도 단번에 죄를 위하여 죽으사 의인으로서 불의한 자를 대신하셨으니 이는 우리를 하나님 앞으로 인도하려 하심이라 육체로는 죽임을 당하시고 영으로는 살리심을 받으셨으니

모든 종교는 구원의 길을 제시합니다. 기독교도 예외는 아닙니다. 하지만 기독교는 다른 종교의 구원의 길을 인정하지 않습니다. 왜냐하면, 예수님께서 "내가 곧 길이요 진리요 생명이니 나로 말미암지 않고는 아버지께로 올 자가 없다"(요 14:6)고 말씀하시기 때문입니다.

기독교는 무오한 하나님의 말씀에 입각하여 예수 그리스도만이 유일한 구원의 길이라는 것을 선포합니다(행 4:12). 이를 두고 사람들은 기독교는 배타적이라고 말합니다. 그러면서 다른 종교는 자신의 종교 외에도 구원의 길이 있다고 하는데, 왜 유독 기독교만 다른 종교에 구원의 길이 없다고 하는지 이해할 수 없다고 말합니다. 그러면서 한 가지 비유를 들어 설명합니다. 산 정상에 올라가는 길은 여러 길이 있는 것처럼 구원의 길도 그렇다는 것입니다.

그렇다면 구원을 받는 길은 정말로 다양한가요?

1) 역사 상대주의

비교 종교학은 세계 종교들의 근본적이며 철학적 문제를 이해하는 학문입니다. 구원의 본질을 표현하는 교리, 믿음의 실천을 의미하는 윤리학, 종교의 초자연적 현상을 연구하는 형이상학의 문제 등을 다룹니다.

19세기 사회학자들은 비교 종교와 원시 종교에 강한 관심을 가지고 세계 속의 종교를 연구했습니다. 특히 독일의 신학자이자 사회학자인 에른스트 트로엘치(Ernst Troeltsch, 1865-1923)는 종교를 역사의 발전과정에서 이해하려고 노력했습니다. 즉 종교는 인간의 역사와 불가분의 관계이며 역사적으로 발전되어 왔다는 것입니다.

종교의 발전 과정을 살펴보면 하나님의 계시와 현현은 상대적으로 나타났다고 주장합니다. 그는 "그리스도교는 결코 종교의 보편적 원리라고 생각되는 것의 분별적 최종적 무조건적 실현이 아니다. 다른 위대한 종교들과 마찬가지로 그리스도교도 그 역사의 매 순간에 있어서 철저히 역사적 현상이며, 모든 개별적 역사 현상이 직면하게 되는 모든 제한에 종속되어 있다"[2]고 말합니다.

이런 상대적 현현이 의미하는 것은 하나님의 계시에 대해 유일하며 절대적인 의미를 가질 수 없다는 것입니다. 즉 기독교라고 해서 절대주의를 주장해서는 안 되고 상대적으로 파악되어야 한다는 것입니다. 그에 의하면 종교는 역사적 발전 과정의 상대적 산물입니다.

이런 설명은 기독교를 인간의 역사 가운데 존재하는 하나의 종교라고 보는 상대주의적 역사관에 기초해 있습니다. 이런 역사관에 의하면 기독교는 고등 종교에 속할지 모르지만 인류의 구속을 위한 배타적 지위는 잃어버리게 됩니다. 왜냐하면, 그는 기독교에 대해 상대적 우월성과 규범성

---

[2] Ernst Troeltsch, *The Absoluteness of Christianity and the History of Religion* (Richmond, VA: John Knox Press, 1971), 71.

은 인정했지만, 하나님의 계시는 모든 종교에 동일하게 적용된다고 보았기 때문입니다. 그의 이런 시도는 종교 다원주의자들에게는 환영을 받았지만, 기독교의 배타성을 훼손했기 때문에 그리스도가 없는 기독교를 주창한 것이라는 비평을 받고 말았습니다.

이처럼 기독교를 역사 속에 등장하는 하나의 종교로 보는 것은 매우 위험한 생각입니다. 이를 구원론에 적용하면 기독교의 구원의 방법은 인류의 오랜 역사 가운데 나타나는 하나의 방법이라는 것입니다.

물론 기독교가 역사와 밀접한 관련을 가지고 있는 것은 사실이지만, 종교사학적 접근만으로 하나님의 계시를 이해해서는 안 됩니다. 왜냐하면, 성경의 진리성을 고찰하지 않고 역사적 면만을 강조하면 성경의 왜곡 현상이 벌어지기 때문입니다. 성경의 전체 맥락을 고려하며 역사 속에 하나님의 계시가 어떻게 진행되어 왔는지를 조감하면 하나님의 계시는 독점적 위치를 잃어버리지 않습니다.

하지만 기독교를 종교라는 카테고리 안에 두고 비교하다 보니 그러한 배타성의 진실성은 사라지게 된 것입니다. 종교를 비교하기 전에 기독교의 배타성이 진실한지를 먼저 고찰하는 것이 필요합니다. 그렇지 않으면 연구자의 개인적 지식과 경험 위에 종교의 공통 분모만을 고려하는 접근 방법이 될 수밖에 없습니다.

2) 문화 상대주의

문화주의는 기독교를 문화의 한 현상이라고 보는 관점입니다. 이런 관점을 논하기 위해서는 독일의 신학자이자 루터교 목사 폴 틸리히(Paul Tillich, 1886-1965)의 사상을 살펴보아야 합니다. 그는 '문화의 신학'을 주창했는데, 종교는 문화의 실체이며 문화는 종교의 형식이라고 보았습니다. 따라서 종교와 문화는 별개의 독립된 영역이 아니라 따로 떨어져서 생각할 수 없는 밀접한 연관성을 가지고 있습니다. 종교는 문화에 의미를 제공하는 본질이고, 문화는 종교가 자신을 표현하는 형식이라는 것입니다. 그러므로 각 종교에서 외치는 교리와 믿음의 실천은 그 종교가 처해 있는 문화적 상황에 의해 해석해야 한다는 것입니다. 이와 같이 문화의 신학은 각 문화가 가지고 있는 종교적인 특성을 분석하는 신학입니다.

틸리히는 기독교에서의 하나님은 어떤 특정한 방법으로만 현현한다는 특별 계시의 주장을 배제합니다. 왜냐하면, 종교적인 것과 세속적인 것은 본질적으로 서로에게 속해 있다고 생각했기 때문입니다. 하나님은 존재 자체에 궁극적 관심을 가지고 있지 어떤 특정한 사람에만 관심을 갖는 것은 아니기 때문에 그리스도 예수 안에서 성과 속의 분리를 극복하는 것이야말로 하나님께서 원하시는 일이라는 것입니다.

그는 "예수에게서 특수한 것은 보편적인 것을 위해 자기 속에 있는 특수한 것을 십자가에 못 박아 버렸다는 사실이다. 특수하면서도 특수한 것에서 해방되고 종교적이면서도 종교에서 해방된 이런 모습과 함께 그리스도교는 스스로 판단하고 스스로를 판단함으로 다른 종교도 판단하는 표준을 얻게 되는 것이다"[3]라고 말합니다.

이 말이 함의하는 것은 종교적인 것과 세속적 구분이 필요 없고 보편주의로 향해야 한다는 것입니다. 기독교가 타종교를 판단하는 일과 다른 종교가 기독교를 판단하는 일 사이에 존재하는 긴장 관계 속에서 기독교가 다른 종교인들을 개종시키려고 노력하지 말고 자기 성찰과 대화를 추구해야 한다는 것입니다. 왜냐하면, 우주는 하나님의 성소이고, 모든 날이 주일이고, 모든 기쁨이 하나님 안에서 누리는 기쁨이므로 존재 자체에 궁극적 관심을 두어야 한다고 생각했기 때문입니다. 그는 이런 활동의 목표가 종교 혼합도 아니며, 타종교에 대한 승리도 아니라고 말합니다. 그는 모든 종교에 공통되는 신의 개념을 추구하며 타종교와의 상호적 만남을 통해

---

3 Paul Tillich, *Christianity and the Encounter of the World Religions*, (New York, NY: Columbia University Press, 1963), 111.

각 종교가 가지고 있는 한계를 뛰어넘을 때 보다 포괄적 종교로 발전할 수 있다고 보았습니다.

하지만 기독교를 문화 속에 등장하는 하나의 종교로 보는 것은 매우 위험한 생각입니다. 이를 구원론에 적용하면 기독교의 구원의 방법은 기독교 고유의 것이 아닌 각 문화 속에 내재되어 있는 하나의 방법이라는 것입니다. 물론 기독교가 문화와 밀접한 관련을 가지고 있는 것은 사실이지만, 문화의 신학으로 하나님의 계시를 이해해서는 안 됩니다. 왜냐하면, 그것은 문화 상대주의에 기반한 주장이기 때문입니다.

문화 상대주의는 우월한 문화는 있을 수 없고 문화의 상대성을 인정해야 한다는 주장입니다. 그러므로 한 사람이 문화 상대주의를 받아들이거나 각 문화의 보편적인 부분을 수용하면 필연코 포괄주의로 나아갈 수밖에 없습니다. 이는 문화가 성경이나 기독교 위에 군림하게 만드는 시도가 될 수밖에 없습니다. 또한, 상대주의에서 포괄주의로 나아가면 결국은 보편주의(universalism)로 나아갈 수밖에 없습니다. 이는 기독교의 배타성에 역행하는 악한 시도가 될 수밖에 없습니다.

3) 포괄주의(inclusivism)/다원주의(pluralism)

역사 상대주의가 기독교를 구원의 길을 제시하는 많은 종교 중의 하나로서 취급한다면, 문화 상대주의는 구원의 길을 제시하는 많은 문화 속에 존재하는 종교의 하나로서 취급한다고 할 수 있습니다. 그러므로 역사 상대주의나 문화 상대주의는 필연코 포괄주의로 진행될 수밖에 없습니다. 이런 포괄주의는 가톨릭교회에게서 나타납니다. 이런 포괄주의는 다른 종교를 인정하면서도 자기 종교의 우월성을 주장하는 것을 포함합니다. 이렇게 가톨릭교회가 기독교의 배타주의를 버리고 포괄주의로 가게 된 데는 칼 라너(Karl Rahner, 1904-1984)의 영향이 큽니다. '익명의 그리스도론'을 주창한 그는 복음을 들은 적이 없는 사람도 '익명의 그리스도인'(Annoymous

Christian)이 될 수 있다고 말합니다.
 그러나 이런 논리라고 하면 타종교인이라고 해서 익명의 그리스도인이 되지 못할 이유는 없습니다. 익명의 그리스도인이 그의 행위를 통해 기독교적 가치를 실현하고 있다면 또한, 그리스도에 의한 신의 구원적 은총을 받은 사람이 있다면 그가 바로 기독교인이라는 것입니다. 이는 제2차 바티칸 공의회의 교회 일치주의의 형성에 방향성을 제시했습니다.
 사실 가톨릭은 일반 계시만으로 구원받을 수 있다는 것을 긍정합니다. 그것은 곧 종교 다원주의로 나아갈 수 있는 신학적 기반을 제공해 줍니다. 이는 '예수 그리스도만'이라고 하는 배타주의에서 포괄주의의 방향으로 이동한 것이며 타종교에서의 구원의 가능성을 활짝 열어놓은 것이라고 할 수 있습니다.
 이처럼 기독교의 배타성을 저버리고 포괄주의로 가는 것은 위험한 것을 떠나 매우 사악한 시도입니다. 이를 구원론에 적용하면 기독교의 구원의 방법은 타종교의 구원의 방법보다 조금 우월할 뿐 배타적인 것이 되지 못합니다. 그러므로 포괄주의는 보편주의로 가는 전단계로서의 의미를 지니고 있습니다.

4) 보편주의(universalism)

 역사 상대주의나 문화 상대주의가 기독교를 구원의 길을 제시하는 종교 중의 하나로서 인정했다면, 포괄주의는 타종교에도 구원의 길이 있음을 인정한 것이라 할 수 있습니다. 가장 사악한 시도는 바로 보편주의입니다. 왜냐하면, 이는 타종교뿐만 아니라 온 인류가 구원을 받게 될 것이라고 주장하기 때문입니다. 기독교 보편주의의 기본 개념은 보편적 화해에 있습니다.
 모든 인간이 예수 그리스도의 은혜와 역사를 통해 구원을 받게 되리라는 것입니다. 그러므로 지옥이 존재할 필요가 없으며, 예수님께서도 지옥의 존재를 가르치신 것이 아니라고 말합니다. 성경의 메시지는 모든 죄인이 하나님과 화해하며, 회복하며, 축복을 받는 것이라고 주장합니다. 보편주의자는 그들의 주장을 지지하는 다음과 같은 성경 구절을 인용합니다.

>[고전 15:22] 아담 안에서 모든 사람이 죽은 것같이 그리스도 안에서 모든 사람이 삶을 얻으리라
>[벧후 3:9] 주의 약속은 어떤 이들이 더디다고 생각하는 것같이 더딘 것이 아니라 오직 주께서는 너희를 대하여 오래 참으사 아무도 멸망하지 아니하고 다 회개하기에 이르기를 원하시느니라
>[딤전 2:3-4] 이것이 우리 구주 하나님 앞에 선하고 받으실 만한 것이니 하나님은 모든 사람이 구원을 받으며 진리를 아는 데에 이르기를 원하시느니라
>[요일 2:2] 그는 우리 죄를 위한 화목 제물이니 우리만 위할 뿐 아니요 온 세상의 죄를 위하심이라
>[딤전 4:10] 이를 위하여 우리가 수고하고 힘쓰는 것은 우리 소망을 살아 계신 하나님께 둠이니 곧 모든 사람 특히 믿는 자들의 구주시라
>[롬 11:32] 하나님이 모든 사람을 순종하지 아니하는 가운데 가두어 두심은 모든 사람에게 긍휼을 베풀려 하심이로다

이렇게 많은 구절을 보니 성경이 보편주의를 지지하는 듯이 보입니다. 하지만 각 성경 구절들은 보편주의를 이야기하고 있지 않습니다. 그것은 오히려 그리스도만이 구원의 길임을 천명하는 구절들입니다.

또한, 하나님께서 얼마나 인내하고 계신가를 보여 주는 표현입니다. 하나님의 사랑과 그리스도의 보혈의 효력은 온 인류를 덮고도 남는다는 표현들입니다. 이런 구절들을 보편주의를 지지하는 구절로 사용하는 것은 하나님의 공의에 어긋나는 행동입니다. 왜냐하면, 이 구절들보다 몇십 배의 구절들이 배타주의를 지지하기 때문입니다. 하나님은 사랑의 하나님이면서 동시에 공의의 하나님이시라는 사실을 잊어서는 안 됩니다.

5) 구원에 대한 유비

기독교는 산 정상에 올라가는 길은 하나뿐이라고 설명합니다. 그러나 상대주의, 포괄주의, 보편주의는 산 정상에 올라가는 길은 많이 있다고 말합니다. 그러나 그것은 산 정상에 올라가는 능력(capacity)이 있을 때의 이야기입니다. 그런 의미에서 깊은 구덩이의 비유를 하나 예로 들겠습니다. 한 인간이 누구라도 빠져나오기 어려운 깊은 구덩이에 빠졌습니다. 그는 구덩이에서 빠져나오기 위해서 갖은 노력을 했지만 빠져나올 수 없었습니다. 그가 구원을 받기 위해서는 위에서 밧줄을 내려 주어야 하고 그 밧줄을 잡으면 구원을 받는다고 설명할 수 있습니다.

하지만 이 비유도 조금은 부족합니다. 왜냐하면, 밧줄을 잡을 수 있는 능력(capacity)이 있음을 상정하기 때문입니다. 좀 더 정확한 비유는 그는 오랜 시간 빠져나오기 위해서 노력했지만, 더 이상 밧줄을 잡을 힘조차 없습니다. 그가 그 깊은 구덩이를 빠져나오기 위해서는 위에서 누군가 내려와서 그를 밧줄에 매어서 올려야 합니다. 그 누군가가 바로 예수님이라는 비유입니다. 이 비유는 산 정상에 오르는 길의 비유보다, 밧줄을 잡을 수 있는 힘이 있다는 비유보다 훨씬 더 정확한 비유입니다.

성경은 인간에게 산 정상에 오를 수 있는 깊은 구덩이에서 빠져나올 수 있는 능력이 없다고 말합니다. 심지어 밧줄을 잡을 수 있는 힘조차 없는 것이 인간의 현재 상황(total depravity)입니다. 그러므로 상대주의, 포괄주의, 보편주의는 그러한 인간의 현재 상황을 고려하지 않는 사탄의 생각입니다. 지금도 사탄은 선악과를 먹으면 신과 같이 될 수 있다고 유혹했던 것처럼 자신의 힘으로 구원을 받을 수 있다고 유혹합니다. 그런 유혹은 사탄의 유혹이라는 것을 잊지 말아야 합니다. 구원을 받는 길은 다양하지 않으며 오직 한 길뿐입니다.

6) 결론

 구원의 길을 이야기하기 전에 가장 먼저 해야 할 일은 성경의 권위를 인정하는 것입니다. 위의 모든 사상은 성경의 권위를 부인하는 자유주의의 필연적 산물입니다. 성경의 권위를 인정하지 않으면 성경을 자신만의 관점으로 왜곡시키려는 유혹을 받습니다. 그렇기에 그들은 정통적 기독교 교리에 새로운 교리나 새로운 전제들을 추가합니다. 보편주의가 바로 그러한 예입니다. 하나님의 사랑을 강조한 나머지 하나님의 공의성을 훼손하며 보편주의로 나아갑니다. 보편주의는 신의 구원의 역사가 온 인류에게 동등하게 임할 것이라고 주장합니다.

 하지만 이런 보편주의는 필연코 종교의 통일을 가져오고 하나의 종교를 지향하게 됩니다. 세상의 많은 종교들은 자신들의 종교적 유산을 적극적으로 포교하기 위해 상대주의나 포괄주의를 선택하고 심한 경우 보편주의를 선택합니다. 이런 경향성은 심화되고 있으며, 오늘날 기독교의 배타적인 진리에 도전하는 큰 세력이 되어 가고 있습니다.

 사실 각각의 종교가 서로 존중하는 것은 매우 좋은 일입니다. 그러나 그렇게 존중한다는 것이 자신의 교리를 포기해야 한다는 의미는 될 수 없습니다. 만일 성경의 권위를 인정한다면 성경은 배타주의를 지지하고 있다는 것을 인정해야 합니다. 진리는 한마디로 배타적입니다. 진리는 A 아니면 B의 개념이 아니라 A 아니면 −A(not A)의 개념입니다. 그러므로 배타성을 주장하지 않으면 그것은 자신의 종교가 진리가 아니라고 하는 것을 드러낸다고 볼 수 있습니다.

3. 예수님을 믿지 않는 선한 사람은 구원받을 수 없나요?

> (히 11:6) 믿음이 없이는 하나님을 기쁘시게 하지 못하나니 하나님께 나아가는 자는 반드시 그가 계신 것 또한 그가 자기를 찾는 자들에게 상 주시는 이심을 믿어야 할지니라
>
> (고전 13:3) 내가 내게 있는 모든 것으로 구제하고 또 내 몸을 불사르게 내어 줄지라도 사랑이 없으면 내게 아무 유익이 없느니라
>
> (롬 14:23) 의심하고 먹는 자는 정죄되었나니 이는 믿음을 따라 하지 아니했기 때문이라 믿음을 따라 하지 아니하는 것은 다 죄니라

사람들은 석가나 공자와 같이 선한 삶을 살았던 사람들의 구원에 대해 관심이 많습니다. 하지만 예수님만을 통해서 구원받는다고 하면 석가나 공자가 구원받기는 굉장히 어려워 보입니다.

그렇다면 그들과 같이 도덕적으로 선한 삶을 살았던, 혹은 현재 선한 삶을 살고 있는 사람은 구원받을 수 없나요?

이에 대해 웨스트민스터 신앙 고백 16.7은 매우 좋은 대답을 제공하고 있습니다.

즉 선한 삶을 살았더라도 하나님을 기쁘시게 하지 못하는 이유가 3가지가 있다는 것입니다.

중생치 못한 자들에 의해 행해진 행위들은, 비록 그것들이 내용에 있어서 하나님의 명하신 일들일 수 있고 자신들에게뿐만 아니라 또한 다른 이들에게 유익할 수 있을지라도[4] (1) 그것들이 믿음으로 깨끗케 된 마음에서 나오지 않고[5] (2) 말씀에 따라 바른 방식으로 행해지지 않고[6] (3) 바른 목적 즉

---

4 왕하 10:30-31; 왕상 21:27, 29; 빌 1:15-16, 18.
5 창 4:3-5; 히 11:4, 6.
6 고전 13:3; 사 1:12.

하나님의 영광을 위하지도 않기 때문에[7] 그것들은 죄악되고, 하나님을 기쁘시게 하거나 사람으로 하여금 하나님으로부터 은혜를 받기에 적합하게 만들 수 없다.[8] 하지만, 그들이 그것들을 소홀히 하는 것은 더 죄악되며 하나님을 불쾌하시게 한다.[9]

1) 믿음으로 정결해진 마음(바른 동기)

그런 행위들이 믿음으로 정결해진 마음에서 나오지 않았기 때문입니다. 비록 자신들은 양심의 법을 따라 선하게 살려고 노력했다 하더라도 그것은 하나님을 믿는 믿음에서 연유된 것이 아닙니다. 로마서 14:23을 보면, "믿음을 따라 하지 아니하는 것은 다 죄"라고 선포합니다. 히브리서 11:4에는 그러한 예가 나와 있습니다. 즉 아벨이 가인보다 더 나은 제사를 드릴 수 있었던 것은 순전히 믿음 때문이었습니다.

예를 들어, 한 여인을 전혀 알지 못하는 남자가 여인을 위해 선한 일을 하고 결혼해 달라는 것과 비슷합니다. 혹은 알지 못하는 어떤 사람을 위해 선한 일을 하고 임금을 달라고 하는 것과 비슷합니다. 정결해진 마음에서 나오는 행위들은 사랑이 동반됩니다. 선행의 내적 동기의 필연성을 설명하는 많은 성경 구절들은 믿음뿐만 아니라 특히 사랑을 함께 언급하고 있습니다. 그 이유는 사랑이 선행을 위한 필요조건인 동시에 충분조건(마 22:40; 롬 13:8)이기 때문입니다. 즉 선행이 먼저가 아니라 믿음, 즉 사랑의 관계가 먼저라는 것입니다.

---

7 마 6:2, 5, 16; 롬 14:23.
8 학 2:14; 딛 1:15; 암 5:21-22; 호 1:4; 롬 9:16; 딛 3:15; 잠 15:8, 28:9.
9 시 14:4, 36:3; 욥 21:14-15; 마 25:41-45, 23:3.

2) 말씀에 따른 바른 방식(바른 기준)

그런 행위들이 말씀에 따라 바른 방식으로 행해지지 않았기 때문입니다. 여기서 바른 방식이라고 하는 것은 말씀에 대한 순종입니다. 말씀에 대해 순종하지 않는 것, 그것이 바로 죄의 정의(definition)입니다. 그런 면에 있어서 하나님의 말씀에 대한 순종은 선행의 필요조건입니다(요일 3:4). 하지만 말씀에 대한 순종은 선행의 충분조건이기도 합니다. 왜냐하면, 우리가 하나님께 온전히 순종했다면 그분 앞에서 선을 이루기 위해 우리가 할 수 있는 모든 것을 빠짐없이 행한 것이기 때문입니다. 쉽게 말하자면, 내가 정의한 선이 아닌 하나님이 정의한 선을 행해야 한다는 것입니다.

3) 하나님의 영광을 위함(바른 목적)

그런 행위들이 바른 목적, 즉 하나님의 영광을 위하지도 않았기 때문입니다. 여기서 중요한 개념이 바른 목적에 대한 개념이며 그것은 하나님의 영광을 의미합니다. 인간의 최고의 선(*summum bonum*: highest good)은 사람마다 조금씩 다르겠지만 행복에 있다고 할 수 있습니다. 하지만 그것은 인간이 원하는 목적이지 하나님이 원하는 목적은 아닙니다. 어떤 행동이든 그것이 선이 되기 위해서는 하나님의 영광을 목적으로 삼아야 합니다. 쉽게 말하자면 선행을 하는 목적이 나의 영광을 위한 것이라면 그러한 사람은 아무리 선행을 했어도 구원받지 못합니다. 따라서 하나님의 영광을 구하는 것은 선행의 필요조건이 된다고 할 수 있습니다.

4) 결론

정리하자면 다음과 같습니다.

첫째, 바른 동기로 선을 행해야 합니다. 믿음으로 정결해진 마음으로 선을 행해야 합니다.
둘째, 바른 기준으로 선행을 해야 합니다.
셋째, 바른 목적을 가지고 선을 행해야 합니다.

이런 바른 동기, 바른 기준, 바른 목적을 가질 때에만 선한 행동이 의미를 갖습니다. 그러므로 그러한 바른 동기와 기준과 목적은 하나님과의 관계성 속에서만 의미를 갖는다고 할 수 있습니다. 결론은 이런 동기, 기준, 목적을 이루지 못하면, 하나님은 그들이 행한 모든 죄악과 죄인을 공정하게 심판하실 것입니다(전 8:11-13).

4. 복음을 접할 기회가 없던 이가 죽으면 구원받을 수 없나요?

(롬 5:12) 그러므로 한 사람으로 말미암아 죄가 세상에 들어오고 죄로 말미암아 사망이 들어왔나니 이와 같이 모든 사람이 죄를 지었으므로 사망이 모든 사람에게 이르렀느니라

(롬 1:20) 창세로부터 그의 보이지 아니하는 것들 곧 그의 영원하신 능력과 신성이 그가 만드신 만물에 분명히 보여 알려졌나니 그러므로 그들이 핑계하지 못할지니라

(요 14:6) 예수께서 이르시되 내가 곧 길이요 진리요 생명이니 나로 말미암지 않고는 아버지께로 올 자가 없느니라

사람이 구원을 받기 위해서는 위에서 설명한 것처럼 예수님을 통하지 않고는 구원을 받을 수 없습니다. 하지만 세상에는 복음을 접할 기회가 없었거나 없는 사람들이 너무나 많습니다. 예를 들어 태어나자마자 죽은 영유아들, 복음 전파 이전에 살았던 사람들, 그리고 복음 전파 이후라도 지리적으로 떨어져 살아 복음을 접할 기회가 없었거나 없는 사람들이 매우 많습니다.

이런 사람들이 죽으면 그들이 구원받을 수 없는지에 대해서 궁금해 합니다. 왜냐하면, 구원은 예수님을 통하지 않고는 구원을 받을 수 없다는데 복음을 접할 기회조차 주어지지 않은 채로 죽는다면 지옥에 갈 것이고, 그렇게 된다면 그것은 공평하지 않다고 생각하기 때문입니다. 이에 대해 많은 사람들이 다양한 설명을 시도합니다. 하지만 대부분의 설명은 만족스럽지 않습니다. 그 이유는 성경이 그 부분에 대해 딱 부러지게 이야기하고 있지 않기 때문입니다. 또한, 그러한 설명은 신학의 정합성이나 건전성이 확보되지 않았기 때문입니다.

그렇다면 복음을 접할 기회가 없던 이가 죽으면 정말로 구원받을 수 없나요?

1) 원죄 vs. 고범죄

복음을 접할 기회가 없던 이가 죽으면 구원받을 수 없다고 생각하는 이유는 원죄론 때문입니다. 원죄론에 의하면 모든 사람은 원죄를 가지고 태어나기 때문에 복음을 듣지 못하고 죽는다면 지옥에 가야 합니다. 원죄론(*peccatum originale*)을 대표하는 성경 구절은 아마도 로마서 5:12의 "그러므로 한 사람으로 말미암아 죄가 세상에 들어오고 죄로 말미암아 사망이 들어왔나니 이와 같이 모든 사람이 죄를 지었으므로 사망이 모든 사람에게 이르렀느니라"라는 구절입니다. 이 외에도 원죄론을 지지하는 성경 구절들은 아래와 같이 많이 있습니다.

(1) **구약**: 창 3:1-24, 6:5, 11-12, 8:21; 왕상 8:46; 대하 6:36; 욥 4:17, 14:4, 15:14, 25:4; 시 5:9, 10:7, 14:1-3, 51:5, 58:3, 130:3, 143:2; 잠 20:9; 전 7:20, 9:3; 렘 17:9; 사 53:6, 59:7-8, 64:6-7 등.

(2) **신약**: 마 15:19, 19:17; 막 7:21; 요 1:29, 8:44; 롬 1:18-32, 3:9, 23, 5:12-21, 8:6-6, 11:32; 고전 15:22, 갈 3:22, 5:19-21; 엡 2:4; 히 9:26; 약 3:2; 요일 1:8, 10 등.

이렇게 많은 성경 구절들을 보니 성경에는 원죄라는 말이 나오지는 않지만 원죄론이 변함없는 교리인 것은 틀림없어 보입니다. 사실 원죄론의 역사는 매우 깊습니다. 이레니우스, 오리겐, 아타나시우스, 터툴리안, 암브로우스와 같은 교부들이 원죄에 대해 가르쳤습니다. 이런 원죄론은 원죄라는 단어를 처음으로 사용했다고 여겨지는 어거스틴 이후로 대세가 됩니다. 가톨릭은 이런 원죄론을 지지하며 1546년 트렌트 공의회에서 신앙 고백의 다섯 번째 세션인 "원죄론"에 대한 조항을 만들었습니다.

이런 원죄론에 대해 어거스틴의 영향을 받은 칼빈은 인간의 전적인 타락(total depravity)을 교리화했습니다. 그래서 칼빈은 어거스틴의 원죄론을 발전 심화시켰다고 볼 수 있습니다. 그렇기에 장로교는 물론이고 칼빈의 5대 교리를 일부분이라도 수용하고 있는 거의 모든 교단에서는 원죄론을 수용합니다. 대체적으로 유아 세례를 시행하는 교파에서는 일반적으로 원죄론이 인정된다고 볼 수 있습니다.

왜냐하면, 영유아들의 세례를 정당화하려면 영유아의 죄를 인정해야 하는데, 영유아들은 고범죄를 지을 시간이 없었으므로 결국 원죄가 영유아들에게 전가되었다고 보아야 하기 때문입니다.[10] 그러므로 이런 원죄론하에서는 복음을 듣지 못하고 죽은 영유아는 원죄를 가지고 태어납니다. 그

10　로마 가톨릭이 이단이라고 정죄하고 핍박과 살해를 허용할 때 영유아도 당연히 죽여도 된다라고 말할 수 있는 이유는 원죄론이 배경이 된다.

결과 비록 선악 간에 죄악을 범한 적이 없다 해도 안타깝지만 지옥에 가야만 합니다.

하지만 보수적이기로 유명한 미국 남침례회에서는 대개 영유아 사망의 경우 구원을 받는다고 가르칩니다.

미국 남침례회의 대부분은 원죄론을 지지하고 있는데, 원죄론을 지지하면서도 영유아 사망의 경우 구원을 받는다고 가르치는 근거는 무엇일까요?

그 근거는 책임질 나이(age of accountability)와 보혈의 효력 때문입니다. 보혈의 효력은 온 인류를 덮고도 남음이 있기 때문에 영유아 때 사망한 인생들에게도 구원의 은총이 임한다는 것입니다. 왜냐하면, 영유아는 선악에 있어 책임질 나이가 되지 않았기 때문입니다. 즉 선악을 알지 못하고 양심이 작용하는 연령대에 이르렀다고 보기 어려우며, 아직 믿음법이나 양심법이나 율법의 적용을 받지 않는다고 보는 것이 더 성경적이라는 것입니다. 이것이 함의하는 바는 고범죄를 지을 수 없는 사람에게는 예수님의 보혈의 은총이 미칠 수 있다는 것을 의미합니다.

이런 생각은 웨스트민스터 신앙 고백 10.3에도 나와 있는데 잠시 인용해 보겠습니다.

10.3 선택된 유아들

유아 시에 죽는 선택된 유아들은 그가 기뻐하시는 때와 장소에서 또 기뻐하시는 방식으로 일하시는[11] 성령을 통하여 그리스도에 의해 거듭나며 구원을 얻는다.[12] 말씀의 사역에 의한 외적인 부르심을 받을 수 없는 그 외의 모든 선택된 사람들도 그러하다.[13]

---

11 요 3:8; 행 4:12.
12 눅 18:15-16; 행 2:38-39; 요 3:3, 5; 요일 5:12; 롬 8:9.
13 요일 5:12.

이 웨스트민스터 신앙 고백을 살펴보면 '선택된'이라는 조건이 붙어 있는 것을 알 수 있습니다. 그러니까 '선택된' 유아라면 그들이 원죄를 가지고 태어난다 하더라도 구원을 받을 수 있다는 것입니다. 하지만 웨스트민스터 신앙 고백은 '선택된'이라는 단어를 삽입함으로써 복음을 접할 기회가 없는 사람들의 구원의 문을 좁혀 놓은 것을 알 수 있습니다. 위에서는 누구나 구원받을 수 있었다면 여기서는 선택된 영유아로 제한한 것을 알 수 있습니다. 그것은 아마도 웨스트민스터 신앙 고백이 칼빈의 개혁 신앙 전통 위에 만들어진 신앙 고백이라는 점을 감안하면 이해될 수 있는 부분이기도 합니다.

그렇다면 원죄론을 대표하는 로마서 5장의 말씀을 다시 한번 연구해 볼 필요가 있습니다.

> 12절—그러므로 한 사람으로 말미암아 죄가 세상에 들어오고 죄로 말미암아 사망이 들어왔나니 이와 같이 모든 사람이 죄를 지었으므로 사망이 모든 사람에게 이르렀느니라

12절에서 '모든 사람'을 강조하면 영유아는 원죄에서 자유롭지 못합니다. 하지만 '죄를 지었으므로'를 강조하면 영유아는 원죄에서 조금은 자유로워집니다. 계속해서 18절과 19절을 비교해 보면 다음과 같습니다.

> 18절—그런즉 한 범죄로 많은 사람(all men)이 정죄에 이른 것같이 한 의로운 행위로 말미암아 많은 사람(all men)이 의롭다 하심을 받아 생명에 이르렀느니라
> 19절—한 사람의 순종치 아니함으로 많은 사람(the many)이 죄인된 것같이 한 사람이 순종하심으로 많은 사람(the many)이 의인이 되리라

이 구절들을 비교하면 원죄론을 말하려면 일관성 있게 많은 사람(all men)이라는 단어를 사용해야 하는데 그렇지 않습니다. 같은 로마서 5장에서도 '모든 사람'(all men)과 '많은 사람'(the many)을 혼합시켜 사용하고 있습니다. 이것을 보면 로마서 5장이 원죄론을 확증하고 있다고 말하기는 쉽지 않을 것 같습니다.

결론적으로 복음을 접할 기회가 없던 이가 죽으면, 그들이 구원을 받을 수 있는지 없는지는 이런 원죄와 고범죄의 관계를 고려해야만 한다고 말할 수 있습니다. 원죄론을 신봉하면, 복음을 접할 기회가 없던 이가 죽으면 구원을 받을 수 없습니다. 하지만 고범죄론을 신봉하면 복음을 접할 기회가 없어도 고범죄를 짓지 않았다면 구원을 받을 수 있습니다.

그러므로 고범죄론의 입장을 표현하자면 아담의 원죄로 인해 온 인류에게 정죄, 사망, 심판이 임하게 되었어도 각 사람은 자신이 선악 간에 행한 행위대로 심판을 받는다고 할 수 있습니다. 그리고 그렇게 말하는 것이 보다 성경적이라 말합니다. 왜냐하면, 선악을 분별하지 못하는 아이는 자라면서 잠재되어 있는 죄성이 구현되고, 양심이 작동되며, 지정의를 통해 선악을 인식하고 분별할 수 있게 되기 때문입니다(롬 9:11).[14]

이런 과정 속에서 인간은 죄의 유혹을 받게 되고 결국에는 모든 사람이 죄인이 됩니다. 그러므로 로마서 5:18-19에서 말하는 많은 사람(the many)을 이렇게 선악을 분별할 수 있는, 즉 책임질 나이에 있는 사람들을 지칭한다고 볼 수 있습니다. 그렇다면 책임질 수 없는 나이에 있는 사람들이 복음을 접할 기회가 없이 죽는 경우, 그런 사람들에게 구원의 문은 열려 있다고 볼 수 있습니다.

---

14 로마서 9:11에는 "그 자식들이 아직 나지도 아니하고 무슨 선이나 악을 행하지 아니한 때에"라는 구절이 나온다. 갓 태어난 아이에게 죄성은 잠재되어 있으나 아직 자범죄는 없다고 추측해 볼 수 있는 구절이라고 할 수 있다.

2) 일반 계시 vs. 특별 계시

논의를 진행하기에 앞서 계시가 무엇이며 일반 계시와 특별 계시의 차이점이 무엇인지에 대해 살펴보겠습니다. '계시'는 하나님께서 자신의 속성과 뜻을 포함하여 자신을 나타내시는 행위입니다. 이런 계시의 방식에는 대체적으로 일반 계시와 특별 계시로 나눕니다. 일반 계시는 창조를 통해 모든 인류에게 미치는 하나님의 실존과 성품, 그리고 도덕률에 대한 지식이라고 할 수 있습니다.[15] 특별 계시는 특정한 사람들에게 전달된 하나님의 말씀, 즉 성경의 말씀, 구약 선지자들의 말씀, 신약 사도들의 말씀, 그리고 시내 산이나 예수님의 침례 때에 임한 것과 같은 하나님의 개인적 말씀을 가리키는 것이라 할 수 있습니다.[16]

위에서는 복음을 접할 기회가 없이 죽은 영유아에 대해 초점을 맞춘 것이었다면, 지리적으로 시간적으로 떨어져 있어, 혹은 지리적으로 시간적으로 떨어져 있지 않지만 복음을 전해 주는 이가 없어 복음을 접할 기회가 없이 죽은 이들에 대해 초점을 맞추어서 살펴보겠습니다. 그런 사람들을 축약해서 '그들'이라고 하겠습니다. 그들은 선악을 분별할 수 있는 사람들이기 때문에 그들은 모두 죄인이 될 것입니다. 그렇다면 그들은 안타깝지만 지옥에 가게 될 것입니다. 하지만 그들은 복음을 접할 기회가 없었다는 점을 들어 그것은 공평하지 못하다고 호소할 것입니다.

이에 대해 로마서 1:20은 하나님께서 만드신 만물에 자신의 신성과 영원하신 능력을 분명히 보여 주셨기 때문에 핑계할 수 없다고 말합니다. 이 말이 함의하는 바는 일반 계시에 의해 심판받는다는 것을 의미합니다. 하지만 이런 설명은 2가지 문제를 발생시킵니다.

하나는 일반 계시에 의해 심판을 받는다면 일반 계시만으로도 구원을

---

15 Wayne Grudem, 『조직신학 (상)』, 노진준 옮김 (서울: 은성, 1997), 165.
16 Ibid.

받을 수 있어야 한다는 것과 **다른 하나는** 일반 계시만으로도 구원을 받을 수 있다면 굳이 특별 계시가 필요하지 않다는 것입니다.

하지만 요한복음 14:6에서는 예수님으로 말미암지 않고는 아버지께로 올 자가 없다고 말씀합니다. 즉 특별 계시가 필요하다는 것입니다.

그렇다면 첫 번째 문제인 일반 계시만으로 구원이 가능한지에 대해 살펴보겠습니다. 먼저 가톨릭에서는 일반 계시만으로도 구원을 받을 수 있다는 견해를 가지고 있습니다. 가톨릭 역사상 가장 최근에 이루어진 공의회인 제2차 바티칸 공의회(1962-1965)에서는 이런 견해를 보여 주고 있습니다. 이 회의에서는 많은 연구 및 토론 후에 4개의 헌장, 9개의 교령, 3개의 선언을 결정했습니다.

그 가운데 '교회 헌장' 14항 '가톨릭 신자'에서는 "그리스도 한 분만이 중개자요 구원의 길이시며, 당신 몸인 교회 안에서 우리와 함께 계시기 때문"이라고 말합니다. 즉 여기서 교회는 가톨릭을 의미함으로 가톨릭 신자라야 구원받을 수 있다고 말합니다.

하지만 '교회 헌장' 16항인 '교회와 비그리스도인'에서는 유대인은 하나님의 사랑을 받은 백성이며, 창조주를 알아 모시는 무슬림도 구원받을 수 있는데 "하느님께서 모든 사람에게 생명과 호흡과 모든 것을 주시고(행 17:25-28 참조), 구세주께서 모든 사람이 구원받게 되기를 바라시기 때문(딤전 2:4 참조)"이라고 말합니다. 게다가 "자기 탓 없이 그리스의 복음과 그분의 교회를 모르지만 진실한 마음으로 하느님을 찾고 양심의 명령을 통하여 알게 된 하느님의 뜻을 은총의 영향 아래에서 실천하려고 노력하는 사람은 영원한 구원을 얻을 수 있다"고 말합니다.

이런 사상은 가톨릭 신학자인 칼 라너(Karl Rahner, 1904-1984)의 영향이 지대합니다. '익명의 그리스도론'(Anonymous Christology)으로 유명한 그는 비록 무신론자라 하더라도 진리를 탐구하며 자기의 도덕적 양심에 요구하는 바를 실천하는 자를 익명의 그리스도인이라고 말합니다. 심지어 이런 것을 타종교인들에게 적용할 수 있는데, 이런 그의 사상은 위에서 살펴본 바와 같이 제2차 바티칸 공의회의 '교회 헌장' 16항에서 발견할 수 있습니다. 이런 관점을 수용하게 되면 교회 밖에도 구원이 있다는 이야기가 가능해집니다.

교회 밖에도 구원이 있다는 이야기는 특별 계시의 필요성을 무력화시킵니다. 그렇기 때문에 가톨릭에서도 이에 대한 반발이 있을 수밖에 없습니다. 그 대표적인 예가 바로 가톨릭 신학자 한스 큉(Hans Küng)이며 그는 이런 라너의 신학을 신학적인 기만이라고 비판하고 있습니다.

중요한 것은 성경이 어떻게 말하고 있는지, 그리고 특별 계시가 왜 필요한지를 살펴보는 것입니다. 먼저 일반 계시만으로 구원받을 수 있는 가능성을 언급한 성경 구절들은 많습니다(시 19:1-6; 렘 23:23-24; 잠 11:27; 롬 1:20; 행 14:17, 17:26-27). 사도행전 17:26-27을 보시면 하나님을 더듬어 찾아 발견할 수 있는 가능성을 언급하고 있습니다.

이 가능성에 대해 "어두움 속에 처해 있는 모습을 생생하게 보여 주는 표현"[17], 혹은 "하나님을 찾으려는 본질적인 목마름, 고칠 수 없는 종교성"[18] 이라고 할 수 있습니다. 인간은 내재적으로 종교성이 장착되어 있기 때문에 하나님을 찾으려는 본질적인 목마름이 존재합니다. 그러한 타는 듯한 목마름으로 인해 하나님을 찾을 수 있습니다.

그러나 이렇게 타는 듯한 목마름이 있다고 해서 참 하나님을 발견하며, 자신의 죄악의 심각성과 죄인을 구원하시려는 하나님의 뜻을 알기에는 부족하다 할 것입니다.

그런 이유로 특별 계시가 필요하며 특별 계시를 통하여 우리는 참 하나님이 어떤 분이신지를 알 수 있게 됩니다(신 4:32-35). 하나님의 특별 계시의 절정은 하나님께서 독생하신 예수 그리스도를 이 세상에 보내신 것이고, 예수님은 하나님의 가장 특별한 계시라고 할 수 있습니다.

17　Grant Osborne, 『사도행전』, 『LAB 주석시리즈』, 김일우, 임미영 옮김 (서울: 성서유니온선교회, 2003), 457.
18　Ajith Fernando, 『사도행전』, 『NIV 적용주석시리즈』, 채천석 옮김 (서울: 도서출판솔로몬, 2011), 557.

하나님께서 독생자를 이 세상에 보내신 목적은 "저를 믿는 자마다 멸망치 않고 영생을 얻게 하려 하심"(요 3:16)입니다. 이런 것은 웨스트민스터 신앙 고백 1.1은 다음과 같이 진술되어 있습니다.

> 비록 자연의 빛과, 창조와 섭리의 일들이 사람들로 핑계할 수 없도록 하나님의 선하심과 지혜와 능력을 나타내지만(롬 2:14-15, 1:19-20; 시 19:1-3; 롬 1:32), 그것들은 구원에 필요한 하나님과 그의 뜻을 알게 하는 데는 충분치 못하다(고전 1:21, 2:9-14; 행 4:12; 롬 10:13-14). 그러므로 주께서는 여러 시대에 여러 방식들로 자신을 계시하시고 그의 교회에게 그의 뜻을 선언하기를 기뻐하셨고(히 1:1-2; 갈 1:11-12; 신 4:12-14)

이처럼 성경은 일반 계시만으로 구원에 이르는 지식을 갖는다는 것이 충분치 않다는 것을 말씀하고 있으며, 특별 계시의 필요성에 대해 계속해서 말씀하고 있는 것을 확인할 수 있습니다.

이런 견해는 복음주의권에서 절대적으로 지지받고 있습니다. 이 문제에 대해 복음주의 신학자 웨인 그루뎀(Wayne Grudem)은 다음과 같이 말합니다.

> 성경은 어디에서도 사람들이 일반 계시를 통하여 복음이나 구원에 이르는 길을 알 수 있다고 가르친 적이 없음을 명심해야 한다. 그들은 하나님이 살아 계시다는 것, 하나님이 그들의 창조주라는 것, 하나님께 순종해야 한다는 것, 그리고 자신이 하나님께 범죄했음을 안다. …그러나 하나님의 거룩하심과 공의로우심이 죄를 사하고자 하시는 하나님의 마음과 어떻게 조화를 이룰 수 있는가 하는 것은 성경 말고는 어느 종교에서도 해결된 적이 없는 신비였다. 성경도 하나님으로부터의 특별한 계시가 아니고는 그 해결안을 발견하는 길이 없다고 증거한다.[19]

---

19 Wayne Grudem, 『조직신학 (상)』, 167.

그루뎀은 이런 견해를 지지하기 위해 원시 종교의 신봉자의 예를 들어 설명합니다. 즉 어느 원시 종교의 신봉자가 인간의 죄에 대해 그것을 해결하기 위해 인간의 노력이 아닌 하나님께서 직접 그 죄의 값을 치러야 한다고 생각했을 수도 있다는 것입니다.

즉 기독교의 성육신과 같은 생각을 했을 수도 있다는 가능성에 대해 이야기합니다. 하지만 그것은 단지 특별한 사상에 불과하고 그러한 생각은 구원에 이르는 믿음의 근거가 되기에는 너무 불확실하다는 것입니다.

그러나 그렇다고 해서 일반 계시로 100% 구원받지 못한다고 한다면 그것은 하나님의 일반 계시를 조금이나마 무시하는 결과를 가져오게 됩니다.

그리고 일반 계시로 심판을 받는다면 일반 계시로도 구원받을 수 있어야 한다는 논리를 파괴합니다. 이것은 성경을 가지고 있지 않으며 몇백 년 혹은 몇천 년 후에 오실 예수님의 존재를 몰랐을 구약의 성도들의 예에서 알 수 있습니다.

그들이 모두 특별 계시를 받아 구원을 받은 것입니까?

그들이 모두 특별 계시를 받았다고 한다면 일반 계시만으로는 구원받지 못한다고 말해도 안전할 것입니다. 하지만 그들이 모두 특별 계시를 받지 않을 가능성이 조금이라도 존재한다면 일반 계시만으로 구원받을 수 있는 가능성이 미세하나마 존재할 것입니다.

그러나 그것이 특별 계시가 불필요하다는 것을 의미하는 것은 아닙니다. 왜냐하면, 하나님은 자신을 계시하시는 다양한 방법을 가지고 계시며, 특별 계시를 통해 자신의 사랑을 나타내시기 때문입니다. 그런 의미에서 일반 계시와 특별 계시를 구분하는 기준이 약간은 모호할 수밖에 없다는 것을 인정해야 합니다.

사실 일반 계시와 특별 계시는 가톨릭 신학자인 토마스 아퀴나스가 처음으로 구분했다고 알려져 있습니다만, 그것은 인간의 기준일 뿐입니다. 책을 읽거나 자연 현상을 보다가 갑자기 깨달아지는 것이나 성령께서 주시는 듯한 마음속의 특별한 감동은 그것이 일반 계시인지 특별 계시인지

한마디로 구분하기가 어렵습니다.

결론적으로 '영유아가 아닌 복음을 접할 기회가 없이 죽은 이들이 구원을 받을 수 없나요?'라는 질문에 대한 대답은 일반 계시와 특별 계시의 관계성을 고찰하면 얻어질 수 있는 대답이라고 생각합니다.

지금도 하나님의 일반 계시는 진행형입니다. 온 우주 만물은 하나님의 영광을 선포하고 종말을 기다리며 탄식하고 있습니다. 이런 자연 현상을 보면서 하나님을 찾을 수는 있지만, 참 하나님과 구원에 이르는 지식을 얻기 위해서는 특별 계시가 필요합니다.

3) 구원의 배타성 vs. 하나님의 공평함

사실 구원의 배타성을 강조하면 할수록 하나님은 점점 더 불공평하게 됩니다. 반대로 공평을 강조하면 할수록 구원의 배타성은 약해질 수밖에 없습니다. 예를 들어, 어떤 특정한 혜택을 평생토록 받기 위해서 최소한 1밀리언 달러가 있어야 한다면, 그만한 돈을 가지고 있지 않는 사람들이 볼 때 그것은 매우 불공평합니다. 반대로 누구에게나 공평하게 하기 위해 그 혜택을 누구에게나 제공한다면 그 혜택은 배타적이지 못하게 됩니다.

그렇다면 여러분이라면 어떤 부분을 강조하고 싶으십니까?

여기서 구원의 배타성이라는 부분을 고수하려면 하나님은 불공평해져야 합니다. 그런데 성경에는 이런 불공평함에 대한 구절들이 생각보다 많이 있습니다. 예를 들어, 야곱은 사랑하고 에서는 미워했다는 구절들(창 25:23, 27:27-30; 말 1:2; 롬 9:13), 토기장이의 비유(사 29:16, 30:14, 45:9, 64:8; 렘 18:6; 롬 9:21), 이스라엘을 제사장의 나라로 삼으신 일(출 19:6; 사 61:6; 벧전 2:9; 계 1:6, 5:10), 두 아들의 비유(마 21:28-46), 예수 믿는 자를 핍박한 사울을 선택하신 일(행 9:4, 22:7, 26:14) 등등 하나님의 불공평함을 드러낸 구절은 매우 많습니다.

이런 점에 기초하여 생각한다면 구원의 배타성을 고수하는 것이 좀 더 성경적 자세라고 여겨집니다. 왜냐하면, 성경에는 구원의 배타성을 주장하는 부분이 너무나 많기 때문입니다.

예를 들어, 나로 말미암지 않고는 아버지께로 올 자가 없다는 말씀(요 14:6), 그리스도를 믿음으로 의롭게 됨(갈 2:16), 천하 사람 중에 구원을 받을 만한 다른 이름을 주신 일이 없음(행 4:12), 이 외에도 일일이 열거할 수 없는 많은 구절들이 구원의 배타성을 말씀하고 있습니다. 이런 구절들을 종합해서 생각한다면 구원은 배타적이라고 할 수 있습니다.

4) 결론

하나님이 공평하신다는 전제를 가지고 구원의 배타성을 설명하는 것은 매우 어려운 일입니다. 중요한 점은 성경 전체의 맥락이 무엇을 말하느냐 입니다. 여기서 발견할 수 있는 진리는 위에서 살펴본 것처럼 구원은 배타적이라고 하는 사실입니다. 그렇다면 하나님은 불공평한 하나님이 될 수밖에 없습니다. 세상 논리로는 그렇습니다.

그러나 하나님은 불공평하지 않습니다. 다시 한번 강조하면, 하나님은 공평하십니다. 그 누구도 구원에 합당한 사람은 없기 때문입니다. 복음을 접할 기회가 없는 이들에게 두 번째 기회(second chance)를 주실지, 그들 모두를 구원하실지 아무도 모르기 때문입니다. 그것은 신의 영역이며 그러한 신의 영역을 침범해서는 안 됩니다.

인간의 죄성은 신의 영역을 침범하려고 합니다. 인간의 죄성은 상대주의, 포괄주의, 보편주의(universalism)에서 나타납니다. 그것은 인간이 생각하는 공평성의 산물에 지나지 않습니다. 하나님이 생각하는 공평성과 인간의 공평성은 질적으로 다릅니다. 구원은 내가 믿는다고 해서 얻어지는 것이 아니라 하나님의 선물입니다. 이런 점을 고려한다면 하나님의 공평성을 인간의 기준이나 이성으로 판단하는 오류를 범해서는 안 됩니다.